한국의 토익 수험자 여러분께,

토익 시험은 세계적인 직무 영어능력 평가 시험으로, 지난 40여 년간 비즈니스 현장에서 필요한 영어능력 평가의 기준을 제시해 왔습니다. 토익 시험 및 토익스피킹, 토익라이팅 시험은 세계에서 가장 널리 통용되는 영어능력 검증 시험으로, 160여 개국 14,000여 기관이 토익 성적을 의사결정에 활용하고 있습니다.

YBM은 한국의 토익 시험을 주관하는 ETS 독점 계약사입니다.

ETS는 한국 수험자들의 효과적인 토익 학습을 돕고자 YBM을 통하여 'ETS 토익 공식 교재'를 독점 출간하고 있습니다. 또한 'ETS 토익 공식 교재' 시리즈에 기출문항을 제공해 한국의 다른 교재들에 수록된 기출을 복제하거나 변형한 문항으로 인하여 발생할 수 있는 수험자들의 혼동을 방지하고 있습니다.

복제 및 변형 문항들은 토익 시험의 출제의도를 벗어날 수 있기 때문에 기출문항을 수록한 'ETS 토익 공식 교재'만큼 시험에 잘 대비할 수 없습니다.

'ETS 토익 공식 교재'를 통하여 수험자 여러분의 영어 소통을 위한 노력에 큰 성취가 있기를 바랍니다.

감사합니다.

Dear TOEIC Test Takers in Korea,

The TOEIC program is the global leader in English-language assessment for the workplace. It has set the standard for assessing English-language skills needed in the workplace for more than 40 years. The TOEIC tests are the most widely used English language assessments around the world, with 14,000+ organizations across more than 160 countries trusting TOEIC scores to make decisions.

YBM is the ETS Country Master Distributor for the TOEIC program in Korea and so is the exclusive distributor for TOEIC Korea.

To support effective learning for TOEIC test-takers in Korea, ETS has authorized YBM to publish the only Official TOEIC prep books in Korea. These books contain actual TOEIC items to help prevent confusion among Korean test-takers that might be caused by other prep book publishers' use of reproduced or paraphrased items.

Reproduced or paraphrased items may fail to reflect the intent of actual TOEIC items and so will not prepare test-takers as well as the actual items contained in the ETS TOEIC Official prep books published by YBM.

We hope that these ETS TOEIC Official prep books enable you, as test-takers, to achieve great success in your efforts to communicate effectively in English.

Thank you.

KB187819

입문부터 실전까지 수준별 학습을 통해 최단기 목표점수 달성!

ETS TOEIC® 공식수험서
스마트 학습 지원

 구글플레이, 앱스토어에서
ETS 토익기출 수험서 다운로드

구글플레이   앱스토어

ETS 토익 모바일 학습 플랫폼!
ETS® 토익기출 수험서 [어플]

교재 학습 지원
1. 교재 해설 강의
2. LC 음원 MP3
3. 교재/부록 모의고사 채점 및 분석
4. 단어 암기장

부가 서비스
1. 데일리 학습(토익 기출문제 풀이)
2. 토익 최신 경향 무료 특강
3. 토익 타이머

모의고사 결과 분석
1. 파트별/문항별 정답률
2. 파트별/유형별 취약점 리포트
3. 전체 응시자 점수 분포도

ETS TOEIC 공식카페 ▾

etstoeicbook.co.kr

ETS 토익 학습 전용 온라인 커뮤니티!
ETS TOEIC® Book [공식카페]

강사진의 학습 지원   토익 대표강사들의 학습 지원과 멘토링

교재 학습관 운영   교재별 학습게시판을 통해 무료 동영상
강의 등 학습 지원

학습 콘텐츠 제공   토익 학습 콘텐츠와 정기시험
예비특강 업데이트

www.ybmbooks.com에서도 무료 MP3를 다운로드 받을 수 있습니다.

ETS TOEIC.

토익˚ 단기공략
550⁺

LC RC

ETS 토익
단기공략 550+

발행인	허문호
발행처	YBM
편집	윤경림
디자인	DOTS, 이현숙
마케팅	정연철, 박천산, 고영노, 김동진, 박찬경, 김윤하
초판발행	2020년 6월 10일
9쇄발행	2024년 3월 4일
신고일자	1964년 3월 28일
신고번호	제 300-1964-3호
주소	서울시 종로구 종로 104
전화	(02) 2000-0515 [구입문의] / (02) 2000-0345 [내용문의]
팩스	(02) 2285-1523
홈페이지	www.ybmbooks.com
ISBN	978-89-17-23592-0

ETS® TOEIC® 기출문제 한국 독점출간

토익® 단기공략

550+

LC RC

PREFACE

Dear test taker,

The purpose of this book is to help you succeed in using English for communication with colleagues and clients in Korea and around the world. Now more than ever, English is a tool that can yield great professional rewards.

This book provides practical steps that you can use right now in a two-week or four-week program of study for the TOEIC test. Use your TOEIC test score as a respected professional credential and a sign that you are ready to take your career to the next level. Your TOEIC score is recognized globally as evidence of your English-language proficiency.

With <ETS 토익 단기공략 550+>, you can make sure you have the best and most thorough preparation for the TOEIC test. This book contains key study points that will familiarize you with the test format and content, and you will be able to practice at your own pace. The test questions are created by the same test specialists who develop the TOEIC test itself, and the book contains questions taken from actual TOEIC tests.

Here are some features of <ETS 토익 단기공략 550+>.

- This book contains carefully selected questions taken from actual TOEIC tests.
- All TOEIC Listening and Reading test content is included in one book that is suitable for short-term study in two-week or four-week plans.
- You will hear the same ETS voice actors that you will hear in a real ETS test.
- Key study points will help you to achieve your target score with the least amount of time and effort.
- The enhanced analyses and explanations are based on the latest TOEIC test research.

In preparing for the test with <ETS 토익 단기공략 550+>, you can be confident that you have a solid resource at hand and are taking the best approach to maximizing your TOEIC test score. Use <ETS 토익 단기공략 550+> to become familiar with the test, including actual test tasks, content, and format. You will be well prepared to show the world what you know by taking the test and receiving your score report.

We hope that you will find this high-quality resource to be of the utmost use, and we wish you all the very best success.

●

출제기관이 만든
점수대별
단기 완성 전략서!

- **기출 문항으로 보강된 단기 완성 시리즈**

  풍부한 기출 문항뿐만 아니라 토익 출제기관인 ETS가 정기시험과 동일한 유형 및
  난이도로 개발한 문제들로 구성된 고품질의 전략서이다.

- **단기 목표 달성에 최적화된 구성**

  LC와 RC를 한권으로 구성하고, 목표 점수 달성에 필요한 핵심 내용만 수록하여 학습
  부담을 최소화하였다.

- **정기시험과 동일한 성우 음원**

  토익 정기시험 성우가 실제 시험과 동일한 속도와 발음으로 직접 녹음하였으므로 실전에
  완벽하게 대비할 수 있다.

- **ETS만이 제시할 수 있는 체계적인 공략법**

  토익 각 파트에 대한 이해를 높이고 원하는 점수를 달성하기 위한 체계적인 공략법을
  제시하고 있다.

- **토익 최신 경향을 반영한 명쾌한 분석과 해설**

  이 책의 모든 토익 문항은 최신 출제 경향을 완벽하게 분석하고 반영하여 고득점을
  달성하게 해줄 해법을 낱낱이 제시하고 있다.

CONTENTS

■ LC

Listening Comprehension의 기초

■ RC

Reading Comprehension의 기초

TOEIC 소개

■ **TOEIC**　Test of English for international Communication(국제적 의사소통을 위한 영어 시험)의 약자로, 영어가 모국어가 아닌 사람들이 일상생활 또는 비즈니스 현장에서 꼭 필요한 실용적 영어 구사 능력을 갖추었는가를 평가하는 시험이다.

■ **시험 구성**

구성	PART		유형	문항 수	시간	배점
Listening	Part 1		사진 묘사	6	45분	495점
	Part 2		질의 응답	25		
	Part 3		짧은 대화	39		
	Part 4		짧은 담화	30		
Reading	Part 5		단문 빈칸 채우기	30	75분	495점
	Part 6		장문 빈칸 채우기	16		
	Part 7	독해	단일 지문	29		
			이중 지문	10		
			삼중 지문	15		
Total	**7 Parts**			**200문항**	**120분**	**990점**

■ **평가 항목**

LC	RC
단문을 듣고 이해하는 능력	읽은 글을 통해 추론해 생각할 수 있는 능력
짧은 대화체 문장을 듣고 이해하는 능력	장문에서 특정한 정보를 찾을 수 있는 능력
비교적 긴 대화체에서 주고받은 내용을 파악할 수 있는 능력	글의 목적, 주제, 의도 등을 파악하는 능력
장문에서 핵심이 되는 정보를 파악할 수 있는 능력	뜻이 유사한 단어들의 정확한 용례를 파악하는 능력
구나 문장에서 화자의 목적이나 함축된 의미를 이해하는 능력	문장 구조를 제대로 파악하는지, 문장에서 필요한 품사, 어구 등을 찾는 능력

※ 성적표에는 전체 수험자의 평균과 해당 수험자가 받은 성적이 백분율로 표기되어 있다.

수험 정보

■ **시험 접수 방법** 한국 토익 위원회 사이트(www.toeic.co.kr)에서 시험일 약 2개월 전부터
온라인으로 접수 가능

■ **시험장 준비물**

신분증	규정 신분증만 가능 (주민등록증, 운전면허증, 기간 만료 전의 여권, 공무원증)
필기구	연필, 지우개 (볼펜이나 사인펜은 사용 금지)

■ **시험 진행 시간**

09:20	입실 (9:50 이후 입실 불가)
09:30 ~ 09:45	답안지 작성에 관한 오리엔테이션
09:45 ~ 09:50	휴식
09:50 ~ 10:05	신분증 확인
10:05 ~ 10:10	문제지 배부 및 파본 확인
10:10 ~ 10:55	듣기 평가 (LISTENING TEST)
10:55 ~ 12:10	독해 평가 (READING TEST)

■ **TOEIC 성적 확인** 시험일로부터 약 12일 후 인터넷과 ARS(060-800-0515)로 성적 확인 가능.
성적표는 우편이나 온라인으로 발급 받을 수 있다. 우편으로 발급 받을 경우 성적 발표 후
대략 일주일이 소요되며, 온라인 발급을 선택하면 유효기간 내에 홈페이지에서 본인이
직접 1회에 한해 무료 출력할 수 있다. TOEIC 성적은 시험일로부터 2년간 유효하다.

■ **토익 점수** TOEIC 점수는 듣기 영역(LC)과 읽기 영역(RC)을 합계한 점수로 5점 단위로 구성되며
총점은 990점이다. TOEIC 성적은 각 문제 유형의 난이도에 따른 점수 환산표에 의해
결정된다.

LC 출제 경향 분석

PART 1

문제 유형 및
출제 비율
(평균 문항 수)

사람을 주어로 하는 사람 묘사
문제가 가장 많은 비중을 차지하며
사람/사물 혼합 문제, 사물/풍경
묘사 문제가 각각 그 다음을 이룬다.

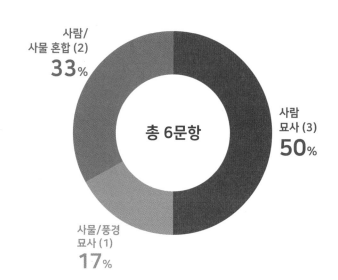

사람/
사물 혼합 (2)
33%

총 6문항

사람
묘사 (3)
50%

사물/풍경
묘사 (1)
17%

PART 2

문제 유형 및
출제 비율
(평균 문항 수)

의문사 의문문이 거의 절반가량을
차지하며 일반 의문문과 평서문이
그 다음을 이룬다. 부가/부정/
선택 의문문은 평균 2문항씩
출제되며 간접 의문문은 간혹
1문제 출제된다.

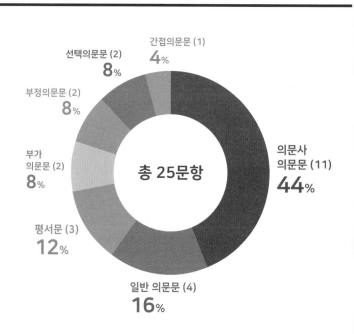

간접의문문 (1)
4%

선택의문문 (2)
8%

부정의문문 (2)
8%

부가
의문문 (2)
8%

총 25문항

의문사
의문문 (11)
44%

평서문 (3)
12%

일반 의문문 (4)
16%

PART 3

문제 유형 및
출제 비율
(평균 문항 수)

세부 사항을 묻는 문제가 가장
많은 비중을 차지하며 주제,
목적, 화자, 장소 문제, 다음에 할
일, 미래 정보 문제가 그 다음을
차지한다. 문제점 및 걱정 거리
문제는 출제 빈도가 다소 낮다.
의도 파악 문제와 시각 정보
문제는 각각 2문항, 3문항 고정
비율로 출제된다.

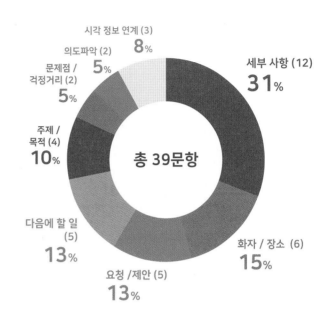

시각 정보 연계 (3) **8**%
의도파악 (2) **5**%
문제점 / 걱정거리 (2) **5**%
세부 사항 (12) **31**%
주제 / 목적 (4) **10**%
총 39문항
화자 / 장소 (6) **15**%
다음에 할 일 (5) **13**%
요청 /제안 (5) **13**%

PART 4

지문 유형 및
출제 비율
(평균 지문 수)

전화 메시지와 공지, 안내, 회의
발췌록이 가장 많이 출제된다.
광고, 방송, 보도가 그 다음을
차지하며 여행, 견학, 관람,
인물, 강연, 설명은 출제 빈도가
다소 낮다.

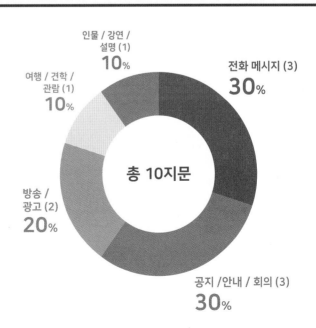

인물 / 강연 / 설명 (1) **10**%
여행 / 견학 / 관람 (1) **10**%
전화 메시지 (3) **30**%
방송 / 광고 (2) **20**%
총 10지문
공지 /안내 / 회의 (3) **30**%

RC 출제 경향 분석

PART 5

문법 문제 유형 및 출제 비율
(평균 문항 수)

전치사와 접속사를 구분하는 문제와 동사 문제, 품사 문제 출제 비중이 가장 높다. 기타 문법에서는 준동사가 1~2문항, 관계사가 매회 거의 1문항씩 출제된다.

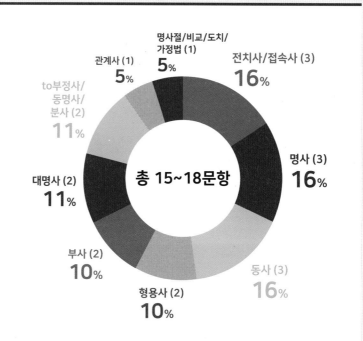

명사절/비교/도치/가정법 (1)
5%

관계사 (1)
5%

전치사/접속사 (3)
16%

to부정사/동명사/분사 (2)
11%

명사 (3)
16%

대명사 (2)
11%

총 15~18문항

부사 (2)
10%

형용사 (2)
10%

동사 (3)
16%

PART 5

어휘 문제 유형 및 출제 비율
(평균 문항 수)

전치사, 명사, 부사 어휘 문제가 가장 많이 출제되며 형용사, 동사 어휘가 그 뒤를 잇는다.

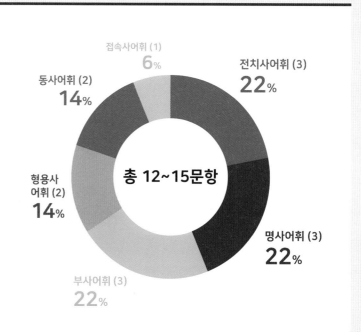

접속사어휘 (1)
6%

동사어휘 (2)
14%

전치사어휘 (3)
22%

형용사어휘 (2)
14%

총 12~15문항

명사어휘 (3)
22%

부사어휘 (3)
22%

PART 6

문제 유형 및
출제 비율
(평균 문항 수)

문법과 어휘 비중이 비슷하게
출제되며 접속부사는 1~2문항
출제된다. 문장 삽입 문제는
4문항 고정 비율로 출제된다.

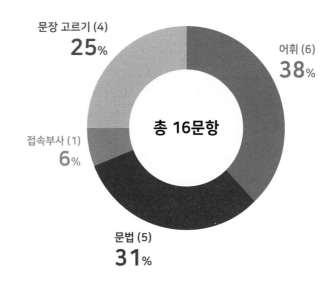

문장 고르기 (4)
25%

어휘 (6)
38%

접속부사 (1)
6%

총 16문항

문법 (5)
31%

PART 7

문제 유형 및
출제 비율
(평균 문항 수)

세부 사항 문제가 가장 높은
비율을 차지하며 추론 / 암시
문제와 (NOT) mention / true
문제가 그 다음으로 출제율이
높다. 주어진 문장 넣기와 의도
파악 문제는 각각 2문항씩 고정
비율로 출제된다. 이중, 삼중
지문에서는 연계 문제가 8문항
정도 출제된다.

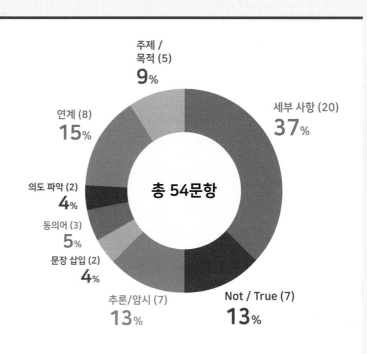

주제 /
목적 (5)
9%

연계 (8)
15%

세부 사항 (20)
37%

의도 파악 (2)
4%

동의어 (3)
5%

총 54문항

문장 삽입 (2)
4%

추론/암시 (7)
13%

Not / True (7)
13%

2주 완성 플랜

짧고 굵게, 초단기로 550점을 돌파하고 싶다면!

	DAY 1	DAY 2	DAY 3	DAY 4	DAY 5
LC	PART 1 UNIT 1&2	PART 2 UNIT 3&4	PART 2 UNIT 5&6	PART 2 UNIT 7&8	PART 3 UNIT 9
RC	PART 5&6 UNIT 1&2	PART 5&6 UNIT 3	PART 5&6 UNIT 4&5	PART 5&6 UNIT 6	PART 5&6 UNIT 7&8

	DAY 6	DAY 7	DAY 8	DAY 9	DAY 10
LC	PART 3 UNIT 10	PART 3 UNIT 11	PART 4 UNIT 12	PART 4 UNIT 13	PART 4 UNIT 14
RC	PART 5&6 UNIT 9	PART 5&6 UNIT 10&11	PART 7 UNIT 12	PART 7 UNIT 13	PART 7 UNIT 14

4주 완성 플랜

짧은 기간 차근차근 공부하여 550점 이상을 목표로 한다면!

	DAY 1	DAY 2	DAY 3	DAY 4	DAY 5
LC	LC 인트로	PART 1 UNIT 1	PART 1 UNIT 2	PART 2 UNIT 3	PART 2 UNIT 4
RC	RC 인트로	PART 5&6 UNIT 1	PART 5&6 UNIT 2	PART 5&6 UNIT 3	PART 5&6 UNIT 4

	DAY 6	DAY 7	DAY 8	DAY 9	DAY 10
LC	PART 2 UNIT 5	PART 2 UNIT 6	PART 2 UNIT 7	PART 2 UNIT 8	PART 3 UNIT 9
RC	PART 5&6 UNIT 5	PART 5&6 UNIT 6	PART 5&6 UNIT 7	PART 5&6 UNIT 8	PART 5&6 UNIT 9

	DAY 11	DAY 12	DAY 13	DAY 14	DAY 15
LC	PART 3 UNIT 10	PART 3 UNIT 11	PART 4 UNIT 12	PART 4 UNIT 13	PART 4 UNIT 14
RC	PART 5&6 UNIT 10	PART 5&6 UNIT 11	PART 7 UNIT 12	PART 7 UNIT 13	PART 7 UNIT 14

	DAY 16	DAY 17	DAY 18	DAY 19	DAY 20
LC	PART 1 복습	PART 2 복습	PART 3 복습	PART 4 복습	실전 모의고사
RC	UNIT 1~3 복습	UNIT 4~7 복습	UNIT 8~11 복습	UNIT 12~14 복습	

LC Listening Comprehension의 기초

L 미국식·영국식 발음 구별하여 듣기 550_Intro_01

토익 LC에서는 미국식(미국, 캐나다) 발음과 영국식(영국, 호주) 발음이 주로 등장합니다. 일부 차이가 나는 자음과 모음 발음을 따라 읽으면서 정확한 발음을 익혀 보세요.

① r 발음

enter	들어가다	🇺🇸 [엔터r]	🇬🇧 [엔터]
store	가게; 비축하다	🇺🇸 (스또r)	🇬🇧 [스또]

② t와 d 발음

letter	편지	🇺🇸 [레러r]	🇬🇧 [레터]
ladder	사다리	🇺🇸 [래러r]	🇬🇧 [래더]

③ a와 o 발음

pass	넘겨주다	🇺🇸 [패쓰]	🇬🇧 [파쓰]
document	서류	🇺🇸 [다큐먼ㅌ]	🇬🇧 [도큐먼ㅌ]

④ i와 ei 발음

director	이사	🇺🇸 [디렉터r]	🇬🇧 [다이렉터]
either	(둘 중) 어느 하나	🇺🇸 [이-더r]	🇬🇧 [아이더]

⑤ 기타 특이한 발음

schedule	일정(표); 예정하다	🇺🇸 [스께쥴]	🇬🇧 [쉐쥴]
advertisement	광고	🇺🇸 [애드버타이즈먼ㅌ]	🇬🇧 [어드버-티스먼ㅌ]
garage	창고	🇺🇸 [거롸지]	🇬🇧 [게라지]
vase	꽃병	🇺🇸 [베이스]	🇬🇧 [바-즈]

L 혼동 어휘 구별하여 듣기

550_Intro_02

오답으로 자주 등장하는 한 쌍의 단어들이 많이 있습니다. 의미가 여러 개이거나 발음이 비슷하여 혼동을 유발하는 경우가 많으니, 미리 익혀 두면 실수를 줄일 수 있겠죠?

● 다의어

address 명 주소 동 연설하다; 다루다	leave 명 휴가 동 떠나다; 두다
air 명 공기 동 방송되다	notice 명 공지 동 알아차리다
close 동 닫다 형 가까운	park 명 공원 동 주차하다
display 명 전시 동 전시하다	pick up 동 찾아오다; 데려오다
e-mail 명 이메일 동 이메일로 보내다	right 명 오른쪽 부 바로 형 옳은
firm 명 회사 형 확고한	return 명 반품 동 돌려주다; 돌아오다

● 유사 발음 어휘

accept 동 받아 들이다	except 전 ~을 제외하고	lunch 명 점심	launch 동 출시하다, 시작하다
account 명 계정	count (on) 동 (~를) 믿다	move 동 옮기다	movie 명 영화
appointment 명 약속	point 명 요점	postpone 동 연기하다	post office 우체국
contact 동 연락하다	contract 명 계약서	prefer 동 선호하다	prepare 동 준비하다
expense 명 경비	expensive 형 비싼	suitcase 명 가방	(in) case (~의) 경우
guest 명 손님	guess 동 추측[짐작]하다	wallet 명 지갑	wall 명 벽

● 파생어

account 명 계좌, 고객	accounting 명 회계	market 명 시장	marketing 명 마케팅
assemble 동 조립하다	assembly 명 조립	organize 동 정리하다	organization 명 조직
inspect 동 검사하다	inspection 명 검사	rent 동 임대하다	rental 명 임대
late 형 늦은	later 부 나중에	train 동 교육시키다 명 기차	training 명 교육

LC

Part

사진 묘사

Part 1 | 사진 묘사 6문항

● 시험에 이렇게 나와요!

사진을 보고, 들려주는 4개의 보기 중 사진을 가장 잘 묘사한 보기를 고르는 문제예요.

📋 문제지

1.

🔊 음원

Number 1. Look at the picture marked number 1 in your test book.

(A) She's moving a lamp.
(B) She's hanging up a photograph.
(C) She's using a telephone.
(D) She's picking up a folder.

● 이렇게 풀어요!

1　음원이 나오기 전에 사진을 파악하세요.
 - 사람의 주요 동작이나 사물의 상태, 위치 등을 미리 봐 두세요.
 - 몇 가지 표현을 미리 예상해 보세요.

2　보기를 들으며 오답을 하나하나 소거하세요.
 - 사람 및 사물의 동작, 상태, 위치 표현이 사진과 다르면 오답이에요.
 - 사진에 없는 단어가 들리면 오답이에요.
 - 보기를 들으며 오답을 소거하세요. ○, ×, △로 표시해 보는 것도 도움이 됩니다.

● 이런 시제를 주로 사용해요!

Part 1에서는 현재진행, 현재, 현재완료, 수동태 등의 시제가 주로 출제됩니다.

1 현재진행 사람의 주요 동작이나 사물의 상태를 묘사할 때 주로 쓴다.

주어 + is[are] + -ing	주어가 ~하고 있다

The woman is typing on a keyboard. 여자가 키보드를 치고 있다.
Some pictures are hanging on a wall. 그림 몇 점이 벽에 걸려 있다.

2 현재 위치나 상태를 묘사할 때 주로 쓴다.

주어 + 일반동사	주어가 ~하다
주어 + is[are] + 형용사	주어가 ~한 상태이다
주어 + is[are] + 전치사구	주어가 ~에 있다
There + is[are] + 주어 + 전치사구	주어가 ~에 있다

A café window faces a street. 카페 창문이 거리를 마주하고 있다.
All the seats are empty. 모든 좌석이 비어 있다.
Some watches are on display. 시계 몇 개가 진열되어 있다.
There are shadows on a walkway. 산책길에 그늘이 있다.

3 현재 수동태 / 현재완료 수동태 사물의 상태를 묘사할 때 주로 쓴다.

주어 + is[are] + p.p	주어가 ~되어 있다
주어 + has[have] been + p.p	주어가 ~되어 있다

Some tools are scattered on the floor. 도구들이 바닥에 흩어져 있다.
A travel bag has been set on a chair. 여행 가방이 의자 위에 놓여 있다.

4 현재진행 수동태 사람이 사물에 행하는 특정 동작을 묘사할 때 주로 쓴다.

주어 + is[are] + being p.p.	주어가 ~되고 있다

A car is being repaired in a garage. 차가 차고에서 수리되고 있다. (차를 수리하는 사람이 등장해야 함)
Some cabinets are being cleaned. 수납장이 청소되고 있다. (수납장을 청소하는 사람이 등장해야 함)

1인 또는 2인 이상의 사람이 등장하는 사진으로, Part 1에서 가장 많이 출제됩니다. 주요 동작을 묘사하는 동사를 잘 듣는 것이 중요하며 이때 동사는 <is[are]+동사-ing> 형태의 현재진행형으로 주로 표현됩니다.

● 문제 풀이 전략

인물 사진은 우선 등장 인물의 주요 동작, 인상착의와 장소 등을 잘 관찰한 다음에 들을 준비를 하는 것이 좋습니다. 인물 사진에서는 동사를 놓치지 않고 들어야 합니다.

인물 동작
making a phone call
전화를 하고 있다
typing on a keyboard
키보드를 치고 있다

장소/위치
indoors/in an office
실내/사무실 안
in front of the monitor
모니터 앞

인상착의
wearing glasses
안경을 쓰고 있다
having a shirt on
셔츠를 입고 있다

주변 사물
a printer on the desk
책상 위의 프린터
pictures on the wall
벽의 사진들

Possible Answers

He is **sitting** in front of the monitor. 남자는 모니터 앞에 앉아 있다.

He is **talking** on the phone. 남자는 전화 통화를 하고 있다.

He is **wearing** a long-sleeved shirt. 남자는 긴팔 셔츠를 입고 있다.

There are **some pictures** on the wall. 벽에 몇 장의 사진이 걸려 있다.

Check Up ....

550_P1_01 🎧

음원을 들으며 사진을 잘 묘사한 문장은 O, 아닌 문장은 X에 표시하세요.

정답과 해설 p.002

(A) O / X
(B) O / X
(C) O / X
(D) O / X

● 상황별 빈출 표현

인물 사진에 자주 등장하는 표현들을 익혀 두세요.

550_P1_02

사무 업무

taking notes 메모하고 있다

holding a cup 컵을 들고 있다

typing on a keyboard 키보드를 치고 있다

attending a meeting 회의에 참석하고 있다

examining a report 보고서를 검토하고 있다

working on[repairing] a machine
기계를 손보고 있다

looking in a drawer 서랍 안을 보고 있다

using some office equipment
사무기기를 사용하고 있다

쇼핑 / 식사

choosing an item 물품을 고르고 있다

shopping for clothes 옷을 사고 있다

searching a bookshelf 책장을 살펴보고 있다

reaching for an item 물건을 향해 손을 뻗고 있다

pouring a beverage 음료수를 따르고 있다

drinking from a cup 컵에 담아 마시고 있다

talking to a server 종업원에게 이야기하고 있다

paying at a counter 카운터에서 돈을 지불하고 있다

교통 / 거리

entering a building 건물 안으로 들어가고 있다

exiting a vehicle 차에서 내리고 있다

boarding[getting onto] a bus 버스에 올라타고 있다

crossing a road 길을 건너고 있다

waiting in line 줄을 서서 기다리고 있다

paving a driveway 차도를 포장하고 있다

기타

playing instruments 악기를 연주하고 있다

facing each other 서로 마주보고 있다

wiping a counter 카운터를 닦고 있다

leaning[bending] over 몸을 숙이고 있다

shaking hands 악수를 하고 있다

wearing a jacket 재킷을 입고 있다

loading boxes onto a cart 카트에 상자를 싣고 있다

standing in front of a desk 책상 앞에 서 있다

Check Up

550_P1_03

다음 우리말을 보고 빈칸에 알맞은 말을 넣으세요.

정답과 해설 p. 002

1 _____ a presentation
발표회에 참석하고 있다

2 _____ a bridge
다리를 건너고 있다

3 _____ a safety vest
안전 조끼를 입고 있다

4 _____ off a countertop
조리대를 닦고 있다

5 _____ for a telephone
전화기에 손을 뻗고 있다

6 _____ for a purchase
물건 값을 지불하고 있다

7 _____ a supermarket
슈퍼마켓에 들어가고 있다

8 _____ a briefcase
서류 가방을 들고 있다

9 _____ in a display case
진열장을 들여다보고 있다

10 _____ near some chairs
의자들 주변에 서 있다

1.

(A) She's ＿＿＿＿＿＿＿ some food.

(B) She's ＿＿＿＿＿＿＿ for groceries.

grocery 명 식료품

2.

(A) Some people are ＿＿＿＿＿＿＿ on a bench.

(B) Some people are ＿＿＿＿＿＿＿ from a boat.

3.

(A) The woman is ＿＿＿＿＿＿＿ from a bottle.

(B) The man is ＿＿＿＿＿＿＿ a tie.

4.

(A) Some people are ＿＿＿＿＿＿＿ on a platform.

(B) Some passengers are ＿＿＿＿＿＿＿ a train.

passenger 명 승객

1.

(A)　　(B)　　(C)　　(D)

2.

(A)　　(B)　　(C)　　(D)

3.

(A)　　(B)　　(C)　　(D)

4.

(A)　　(B)　　(C)　　(D)

5.

(A)　　(B)　　(C)　　(D)

6.

(A)　　(B)　　(C)　　(D)

사물·풍경 사진

사물이나 장소가 등장하는 사진으로, 사람과 사물·풍경이 섞인 사진이 나오기도 합니다. 사물·풍경 사진에서는 주로 「be동사+-ing/p.p.」, 「have been+p.p.」의 형태로 '~되어 있다'라는 의미의 상태를 표현합니다.

● 문제 풀이 전략

사물·풍경 사진은 사진에 등장하는 사물들의 위치와 상태를 잘 관찰한 후에 들을 준비를 하는 것이 좋습니다. 주어에 이어 나오는 동사와 전치사구를 집중해서 들어야 합니다.

주요 사물
a picture 그림
a sofa 소파
chairs 의자들

상태/위치
hanging on the wall
벽에 걸려 있는
unoccupied 비어 있는
on the floor 바닥에

주변 사물
lights 전등
a rug 깔개

장소
a room 방
inside 실내

Possible Answers

A picture **is hanging** on the wall. 벽에 그림이 걸려 있다.

Lights **have been turned on**. 전등이 켜져 있다.

A rug **has been laid out** on the floor. 깔개가 바닥에 펼쳐져 있다.

A sofa and some chairs **are unoccupied**. 소파와 의자가 비어 있다.

Check Up
550_P1_06 🎧

음원을 들으며 사진을 잘 묘사한 문장은 O, 아닌 문장은 X에 표시하세요.

정답과 해설 p.004

(A) O / X
(B) O / X
(C) O / X
(D) O / X

● 상황별 빈출 표현

사물·풍경 사진에 자주 등장하는 표현들을 익혀 두세요.

사무실

be left open 열려져 있다

be placed[positioned] ~에 위치하다

be stored in a closet 벽장에 보관되어 있다

be pushed under a desk 책상 아래에 밀려 들어가 있다

be leaning against the wall 벽에 기대어 있다

be lying[resting] on the ground 바닥에 놓여 있다

be spread out on a table 테이블 위에 펼쳐져 있다

be hung on the wall 벽에 걸려 있다

상점

be on display 진열되어 있다

be arranged on shelves 선반에 정리되어 있다

be stacked[piled] in a bin 큰 통에 쌓여 있다

be unoccupied 비어 있다

be full of cartons 판지 상자로 가득 차다

be scattered on the floor 바닥에 흩어져 있다

거리

be lined up 줄지어 있다

be raked into piles 갈퀴로 긁어 모아 쌓여 있다

be parked along a street 길을 따라 주차되어 있다

stop at a traffic light 신호등에서 멈추다

be under construction 공사 중이다

be attached to a pole 기둥에 붙어 있다

be unattended 방치되어 있다

overlook the water 물을 내려다보다

기타

be docked[tied] in a harbor 항구에 정박되어 있다

be floating in the water 물에 떠 있다

be set up outside 야외에 설치되다

surround a fountain 분수대를 둘러싸다

cross over a river 강 위를 가로지르다

lead (up) to an entrance 입구까지 이어지다

Check Up

다음 우리말을 보고 빈칸에 알맞은 말을 넣으세요.

정답과 해설 p.004

1 be _____ in a corner
   구석에 쌓여 있다

2 be _____ in a garage
   차고에 주차되어 있다

3 be _____ up against a wall
   벽에 늘어서 있다

4 be on _____ in a hallway
   복도에 진열되어 있다

5 _____ over a waterway
   수로 위를 가로지르다

6 be _____ in a work space
   작업 공간에 설치되어 있다

7 be _____ at a work site
   공사장에서 밀려 있다

8 be _____ on tables
   탁자 위에 정리되어 있다

9 be _____ on the ground
   바닥에 놓여 있다

10 be _____ against a filing cabinet
   문서 보관함에 기대어 있다

Unit 02 사물·풍경 사진 **027**

1.

(A) Some grass is _____ _____.

(B) Some chairs are _____ on a lawn.

lawn 명 잔디밭

2.

(A) Cars are _____ at a traffic light.

(B) Some vehicles are _____ along a street.

vehicle 명 차량

3.

(A) A cabinet has been _____ with supplies.

(B) A woman is _____ a cabinet door.

4.

(A) Some wood is _____ in the water.

(B) A bridge _____ to some buildings.

1.

(A)   (B)   (C)   (D)

2.

(A)   (B)   (C)   (D)

3.

(A)   (B)   (C)   (D)

4.

(A)   (B)   (C)   (D)

5.

(A)   (B)   (C)   (D)

6.

(A)   (B)   (C)   (D)

Part

질의 응답

Part 2 | 질의 응답 25문항

● 시험에 이렇게 나와요!

시각 정보 없이 듣고만 푸는 문제예요. 성우가 읽어주는 질문 하나와 답변 세 개를 듣고, 질문에 가장 적절한 응답 하나를 고르면 됩니다.

📑 문제지

7. Mark your answer on your answer sheet.

🔊 음원

Number 7.
When's the next flight to Madrid?
(A) Tonight at five-thirty.
(B) No, not yet.
(C) Meet me at the gate.

● 이렇게 풀어요!

1 질문의 앞부분을 잘 들으세요.
- 각 질문의 앞부분에 나오는 의문사와 주어, 동사구를 잘 듣고 기억하세요.
- 가능한 답변을 예상하면서 보기를 들으세요.

2 보기를 들으며 오답을 소거하세요.
- 의문사 의문문에 Yes/No로 대답하면 오답이에요.
- 주어진 의문사가 아닌 다른 의문사에 대한 응답도 대표적인 오답입니다.
- 보기를 들으며 정답을 고를 때 ○, ×, △로 표시해 보는 것도 도움이 됩니다.

이런 게 오답이에요!

1 의문사 의문문에 Yes / No / Sure로 답하면 오답이에요!

Which room are the extra chairs in?
여분의 의자는 어느 방에 있나요?

No, that's enough. (X) 아뇨, 그거면 충분해요.
→ 의문사 의문문은 Yes/No로 답변할 수 없어요.

The employee lounge. (O)
직원 휴게실에 있어요.

2 같은 단어나 비슷한 발음이 들리면 오답인 경우가 많아요!

Where can I get my car repaired?
제 차는 어디서 수리할 수 있나요?

I'd like both pairs. (X) 두 켤레 모두 주세요.
→ 유사 발음 어휘(repair → pair)를 사용한 오답이에요.

I take mine to Ted's Garage. (O)
저는 제 차를 테드 정비소로 가져갑니다.

3 질문의 단어와 관련 있는 표현도 오답인 경우가 많아요!

Why is this computer running so slowly?
이 컴퓨터는 왜 이렇게 느리게 작동하나요?

Next to the keyboard. (X) 키보드 옆에요.
→ 연상 어휘(computer → keyboard)를 사용한 오답이에요.

Maybe too many programs are open. (O)
어쩌면 너무 많은 프로그램이 열려 있을지도 모릅니다.

4 주어의 인칭에 주의하세요!

When will you call the delivery company?
배달 회사에 언제 전화하실 건가요?

He will send a lot of packages. (X)
그는 많은 소포를 보낼 거예요.
→ 2인칭(you) 질문에 3인칭(He)으로 응답한 오답이에요.

As soon as I finish my work. (O)
제가 일을 마치자마자요.

LC

PART 2

Unit | 03 Who / What · Which 의문문

① Who 의문문

의문사 who는 '누가, 누구를'이라는 뜻으로 행위의 주체나 대상을 묻는 의문문을 이끌며, 답변으로는 주로 사람 이름이나 직책, 직업, 부서, 회사명 등이 제시됩니다. Yes / No로 대답할 수 없습니다.

Who's going to attend the seminar?
세미나에 누가 참석하나요?

I am.
제가요.

It hasn't been decided.
결정되지 않았어요.

● 빈출 표현

Who 의문문에 자주 등장하는 표현들을 익혀 두세요.

550_P2_01

직책 / 직업 / 신분	부서 / 회사
accountant 회계사	accounting department 회계부
applicant 지원자(= candidate)	customer service department 고객 서비스부
assistant 조수, 보조	finance department 재무부
coworker 동료(= colleague)	human resources[personnel] department 인사부
director 이사, 부장	maintenance department 시설 관리부
keynote speaker 기조 연설자	marketing team 마케팅팀
receptionist 접수 담당자	shipping department 배송부
sales representative 영업사원	technical support team 기술지원팀
spokesperson 대변인	headquarters 본사(= main office)
supervisor 관리자	branch (office) 지점, 지사
vice president 부사장	catering company 출장 요리 업체

● 답변 유형

(1) 사람 이름 / 대명사

Q	**Who** is going to pick up Ms. Garcia from the airport?	누가 공항으로 가르시아 씨를 데리러 가나요?
A1	**Jason** said that he would.	제이슨이 하겠다고 했어요.
A2	**I**'d be happy to.	제가 기꺼이 할게요.
오답	No, we have to drive there. → 의문사 의문문은 Yes / No 답변 불가	아니요, 운전해서 가야 합니다.

(2) 직책 / 직업 / 부서 / 회사

Q	**Who** will create our trade show display?	누가 우리 무역박람회 전시를 담당하나요?
A1	**Rosa's team** will do it.	로사 팀이 할 것입니다.
A2	**The Grafton Design.**	그래프튼 디자인 사입니다.
오답	An improved layout. → 연상 어휘 오답 [display → layout]	개선된 배치도예요.

(3) 우회적 답변

Q	**Who** will replace Mr. Collins as president?	누가 사장으로 콜린스 씨를 대신할 건가요?
A1	It hasn't been decided.	결정되지 않았어요.
A2	They'll announce that today.	오늘 발표할 거예요.
오답	That sounds like a good place. → 유사 발음 오답 [replace → place]	좋은 곳 같아요.

Check Up

550_P2_02

질문을 듣고 알맞은 응답을 모두 골라 보세요.

정답과 해설 p. 007

(A) To get it replaced.	( )
(B) No, I'm not using it.	( )
(C) Try the technology department.	( )
(D) I will sign the rental contract.	( )
(E) The phone number is on your desk.	( )
(F) Someone from the maintenance department.	( )

② What · Which 의문문

What 의문문은 시간, 가격, 주제, 의견, 방법 등 다양한 정보를 묻는 질문으로, What 뒤에 오는 명사 키워드와 동사를 잘 듣는 것이 중요합니다. Which 의문문은 선택 사항 중에서 하나를 지정하는 것이 정답으로 자주 나옵니다.

What did you think of the presentation?
발표 어땠나요?

It was great.
좋았어요.

I was on vacation.
저는 휴가였어요.

● 빈출 표현

What · Which 의문문에 자주 등장하는 표현들을 익혀 두세요.

550_P2_03

What · Which + 명사	What + 명사 키워드 / What + 동사
What time 몇 시	[가격] What's the price[cost] of A? A의 가격[비용]이 얼마인가요?
What date 며칠	[주제] What was the topic of A? A의 주제는 무엇이었나요?
What floor 몇 층	[방법] What's the best way to ~? ~하는 가장 좋은 방법은 무엇인가요?
What kind[type] 어떤 종류	[상태] What is A like? A는 어떠한가요?
Which department 어느 부서	[행동] What should I do with A? A를 어떻게 할까요?
Which restaurant 어느 식당	What did he ~? 그는 무엇을 ~했나요?
Which caterer 어떤 출장 요리 업체	[사건] What happened at A? A에서 무슨 일이 있었나요?
Which food supplier	[내용] What should I include in A? A에 무엇을 포함시켜야 하나요?
어떤 음식 공급 업체	[의견] What do you think of[about] A?
Which menu item 어떤 메뉴	A에 대해 어떻게 생각합니까?

● 답변 유형

(1) What · Which + 명사

Q	**What shift** are you working on Saturday?	토요일에는 어느 교대근무 시간에 일하세요?
A1	The **morning one**.	아침 근무예요.
A2	I usually work the **evening shift**.	보통 저녁 근무를 해요.
오답	No, I'm busy tonight.	아니요, 저는 오늘 저녁에 바빠요.
	→ 의문사 의문문은 Yes/No 답변 불가	

(2) What + 동사

Q	**What** did you **think of** the accounting workshop?	회계 워크숍 어땠나요?
A1	Everyone **liked** it.	다들 좋아했어요.
A2	I thought it was very **helpful**.	아주 도움이 되었어요.
오답	I'll suggest that.	제가 그렇게 제안할게요.
	→ 연상 어휘 오답 [think → suggest]	

(3) 우회적 답변

Q	**What** should we discuss at Thursday's meeting?	목요일 회의에서 무엇을 논의해야 할까요?
A1	The agenda was sent out yesterday.	그 안건은 어제 보내졌어요.
A2	I'll be on vacation then.	저는 그때 휴가예요.
오답	OK, I'll join you there.	좋아요, 저도 거기 갈게요.
	→ 질문과 무관한 답변	

Check Up

550_P2_04

질문을 듣고 알맞은 응답을 모두 골라 보세요.

정답과 해설 p.007

(A) That's what they suggested.   (   )

(B) A table for two, please.   (   )

(C) The pie sounds delicious.   (   )

(D) That's a good choice.   (   )

(E) Yes, it was nice to meet you.   (   )

(F) Everyone likes the chocolate cake.   (   )

T 토익 감각 익히기 | 질문을 듣고 알맞은 응답을 고르세요. 그런 다음, 다시 들으면서 빈칸을 채우세요.

550_P2_05

정답과 해설 p.007

1. Mark your answer.

(A)   (B)   (C)

_____ setting up the _____?

(A) Ali from _____ _____.

(B) Yes, it's been _____ _____.

(C) With the orange _____.

set up 설치하다

2. Mark your answer.

(A)   (B)   (C)

_____ _____ did you go to?

(A) I can't _____ the _____.

(B) Swimming and _____.

(C) The room has a _____.

3. Mark your answer.

(A)   (B)   (C)

_____ did you _____ at the bookstore?

(A) Just a _____ _____.

(B) Yesterday _____.

(C) It was never _____.

4. Mark your answer.

(A)   (B)   (C)

Who _____ the trade _____ last year?

(A) Nearly _____ past six.

(B) Sure, we can _____ a car.

(C) The sales _____.

1. Mark your answer. (A) (B) (C)

2. Mark your answer. (A) (B) (C)

3. Mark your answer. (A) (B) (C)

4. Mark your answer. (A) (B) (C)

5. Mark your answer. (A) (B) (C)

6. Mark your answer. (A) (B) (C)

7. Mark your answer. (A) (B) (C)

8. Mark your answer. (A) (B) (C)

9. Mark your answer. (A) (B) (C)

10. Mark your answer. (A) (B) (C)

11. Mark your answer. (A) (B) (C)

12. Mark your answer. (A) (B) (C)

13. Mark your answer. (A) (B) (C)

14. Mark your answer. (A) (B) (C)

15. Mark your answer. (A) (B) (C)

16. Mark your answer. (A) (B) (C)

17. Mark your answer. (A) (B) (C)

18. Mark your answer. (A) (B) (C)

19. Mark your answer. (A) (B) (C)

20. Mark your answer. (A) (B) (C)

LC

PART 2

Unit | 04 When / Where 의문문

① When 의문문

When 의문문은 '언제'를 묻는 의문문으로, When 뒤에 오는 시제를 나타내는 동사를 함께 잘 듣는 것이 중요합니다.
미래 시간으로 답변하는 유형이 가장 많이 출제됩니다.

When does the
store open?
가게가 언제 문을 열죠?

At 9.
9시요.

Judy might
know.
주디가 알 거예요.

● 빈출 표현

When 의문문에 자주 등장하는 시간 관련 표현들을 익혀 두세요.

550_P2_07

미래	현재
at the next weekly meeting 다음 주간 회의에	every month 매달
as soon as the train arrives 기차가 도착하자마자	for now 지금은
by the end of the month 월말까지	right away 당장
in two days 이틀 후에	right now 지금 당장
later today 이따가	today 오늘
no later than Friday 늦어도 금요일까지	
not until after lunch 점심이 지나서야	**과거**
probably this afternoon 아마도 오늘 오후	yesterday 어제
right after the presentation 발표 직후에	already 이미
sometime in July 7월 언젠가	at our last gathering 지난 모임에서
This afternoon would be best.	earlier this week 이번 주 초에
오늘 오후가 가장 좋겠습니다.	sometime last week 지난주 언젠가
whenever 언제든지	three weeks ago 3주 전에

● 답변 유형

(1) 미래 시간

Q	**When** is the budget report due?		예산 보고서는 언제까지 제출해야 하나요?
A1	**By the end of today.**		오늘 중으로요.
A2	**Next Friday.**		다음 주 금요일에요.

오답	About the budget.	예산에 관한 거예요.
	→ 반복 어휘 'budget' 오답	

(2) 과거 / 현재 시간

Q	**When** did you submit the travel request?		출장 요청서를 언제 제출하셨죠?
A1	**Sometime last week.**		지난주 언젠가요.
A2	**A few days ago.**		며칠 전에요.

오답	To the accounting department.	회계 부서로요.
	→ 다른 의문사 'where'에 대한 응답	

(3) 우회적 답변

Q	**When** are you going to paint the hallway?		복도는 언제 칠할 거예요?
A1	I can't decide on a color.		색상을 정할 수가 없어요.
A2	You should ask the manager.		매니저에게 물어 보세요.

오답	He is a good painter.	그는 훌륭한 화가입니다.
	→ 파생어 오답 [paint → painter]	

Check Up

550_P2_08 🎧

질문을 듣고 알맞은 응답을 모두 골라 보세요.

정답과 해설 p. 011

(A) 35 workers.	(	)
(B) In two days.	(	)
(C) In early October.	(	)
(D) It should be here soon.	(	)
(E) To manufacture car parts.	(	)
(F) It hasn't been decided yet.	(	)

② Where 의문문

Where 의문문은 '어디에서'를 묻는 의문문으로 동사와 목적어를 잘 들어야 하며, 대부분 장소나 위치를 나타내는 직접적인 답변이 가능하지만 우회적인 답변에도 유의하여야 합니다.

Where is the
annual report?
연간 보고서 어디에
있어요?

On my desk.
저의 책상 위에요.

Jason had it
this morning.
제이슨이 오늘 아침에
갖고 있었어요.

● 빈출 표현

Where 의문문에 자주 등장하는 장소나 위치 표현들을 익혀 두세요.

550_P2_09

장소 / 위치	지명 / 출처 / 사람
upstairs 위층에	in Coriboo Park 코리부 공원에서
in a drawer 서랍 안에	in Milan 밀라노에서
in the file cabinet 파일 보관함 안에	It's only available online. 온라인으로만 가능해요.
in the supply room 비품실에	Jason had it yesterday. 제이슨이 어제 갖고 있었어요.
in your mail box 당신 우편함에	Our supervisor should know. 저의 상사가 알 거예요.
near the entrance 입구 근처에	
on Fifth Avenue 5번 가에	**Go to / Try / Check / Leave + 장소 표현**
on the second floor 2층에	Go to the personnel department. 인사팀으로 가세요.
right across the hall 복도 건너편에	I'm going there now. 지금 가는 중이에요.
right next to the park 공원 바로 옆에	Try the security office. 경비실에 가 보세요.
the shop next door 옆 가게	Check this brochure. 이 안내서를 확인해 보세요.
to the right of the elevator 엘리베이터 오른쪽으로	Leave them on my desk. 제 책상 위에 두세요.

● 답변 유형

(1) 장소 / 위치

Q	**Where** did you put the rental contract?	임대 계약서를 어디에 두었어요?
A1	I left it **on your desk**.	당신 책상 위에 두었는데요.
A2	It should be **in the file cabinet**.	파일 보관함 안에 있을 거예요.

오답	One thousand dollars a month.	한 달에 천 달러요.
	→ 연상 어휘 오답 [rental → dollars]	

(2) 지명 / 출처 / 사람

Q	**Where** should I send the package?	소포를 어디로 보내야 하나요?
A1	Directly **to Holtz Gallery**.	홀츠 갤러리로 바로요.
A2	**Martha** has the mailing list.	마사가 우편물 수신인 명단을 가지고 있어요.

오답	To pick up a package for Ms. Warren.	워렌 씨에게 온 소포를 가지러요.
	→ 반복 어휘 'package' 오답	

(3) 우회적 답변

Q	**Where** is the fax machine?	팩스기 어디에 있나요?
A1	It is out of order.	고장이에요.
A2	I'll ask Susan.	수잔에게 물어 볼게요.

오답	Fax it by tomorrow, please.	내일까지 팩스로 보내 주세요.
	→ 다의어 오답 [fax 팩스; 팩스를 보내다]	

LC

PART 2

Check Up

550_P2_10 🎧

질문을 듣고 알맞은 응답을 모두 골라 보세요.

정답과 해설 p. 012

(A) Sorry, we don't have that size.   (   )

(B) At the back of the store.   (   )

(C) Where did you lose them?   (   )

(D) No, it's a new model.   (   )

(E) Our supervisor should know.   (   )

(F) By advertising more.   (   )

1. Mark your answer.
(A) (B) (C)

_____ will we be _____?
(A) _____ arrive _____.
(B) At the table _____ the door.
(C) Very _____.

2. Mark your answer.
(A) (B) (C)

_____ do you want me to _____ the catalog?
(A) To my _____ _____.
(B) _____ would be great.
(C) The summer _____.

3. Mark your answer.
(A) (B) (C)

_____ did I _____ you last?
(A) No, at the _____.
(B) I think it was _____.
(C) You can _____ _____.

4. Mark your answer.
(A) (B) (C)

_____ are Cindy Garza's medical _____?
(A) In the _____ on top of my desk.
(B) Yes, Dr. Deluca's _____.
(C) For her next _____.

medical 형 의료의, 의학의

1. Mark your answer.   (A) (B) (C)

2. Mark your answer.   (A) (B) (C)

3. Mark your answer.   (A) (B) (C)

4. Mark your answer.   (A) (B) (C)

5. Mark your answer.   (A) (B) (C)

6. Mark your answer.   (A) (B) (C)

7. Mark your answer.   (A) (B) (C)

8. Mark your answer.   (A) (B) (C)

9. Mark your answer.   (A) (B) (C)

10. Mark your answer.   (A) (B) (C)

11. Mark your answer.   (A) (B) (C)

12. Mark your answer.   (A) (B) (C)

13. Mark your answer.   (A) (B) (C)

14. Mark your answer.   (A) (B) (C)

15. Mark your answer.   (A) (B) (C)

16. Mark your answer.   (A) (B) (C)

17. Mark your answer.   (A) (B) (C)

18. Mark your answer.   (A) (B) (C)

19. Mark your answer.   (A) (B) (C)

20. Mark your answer.   (A) (B) (C)

LC

PART 2

Unit | 05 How / Why 의문문

① How 의문문

How 의문문은 many, much, often, long 등과 함께 쓰여 수량, 가격, 빈도, 기간 등을 묻거나, 동사와 함께 쓰여 수단, 방법, 의견, 상태를 묻기도 합니다. 다른 의문사에 어울리는 응답으로 혼동을 주는 오답에 유의해야 합니다.

How do you get to work?
어떻게 출근하세요?

By bus.
버스로요.

I live in the company apartment.
회사 숙소에 살고 있어요.

● 빈출 표현

How 의문문에 자주 등장하는 표현들을 익혀 두세요.　　　　　550_P2_13

수량 / 가격 / 빈도 / 기간 등

[수량] How many　몇 개[명]의　　　　　　　　　　- around twenty / a few　대략 20개[명] / 몇 개[명]

[가격] How much　얼마　　　　　　　　　　　　- twenty euros each　각 20유로

[빈도] How often　얼마나 자주　　　　　　　　　- a few times a day　하루에 몇 번

[기간] How long　얼마 동안　　　　　　　　　　- a few more days　며칠 더

[시간] How soon　얼마나 빨리　　　　　　　　　- in about an hour　대략 한 시간 후에

[거리] How far　얼마나 먼　　　　　　　　　　　- about a mile　대략 1마일

수단 / 방법 / 의견 / 상태

[수단] How will we get to A from B?　　　　　　- We'll take a taxi.
　　　　B에서 A로 어떻게 갑니까?　　　　　　　　　택시 탈 겁니다.

[방법] How can we improve A?　A를 어떻게 개선할 수 있나요?　- By advertising online.　온라인 광고로요.

[의견] How did you like A?　A는 어땠나요?　　　- I had a great time.　즐거운 시간이었어요.

[상태] How is A going?　A는 어떻게 진행되고 있나요?　- I'm almost finished with it.　거의 끝냈어요.

답변 유형

(1) 수량 / 가격 / 빈도 / 기간

Q	**How often** do I need to update this software?	이 소프트웨어는 얼마나 자주 업데이트해야 하나요?
A1	It updates **automatically**.	자동으로 업데이트돼요.
A2	**Whenever** another version is released.	다른 버전이 출시될 때마다요.

오답	I don't know where it is.	어디 있는지 몰라요.
	→ 유사 발음 오답 [software → where]	

(2) 수단 / 방법 / 의견 / 상태

Q	**How** are you getting to the marketing seminar?	마케팅 세미나에 어떻게 갈 거예요?
A1	I'm taking **the train**.	저는 기차를 탈 거예요.
A2	We'll take **a taxi**.	우리는 택시를 탈게요.

오답	In about an hour.	한 시간쯤 후에요.
	→ 'How soon'에 대한 응답으로 오답	

(3) 우회적 답변

Q	**How** can I get a copy of my birth certificate?	출생 증명서 사본은 어떻게 받을 수 있나요?
A1	Mr. Jacobs will help you.	제이콥스 씨가 도와줄 거예요.
A2	It's not difficult.	어렵지 않아요.

오답	The copier is broken.	복사기가 고장 났어요.
	→ 파생어 오답 [copy → copier]	

Check Up

550_P2_14 🎧

질문을 듣고 알맞은 응답을 모두 골라 보세요.

정답과 해설 p.016

(A) Three to four days. ( )

(B) Just sign up at the front desk. ( )

(C) Yes, that'd be OK with me. ( )

(D) That book has been reserved. ( )

(E) I'll notify them on Tuesday. ( )

(F) You'll have to ask the receptionist. ( )

② Why 의문문

Why 의문문은 이유, 원인, 목적을 묻는 질문으로, Because가 들어간 표현이 정답으로 주로 출제됩니다. 하지만 Because가 생략된 문장과 우회적인 답변도 정답이 될 수 있으며, 이유나 목적을 가장한 오답을 유의해야 합니다.

● 빈출 표현

Why 의문문에 자주 등장하는 표현들을 익혀 두세요.

550_P2_15

이유 / 원인

due to a scheduling conflict   일정이 겹쳐서
because of the bad weather   악천후 때문에
because I got stuck in traffic   차가 막혀서
The budget's not big enough.   예산이 충분치 않아서.

목적

to discuss A   A를 논의하기 위하여
for some renovations   수리를 위해
so (that) they can meet the deadline
그들이 마감일을 맞출 수 있도록

검토 중 / 부재 중

We're looking into that.   조사 중입니다.
We're investigating it.   조사 중입니다.
We're still deciding.   결정 중입니다.
It's under review.   검토 중입니다.
I had a meeting with a client.   고객 미팅이 있었어요.
I was out on holiday.   저는 휴가였어요.
He was on vacation.   그는 휴가 중이었어요.
He left early.   그는 일찍 퇴근했어요.
He's out of the office.   그는 사무실을 비웠어요.

● 답변 유형

(1) 이유/원인

Q	**Why** is Main Street closed to traffic?	왜 메인 가는 교통이 통제되죠?
A1	The parade is today.	퍼레이드가 오늘입니다.
A2	**Because of** road construction.	도로 공사 때문에요.
오답	No, it's too far.	아니요, 너무 멀어요.
	→ 의문사 의문문은 Yes/No 답변 불가	

(2) 목적

Q	**Why** did George call you into his office?	조지가 왜 당신을 사무실로 불렀나요?
A1	**To discuss** the schedule.	일정을 논의하기 위해서요.
A2	**For** an urgent meeting.	급한 회의 때문에요.
오답	At my old phone number.	제 예전 전화번호로요.
	→ 연상 어휘 오답 [call → phone number]	

(3) 우회적 답변

Q	**Why** didn't you sign up for the marketing seminar?	마케팅 세미나에 왜 등록 안했어요?
A1	I didn't know it was required.	그게 필수인지 몰랐어요.
A2	I've already attended one.	저는 이미 한 번 참석했어요.
오답	He was on vacation.	그는 휴가 중이었어요.
	→ 인칭대명사 오류 [you → He]	

LC

PART 2

Check Up

550_P2_16

질문을 듣고 알맞은 응답을 모두 골라 보세요.

정답과 해설 **p.016**

(A)	It was a surprise party.	(	)
(B)	I think it's Ms. Kathy.	(	)
(C)	In the manager's office.	(	)
(D)	Why don't you ask her?	(	)
(E)	She didn't like that movie.	(	)
(F)	Because she's been promoted.	(	)

T **토익 감각 익히기** | 질문을 듣고 알맞은 응답을 고르세요.
그런 다음, 다시 들으면서 빈칸을 채우세요.

550_P2_17 🎧
정답과 해설 p.016

1. Mark your answer.

    (A)   (B)   (C)

How _____ do you _____ for work?
(A) I'll be back _____.
(B) Those will be _____ on Tuesday.
(C) _____ couple of _____.

2. Mark your answer.

    (A)   (B)   (C)

Why did she _____ the meeting so _____?
(A) By _____.
(B) Didn't she _____ you?
(C) In half an _____.

3. Mark your answer.

    (A)   (B)   (C)

How did you _____ a local _____?
(A) I don't _____ where it is.
(B) I searched _____.
(C) On _____ four.

4. Mark your answer.

    (A)   (B)   (C)

Why is the restaurant _____ _____?
(A) There's a private _____.
(B) Some _____, please.
(C) Not until _____ night.

private ⑱ 사적인

1. Mark your answer.　(A)　(B)　(C)

2. Mark your answer.　(A)　(B)　(C)

3. Mark your answer.　(A)　(B)　(C)

4. Mark your answer.　(A)　(B)　(C)

5. Mark your answer.　(A)　(B)　(C)

6. Mark your answer.　(A)　(B)　(C)

7. Mark your answer.　(A)　(B)　(C)

8. Mark your answer.　(A)　(B)　(C)

9. Mark your answer.　(A)　(B)　(C)

10. Mark your answer.　(A)　(B)　(C)

11. Mark your answer.　(A)　(B)　(C)

12. Mark your answer.　(A)　(B)　(C)

13. Mark your answer.　(A)　(B)　(C)

14. Mark your answer.　(A)　(B)　(C)

15. Mark your answer.　(A)　(B)　(C)

16. Mark your answer.　(A)　(B)　(C)

17. Mark your answer.　(A)　(B)　(C)

18. Mark your answer.　(A)　(B)　(C)

19. Mark your answer.　(A)　(B)　(C)

20. Mark your answer.　(A)　(B)　(C)

LC

PART 2

Unit | 06 일반 / 선택 의문문

① 일반 의문문

일반 의문문은 Be동사나 Do, Have와 같은 조동사로 시작되는 질문으로, 주어 뒤에 오는 동사 부분을 잘 듣는 것이 중요합니다. Do동사로 묻는 일반 의문문이 가장 많이 출제됩니다. 일반 의문문에는 Yes / No 응답이 가능합니다.

Are you using the copier?
복사기 사용 중인가요?

No, I'm done.
아니요, 다 했어요.

You go ahead.
사용하셔도 돼요.

● 빈출 표현

일반 의문문에 자주 등장하는 표현들을 익혀 두세요.

550_P2_19

Do / Have / Be동사 + 주어 + 동사

Do you want[need] to do A?	A하기를 원하세요?	- Yes, that'd be great. 그럼 좋겠네요.
Do you want me to do A?	제가 A해 주기를 원하세요?	- Yes, I'd appreciate that. 그렇게 해 주시면 감사하죠.
Do you have A?	A를 가지고 있나요?	- How many do you need? 얼마나 필요하세요?
Did you buy[get] A?	A를 구매했나요?	- Yes, last week. 네, 지난주에요.
Have you finished A?	A를 끝냈나요?	- I did that this morning. 오늘 오전에 마쳤어요.
Have you seen A yet?	A를 본 적 있나요?	- No, I'm going to see it tomorrow.
		아니요, 내일 볼 거예요.
Are you available for A?	A가 가능하세요?	- Yes, I'd be happy to. 네, 기꺼이 할게요.
Is there A in the store?	가게에 A가 있나요?	- You can follow me. 저를 따라오시면 돼요.

Yes / No의 대체 표현

[Yes] Sure. / Okay. / All right. / I think so. 좋아요.[그럼요.]

[No] Not yet. / Not really. / Unfortunately. 아니요.

052

● 답변 유형

(1) Do / Have 동사 의문문

Q	**Did** Elaine already contact the buyer?	일레인이 벌써 구매자에게 연락을 했나요?
A1	**Yes**, right before lunch.	네, 점심 먹기 직전에요.
A2	**No**, she's had a very busy day.	아니요, 그녀는 매우 바쁜 하루였어요.
오답	No, we didn't buy tickets.	아니요, 우리는 표를 사지 않았어요.
	→ 파생어 오답 [buyer → buy]	

(2) Be동사 의문문

Q	**Is** Internet access available in this room?	이 방은 인터넷 연결이 되나요?
A1	**Yes**, but it's a little slow.	네, 그런데 조금 느려요.
A2	**No**, I'm afraid not.	아니요, 안 되는 것 같아요.
오답	A reservation for a night.	1박 예약이요.
	→ 연상 어휘 오답 [room → reservation]	

(3) 우회적 답변

Q	**Was** Min-Soo at the workshop on Saturday?	민수는 토요일에 워크숍에 있었나요?
A1	Let me check the attendance list.	참석자 명단을 확인해 보겠습니다.
A2	It has been postponed.	그거 연기되었어요.
오답	It was very helpful.	그것은 매우 도움이 되었습니다.
	→ 연상 어휘 오답 [workshop → helpful]	

Check Up

550_P2_20

질문을 듣고 알맞은 응답을 모두 골라 보세요.

정답과 해설 p.021

(A) It's a growing company.   (   )

(B) Yes, but I'll be late.   (   )

(C) My dinner was delicious, thanks.   (   )

(D) Actually, I ordered eight.   (   )

(E) I had that for lunch.   (   )

(F) No, I'm leaving for the conference tonight. (   )

② 선택 의문문

선택 의문문은 'A or B'의 형태로 두 가지 사항 중 어느 것을 선택할지 묻는 질문입니다. 질문에 사용된 표현을 그대로 사용하거나 바꾸어서 하나를 선택하는 응답이 정답일 확률이 높지만, 둘 다 선택하거나 제3의 것을 선택하는 등 다양한 답변이 출제될 수도 있습니다.

● 빈출 표현

선택 의문문에 자주 등장하는 표현들을 익혀 두세요.

550_P2_21 🎧

둘 중 하나 / 둘 다 선택

I prefer A. A를 더 선호해요.

A would be better. A가 더 좋겠어요.

I would like B. B가 좋아요.

Both of them. 둘 다 좋아요

둘 다 거절 / 제3의 선택

Neither, thanks. 둘 다 아니에요.

How about C? C는 어때요?

I want something else. 다른 것으로요.

What kind[size] ~ do you have?
어떤 종류[크기]가 있으세요?

상관 없음

Either is fine. 뭐든 괜찮아요.

Whichever you prefer. 원하시는 대로요.

Anytime next week. 다음 주 중 아무때나요.

Whenever he is available. 그가 가능한 때 언제든지요.

I don't care. / It doesn't matter. 상관 없어요.

기타

It depends on A. A에 달려 있어요.

I'll let you decide. 당신이 결정하세요.

What would you recommend? 무엇을 추천하세요?

● 답변 유형

(1) 둘 중 하나 / 둘 다 선택

Q	Should I bring my driver's license **or** my passport?	운전면허증을 가져갈까요, 아니면 여권을 가져갈까요?
A1	**Either** one would be fine.	어느 쪽이든 좋습니다.
A2	**Both of** them, if possible.	가능하다면 둘 다요.
오답	No, we don't accept copies. → 선택 의문문은 Yes / No 답변 불가	아니요, 복사본은 받지 않습니다.

(2) 둘 다 거절 / 제3의 선택

Q	Did you walk to work **or** take the bus?	걸어서 출근했나요, 버스를 탔나요?
A1	I took the subway.	지하철을 타고 왔어요.
A2	Peter gave me a ride.	피터가 태워다 줬어요.
오답	I'll take them upstairs. → 반복 어휘 오답 [take]	제가 그들을 위층으로 데려갈게요.

(3) 우회적 답변

Q	Did you want a one-bedroom **or** a two-bedroom apartment?	침실 하나짜리 아파트를 원하셨나요, 두 개짜리를 원하셨나요?
A1	It depends on the rent.	집세에 달렸죠.
A2	What's the price difference between them?	가격 차이가 얼마나 나나요?
오답	We used to be neighbors. → 연상 어휘 오답 [apartment → neighbors]	우리는 이웃이었어요.

550_P2_22

Check Up

질문을 듣고 알맞은 응답을 모두 골라 보세요.

정답과 해설 p. 021

(A) It's a little too sweet. (   )

(B) Yes, thanks. (   )

(C) I'd like coffee, please. (   )

(D) We can afford to do both. (   )

(E) Did you ask the manager first? (   )

(F) Either is fine with me. (   )

Unit 06 일반 / 선택 의문문 **055**

T 토익 감각 **익히기** | 질문을 듣고 알맞은 응답을 고르세요. 그런 다음, 다시 들으면서 빈칸을 채우세요.

550_P2_23 🎧
정답과 해설 p.021

1. Mark your answer.

(A) (B) (C)

> Do we have _____ paint to finish the _____?
>
> (A) What's your _____?
>
> (B) A darker _____.
>
> (C) Yes, just _____.

2. Mark your answer.

(A) (B) (C)

> Do you prefer the _____ or the _____ catalog?
>
> (A) Definitely the _____ _____.
>
> (B) On _____ nineteen.
>
> (C) I _____ it for you. definitely 분 분명히

3. Mark your answer.

(A) (B) (C)

> Have you _____ to the science _____ yet?
>
> (A) She's a _____.
>
> (B) No, can we _____?
>
> (C) Yes, it is.

4. Mark your answer.

(A) (B) (C)

> Should I buy the set of _____ plates or the _____ ones?
>
> (A) Be careful, the plate is _____.
>
> (B) I'll have some _____.
>
> (C) I like the _____ _____. plate 명 접시

1. Mark your answer. (A) (B) (C)

2. Mark your answer. (A) (B) (C)

3. Mark your answer. (A) (B) (C)

4. Mark your answer. (A) (B) (C)

5. Mark your answer. (A) (B) (C)

6. Mark your answer. (A) (B) (C)

7. Mark your answer. (A) (B) (C)

8. Mark your answer. (A) (B) (C)

9. Mark your answer. (A) (B) (C)

10. Mark your answer. (A) (B) (C)

11. Mark your answer. (A) (B) (C)

12. Mark your answer. (A) (B) (C)

13. Mark your answer. (A) (B) (C)

14. Mark your answer. (A) (B) (C)

15. Mark your answer. (A) (B) (C)

16. Mark your answer. (A) (B) (C)

17. Mark your answer. (A) (B) (C)

18. Mark your answer. (A) (B) (C)

19. Mark your answer. (A) (B) (C)

20. Mark your answer. (A) (B) (C)

LC

PART 2

Unit | 07 부정 / 부가 의문문

① 부정 의문문

부정 의문문은 상대방에게 자신의 생각을 확인하거나 상대방의 동의를 구할 때 주로 사용됩니다. 부정어 not은 신경 쓰지 말고 일반의문문과 똑같다고 생각하면 됩니다. 응답 내용이 긍정이면 Yes, 부정이면 No로 답한다고 생각하세요.

Yes, we do.
네, 필요해요.

Don't we need more time?
시간이 더 필요하죠?

Let me go and ask our manager.
매니저에게 물어보고 올게요.

● 빈출 표현

부정 의문문에 자주 등장하는 표현들을 익혀 두세요.

550_P2_25

긍정	부정
I'm sure it does. 그럴 거라고 확신해요.	No, I was on vacation. 아니요, 저는 휴가 중이었어요.
That's correct. / Right. 정확해요. / 맞아요.	No, it's been postponed. 아니요, 그건 연기되었어요.
Yes, I believe[think] so. 네, 그런 것 같아요.	No, not that I know of. 아니요, 제가 알기로는 아니에요.
Yes, I looked it over twice. 네, 두 번 검토했어요.	No, not until June. 아니요, 6월이나 되어야 해요.
Yes, I think you're right. 네, 당신이 맞는 것 같아요.	Not at the moment. 지금은 아니에요.
Yes, I'll do that now. 제가 지금 할게요.	Not on weekends. 주말에는 아니에요.
Yes, it was. 네, 그랬어요.	Not yet. 아직 아니에요. / 아직 안 했어요.
Yes, that's what I heard. 네, 제가 들은 바로는 그래요.	That's not what I was told. 제가 들은 말과 달라요.
Yes, that's what I meant. 네, 그게 제가 말한 거예요.	Unfortunately, it's not. 유감이지만, 그렇지 않아요.

답변 유형

(1) 긍정 답변

Q	**Didn't** Victor e-mail you the training schedule?	빅터가 훈련 일정을 이메일로 보내지 않았나요?
A1	**Yes**, I looked it over.	네, 검토했어요.
A2	**Yes**, I got it last night.	네, 어젯밤에 받았어요.
오답	The mailroom is downstairs. → 유사 발음 오답 [e-mail → mail]	우편실은 아래층에 있어요.

(2) 부정 답변

Q	**Aren't** you attending the managers' training session?	경영자 교육에 참석하지 않을 건가요?
A1	**No**, it was canceled.	아니요, 취소됐어요.
A2	**I'd like to**, **but** I have a client meeting.	그러고 싶지만 고객 회의가 있어요.
오답	The train arrives at noon. → 유사 발음 오답 [training → train]	기차는 정오에 도착합니다.

(3) 우회적 답변

Q	**Didn't** Daniel accept the job offer?	다니엘이 그 일자리 제안을 받아들이지 않았나요?
A1	He'll let us know tomorrow.	그가 내일 알려 줄 거예요.
A2	Why don't you ask him?	그에게 물어보는 게 어때요?
오답	We expect a large crowd. → 유사 발음 오답 [accept → expect]	많은 사람들이 올 거라고 생각해요.

Check Up

550_P2_26

질문을 듣고 알맞은 응답을 모두 골라 보세요.

정답과 해설 p.025

(A) Yes, it was a lot of work. ( )

(B) I appreciate your offer. ( )

(C) I'm not sure. ( )

(D) Yes, I'd like to work there. ( )

(E) I try to go walking every day. ( )

(F) No, she was transferred to Singapore. ( )

② 부가 의문문

부가 의문문은 평서문 뒤에 의문문이 붙은 형태로, 사실 확인이나 동의를 구할 때 쓰이며 일반 의문문과 답변 형식이 같습니다.

The printer is working, isn't it?
프린터 작동하는 거죠?

No, it's broken.
아니요, 고장이에요.

I'll get it fixed.
수리 받을 거예요.

● 빈출 표현

부가 의문문에 자주 등장하는 표현들을 익혀 두세요.

긍정

The bank opens at 9, doesn't it?
은행이 9시에 문 열죠?
- I'm sure it does.
  그럴 거라고 확신해요.

Tim is leading the training, right?
팀이 교육을 진행하는 거죠?
- Yes, that's what I heard.
  네, 제가 들은 바로는 그래요.

I can leave my bag here, can't I?
여기에 가방을 맡길 수 있죠?
- Of course you can.
  물론 가능해요.

부정

You finished the report, didn't you? 보고서를 끝냈죠?
- No, I'll do it tonight. 아니요, 오늘 저녁에 할게요.

You've sent the invoice, haven't you?
송장을 보냈죠?
- No, not yet. 아니요, 아직 안 했어요.
- No, John did. 아니요, 존이 했어요.

Ms. Shin is in the office, isn't she?
신 씨가 사무실에 있죠?
- No, she's on vacation.
  아니요, 그녀는 휴가 중이에요.

This is the last interview, isn't it? 이게 마지막 인터뷰죠?
- No, there's one more. 아니요, 하나 더 있어요.

There are folders in the supply room, right?
비품실에 폴더가 있죠?
- No, I used the last one.
  아니요, 제가 마지막 거 썼어요.

● 답변 유형

(1) 긍정 답변

Q	We need protective glasses, **don't we**?	우리 보호 안경이 필요하죠?
A1	**Yes**, it's part of our safety procedures.	네, 그것은 안전 절차의 일부예요.
A2	**Yes**, for safety.	네, 안전을 위해서요.
오답	The tables are already set.	테이블이 이미 세팅되었습니다.
	→ 연상 어휘 오답 [glasses (유리잔) → table]	

(2) 부정 답변

Q	The shipment didn't contain an item list, **did it**?	선적물에 물품 명세서 안 넣었죠?
A1	**No**, it didn't.	안 넣었어요.
A2	**I didn't** see one.	못 봤는데요.
오답	A shipping company.	배송 회사요.
	→ 유사 발음 오답 [shipment → shipping]	

(3) 우회적 답변

Q	This watch can be repaired, **can't it**?	이 시계는 수리할 수 있죠?
A1	Let me have a look at it.	제가 한번 볼게요.
A2	Is it still under warranty?.	아직 보증 기간인가요?
오답	I can watch it tonight.	오늘 밤에 볼 수 있어요.
	→ 다의어 오답 [watch 보다/시계]	

550_P2_28 🎧

Check Up

질문을 듣고 알맞은 응답을 모두 골라 보세요.   정답과 해설 p.025

(A) No, the show is at seven.   (　)

(B) They weren't able to join us this time.   (　)

(C) It lasted much longer than I thought, too.   (　)

(D) Yes, but we should be at the theater by seven-thirty.   (　)

(E) A higher ticket price.   (　)

(F) Yes, I heard it got excellent reviews.   (　)

1. Mark your answer.

(A) (B) (C)

> Don't you want to _____ a _____ to the meeting?
>
> (A) In the videoconference _____.
>
> (B) _____ July 8th and July 12th.
>
> (C) Yes, it's in my _____.   videoconference 명 화상 회의

2. Mark your answer.

(A) (B) (C)

> _____ yesterday was _____, wasn't it?
>
> (A) Sorry, I'm not _____ then.
>
> (B) No, she's the new _____ _____.
>
> (C) Yes, the spaghetti was _____.

3. Mark your answer.

(A) (B) (C)

> Isn't Mr. Sandoval _____ of _____?
>
> (A) Actually, his trip was _____.
>
> (B) He's _____ Madrid.
>
> (C) No, he still has _____.

4. Mark your answer.

(A) (B) (C)

> My _____ can be _____ to the United Kingdom, can't it?
>
> (A) Yes, we can _____ that.
>
> (B) They _____ from London.
>
> (C) Some new _____.

1. Mark your answer.　(A)　(B)　(C)

2. Mark your answer.　(A)　(B)　(C)

3. Mark your answer.　(A)　(B)　(C)

4. Mark your answer.　(A)　(B)　(C)

5. Mark your answer.　(A)　(B)　(C)

6. Mark your answer.　(A)　(B)　(C)

7. Mark your answer.　(A)　(B)　(C)

8. Mark your answer.　(A)　(B)　(C)

9. Mark your answer.　(A)　(B)　(C)

10. Mark your answer.　(A)　(B)　(C)

11. Mark your answer.　(A)　(B)　(C)

12. Mark your answer.　(A)　(B)　(C)

13. Mark your answer.　(A)　(B)　(C)

14. Mark your answer.　(A)　(B)　(C)

15. Mark your answer.　(A)　(B)　(C)

16. Mark your answer.　(A)　(B)　(C)

17. Mark your answer.　(A)　(B)　(C)

18. Mark your answer.　(A)　(B)　(C)

19. Mark your answer.　(A)　(B)　(C)

20. Mark your answer.　(A)　(B)　(C)

LC

PART 2

Unit | 08 요청·제안 의문문/평서문

① 요청·제안 의문문

요청문은 상대방에게 도움을 요청하거나 허락을 구할 때, 제안문은 상대방에게 제안하거나 제의를 할 때 쓰이는 문장입니다. 동의, 감사, 혹은 거절하는 답변이 자주 나옵니다. Why don't you ~? 같이 의문사로 시작하는 제안문에는 Yes / No / Sure로 답할 수 있습니다.

Of course.
그럼요.

Could I borrow your pen?
펜 좀 빌릴 수 있을까요?

It's on my desk.
제 책상 위에 있어요.

● 빈출 표현

요청·제안 의문문에 자주 등장하는 표현들을 익혀 두세요.　　　550_P2_31

요청

Can[Could / Will / Would] you do A?	- Of course. 물론이죠.
A해 줄 수 있나요?	- I'd be glad[happy] to. 기꺼이 할게요.
Do[Would] you mind doing A? A해도 괜찮을까요?	- Of course not. / Not at all. 전혀 아닙니다.
May[Should] I do A? A해도 될까요?	- Sure, go ahead. 물론이죠, 그렇게 하세요.

제안

Would you like[care] to do A? A하실래요?	- Sure, that'll be fine. 네, 그게 좋겠네요.
Why don't we do A? A하는 게 어때요?	- That sounds like a good idea. 좋은 생각이네요.
(= Let's do A. / Should we do A?)	- I hadn't thought of that. 그 생각은 미처 못했군요.
How[What] about doing A? A하는 게 어때요?	- Sure, I'd love to. 네, 좋아요.

제의

Would you like me to do A? 제가 A해 드릴까요?	- That would be very helpful. 그러면 정말 도움이 될 거예요.
Do you want me to do A? 제가 A해 드릴까요?	- Yes, that'd be great. 네, 그러면 매우 좋겠네요.

● 답변 유형

(1) 요청

Q	**Can you** take over the training for a few minutes?	몇 분만 교육을 맡아 주실 수 있나요?
A1	**Sure, no problem.**	그럼요. 문제 없어요.
A2	**I'd be glad to.**	그럴게요.

오답	On the express track.	급행 열차 선로에서요.
	→ 연상 어휘 오답 [training → train(기차) → track]	

(2) 제안/제의

Q	**Why don't we** try that Mexican restaurant tonight?	오늘 밤 그 멕시코 식당에 가 보는 게 어때요?
A1	**That's fine with me.**	저는 괜찮아요.
A2	**Sure, I'd love to.**	네, 좋아요.

오답	I tried to call her.	그녀에게 전화하려고 했어요.
	→ 반복 어휘 오답 [try]	

(3) 우회적 답변

Q	**Could you** add my name to the company directory?	회사 명부에 제 이름을 추가해 주시겠어요?
A1	Karen can do that for you.	카렌이 해 줄 수 있어요.
A2	Oh—I was just about to do it.	막 하려고 했어요.

오답	No, I took a different route.	아니요, 다른 길을 택했어요.
	→ 연상 어휘 오답 [directory(안내도) → route]	

Check Up

550_P2_32 🎧

질문을 듣고 알맞은 응답을 모두 골라 보세요.

정답과 해설 p. 030

(A)	That sounds correct.	( )
(B)	Yes, I'll go get it.	( )
(C)	Not very many.	( )
(D)	Sure—just give me a minute.	( )
(E)	Yeah, I'll do that now.	( )
(F)	Thanks, I'd appreciate that.	( )

② 평서문

평서문은 사실 전달, 문제점과 의견을 제시하는 내용의 문장으로, 다양한 응답이 나올 수 있는 고난도 문제 유형입니다. 문장의 내용 및 의도를 정확히 파악해야만 정답을 고를 수 있으므로 전체 문장을 이해해야 합니다.

I need the report.
그 보고서가 필요해요.

Ahmed can show you.
아메드가 보여 드릴 수 있어요.

I'll send it soon.
곧 보낼게요.

● 빈출 표현

평서문에 자주 등장하는 표현들을 익혀 두세요.

550_P2_33

문제점 / 어려움	
I can't open the file. 파일을 열 수가 없네요.	- Sorry, I'll try sending it again. 다시 보낼게요.
The copier is broken. 복사기가 고장 났어요.	- Call the technician. 기술자에게 전화하세요.
I'm afraid I won't join you. 함께 못할 거 같아요.	- I'm sorry to hear that. 아쉽네요.
I'm having trouble doing A. A하는 데 어려움이 있어요.	- I can help you with that. 제가 도와드릴게요.
We're out of flyers. 전단지가 떨어졌어요.	- There's a printer in my office. 제 사무실에 프린터가 있어요.

의견 / 요청 / 계획	
We need to buy a new blender. 새 믹서기를 사야 돼요.	- That's a good idea. 좋은 생각이네요.
We should call off the meeting. 회의를 취소해야 해요.	- I agree with you. 동의해요.
We're going out for dinner tonight. 오늘 저녁에 회식해요.	- That sounds nice. 좋은데요.

사실 / 정보 전달	
The deadline is on Monday. 마감일이 월요일에요.	- Where did you hear that? 어디서 들었나요?
Our online business is growing faster this year. 온라인 사업이 올해 더 빨리 성장하고 있어요.	- It really is. 진짜 그래요.
Our sales are low. 판매가 저조해요.	- I'll look at the results again. 결과를 다시 볼게요.

답변 유형

(1) 문제점 / 어려움

Q	**I'm having** trouble finding Mr. Takada's office.	타카다 씨의 사무실을 찾는 데 어려움이 있어요.
A1	Maybe I can help.	제가 도울 수 있을지도 몰라요.
A2	Upstairs, right next to the elevator.	위층 엘리베이터 바로 옆이에요.
오답	Where did you leave it?	그걸 어디에 두셨어요?
	→ 연상 어휘 오답 [finding → Where ~ leave]	

(2) 의견 / 요청 / 계획

Q	**I think we should** hire a consultant.	컨설턴트를 고용해야 할 것 같아요.
A1	That's not such a bad idea.	그렇게 나쁜 생각은 아닙니다.
A2	I agree with you.	저도 당신 말에 동의해요.
오답	Several new employees.	신입 사원 몇 명입니다.
	→ 연상 어휘 오답 [hire → new employees]	

(3) 사실 / 정보 전달

Q	**The company's going to** replace our computers.	회사가 우리 컴퓨터를 교체할 거예요.
A1	When will we get them?	언제쯤 받을 수 있을까요?
A2	Where did you hear that?	어디서 들었는데요?
오답	That's a good price.	좋은 가격이에요.
	→ 질문과 무관한 답변	

LC

PART 2

Check Up

550_P2_34

질문을 듣고 알맞은 응답을 모두 골라 보세요.

정답과 해설 p.030

(A) It launched at three.　　　　　(　)

(B) I had the chicken.　　　　　　(　)

(C) That sounds nice.　　　　　　(　)

(D) No, I arrived first.　　　　　　(　)

(E) Yes, I heard that too.　　　　　(　)

(F) Do you want to get some lunch now?　(　)

1. Mark your answer.

    (A)   (B)   (C)

> Will you _____ an _____ into Spanish for me?
>
> (A) Three more _____.
>
> (B) No, I haven't _____ it yet.
>
> (C) Sure, let me _____ it.

2. Mark your answer.

    (A)   (B)   (C)

> I'd suggest _____ the scanner _____.
>
> (A) They went _____.
>
> (B) Thanks, I'll _____ _____.
>
> (C) Yes, it _____ through a while ago.

3. Mark your answer.

    (A)   (B)   (C)

> Can you give me a _____ to the _____ tomorrow?
>
> (A) At his _____.
>
> (B) Thanks, I just _____ one.
>
> (C) Let me know _____ to _____ you up.

4. Mark your answer.

    (A)   (B)   (C)

> I'd like to _____ my _____ in the next six months.
>
> (A) Bruce, in _____.
>
> (B) I'm going _____ at six o'clock.
>
> (C) Oh, are you _____?

1. Mark your answer.　(A)　(B)　(C)

2. Mark your answer.　(A)　(B)　(C)

3. Mark your answer.　(A)　(B)　(C)

4. Mark your answer.　(A)　(B)　(C)

5. Mark your answer.　(A)　(B)　(C)

6. Mark your answer.　(A)　(B)　(C)

7. Mark your answer.　(A)　(B)　(C)

8. Mark your answer.　(A)　(B)　(C)

9. Mark your answer.　(A)　(B)　(C)

10. Mark your answer.　(A)　(B)　(C)

11. Mark your answer.　(A)　(B)　(C)

12. Mark your answer.　(A)　(B)　(C)

13. Mark your answer.　(A)　(B)　(C)

14. Mark your answer.　(A)　(B)　(C)

15. Mark your answer.　(A)　(B)　(C)

16. Mark your answer.　(A)　(B)　(C)

17. Mark your answer.　(A)　(B)　(C)

18. Mark your answer.　(A)　(B)　(C)

19. Mark your answer.　(A)　(B)　(C)

20. Mark your answer.　(A)　(B)　(C)

LC

PART 2

Part

짧은 대화

시험에 이렇게 나와요!

짧은 대화문을 듣고, 이에 딸린 문제 3개를 풀어요. 대화당 3문제씩 푸는 패턴이 13번 반복되어 총 39문제 (32번~70번)로 구성됩니다.

📑 문제지

32. Where are the speakers?

(A) At a restaurant

(B) At a hotel

(C) In an office building

(D) In an apartment complex

33. What does the woman suggest the man do?

(A) Have food delivered

(B) Visit a museum

(C) Send an invitation

(D) Drive to a market

34. What does the woman say she will get for the man?

(A) A menu

(B) A map

(C) A brochure

(D) A coupon

🔊 음원

M Hi, I'm a guest ③② here at the hotel. I was wondering if you could recommend a restaurant in the area—something that's within walking distance?

W Hmm, let's see... there aren't too many restaurants nearby. But ③③ there is a pizza shop that you could order a delivery from.

M That sounds perfect. Could you give me the pizza shop's phone number so I can call them?

W Sure, it's 555-0121. And I believe ③④ we have some coupons in the office, so you can get a discount on your order. ③④ I'll get one for you.

이렇게 풀어요!

1 음원을 듣기 전에 질문을 먼저 읽으며 키워드에 표시하세요.

- 키워드는 의문사, 주요 동사, 명사 등 질문의 요지에 해당하는 단어를 말합니다.

- 남녀 화자 구분도 중요한 요소이니 같이 표시해 두세요.

2 질문 순서대로 키워드를 기다리면서 대화를 들으세요.

- 대부분의 대화는 질문 순서대로 정답의 단서가 나옵니다.

- 단서를 파악하는 즉시 답을 표시하고 다음 문제로 넘어가세요.

패러프레이징을 알면 정답이 보여요!

Part 3에서는 대화에 나온 단어나 구를 정답에 그대로 제시하는 경우보다 같은 의미를 가진 다른 말로 바꿔 표현하는 경우가 많습니다. 이를 paraphrasing(패러프레이징)이라고 해요.

기출 문제에 등장했던 상황과 문장을 보고 정답이 어떤 식으로 패러프레이징되는지 확인하세요.

Step ❶ 질문을 파악하세요.	**Step ❷** 대화 속에서 단서를 포착하세요.	**Step ❸** 패러프레이징된 정답을 찾으세요.
1. 남자가 허락을 구하는 것은?	Do you think I could keep the projector I borrowed from you for a few more hours? 빌린 영사기를 제가 몇 시간만 더 갖고 있을 수 있을까요?	Keep some equipment longer 장비를 더 오래 갖고 있기
2. 여자가 질문하는 것은?	Can you tell me where his office is? 그의 사무실이 어디인지 말씀해 주시겠어요?	The location of an office 사무실의 위치
3. 남자가 걱정하는 것은?	I'm worried that we might not be able to produce enough shirts to fill the Anderson Brothers order. 앤더슨 브라더스 주문을 채울 만큼 충분한 셔츠를 생산하지 못할까 봐 걱정이에요.	Meeting a production target 생산 목표 맞추기
4. 여자가 요청하는 것은?	Just give me the details about the difference in cost. 비용의 차이에 대한 자세한 내용만 알려 주세요.	Pricing information 가격 정보
5. 다음에 발생할 일은?	I'll send someone to open the main entrance of the building in a minute. 잠시 후에 건물 정문을 열어 줄 사람을 보내겠습니다.	A door will be opened. 문이 열릴 것이다.

LC

PART 3

회사 업무

회사 업무 상황으로는 직원 승진, 전근, 신입 사원 채용, 직원 회의, 제품 마케팅이나 홍보 등의 내용이 포함되며 이에 관한 대화들이 주요 소재로 등장합니다.

① 인사 / 채용

다음 대화문을 보면서 흐름을 파악해 보세요.

 Did you hear? Management's hired ❶ **a new graphic designer. His name's Tetsu Yamada.**

❶ 야마다 씨의 신분: 새로운 그래픽 디자이너

 That's great! ❷ **We still need to finish the ad campaign** for Blue Mountain Computer Games, so ❷ **we could really use his help** with the graphics for their Web site.

❷ 야마다 씨에게 바라는 것: 홍보 캠페인을 끝내는 데 그의 도움이 필요

 That's exactly what I was thinking. I'll assemble ❸ **some materials for Mr. Yamada about Blue Mountain**, so that he gets a good sense of their products and brand image.

❸ 여자가 제공할 것: 회사에 대한 자료 준비

어휘 | could use 필요하다 assemble 통 정리하다

위의 대화문을 들으며 다음 질문에 알맞은 답을 고르세요.

550_P3_01
정답과 해설 p.035

1. Who is Mr. Yamada?
(A) A marketing consultant
(B) A graphic designer

야마다 씨는 누구인가?
(A) 마케팅 컨설턴트
(B) 그래픽 디자이너

2. What do the speakers want Mr. Yamada to do?
(A) Attend a training seminar
(B) Work on an advertising campaign

화자들이 야마다 씨가 하길 바라는 것은?
(A) 교육 세미나 참석
(B) 홍보 캠페인 작업

3. What does the woman offer to prepare?
(A) A company overview
(B) A marketing survey

여자가 준비하겠다고 제안한 것은?
(A) 회사 개요
(B) 마케팅 설문 조사

여 이야기 들었어요? 경영진이 새로운 그래픽 디자이너를 고용했어요. 이름은 테츠 야마다예요.

남 잘됐네요! 블루 마운틴 컴퓨터 게임즈의 홍보 캠페인을 끝내야 해서 웹사이트 그래픽에 그의 도움을 받을 수 있겠네요.

여 그게 바로 제가 생각하고 있던 것입니다. 블루 마운틴에 대한 자료를 몇 가지 준비해서 야마다 씨가 제품 및 브랜드 이미지를 잘 알 수 있도록 하겠습니다.

② 회의

다음 대화문을 보면서 흐름을 파악해 보세요.

 Young-Soo, ① **I liked your idea of expanding our product line to include frozen yogurt**. But since we currently only make regular yogurt, it would be a very large investment for our small company.

① 화자가 논의하는 것: 얼린 요구르트를 포함하여 제품 라인을 확장

 You're right—we would have to buy new equipment. ② **I'll do some market research** to see how big the demand is for frozen yogurt in this region.

② 남자가 하겠다는 것: 얼린 요구르트 수요를 알아보기 위한 시장 조사

 Yes, please do that. Then, ③ **I'd like to write up a proposal** for the next board meeting.

③ 여자가 할 일: 다음 이사회를 위한 제안서 작성

어휘 | expand 동 확장하다, 확대하다 investment 명 투자 demand 명 수요

위의 대화문을 들으며 다음 질문에 알맞은 답을 고르세요.

550_P3_02
정답과 해설 p.035

1. What are the speakers discussing?
   (A) Making a new product
   (B) Electing a board member

   화자들은 무엇에 관해 이야기하는가?
   (A) 신제품 제작
   (B) 이사진 선출

2. What does the man offer to do?
   (A) Change work schedules
   (B) Conduct market research

   남자가 제안하는 것은?
   (A) 작업 일정 변경
   (B) 시장 조사 실시

3. What does the woman say she will do?
   (A) Approve a budget
   (B) Write a proposal

   여자는 무엇을 하겠다고 말하는가?
   (A) 예산 승인
   (B) 제안서 작성

어휘 | elect 동 뽑다, 선출하다 approve 동 승인하다

LC

PART 3

여 영수 씨, 저희 제품군을 얼린 요구르트까지 확대하자는 당신의 생각이 마음에 들었어요. 하지만 현재 우리는 일반 요구르트만 만들고 있기 때문에, 그것은 우리 같은 소규모 회사에게는 매우 큰 투자가 될 거예요.
남 맞아요. 우리는 새 장비를 구입해야 돼요. 저는 이 지역의 얼린 요구르트 수요가 얼마나 되는지 시장 조사를 좀 해 보겠습니다.
여 네, 그렇게 해 주세요. 그럼, 저는 다음 이사회를 위한 제안서를 작성할게요.

③ 마케팅 / 영업

다음 대화문을 보면서 흐름을 파악해 보세요.

 You know, ① **our latest jewelry designs**, especially the new wedding rings, have attracted some interest from overseas.

    ① 화자들의 근무지: '우리의 최신 보석 디자인'이라고 말하는 것에서 추측 가능

 Yes, it's a great start, but there's so much competition out there, if we really want to grow our business overseas, ② **we need to hire an advertising agency** to promote us internationally.

    ② 여자의 추천: 광고 대행사를 고용할 필요가 있음

 Yes, I agree. That's why ③ **I've already set up an appointment with the Robert Smith Agency** to talk about that.

    ③ 남자가 한 일: 이미 로버트 스미스 에이전시와 약속을 잡음

어휘 | latest 휑 최신의, 최근의 jewelry 휑 보석류 competition 휑 경쟁 promote 동 홍보하다

위의 대화문을 들으며 다음 질문에 알맞은 답을 고르세요.

550_P3_03
정답과 해설 p.035

1. Where do the speakers most likely work?
   (A) At a jewelry business
   (B) At an international bank

   화자들은 어디에서 일할 것 같은가?
   (A) 보석 회사
   (B) 국제 은행

2. What does the woman recommend doing?
   (A) Traveling to an overseas branch
   (B) Hiring an advertising agency

   여자가 추천하는 것은?
   (A) 해외 지점 출장
   (B) 광고 대행사 고용

3. What has the man done?
   (A) Hired a new employee
   (B) Arranged a meeting

   남자가 한 일은?
   (A) 신입 사원 채용
   (B) 회의 준비

남 아시다시피, 저희의 최신 보석 디자인, 특히 새로운 결혼 반지들이 해외로부터 관심을 끌었어요.

여 네, 아주 좋은 시작이지만, 경쟁이 너무 심해요. 우리가 정말로 해외에서 사업을 성장시키려면, 우리를 국제적으로 홍보하기 위해 광고 대행사를 고용해야 해요.

남 네. 저도 그렇게 생각해요. 그것이 제가 이미 로버트 스미스 에이전시와의 약속을 잡은 이유입니다.

● 회사 업무 관련 빈출 표현

인사 / 채용

appointment 명 약속, 예약

performance reviews[evaluations] 인사고과

previous sales experience 이전 영업 경력

recruit 동 채용하다(= hire, employ)

short-staffed 형 일손이 부족한

additional staff 추가 인원

good fit 적임자(= right person)

job applicant[candidate] 구직자

training manual 교육 설명서

work overtime 초과 근무를 하다

회의

agenda 명 안건

assignment 명 임무, 과제; 배정

competitor 명 경쟁자, 경쟁 업체

conference call 전화 회의

press conference 기자 회견

videoconference meeting 화상 회의

ahead of schedule 예정보다 일찍

behind schedule 예정보다 늦게

call a meeting 회의를 소집하다

come up with ~을 생각해 내다

postpone 동 연기하다(= put off)

reschedule 동 일정을 바꾸다

마케팅 / 영업

attract 동 끌어모으다(= draw)

budget 명 예산(안)

bulk purchase 대량 구매

estimate 명 견적서, 추정치

group discount 단체 할인

promotion 명 홍보, 승진

vendor 명 상인, 거래처

business hours 영업 시간

conduct a survey 설문 조사를 하다

demonstrate a product 제품을 시연하다

discounted merchandise 할인 상품

gift certificate 상품권(= gift voucher)

marketing campaign 마케팅 광고

valid in store only 매장에서만 유효한

Check Up

다음 우리말을 보고 빈칸에 알맞은 말을 넣으세요.

정답과 해설 p.035

1 prepare an _____
회의 의제를 준비하다

2 interview some job _____
구직자들을 인터뷰하다

3 request an instruction _____
사용 설명서를 요청하다

4 offer a discount for _____
purchase 대량 구매 시 할인을 제공하다

5 have a dentist _____
치과 예약이 되어 있다

6 go over profit _____
수익 추정치를 살펴보다

7 e-mail some group _____
그룹 과제를 이메일로 보내다

8 extend _____ hours
영업 시간을 연장하다

9 _____ a meeting
회의 일정을 바꾸다

10 _____ our products
우리 제품을 시연하다

T 토익 감각 익히기 | 대화를 들으며 빈칸을 채운 후, 알맞은 답을 고르세요. 대화는 두 번 들려드립니다.

550_P3_06 🎧
정답과 해설 p.035

[1-2]

M Good morning, Ms. Ericson. I finished the annual report that you asked me to prepare for tomorrow's (1)_____ with the (2)_____ of directors.

W Thank you. It looks good. I noticed that some consulting expenses were left out though. Can you (3)_____ in that information?

M Sure, that's an easy change.

annual report 연간 보고서 leave out 빼다, 누락하다

1. Why does the woman need the report?
   (A) For a Web site revision
   (B) For a promotional brochure
   (C) For a board meeting

2. What is the problem with the report?
   (A) It is going to be late.
   (B) It contains misspellings.
   (C) It does not include some information.

revision 명 수정, 변경

[3-4]

W I don't know how I'm going to (1)_____ _____ all the (2)_____ that were submitted for the accountant positions we advertised. We received several hundred applications for three positions!

M That is a lot of applications. I can help you review some of them. Why don't I (3)_____ _____ of them?

W That would be great!

accountant 명 회계사 application 명 지원서

3. What are the speakers trying to do?
   (A) Organize a filing system
   (B) Review some résumés
   (C) Schedule a training session

4. What does the man suggest?
   (A) Dividing some work
   (B) Moving a deadline
   (C) Placing an advertisement

organize 동 구성하다, 체계화하다
filing 명 서류 철하기

1. Where do the speakers most likely work?
(A) At a law firm
(B) At a restaurant
(C) At a photography studio
(D) At an advertising company

2. What does the woman say she will mention?
(A) A business merger
(B) An upcoming class
(C) A community project
(D) The history of a neighborhood

3. What will most likely happen next Wednesday?
(A) A new location will open.
(B) A celebration will be held.
(C) An interview will be recorded.
(D) A contract will be signed.

neighborhood 명 지역, 이웃
celebration 명 기념 행사

4. Why is the man at the Dynamix booth?
(A) To attend a product demonstration
(B) To get information about a job
(C) To register for a trade show
(D) To meet a client

5. What has the man recently done?
(A) Presented at a conference
(B) Designed a brochure
(C) Completed a business degree
(D) Published a book

6. What does the woman want to know about?
(A) The name of the man's company
(B) Applicable job experience
(C) Some university courses
(D) Payment options

applicable 형 해당되는

7. Who is Theodore?
(A) An architect
(B) A real estate agent
(C) A graphic designer
(D) A journalist

8. What does Theodore say he did?
(A) He scheduled a meeting.
(B) He took some photographs.
(C) He e-mailed a document.
(D) He visited a construction site.

9. What does the woman want to discuss?
(A) A staffing change   (B) A timeline
(C) A technical problem   (D) A budget

10. What is the occasion for the special sale?
(A) A store anniversary
(B) A public holiday
(C) A grand opening
(D) A customer contest

11. Look at the graphic. Which discount will be changed?
(A) 10%   (B) 15%
(C) 25%   (D) 40%

12. What does the woman say she will do tomorrow?
(A) Receive a shipment
(B) Contact a caterer
(C) Go to a print shop
(D) Organize a display

Unit | 10 회사 생활

회사 생활 상황으로는 각종 회사 관련 행사 및 직원 교육, 출장, 업무용 기기 또는 장치의 주문, 배송, 고장, 수리 등의 내용과 관련된 대화문들이 주요 소재로 등장합니다.

① 행사 / 교육

다음 대화문을 보면서 흐름을 파악해 보세요

 Hi Mei, this is Stan calling. It looks like I'm going to **① be late to the office** this morning. Has the new accountant arrived for his orientation yet?

① 남자가 언급한 문제점: 회사에 지각

 Yes he has, Stan, but don't worry, I can **② get started with the orientation**. I have all the documents right here.

② 여자의 제안 사항: 신입 사원 오리엔테이션 시작

 That's great. Please remember to show him the **③ welcome video from our company president.**

③ 남자가 권하는 것: 사장의 환영 동영상 보여 주기

어휘 | accountant 몡 회계사 document 몡 서류, 문서

위의 대화문을 들으며 다음 질문에 알맞은 답을 고르세요.

550_P3_08
정답과 해설 p.039

1. What problem does the man mention?
   (A) He will be late for work.
   (B) He cannot find a document.

남자가 언급한 문제는?
(A) 회사에 지각할 것이다.
(B) 서류를 찾을 수 없다.

2. What does the woman offer to do?
   (A) Advertise a job
   (B) Start an orientation

여자가 제안하는 것은?
(A) 일자리 광고
(B) 오리엔테이션 시작

3. What does the man remind the woman about?
   (A) A company video
   (B) A meeting date

남자가 여자에게 상기시키는 것은?
(A) 회사 동영상
(B) 회의 날짜

남 안녕하세요, 메이. 스탠입니다. 오늘 아침 제가 출근이 늦을 것 같아요. 새 회계사가 오리엔테이션을 받기 위해 도착했나요?
여 네, 도착했어요, 스탠. 하지만 걱정 마세요, 제가 오리엔테이션을 시작할 수 있어요. 모든 서류가 바로 여기 있네요.
남 잘됐군요. 잊지 말고 그에게 우리 사장님의 환영 비디오를 보여 주세요.

② 출장 / 휴가

다음 대화문을 보면서 흐름을 파악해 보세요.

 Good morning. I'm calling to make sure ① **I can use my credit card** while I'm traveling out of the country.

| ① 여자의 질문: 해외 여행 시 신용카드 사용 가능 여부

 Absolutely, —you can use your credit card anywhere, but it's best to tell us exactly when you're going to be abroad.

 Thanks, but I'll have to call you back. ② **I'm still not sure about my travel details.**

| ② 여자가 다시 전화하겠다는 이유: 여행 세부 사항이 확실치 않음

 That's not a problem. ③ **It might be even easier to notify us online.**

| ③ 남자의 추천 사항: 온라인으로 알려 주는 게 더 쉬울 것이라고 함

어휘 | details 명 세부 사항   notify 동 알리다, 통보하다

위의 대화문을 들으며 다음 질문에 알맞은 답을 고르세요.

550_P3_09
정답과 해설 p.039

1. What does the woman ask about?
   (A) Opening an account
   (B) Using a credit card

   여자가 묻는 것은?
   (A) 계좌 개설
   (B) 신용카드 사용

2. Why does the woman say she will call back later?
   (A) She wants to speak to a manager.
   (B) She needs to confirm some information.

   여자가 다시 전화하겠다고 하는 이유는?
   (A) 관리자와 통화하고 싶어서
   (B) 정보를 확인할 필요가 있어서

3. What does the man recommend?
   (A) Providing information online
   (B) Visiting a bank

   남자가 추천하는 것은?
   (A) 온라인으로 정보 제공
   (B) 은행 방문

여 안녕하세요. 해외 여행하는 동안 신용카드를 사용할 수 있는지 확인하려고 전화했어요.
남 물론이죠. 신용카드는 어디에서나 사용할 수 있지만, 언제 외국에 나갈지 정확히 알려 주시는 것이 가장 좋습니다.
여 고마워요, 하지만 다시 전화해야겠어요. 아직 여행 세부 사항에 대해 잘 몰라서요.
남 괜찮아요. 저희에게 온라인으로 알려 주시는 것이 훨씬 더 쉬울 수 있습니다.

LC

PART 3

③ 장비 / 시설 관리

다음 대화문을 보면서 흐름을 파악해 보세요.

 Excuse me, ① **I'm here to repair the window in** ········· ① 남자가 온 이유: 사무실 창문 수리
your office. It should only take me about half an hour.

 Right now? But ② **I didn't get the usual e-mail** ········· ② 여자가 놀란 이유: 남자가 온다는
notifying me that you would be coming. This really 통보를 받지 못함
isn't a good time. I'm very busy. Can you come back
later today?

 Actually, I have several other work orders today. ③ 남자의 제안: 오후에 조수를
③ **I'll send my assistant to help you today at 4:00.** ········· 보내겠다고 함

어휘 | repair ⑧ 수리하다 assistant ⑲ 조수, 비서

550_P3_10
정답과 해설 p.039

위의 대화문을 들으며 다음 질문에 알맞은 답을 고르세요.

1. Why is the man at the woman's office?
(A) To do some cleaning
(B) To make a repair

남자가 여자의 사무실에 온 이유는?
(A) 청소하기 위해
(B) 수리하기 위해

2. Why is the woman surprised by the man's visit?
(A) She did not receive notification.
(B) She was expecting someone else.

여자가 남자의 방문에 놀란 이유는?
(A) 통보를 받지 못했다.
(B) 다른 사람을 기다리고 있었다.

3. What does the man offer to do?
(A) Send an employee
(B) Exchange an item

남자가 제안하는 것은?
(A) 직원을 보내겠다.
(B) 물품을 교환해 주겠다.

어휘 | notification ⑲ 통보, 알림

남 실례합니다. 당신 사무실의 창문을 수리하러 왔어요. 30분 정도밖에 안 걸릴 거예요.
여 지금 당장요? 하지만 오신다고 알리는 메일을 받지 못했습니다. 지금은 정말 좋은 때가 아니에요. 제가 매우 바빠서요. 오늘 늦게 다시 오실 수 있나요?
남 사실은 오늘 다른 업무 주문이 몇 개 더 있어요. 오늘 4시에 조수를 보내 도와드리겠습니다.

● 회사 생활 관련 빈출 표현

┌ 행사 / 교육 ─

anniversary 명 기념일

celebration 명 기념[축하] 행사

venue 명 장소

annual 형 연례의

charity event 자선 행사

trade show 무역 박람회

company outing[picnic, retreat] 회사 야유회

awards banquet 시상식 연회

ballroom 명 연회장(= banquet room)

sign up for ~에 등록하다(= register for, enroll in)

put together 만들다, 준비하다

take place 개최되다(= be held)

cater a meal 행사 음식을 공급하다

make it 시간에 맞춰 가다

┌ 출장 / 휴가 ─

receipt 명 영수증

itinerary 명 일정(표)

business trip 출장(= business travel)

accommodations 명 숙박 시설, 숙소

expense report 경비 보고서

(travel) reimbursement 명 (출장 경비) 환급

take a day off 하루 쉬다

schedule a visit 방문 일정을 잡다

call in sick 아파서 결근한다고 전화하다

drop off some paperwork 서류를 갖다주다

┌ 장비 / 시설 관리 ─

equipment 명 장비

supplier 명 납품업자, 공급 업체

status report 현황 보고서

maintenance crew[worker] 시설 관리 직원

install 동 설치하다(= set up)

renovate 동 개조하다, 보수하다(= remodel)

report a problem 문제를 알리다

access the Internet 인터넷에 접속하다

out of order 고장 난

not working properly 제대로 작동하지 않는

Check Up ....

다음 우리말을 보고 빈칸에 알맞은 말을 넣으세요.

정답과 해설 p.039

1 look for domestic _____
국내 공급 업체들을 찾다

2 confirm a flight _____
비행 일정을 확인하다

3 submit a _____ request
환급 요청서를 제출하다

4 He has lost a _____.
그는 영수증을 분실하였다.

5 wrong information about the _____
장소에 대한 잘못된 정보

6 _____ some machinery
기계를 설치하다

7 A celebration will _____.
기념 행사가 열린다.

8 inquire about _____
숙소에 대해 문의하다

9 Some galleries will be _____.
일부 전시실을 개조할 것이다..

10 _____ employee appreciation
dinner 연례 직원 감사 만찬

Unit 10 회사 생활 **083**

[1-2]

M Hi, Sheri. OK, everything's almost ready for the (1)_____ _____. The tent was put up earlier today, and the tables have all been set up.

W Great! I'm just a little (2)_____ because the weather forecast is calling for (3)_____. If it does rain, do you think everyone will fit under the tent?

M Don't worry, I made sure I ordered the largest tent available.

put up 세우다 weather forecast 일기예보

1. What event are the speakers discussing?

(A) A training session

(B) A business convention

(C) A company party

2. Why is the woman concerned?

(A) Some equipment is broken.

(B) Some participants may be late.

(C) The weather may be bad.

participant 몡 참석자, 참가자

[3-4]

W Good morning, this is Darlene Andrews from accounting calling. We're having some problems with the (1)_____ in the kitchen on the second floor. Could you please send someone up from maintenance to look into the situation?

M Of course, Ms. Andrews. But we're a bit busy because we're (2)_____ a service (3)_____, so it might be a few hours before we can get to it.

W Oh, OK.

accounting 몡 회계[경리](부) maintenance 몡 유지 보수(부)

3. What problem is the woman calling to report?

(A) A window is cracked.

(B) A room is too cold.

(C) A refrigerator is not working properly.

4. According to the man, why are the maintenance workers busy?

(A) They are working on another job.

(B) An inspection is taking place.

(C) One of the employees is sick.

crack 동 깨지다, 금이 가다 inspection 몡 점검, 검사

1. What is the man planning to do?
   (A) Buy a car
   (B) Go on vacation
   (C) Hire an employee
   (D) Work at a different location

2. Who is Pam?
   (A) A business client
   (B) A customer service representative
   (C) A delivery scheduler
   (D) A store manager

3. What does the man say will happen on Monday?
   (A) A shipment will be delivered.
   (B) A business will close for renovations.
   (C) A sales promotion will begin.
   (D) An employee will be trained.

4. Which department does the woman work in?
   (A) Marketing
   (B) Accounting
   (C) Product development
   (D) Human resources

5. What does the woman mean when she says, "I don't have anything scheduled that day"?
   (A) She did not receive an invitation.
   (B) She has finished interviewing candidates.
   (C) She wants to revise a travel itinerary.
   (D) She can give a presentation.

6. What will the man send to the woman?
   (A) An agenda
   (B) A manual
   (C) A résumé
   (D) A feedback form

revise 동 수정하다

7. What kind of business is the woman calling?
   (A) A theater
   (B) A hotel
   (C) An airline
   (D) A bank

8. What is the woman calling about?
   (A) A job application
   (B) A loan
   (C) A reservation
   (D) A refund

9. What caused a delay?
   (A) A technical problem
   (B) An incorrect address
   (C) A staffing shortage
   (D) A business closure

shortage 명 부족

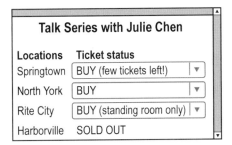

Talk Series with Julie Chen

Locations	Ticket status
Springtown	BUY (few tickets left!) ▼
North York	BUY ▼
Rite City	BUY (standing room only) ▼
Harborville	SOLD OUT

10. What type of work do the speakers most likely do?
    (A) Maintenance
    (B) Sales
    (C) Security
    (D) Accounting

11. Look at the graphic. Which location are the speakers interested in?
    (A) Springtown
    (B) North York
    (C) Rite City
    (D) Harborville

12. What does the man suggest doing?
    (A) Sending coupons to customers
    (B) Demonstrating products at a trade show
    (C) Showing a video at a meeting
    (D) Buying an appliance for an office

Unit | 11 일상 생활

일상 생활에서 필요한 물품 구입, 편의 시설 이용, 여행이나 여가 시설 이용, 대중교통 이용, 주거 시설 임대 등 관련 대화문이 주요 소재로 등장합니다.

① 쇼핑 / 편의 시설

다음 대화문을 보면서 흐름을 파악해 보세요.

 Hi. I just received the six folding tables I ordered from your company's Web site, but ❶ **one of them is broken**. — ❶ 여자가 전화한 목적: 배송 받은 제품 중 하나가 파손

 Oh, I'm really sorry about that. Would you like me to send you a replacement?

 No, I think that the five tables will be enough for our needs, so instead, ❷ **I'd like a refund**. — ❷ 여자가 원하는 것: 환불

 OK, I'll refund the money to your account. Meanwhile ❸ **I'll e-mail you a prepaid shipping label** so you can send the damaged table back to us. — ❸ 남자가 보낼 것: 선불 배송 라벨

위의 대화문을 들으며 다음 질문에 알맞은 답을 고르세요.

550_P3_15
정답과 해설 p.043

1. What is the woman calling about?
(A) A damaged product
(B) A late shipment

여자가 전화한 이유는?
(A) 파손된 제품
(B) 늦은 배송

2. What does the woman want the man to do?
(A) Confirm a reservation
(B) Refund a purchase

여자가 남자에게 해 주기를 바라는 것은?
(A) 예약 확인
(B) 구매품에 대한 환불

3. According to the man, what will the woman receive by e-mail?
(A) A cost estimate
(B) A shipping label

남자에 의하면, 여자는 이메일로 무엇을 받겠는가?
(A) 비용 견적
(B) 배송 라벨

여 안녕하세요. 귀사 웹사이트에서 주문한 접이식 테이블 여섯 개를 방금 받았는데, 그중 하나가 파손되었습니다.
남 아, 정말 죄송합니다. 대체품을 보내 드릴까요?
여 아니요, 다섯 개의 테이블로 충분할 것 같으니까, 대신 환불해 주셨으면 합니다.
남 알겠습니다. 그 돈을 고객님 계좌로 환불해 드릴게요. 그 동안 제가 선불 배송 라벨을 이메일로 보내 드릴테니 손상된 테이블을 저희에게 다시 보내 주세요.

② 여행 / 여가

다음 대화문을 보면서 흐름을 파악해 보세요.

 Hi, I'm staying here at the hotel on business, but I've decided to extend my trip to do some sightseeing. Would I be able to ① **keep my room another day**? •----┤•①·남자의·문의: 호텔방 하루 연장 여부

 Certainly. We're not fully booked this week, so there won't be any problem extending the reservation. And, if you'd like, ② **I can book a city tour for you**. •--------┤ ② 여자의 제안: 시티투어 예약 대행

 Oh, thanks, but that won't be necessary. ③ **A friend** •--┤ ③ 남자의 계획: 그 지역에 사는 친구를 **of mine** lives in the area, so I'm going to ③ **get** 만날 예정 **together with him** tomorrow.

어휘 | extend 동 연장하다, 늘리다 sightseeing 명 관광 fully booked 예약이 꽉 찬

위의 대화문을 들으며 다음 질문에 알맞은 답을 고르세요.

550_P3_16 🎧
정답과 해설 p.043

1. What does the man ask the woman about?
  (A) Visiting local attractions
  (B) Extending a reservation

남자가 여자에게 묻는 것은?
(A) 지역 관광 명소 방문
(B) 예약 연장

2. What does the woman offer to do?
  (A) Book a sightseeing tour
  (B) Apply a promotional rate

여자가 제안하는 것은?
(A) 관광 투어 예약
(B) 할인가 적용

3. What does the man say he plans to do?
  (A) Meet a friend
  (B) Rent a car

남자가 말하는 계획은?
(A) 친구와의 만남
(B) 자동차 렌트

어휘 | attraction 명 (관광) 명소 rate 명 가격, 요금

남 안녕하세요, 저는 업무차 여기 호텔에 묵고 있지만 관광을 위해 여행을 연장하기로 했어요. 제가 방을 하루 더 쓸 수 있을까요?
여 물론이에요. 이번 주에는 예약이 꽉 차 있지 않아서 예약을 연장하는 데 문제가 없습니다. 원하신다면 시내 관광을 예약해 드릴 수 있습니다.
남 아, 고마워요, 하지만 그럴 필요는 없을 것 같아요. 제 친구가 이 지역에 살고 있어서, 내일 그와 만날 예정이거든요.

③ 교통 / 주거

다음 대화문을 보면서 흐름을 파악해 보세요.

 Excuse me, do you know ❶ **where the Lockwood Art Museum is**?

| ❶ 화자들이 가고 있는 곳: 미술관의 위치를 묻는 질문에 여자도 거기에 가고 있다고 답함.

 Actually, ❶ **I'm heading there** myself. We can walk over together.

 Would it be quicker to take a taxi or a bus? I'm going to ❷ **a lecture that's supposed to start in fifteen minutes**, and I don't want to be late for it.

| ❷ 15분 후에 시작하는 것: 강의

 Don't worry, ❸ **the museum is close by**. It'll only take us five minutes to get there on foot.

| ❸ 걸어서 가도 된다고 여자가 제안하는 이유: 박물관이 근처라서

어휘 | head ⑧ 가다, 향하다   close by 인근에, 가까이에

550_P3_17
정답과 해설 p.043

위의 대화문을 들으며 다음 질문에 알맞은 답을 고르세요.

1. Where are the speakers going?
   (A) To a museum
   (B) To a bus station

화자들이 가고 있는 곳은?
(A) 미술관
(B) 버스정류장

2. What will begin in fifteen minutes?
   (A) A concert
   (B) A talk

15분 후에 시작되는 것은?
(A) 콘서트
(B) 강연

3. Why does the woman suggest that she and the man walk?
   (A) They are near their destination.
   (B) A road is closed to traffic.

그들이 걸어가도 된다고 여자가 제안하는 이유는?
(A) 그들이 목적지 근처에 있기 때문
(B) 도로가 교통이 통제되었기 때문

어휘 | destination ⑲ 목적지

남 실례합니다. 록우드 미술관이 어디 있는지 아세요?
여 사실, 제가 직접 거기로 가고 있어요. 같이 걸어갈 수 있어요.
남 택시나 버스를 타는 것이 더 빠를까요? 저는 15분 후에 시작하기로 되어 있는 강의에 가는 길인데 늦고 싶지 않아서요.
여 걱정하지 마세요. 박물관이 가까이 있어요. 걸어서 5분밖에 안 걸릴 거예요.

일상 생활 관련 빈출 표현

쇼핑 / 편의 시설

bakery 몡 제과점

printing shop 인쇄소

dentist's office 치과(= dental office)

auto repair shop 자동차 정비소

medical clinic 진료소, 병원(= doctor's office)

pharmacy 몡 약국

clothing retailer 옷 가게

issue a refund 환불해 주다

activate a device 기기를 가동시키다

waive a fee 수수료를 면제하다

under warranty 보증 기간 내의

out of stock 품절인

여행 / 여가

theater 몡 극장(= playhouse)

art exhibit 미술 전시회, 미술 전시품

critic 몡 평론가(= reviewer)

reserved seat 예약석

shuttle bus 셔틀 버스

available 몡 이용 가능한, 시간이 되는

scheduling conflict 일정 겹침

appointment opening 예약 빈자리

stop by 들르다 (= visit, drop by, come by)

delay 통 연기하다, 지연시키다(= postpone, put off)

travel agency[agent] 여행사[여행사 직원]

check out a book 책을 대출하다

교통 / 주거

heavy traffic 교통 체증

public transportation 대중교통

parking pass 주차권

temporarily 통 임시로

commute 몡 통근 통 통근하다

tenant 몡 세입자, 임차인

property 몡 건물, 재산

real estate agent 부동산 중개인(= realtor)

loan officer 대출 담당 직원

furnished apartment 가구가 비치된 아파트

Check Up

다음 우리말을 보고 빈칸에 알맞은 말을 넣으세요.

정답과 해설 p.043

1 get stuck in heavy _____
교통 체증으로 정체가 되다

2 offer _____ for free
무료 교통편을 제공하다

3 call the building's _____ manager
건물 관리인에게 전화하다

4 receive a full _____
전액 환불을 받다

5 a sculpture _____ at the city museum 시립 박물관에서 열리는 조각 전시회

6 Some equipment is out of _____.
일부 장비의 재고가 없다.

7 His _____ was too long.
그는 통근하는 데 시간이 너무 많이 걸렸다.

8 There is a scheduling _____.
일정이 겹친다.

9 A list will be _____ electronically.
전자상으로 목록을 이용할 수 있을 것이다.

10 come with a two-year _____
보증 기간 2년을 보장하다

토익 감각 익히기

대화를 들으며 빈칸을 채운 후, 알맞은 답을 고르세요. 대화는 두 번 들려드립니다.

550_P3_20 🎧
정답과 해설 p.043

[1-2]

> M Hi. Do you have a schedule of events ⁽¹⁾_____ at the ⁽²⁾_____?
>
> W Actually, we're holding an ⁽³⁾_____ _____ next weekend. We'll be showcasing paintings by local artists, and all of the pieces will be for sale. Here's a brochure with the information.
>
> M Thanks.

showcase ⑧ 진열하다, 소개하다 piece ⑨ 작품

1. Who most likely is the woman?
    (A) A library employee
    (B) A professor
    (C) A café owner

2. What event will take place next weekend?
    (A) A film screening
    (B) An academic lecture
    (C) An art show

screening ⑨ 상영 lecture ⑨ 강연, 강의

[3-4]

> W Excuse me, I'm looking for a brand of shampoo called Kerry's Finest. I know you have it here at ⁽¹⁾_____ _____ because I saw it last time I was here.
>
> M It should be in aisle eight with the other hair care products. Let me show you where to find it.
>
> W Oh, here it is. Wow! The ⁽²⁾_____ looks totally different. They must have ⁽³⁾_____ it.

aisle ⑨ 통로

3. Where are the speakers?
    (A) In a hair salon
    (B) In a supermarket
    (C) In an doctor's office

4. According to the woman, what has recently changed?
    (A) A refund policy
    (B) An item's packaging
    (C) A product's brand name

policy ⑨ 정책

1. Where are the speakers?
   (A) At a pharmacy
   (B) At a doctor's office
   (C) At a warehouse
   (D) At a computer store

2 What does the man ask for?
   (A) A prescription
   (B) An itemized receipt
   (C) A copy of laboratory results
   (D) A software manual

3. Why is the woman unable to complete a task right away?
   (A) An item is out of stock.
   (B) Too many appointments were scheduled.
   (C) A new receptionist is being trained.
   (D) Some software is being updated.

   prescription 명 처방전
   itemized 형 항목별로 구분한

4. What type of business does the woman work for?
   (A) A telephone company
   (B) An airline company
   (C) An accounting firm
   (D) A department store

5. What does the man imply when he says, "my bag weighs 30 kilograms"?
   (A) He plans to buy a different bag.
   (B) He needs help carrying his bag.
   (C) His bag does not have any extra space.
   (D) His bag does not meet the requirements.

6. Why is the man in a hurry?
   (A) His flight is about to depart.
   (B) His presentation is starting soon.
   (C) His phone battery is low.
   (D) His taxi is waiting.

7. Who is Donna Yang?
   (A) A purchasing agent
   (B) An online customer
   (C) A shoe store clerk
   (D) A customer service representative

8. What does the man ask the woman to do?
   (A) Submit payment information
   (B) Return a telephone call
   (C) Reorder a product
   (D) Give an order number

9. What does the man say he will arrange?
   (A) Automatic billing   (B) Future discounts
   (C) Overnight delivery   (D) A refund

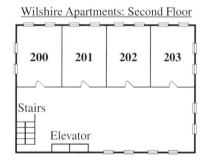

Wilshire Apartments: Second Floor

| 200 | 201 | 202 | 203 |

Stairs

Elevator

10. Who is the man?
    (A) A building manager
    (B) A delivery driver
    (C) A repair person
    (D) An interior decorator

11. What does the woman complain about?
    (A) The high cost of a service
    (B) The noise outside her apartment
    (C) The length of a renovation project
    (D) The limited access to parking

12. Look at the graphic. Which apartment does the man mention?
    (A) Apartment 200   (B) Apartment 201
    (C) Apartment 202   (D) Apartment 203

LC

PART 3

Part

짧은 담화

Part 4 | 짧은 담화 10지문, 30문항

시험에 이렇게 나와요!

한 사람의 화자가 말하는 담화문을 듣고, 이에 딸린 문제 3개를 풀어요. 담화당 3문제씩 푸는 패턴이 10번 반복되어 총 30문제(71번~100번)로 구성되어 있어요.

📑 문제지

71. Who most likely is the speaker?
    (A) A company president
    (B) A marketing intern
    (C) A television reporter
    (D) A hiring manager

72. Why is the speaker calling?
    (A) To set up an interview
    (B) To congratulate an employee
    (C) To confirm a work schedule
    (D) To request contact information

73. Which day is the speaker available?
    (A) Monday
    (B) Tuesday
    (C) Thursday
    (D) Friday

🔊 음원

Good afternoon, Mr. Freeman. This is Roseanne Swanson. **71** I'm the hiring manager at Maxcor, Incorporated. We want to thank you for applying for a position in our marketing division, and **72** invite you to come in for an interview sometime next week. I will be conducting the interview and **73** am available between noon and five o'clock on Tuesday. Please call me at 555-0179 to schedule your interview for sometime on Tuesday. I look forward to hearing from you.

이렇게 풀어요!

1 음원을 듣기 전에 질문을 먼저 읽으며 키워드에 표시하세요.
- 담화 유형을 우선 확인하세요. (전화 메시지, 공지, 광고 등)
- 질문을 먼저 읽어 두면 담화 내용의 흐름을 어느 정도 예상할 수 있답니다.

2 질문 순서대로 키워드를 기다리면서 담화를 들으세요.
- 화자(speaker)에 관한 문제인지, 아니면 청자(listener)에 관한 문제인지 구분하세요.
- 대부분의 담화는 질문 순서대로 정답의 단서가 나옵니다.
- 단서를 파악하는 즉시 답을 표시하고 다음 문제로 넘어가세요.

● 패러프레이징을 알면 정답이 보여요!

Part 4에서도 담화에서의 단서 표현이 정답에서는 패러프레이징되어 나오는 경우가 많습니다.

기출 문제에 등장했던 상황과 문장을 보고 정답이 어떤 식으로 패러프레이징되는지 확인하세요.

Step ①	Step ②	Step ③
질문을 파악하세요.	담화 속에서 단서를 포착하세요.	패러프레이징된 정답을 찾으세요.
1. 회사가 축하 행사를 계획하는 이유는?	Thanks for offering to help plan the president's retirement banquet. 사장님의 퇴직 기념 연회 계획을 도와주겠다고 제안해 주셔서 감사합니다.	An executive is retiring. 임원이 은퇴를 한다.
2. 화자가 언급하는 추가 이점은?	You'll have the added advantage of reduced travel costs. 여행 경비 절감이라는 추가적인 이점을 얻을 수 있을 겁니다.	Lower prices 더 낮은 가격
3. 트리샤 빙햄은 누구인가?	This year, our own mayor, Tricia Bingham, will be on hand to pass out medals to the winners. 올해는 우리 시장인 트리샤 빙햄이 우승자들에게 메달을 나눠주기 위해 자리에 계실 것입니다.	A local politician 지역 정치인
4. 청자들이 하도록 요청받은 것은?	We'd like you to hand out fliers to all customers when they come into the store. 모든 고객이 매장에 들어오면 그들에게 전단지를 나눠 주셨으면 합니다.	Pass out advertisements 광고물 나눠주기
5. 청자들이 다음에 할 행동은?	But right now, I'd like us to decide on the entrée and dessert options for the dinner. 하지만 지금 당장 저녁 식사에 들어갈 메인 요리와 디저트 선택 사항을 결정했으면 합니다.	Select menu options 메뉴 선택 사항 고르기

LC

PART 4

전화 메시지 / 공지 / 설명

① 전화 메시지

부재 중인 상대방에게 메시지를 남기는 형태의 전화 메시지(telephone message)는 Part 4에서 가장 많이 출제되며, 자동 응답 메시지(ARS) 형태의 녹음된 메시지(recorded message)는 가끔 출제됩니다.

다음 담화문을 보면서 흐름을 파악해 보세요.

화자 소개	Hello, Ms. Ruiz. This is Eric, ① **the manager at Blain's Fitness Center**.	① 화자의 직업: 블레인 피트니스 센터의 매니저
전화 목적	I'm calling to let you know that ② **you left your credit card** here at the gym this morning when you paid your monthly fee. I'm holding it at the front desk for you.	② 루이즈 씨가 분실한 것: 신용카드를 체육관에 놓고 감
요청 사항	When you come in, just ③ **be sure to bring a form of photo identification**, such as a driver's license or passport.	③ 루이즈 씨에게 요청한 사항: 사진이 부착된 신분증 지참

어휘 | fee 명 요금, 수수료 identification 명 신분증, 신분 확인

위의 담화문을 들으며 다음 질문에 알맞은 답을 고르세요.

550_P4_01
정답과 해설 p.047

1. Who is the speaker?
   (A) A security guard
   (B) A fitness center employee

   화자는 누구인가?
   (A) 경비원
   (B) 피트니스 센터 직원

2. What has Ms. Ruiz lost?
   (A) A set of keys
   (B) A credit card

   루이즈 씨가 분실한 것은?
   (A) 열쇠 꾸러미
   (B) 신용카드

3. What does the speaker ask Ms. Ruiz to do?
   (A) Bring identification
   (B) Describe a missing item

   화자가 루이즈 씨에게 부탁하는 것은?
   (A) 신분증 갖고 오기
   (B) 분실물 설명하기

안녕하세요, 루이즈 씨. 블레인 피트니스 센터의 매니저 에릭입니다. 오늘 아침 월 요금을 지불하실 때 신용카드를 여기 체육관에 두고 가셨다는 것을 알려드리려고 전화 드렸습니다. 제가 프런트 데스크에서 보관하고 있습니다. 오실 때는 반드시 운전면허증이나 여권과 같이 사진이 부착된 신분증을 지참하시기 바랍니다.

② 공지

공지(announcement)는 주로 사내 업무 및 행사와 관련한 변동 사항, 전달 사항, 요청 사항 등을 직원들에게 공지하는 형태입니다.

다음 담화문을 보면서 흐름을 파악해 보세요.

공지 대상	① **Attention all Watercliff Textile factory workers.** This is your floor manager, Alice Young.	①	장소: 워터클리프 직물 공장
전달 사항	Because of a recurring ② **mechanical problem** with the fabric cutting machine, production will be shut down tomorrow so that maintenance work can be done.	②	언급한 문제점: 직물 절삭기의 반복되는 기계적인 문제
요청 사항	Tomorrow is payday, but ③ **your paychecks are available today.** ③ **Please pick them up** at the payroll office on your way out this evening.	③	퇴근 전 요청 사항: 내일이 급여일이지만, 오늘 퇴근 전에 수령 가능

어휘 | recurring 형 되풀이하여 발생하는 paycheck 명 급여 payroll office 경리과

위의 담화문을 들으며 다음 질문에 알맞은 답을 고르세요.

550_P4_02 🎧
정답과 해설 p.047

1. Where is this announcement most likely taking place?
   (A) At a manufacturing plant
   (B) At a fabric store

이 공지가 있을 곳은?
(A) 제조 공장
(B) 직물 가게

2. What problem does the speaker mention?
   (A) A missing item
   (B) An equipment malfunction

화자가 언급하는 문제점은?
(A) 분실물
(B) 장비 오작동

3. What does the speaker ask the listeners to do before leaving?
   (A) Pick up their paychecks
   (B) Check a work schedule

화자가 청자들이 떠나기 전에 하라고 요청하는 것은?
(A) 급여 수령
(B) 근무 일정 확인

어휘 | malfunction 명 오작동

워터클리프 직물 공장 직원 여러분, 주목해 주십시오. 저는 현장 매니저 앨리스 영입니다. 직물 절삭기의 반복되는 기계적인 문제 때문에 내일 유지 보수 작업을 할 수 있도록 생산이 중단됩니다. 급여일은 내일이지만, 급여는 오늘 받을 수 있습니다. 오늘 저녁 나가시는 길에 경리과에서 수령하세요.

LC

PART 4

③ 설명

설명(instruction)은 새로운 제품이나 소프트웨어의 사용법, 구체적인 직무나 과정 설명 등의 내용이 출제됩니다.

다음 담화문을 보면서 흐름을 파악해 보세요.

설명 목적	Hi, everyone. I want to go over a few instructions before ① **we start preparing for today's corporate luncheon.**	① 장소: 회사 오찬을 준비하는 식당
세부 내용/ 일의 순서	We're expecting about forty people, and the group will be sitting outside on ① **the restaurant's terrace.** ② **Let's start by setting the tables and putting pitchers of water on each table.**	② 청자들이 먼저 할 일: 테이블 세팅 및 물주전자 올려 놓기
계획/요청 사항	③ **The florist is scheduled to deliver flower arrangements in thirty minutes.** That's about it. Let me know if you have any questions.	③ 30분 후에 일어날 일: 꽃집에서 꽃 장식을 배달할 예정

어휘 | **go over** 점검하다, 검토하다 **corporate** 혤 기업의, 법인의 **pitcher** 몡 주전자, 항아리 **florist** 몡 꽃집

550_P4_03 🎧
정답과 해설 p.047

위의 담화문을 들으며 다음 질문에 알맞은 답을 고르세요.

1. Where most likely are the instructions being given?
　(A) At a flower shop
　(B) At a restaurant

이 설명이 주어질 곳은?
(A) 꽃집
(B) 식당

2. What are the listeners asked to do first?
　(A) Clean a work space
　(B) Prepare tables for an event

청자들이 먼저 해야 할 일은?
(A) 근무지 청소
(B) 행사를 위한 테이블 세팅

3. According to the speaker, what will take place in thirty minutes?
　(A) A delivery will be made.
　(B) A business will open.

화자에 의하면, 30분 후에 일어날 일은?
(A) 배달이 올 것이다.
(B) 영업을 시작할 것이다.

안녕하세요, 여러분. 오늘 회사 오찬을 준비하기 전에 몇 가지 지시 사항들을 점검하고 싶습니다. 40명 정도가 될 것으로 예상되는데, 일행은 식당 밖 테라스에 앉을 거예요. 우선 테이블을 세팅하고 각 테이블 위에 물주전자를 올려 놓는 것부터 시작하겠습니다. 꽃집에서 30분 후에 꽃 장식을 배달할 예정입니다. 대충 이 정도네요. 질문 있으면 말씀해 주세요.

전화 메시지

appliance 명 가전제품	call back 회신 전화를 하다(= return a call)
emergency 명 긴급 상황	complain about ~에 대해 불만을 제기하다
identification 명 신분증, 신분 확인	cover for ~을 대신하다
inquiry 명 문의	in one's absence ~ 부재 시에
negative reviews 부정적인 평가	out of town 지역을 떠난
notify 동 알리다(= inform)	regular business hours 정규 영업 시간

공지

additional 형 추가적인	be closed to traffic 통행이 금지되다
assistance 명 도움, 지원	malfunction 명 오작동 동 오작동하다
compensation 명 보상	mechanical problem 기계적인 문제
incentive 명 장려책, 보상	identify 동 (신원 등을) 알아보게 하다, 확인하다
outage 명 작동 중단, 정전	renovation 명 수리, 보수 공사

설명

conference packet 회의 자료집	improve 동 개선되다, 향상되다
innovation 명 혁신	limited 형 한정된, 제한된
instruction 명 지시, 설명	make sure to + 동사원형 반드시 ~하다
maintain 동 유지하다, 관리하다	move on to ~로 넘어가다, 옮기다
strategy 명 전략(= technique)	specialize in ~을 전문으로 하다

Check Up   550_P4_05 🎧

다음 우리말을 보고 빈칸에 알맞은 말을 넣으세요.   정답과 해설 p.047

1 _____ about hotel reservations
호텔 예약에 관한 문의

2. deliver kitchen _____
주방용품을 배달하다

3 bring photo _____
사진이 부착된 신분증을 가져오다

4 _____ about parking
주차에 대해 불만을 제기하다

5 Her computer is _____.
그녀의 컴퓨터가 고장 났다.

6 require legal _____
법률 도움을 원하다

7 give specific _____
구체적으로 지시하다

8 check on the dining room _____
식당 수리를 점검하다

9 Tourism to an area will _____.
지역 관광업이 개선될 것이다.

10 _____ seats on the buses
버스의 제한된 좌석 수

LC

PART 4

(T) **토익 감각 익히기** | 담화를 들으며 빈칸을 채운 후, 알맞은 답을 고르세요. 대화는 두 번 들려드립니다.

550_P4_06 🎧
정답과 해설 p.047

[1-2]

Hello, you've reached Doctor Abrams' office. The office is currently closed in observance of the (1)_____ _____. If this is an emergency, please contact the doctor on call at 555-0135. Otherwise, if you'd like to make an appointment or speak with a receptionist, please call back on (2)_____ during our (3)_____ _____ hours.

in observance of ~을 기념하여 emergency 명 응급

1. Why is the business closed?

(A) Renovations are being made.

(B) An employee is sick.

(C) A holiday is being observed.

2. When will the business reopen?

(A) On Monday

(B) On Tuesday

(C) On Wednesday

observe 통 지키다, 준수하다

[3-4]

Attention, all QuickRail passengers who are waiting for the five o'clock train to Garretsville. This service has been canceled due to a (1)_____ _____ with the train. For those passengers with tickets to Garretsville, there are buses located outside the train station. As you board the bus, you will receive a (2)_____ for 50% off any (3)_____ QuickRail trip. We apologize for this inconvenience.

board 통 탑승하다, 타다 inconvenience 명 불편

3. What has caused the change in service?

(A) An equipment malfunction

(B) Poor weather conditions

(C) A power failure

4. What will some passengers receive?

(A) A discount on future travel

(B) Some refreshments

(C) A guide to the area

power failure 정전
refreshments 명 다과

1. What is the purpose of the message?
(A) To request extra moving boxes
(B) To ask about office vacancies
(C) To cancel an order
(D) To explain details about a delivery

2. What does the speaker want the listener to do?
(A) Allow access to a building
(B) Contact a warehouse supervisor
(C) Send a packing list
(D) Post a company policy

3. What does the speaker say he will be doing this afternoon?
(A) Cleaning his apartment
(B) Working in his office
(C) Visiting a client
(D) Watching a film

vacancy 명 공석
post 동 게시하다

4. Where most likely are the listeners?
(A) In a glass factory
(B) In a doctor's office
(C) In a medical school
(D) In a pharmacy

5. What problem does the speaker mention?
(A) A staff member is sick.
(B) A schedule is incorrect.
(C) Some equipment is not working.
(D) There are not enough seats.

6. What is the purpose of the blue form?
(A) To place an order
(B) To provide feedback
(C) To join an organization
(D) To sign up for an event

pharmacy 명 약국

7. What type of event is the speaker discussing?
(A) A health fair
(B) An investment course
(C) A holiday celebration
(D) A restaurant opening

8. Why does the speaker say, "I always park behind the bank"?
(A) To show surprise
(B) To make a complaint
(C) To give a recommendation
(D) To correct a mistake

9. What will the listeners do next?
(A) Look at a map   (B) Watch a film
(C) Update a calendar   (D) Divide into groups

SANCHEZ CATERING COMPANY
MENU

	MEDIUM	LARGE
MEAT PLATTER	$300	$500
VEGETABLE PLATTER	$250	$400

10. What event is the speaker planning?
(A) A board meeting   (B) A retirement party
(C) A graduation party (D) A job fair

11. Look at the graphic. How much will the speaker pay for his food order?
(A) $250   (B) $300
(C) $400   (D) $500

12. What does the speaker ask about?
(A) Whether he is eligible for a discount
(B) When food servers will arrive
(C) Which serving utensils are included
(D) Whether food containers must be returned

utensil 명 기구

회의 / 인물 소개 / 강연 · 워크숍

① 회의

회의 발췌(excerpt from a meeting)는 Part 4에서 두 번째로 가장 많이 출제되는 담화 형태입니다. 주로 사내 정책, 신규 시스템, 새로운 소식이나 변경 사항을 전달하고 회의 안건을 논의하면서 의견을 구하는 내용이 등장합니다.

다음 담화문을 보면서 흐름을 파악해 보세요.

회의 안건	And finally, as you all know, our company has started an initiative to save on printing and copying.		
공지 사항	① **Everyone should make double-sided copies** for meetings and presentations whenever possible.	┄┄┄┤	① 청자들 권장 사항: 양면 복사
추가 공지 / 요청 사항	② **Our chief accountant, Esperanza Williamson,** says that if we all make this one simple change,	┄┄┄┤	② 에스페란자 윌리엄슨의 직업: 수석 회계사
	③ **we can save the company more than one thousand dollars every month** in paper and ink costs.	┄┄┄┤	③ 변화가 생긴 이유: 매달 천 달러 이상 절약 가능

어휘 | initiative 명 계획 save 동 절약하다

위의 담화문을 들으며 다음 질문에 알맞은 답을 고르세요.

550_P4_08 🎧
정답과 해설 p. 051

1. What are listeners encouraged to do?
   (A) Practice their presentations
   (B) Print on both sides of paper

청자들에게 권장되는 것은?
(A) 프레젠테이션 연습하기
(B) 양면 인쇄하기

2. Who is Esperanza Williamson?
   (A) A copier technician
   (B) An accountant

에스페란자 윌리엄슨은 누구인가?
(A) 복사기 기술자
(B) 회계사

3. According to the speaker, why is the change being made?
   (A) To reduce costs
   (B) To save time

화자에 의하면, 이런 변화가 생긴 이유는?
(A) 비용 절감을 위해
(B) 시간 절약을 위해

마지막으로, 여러분 모두 아시다시피, 우리 회사는 인쇄와 복사 절약 운동을 시작했습니다. 회의와 프리젠테이션을 위해 모두 가능한 한 양면 복사를 해야 합니다. 우리 수석 회계사인 에스페란자 윌리엄슨은, 만약 우리 모두가 이 간단한 하나의 변화라도 실천한다면, 회사는 매달 종이와 잉크 비용으로 천 달러 이상을 절약할 수 있다고 말합니다.

② 인물 소개

인물 소개(introduction)는 행사에서 연설자, 수상자, 전문가를 초대 손님으로 소개하거나 신입 사원이나 퇴임하는 직원을 소개하는 내용들이 주요 소재로 등장합니다.

다음 담화문을 보면서 흐름을 파악해 보세요.

인사	Welcome to the first in our series of artists' presentations at the Keenan Gallery.
인물·강연 소개	We're delighted to feature ① **the artist Rie Sakamoto**, ② **who is well-known for using materials she finds in nature**. Tonight she'll be presenting some slides that illustrate how she creates her unique pieces.
추가 사항/ 환영사	③ **Her presentation will be followed by a question and answer session, which we invite you all to participate in.** And now, we'd like to introduce Ms. Sakamoto.

① 사카모토 씨의 직업: 예술가
② 사카모토 씨가 유명한 것: 자연 재료 사용
③ 프레젠테이션 이후 청자들이 참여할 일: 질의응답 세션

어휘 | feature ⑧ ~를 출연시키다 illustrate ⑧ 분명히 보여주다, 삽화를 넣다 unique ⑱ 독특한

550_P4_09
정답과 해설 p.051

위의 담화문을 들으며 다음 질문에 알맞은 답을 고르세요.

1. Who is Ms. Sakamoto?
(A) A tour guide
(B) An artist

사카모토 씨는 누구인가?
(A) 관광 가이드
(B) 예술가

2. What is Ms. Sakamoto known for?
(A) Illustrating books
(B) Using natural materials in her work

사카모토 씨는 무엇으로 유명한가?
(A) 책에 삽화 넣기
(B) 작품에 자연 재료 사용하기

3. What are listeners invited to do after the presentation?
(A) Ask questions
(B) Enjoy refreshments

청자들은 프레젠테이션 후에 무엇을 하도록 초대되었는가?
(A) 질의하기
(B) 다과 먹기

키넌 갤러리에서 열리는 일련의 아티스트 발표회 첫 번째에 오신 것을 환영합니다. 우리는 자연에서 발견한 재료를 사용하는 것으로 잘 알려진 예술가 리에 사카모토 씨를 모시게 되어 기쁩니다. 오늘밤 그녀는 자신의 독특한 작품을 어떻게 만드는지 보여 주는 슬라이드 몇 개를 소개할 것입니다. 그녀의 프레젠테이션에 이어 질의응답 시간이 있을 것이며, 우리는 이 세션에 여러분 모두 참여하시길 바랍니다. 이제 사카모토 씨를 소개하겠습니다.

③ 강연·워크숍

강연(speech)과 워크숍(workshop)은 리더십, 의사 소통 기술 등 직장인들이 갖추어야 할 다양한 직무 기술 및 신제품 또는 신기술에 익숙해지기 위한 내용들이 등장합니다.

다음 담화문을 보면서 흐름을 파악해 보세요.

행사 종류	Welcome to this workshop on ① **developing a business plan.**	① 워크숍 주제: 사업 계획서 작성하기
행사 내용	A well-written business plan makes a good impression, and ② **this is important for getting financial support from people willing to invest in your company.**	② 좋은 인상을 남기는 것이 중요한 이유: 투자자들의 재정적 지원을 위해 중요
세부 정보/ 요청 사항	Now before we look at some examples of effective business plans, I'd like to go around and have each of you ③ **share your prior work experience with the group.**	③ 화자의 요청 사항: 이전 업무 경험 공유

어휘 | impression 몡 인상 financial 휑 재정적인 invest 동 투자하다 prior 휑 사전의

위의 담화문을 들으며 다음 질문에 알맞은 답을 고르세요.

550_P4_10 🎧
정답과 해설 p.051

1. What is the topic of the workshop?
(A) Making effective presentations
(B) Creating a business plan

워크숍의 주제는?
(A) 효과적인 프레젠테이션 하기
(B) 사업 계획서 만들기

2. According to the speaker, why is it important to make a good first impression?
(A) To attract new customers
(B) To get investors' support

화자에 의하면, 좋은 첫 인상을 남기는 것이 중요한 이유는?
(A) 새 고객들을 유치하기 위해
(B) 투자자들의 지원을 받기 위해

3. What does the speaker ask members of the group to do?
(A) Work together in teams
(B) Describe past work experience

화자가 그룹원들에게 하라고 요청하는 것은?
(A) 팀으로 일하기
(B) 이전 업무 경험 설명하기

어휘 | describe 동 기술하다, 설명하다

사업 계획서 작성에 관한 이 워크숍에 오신 것을 환영합니다. 잘 작성된 사업 계획서는 좋은 인상을 남기며, 이는 귀사에 투자하고자 하는 사람들의 재정적 지원을 받는 데 중요합니다. 이제 효과적인 사업 계획서의 몇 가지 예를 살펴보기 전에, 저는 여러분 각자가 자신의 이전 업무 경험을 그룹과 공유했으면 합니다.

회의

assign 동 배정하다	company all-staff meeting 전 직원 회의
reward 명 보상(=bonus)	in time for ~ 시간에 늦지 않게
refreshments 명 다과	keep ~ in mind ~을 명심하다
go through 살펴보다	such short notice 갑작스러운 공지
potential customer 잠재 고객	give a short overview 짧게 개요를 설명하다
board of directors meeting 중역 회의	give an update on ~에 대한 최신 정보를 제공하다

인물 소개

addition 명 부가물, 추가	give a reading 낭독하다
chief financial officer 최고 재무 경영자(CFO)	publish 동 출판하다
corporate 형 기업의, 법인의	reputation 명 명성
critic 명 비평가	specialist 명 전문가(=expert)
featured guest 특별 초대 손님	stand out 두드러지다

강연·워크숍

certificate 명 증서	benefit 명 이점, 혜택
create 동 만들다	draw attention 관심을 끌다
emphasize 동 강조하다	figure out 생각해 내다
recognize 동 (공로를) 인정하다, 표창하다	role-playing 명 역할 연기
preregister 동 사전 등록하다	turnout 명 참석자 수

Check Up

550_P4_12 🎧

다음 우리말을 보고 빈칸에 알맞은 말을 넣으세요.

정답과 해설 p.051

1 receive praise from _____
   비평가들로부터 호평을 받다

2 emphasize the _____ of a program
   프로그램의 혜택을 강조하다

3 _____ leadership conference
   기업 리더십 회의

4 an _____ of the experiments
   실험들에 대한 개요

5 maintain a _____
   명성을 유지하다

6 _____ flavorful cakes
   맛있는 케이크를 만들다

7 the _____ we'll be serving
   우리가 제공할 다과

8 _____ the address list
   주소록을 살펴보다

9 receive cash _____
   현금으로 보상받다

10 _____ will be distributed.
    증서들을 배부할 것이다.

(T) **토익 감각 익히기** | 담화를 들으며 빈칸을 채운 후, 알맞은 답을 고르세요. 대화는 두 번 들려드립니다.

550_P4_13 🎧

정답과 해설 p.051

[1-2]

Before we open for business today, I'd like to introduce Yan Tsao, our new head (1)_____! We received many applications for her position, but Yan stood out because of her extensive (2)_____ experience. I'm very excited Yan will be joining our team.

stand out 두드러지다 extensive 형 폭넓은, 광범위한

1. Where does this talk most likely take place?

   (A) At a bookstore

   (B) At a restaurant

   (C) At a grocery store

2. What is mentioned as Yan's most important qualification?

   (A) Her international experience

   (B) Her creative recipes

   (C) Her teaching skills

creative 형 독창적인

[3-4]

I'd like to begin today's meeting by welcoming our (1)_____ new chief financial officer, Casper Peters. Mr. Peters has over ten years experience as a chief financial officer. Tomorrow there will be an open (2)_____ to officially (3)_____ Mr. Peters, starting at noon in Conference Room C. I hope you will all join us for that.

officially 부 공식적으로

3. Where does the speaker most likely work?

   (A) At a bank

   (B) At a hospital

   (C) At a catering company

4. What event will occur tomorrow?

   (A) An awards dinner

   (B) A grand opening

   (C) A welcoming reception

1. Where most likely does the introduction take place?
(A) In a classroom
(B) In a bookstore
(C) In an art gallery
(D) In a restaurant

2. Who is Elliot Walker?
(A) A business professor
(B) A painter
(C) A writer
(D) An art critic

3. What will Elliot Walker speak about?
(A) Writing his memoirs
(B) Changing his career
(C) Leading a company
(D) Collecting art

4. Who most likely is the speaker?
(A) A marketing consultant
(B) A company president
(C) A gym owner
(D) A physical therapist

5. What goal does the speaker mention?
(A) Expanding market share
(B) Developing portable equipment
(C) Redesigning the company logo
(D) Investing in a local hospital

6. According to the speaker, how will the goal be reached?
(A) By launching an ad campaign
(B) By conducting field research
(C) By hiring additional employees
(D) By purchasing a health food chain

therapist 명 치료사
portable 형 휴대용의

7. Why has traffic increased on High Street?
(A) A factory has recently opened.
(B) A traffic light is broken.
(C) A water pipe is being repaired.
(D) A shopping center is being built.

8. What has the town decided to do?
(A) Repave a parking area
(B) Install a stop sign
(C) Add a traffic lane
(D) Build a pedestrian bridge

9. How long will the project take?
(A) One week
(B) One month
(C) Six months
(D) One year

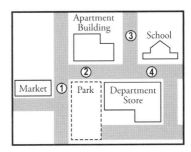

10. What does the speaker say he did last Monday?
(A) He opened a business.
(B) He conducted some research.
(C) He met with a city official.
(D) He volunteered at a school.

11. Look at the graphic. Where will the pedestrian crossing be located?
(A) Location 1
(B) Location 2
(C) Location 3
(D) Location 4

12. What future event does the speaker mention?
(A) A concert
(B) A town fair
(C) A marathon race
(D) A store grand opening

LC

PART 4

방송 / 광고 / 견학 · 여행

① 방송

방송(broadcast)은 교통 방송, 일기예보, 경제 특집, 지역 소식을 전하는 라디오 방송이 주로 등장하며, 쇼핑센터, 박물관, 기내 등에서 진행하는 안내 방송도 가끔 출제됩니다.

다음 담화문을 보면서 흐름을 파악해 보세요.

방송 종류	Good evening, and welcome to Science Monday, our science broadcast on WBQZ radio.
주제/내용	Today we're joined by ① **environmental scientist Kiara Brown**. Ms. Brown's research focuses primarily on weather patterns. ② **She recently traveled to Antarctica**, and tonight she will share with us some of ② **her findings about weather patterns in that region**.
요청·알림 사항	As usual, ③ **we invite you to call in with your questions** at 555-0105.

① 키아라 브라운의 직업: 환경 과학자

② 키아라 브라운의 최근 여행 목적: 남극의 기상 패턴 연구

③ 청자들이 할 일: 전화로 문의하기

어휘 | environmental 휑 환경의 primarily 휜 주로 Antarctica 휑 남극 대륙

위의 담화문을 들으며 다음 질문에 알맞은 답을 고르세요.

550_P4_15
정답과 해설 p. 055

1. Who is Kiara Brown?
(A) A scientist
(B) A journalist

키아라 브라운은 누구인가?
(A) 과학자
(B) 기자

2. What was the purpose of Ms. Brown's recent trip?
(A) To take photographs
(B) To study weather patterns

브라운 씨의 최근 여행의 목적은?
(A) 사진 촬영
(B) 기상 패턴 연구

3. What are the listeners invited to do?
(A) View a video online
(B) Call in with questions

청자들은 무엇을 하도록 초대받았는가?
(A) 온라인으로 동영상 시청
(B) 전화해서 질문하기

안녕하십니까, WBQZ 라디오 월요일 과학 방송에 오신 것을 환영합니다. 오늘 우리는 환경 과학자 키아라 브라운과 함께합니다. 브라운 씨의 연구는 주로 기상 패턴에 초점을 맞추고 있습니다. 그녀는 최근에 남극 대륙을 여행했고, 그 지역의 기상 패턴에 대한 자신의 연구 결과 몇 가지를 오늘밤 우리와 나눌 것입니다. 평소와 마찬가지로 555-0105번으로 전화하셔서 질문 주시기 바랍니다.

② 광고

광고(advertisement)는 업체 광고, 제품 광고, 서비스 광고, 구인 광고의 형태가 있습니다.

다음 담화문을 보면서 흐름을 파악해 보세요.

업체·서비스 종류	Summertime is outdoor time! And this week Zee's ① **Sporting Goods** is ② **holding its annual Summer Festival of Savings**.	① 광고 중인 업체: 스포츠용품점 ② 진행 중인 행사: 연례 여름 할인 축제
특징/장점	Come in for huge savings on all of your outdoor gear. You'll find all the equipment you need for camping, fishing, hiking, and more.	
요청·알림 사항	And to make it easier for you to take advantage of these savings, ③ **Zee's will stay open late every evening this week**.	③ 사업체가 이번 주에 할 일: 매일 늦은 저녁 시간까지 영업

어휘 | gear 명 장비 take advantage of ~를 이용하다

550_P4_16
정답과 해설 p.055

위의 담화문을 들으며 다음 질문에 알맞은 답을 고르세요.

1. What type of business is being advertised?
   (A) An amusement park
   (B) A sporting goods store

   광고 중인 업체의 종류는?
   (A) 놀이공원
   (B) 스포츠용품점

2. What event is the business having?
   (A) A grand opening
   (B) A seasonal sale

   이 업체가 하고 있는 행사는?
   (A) 개업식
   (B) 시즌 할인

3. What will the business do this week?
   (A) Extend its hours of operation
   (B) Offer free delivery

   이 업체가 이번 주에 할 일은?
   (A) 영업 시간 연장
   (B) 무료 배송 제공

여름은 야외의 계절입니다! 그리고 이번 주에는 지즈 스포츠용품점에서 연례 여름 할인 축제를 개최합니다. 오셔서 모든 아웃도어 장비를 크게 절약하세요. 캠핑, 낚시, 하이킹 등에 필요한 모든 장비를 찾을 수 있습니다. 또한 이러한 절감 효과를 보다 쉽게 이용하시도록 지즈는 이번 주 내내 저녁 늦게까지 영업합니다.

LC

PART 4

③ 견학·여행

여행 정보(tour information)는 공장 시설 견학이나 관광지 여행이 주로 등장합니다.

다음 담화문을 보면서 흐름을 파악해 보세요.

인사/소개	Good morning. My name is Michiko, and **① I'll be** ••••••• **your guide for the next three days in Marina City.**	┤ ① 화자의 직업: 관광 가이드
일정 안내	During this time, you'll get to see many local attractions including several museums. **② This** ••••••• **morning we'll be visiting our famous chocolate factory. ③ When we return to the hotel at three** ••••••• **o'clock, there'll be a reception in the lobby.**	┤ ② 오늘 오전 할 일: 초콜릿 공장 견학 ┤ ③ 3시에 예정된 일: 호텔 로비에서 환영식
유의·요청 사항	We'll have some light refreshments available, and I'll give you information about local entertainment venues.	

어휘 | attraction 명 명소 refreshments 명 다과 venue 명 장소

550_P4_17
정답과 해설 p.055

위의 담화문을 들으며 다음 질문에 알맞은 답을 고르세요.

1. What most likely is the speaker's job?
(A) A hotel clerk
(B) A tour guide

화자의 직업은 무엇이겠는가?
(A) 호텔 직원
(B) 관광 가이드

2. What will the listeners do this morning?
(A) Visit a local attraction
(B) Move to a different hotel

청자들이 오늘 오전 할 일은?
(A) 지역 관광 명소 방문
(B) 다른 호텔로 이동

3. What does the speaker say is scheduled for three o'clock?
(A) A reception
(B) A museum tour

화자가 말하는 3시에 예정된 일은?
(A) 환영식
(B) 박물관 견학

안녕하세요. 제 이름은 미치코이고, 앞으로 3일간 마리나 시티에서 여러분의 가이드로 함께할 예정입니다. 이 3일 동안, 여러분은 몇몇 박물관을 포함한 많은 지역 명소를 보시게 됩니다. 오늘 아침에 우리는 유명한 초콜릿 공장을 방문할 예정입니다. 3시에 호텔로 돌아오면 로비에서 환영식이 있을 겁니다. 준비된 가벼운 다과를 드실 수 있을 것이고, 제가 이 지역에서 여흥을 즐길 수 있는 장소들에 대한 정보를 알려 드리겠습니다.

방송

merger 명 합병	publicize 동 알리다, 홍보하다
donation 명 기증, 기부	financial 형 재정의
employment 명 고용	last-minute 형 마지막 순간의
raffle ticket 추첨 티켓	relocation 명 이전(=move)
fund-raising initiative 기금 모금 계획	alternate 형 대체의
tune in 청취하다, 시청하다	impact 명 영향

광고

attention 명 주의, 주목	in honor of ~을 기념하여
founder 명 창립자	professional 형 직업적인, 전문적인
special offer 특별 할인	environmentally-friendly 형 친환경적인(=eco-friendly)
free trial 무료 사용	loyalty program 고객 보상 프로그램
exclusive 형 독점적인	commercial break 광고 시간
promotional code 쿠폰 번호	take advantage of ~를 이용하다

견학 · 여행

destination 명 목적지	trip route 여행 노선
sculpture 명 조각	historic building 역사적인 건물
cutting-edge 형 최첨단의	opposite 형 반대의
photography 명 사진 촬영	designated 형 지정된
assembly plant 조립 공장	seasonal 형 어느 계절에 한정된

Check Up

다음 우리말을 보고 빈칸에 알맞은 말을 넣으세요.   정답과 해설 p.055

1 the _____ of a business
   사업체의 이전

2 statue of the city's _____
   도시 건립자의 동상

3 present _____ information
   재무 정보를 설명하다

4 _____ is not permitted.
   촬영 금지

5 stay in a _____ area
   지정된 구역에 머물다

6 come back the _____ way
   반대 방향으로 돌아오다

7 use an _____ entrance
   대체 출입구를 이용하다

8 present an _____ interview
   단독 인터뷰를 제공하다

9 take _____ of the employment services
   일자리 알선 서비스를 이용하다

10 encourage the listeners to make a _____
   청취자의 기부를 독려하다

LC

PART 4

[1-2]

And now for the local traffic report. (1)_____ is scheduled to start on (2)_____ 9 tomorrow morning, and major delays are expected throughout the project. Commuters are advised to (3)_____ _____ _____ instead. According to the department of transportation, this roadwork is expected to be completed in about a month.

commuter 몡 통근자 transportation 몡 교통

1. What project will start tomorrow?
   (A) Roadwork on a highway
   (B) Construction of an airport
   (C) A bridge repair

2. What are listeners advised to do?
   (A) Avoid rush hour
   (B) Take another road
   (C) Use public transportation

[3-4]

MTK (1)_____ Annual event starts today and you won't want to miss it. We're offering the (2)_____ _____ of the year on brand-name computers, audio equipment, and televisions. This is a (3)_____ event, and these prices will only be available for a limited time!

brand-name 혱 유명 상표가 붙은

3. What type of business is being advertised?
   (A) A software company
   (B) A dry cleaning shop
   (C) An electronics store

4. What special event is taking place?
   (A) An annual sale
   (B) A grand opening
   (C) A community fund-raiser

fund-raiser 몡 모금 행사

1. Who most likely is the speaker?
(A) An administrative assistant
(B) A tour guide
(C) A museum director
(D) A real estate agent

2. What has caused a delay?
(A) Road construction
(B) Bad weather
(C) A mechanical problem
(D) An employee absence

3. What will be the result of the delay?
(A) A refund will be issued.
(B) A report will be submitted.
(C) A different route will be used.
(D) A visit will be shortened.

shorten 통 단축하다

4. What can the listeners receive at no cost?
(A) Parking
(B) Beverages
(C) Internet access
(D) Extra space

5. What does the speaker imply when he says, "train tickets are expensive"?
(A) The listeners should not take the train.
(B) The listeners should not attend an event.
(C) The listeners should obtain approval for an expense.
(D) The listeners should travel in another season.

6. Why are the listeners encouraged to visit a Web site?
(A) To apply for funding
(B) To receive a reduced price
(C) To fill out a survey
(D) To submit a form

7. What event will take place on Saturday?
(A) A city tour
(B) An opening celebration
(C) A sports competition
(D) An art show

8. What will be available free of charge to children under twelve?
(A) Admission tickets
(B) Special seating
(C) Beginners lessons
(D) Recreational equipment

9. According to the speaker, what will begin at eleven o'clock?
(A) Shuttle service   (B) A speech
(C) Food service   (D) A performance

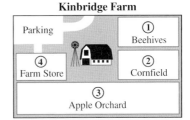
Kinbridge Farm

10. Look at the graphic. What area is currently closed?
(A) Area 1   (B) Area 2
(C) Area 3   (D) Area 4

11. According to the speaker, what will the listeners receive?
(A) Homemade cookies
(B) A discount coupon
(C) A bottle of water
(D) Free fruit

12. What does the speaker remind the listeners about?
(A) What equipment to bring
(B) When to return to the parking area
(C) Where to buy some goods
(D) Who sponsored the tour

RC Reading Comprehension의 기초

 문장의 형식

동사의 유형에 따라 문장의 형식이 달라집니다.

[1형식] **주어 + 동사**

→ 주어와 동사만으로 문장이 가능하며, 수식어가 붙어도 형식은 유지된다.

Mr. Owen arrived. 오웬 씨가 도착하였다.
   주어   동사

Mr. Owen arrived at the conference venue. 오웬 씨가 회의 장소에 도착하였다.
               수식어

1형식 동사 | work 일하다 arrive 도착하다 participate 참가하다 rise 오르다

[2형식] **주어 + 동사 + 주격 보어**

→ 주어와 동사만으로는 의미가 불완전하여 동사 뒤에 형용사나 명사가 주격 보어로 온다.

The survey results are positive. 설문 결과는 긍정적이다.
   주어   동사   보어

2형식 동사 | be ~이다 become ~이 되다 remain 남아 있다 seem ~인 것 같다

[3형식] **주어 + 동사 + 목적어**

→ 가장 흔한 문장 형태로 대부분의 동사가 3형식 동사이다.

The CEO attended the budget meeting. CEO는 예산 회의에 참석하였다.
   주어   동사   목적어

3형식 동사 | attend 참석하다 conduct 실시하다 provide 제공하다 seek 구하다 complete 완료하다

4형식 | 주어 + 동사 + 간접목적어 + 직접목적어

→ '주다'라는 의미의 수여동사로 뒤에 사람 목적어와 사물 목적어를 가진다.

We offer customers free delivery. 우리는 고객들에게 무료 배송을 제공합니다.
주어　동사　간접목적어　　직접목적어

4형식 동사 | give 주다　offer 제공하다　send 보내다　show 보여 주다　award 수여하다　tell 말해 주다

5형식 | 주어 + 동사 + 목적어 + 목적격 보어

→ 3형식 동사 뒤에 목적어를 보충 설명하는 목적격 보어가 온다.

Customers consider our services reliable. 고객들은 당사의 서비스를 신뢰할 수 있다고 여긴다.
　주어　　　동사　　　목적어　　　보어

5형식 동사 | keep ~하게 유지하다　consider ~라고 여기다　find ~라는 것을 알아내다　make ~하게 만들다
　　　　　 leave 그대로 두다

R 구와 절

단어, 구, 절은 문장을 구성하는 요소들이에요. 두 개 이상의 단어로 이루어져 있는 덩어리를 '구', 주어와 동사로 이루어져 있으면 '절'이라고 불러요. 다음 도표를 보고 그 개념을 이해해 보세요.

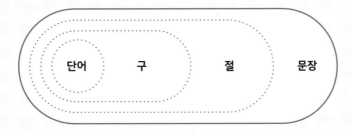

- **구**: 단어 + 단어
- **절**: 주어 + 동사
- **문장**: 하나 또는 두 개 이상의 절로 이루어지며, 마침표나 물음표, 느낌표로 끝나는 형태

I suggest considering travel insurance when you travel. 여행할 때 여행 보험을 고려할 것을 추천합니다.
　　　　　　동명사구　　　　　　　　　　　부사절

Part

단문, 장문 빈칸 채우기

ⓘ Part 5 | 단문 빈칸 채우기 30문항

● 시험에 이렇게 나와요!

주어진 짧은 문장 안의 빈칸에 적절한 말을 고르는 문제입니다.

📋 문제지

101. Clearfoto's latest camera will be a
great ------- in the retail marketplace.
(A) succeed
(B) success
(C) successfully
(D) successful

102. Online reviewers complained about
the ------- atmosphere at Café
Noche.
(A) suitable
(B) separate
(C) enormous
(D) unpleasant

● 이렇게 풀어요!

문법 문제) 해당 문장의 구조를 분석하고, 앞뒤 흐름을 살핀다.

101. Clearfoto's latest camera will be a great ------- in the retail marketplace.
　　　　　　　　　　　　　　　　　　　관사 형용사
(A) succeed 동사
(B) success 명사 ← 빈칸 앞 관사 a와 형용사의 수식을 받는 명사 자리
(C) successfully 부사
(D) successful 형용사

어휘 문제) 주어, 동사, 목적어 중심으로 해석한 후, 빈칸 주변 단어를 확인한다.

102. Online reviewers complained about the ------- atmosphere at Café Noche.
　　　　　　　　　　　불평했다　　　　　　　　　　　　　　분위기
(A) suitable 적합한 ← 불평했다고 하는 분위기에 어울리는 형용사 어휘
(B) separate 분리된
(C) enormous 거대한
(D) unpleasant 불친절한

Part 6 | 장문 빈칸 채우기 4지문, 16문항

🔵 시험에 이렇게 나와요!

주어진 지문 안의 빈칸 4곳에 적절한 말이나 문장을 고르는 문제입니다.

🗐 문제지

There is no better time to visit beautiful Nova Scotia, and Nova Scotia Tours can help! With over 25 years in business, we know how to plan ------- tailored to our
131
clients' specifications. You and your family can enjoy everything from our Gaelic fiddle music and Ukrainian heritage festivals to the fresh, salty air and delicious seafood. For adventure seekers, there are many activities ------- you busy. -------. Or ------- you prefer,
132   **133**   **134**
relax and dine at any of our world-class restaurants. But don't wait. Call today at 902-555-0166!

어휘 문제
131. (A) garments
(B) deliveries
(C) conferences
(D) vacations

문법 문제
132. (A) to keep
(B) keep
(C) having kept
(D) would keep

문장 고르기 문제
133. (A) Book now to reserve your hotel.
(B) Speak with our representatives Monday through Friday.
(C) Try whale watching, kayaking, or cycling.
(D) Choose from over hundreds of locations.

접속사/접속부사 문제
134. (A) if
(B) moreover
(C) despite
(D) both

🔵 이렇게 풀어요!

어휘 문제
- 주어, 동사, 목적어 중심으로 해석한 후, 빈칸 주변에서 정답을 암시하는 어휘를 찾아보세요.

문법 문제
- 해당 문장의 구조를 분석하고, 앞뒤 흐름을 살펴보세요.

문장 고르기 문제
- 빈칸 앞뒤 내용을 살피고 특히 앞 문장의 명사 어휘에 유의하면서 흐름상 가장 적절한 문장을 선택하세요.

접속사/접속부사 문제
- 문장 앞뒤 관계를 파악하세요. 예를 들어, 뒤 문장이 추가되는 내용인지 반대되는 내용인지 확인하세요.

RC

PART 5&6

문장의 구성 요소

'주어와 동사'는 영어 문장의 주인공!

They dance.
그들은 춤춰요.

Q. 영어 문장의 기본 요소는 무엇이 있나요?

영어 문장은 주연 배우인 '**주어, 동사**'와 조연 배우인 '**목적어, 보어**' 그리고 엑스트라 '**수식어**'로 이루어집니다.

주어   문장의 주체로 우리말의 '~은 / 는 / 이 / 가'에 해당되는 말

We keep our office clean.   **우리는** 사무실을 깨끗하게 유지한다.

동사   주어의 동작이나 상태를 표현하는 우리말의 '~이다 / 하다'에 해당되는 말

We keep our office clean.   우리는 사무실을 깨끗하게 **유지한다**.

목적어   동사의 대상이 되는 우리말의 '~을 / 를 / 에게'에 해당되는 말

We keep our office clean.   우리는 **사무실을** 깨끗하게 유지한다.

보어   주어나 목적어를 보충하는 말

We keep our office clean.   우리는 사무실을 **깨끗하게** 유지한다.

수식어   형용사와 부사의 역할을 하며 수식하는 말

We keep our office clean at all times.   우리는 **항상** 사무실을 깨끗하게 유지한다.

① 주어와 동사

문장에서 주어와 동사는 항상 같이 다니는 가장 기본적인 요소입니다.

■ 주어: 문장의 주체

문장의 맨 앞에 위치하며, 주어 자리에는 명사(구), 대명사, 동명사구 등 명사 역할을 하는 말이 옵니다.

명사(구)	The shop offers free delivery. **그 가게는** 무료 배송을 제공한다.
대명사	We should meet the deadline. **우리는** 마감일을 맞춰야 한다.
동명사구	Registering for the workshop is not required. **워크숍에 등록하는 것이** 필수는 아니다.

Check Up 주어를 찾아보세요. 정답과 해설 p.060

1 Ms. Nelson's shift ends at 5:00 P.M.
2 Attracting more customers is our goal.

shift 명 교대 근무 attract 동 끌다, 유치하다 goal 명 목표

■ 동사: 주어의 동작이나 상태를 나타내는 말

주어 뒤에 위치하며, 동사에는 be동사, 일반동사, 조동사가 있습니다.

be동사	The logo design is complete. 로고 디자인이 완성되었**다**. → be동사에는 is, am, are, was, were가 있다.
일반동사	Mr. Brown revised the document. 브라운 씨가 서류를 **수정하였다**. → 일반동사는 수 일치, 태, 시제의 영향을 받는다.
조동사	All employees will attend the seminar. 모든 직원이 세미나에 참석**할 것이다**. → 조동사에는 will, can, must, should 등이 있으며 뒤에는 항상 동사원형이 온다.

Check Up 동사를 찾아보세요. 정답과 해설 p.060

1 The show was a great success.
2 Employees must follow safety regulations.

success 명 성공 safety regulation 안전 규정

② 목적어와 보어

■ 목적어: 동작의 대상

타동사나 전치사 뒤에 위치하며, 목적어 자리에는 명사(구), 대명사, 동명사구, to부정사구, 명사절과 같이 명사 역할을 하는 말이 옵니다.

동사 뒤   Sandra made a presentation last night. 산드라가 어젯밤 **발표를** 했다.

I met her at the town meeting. 나는 시 주민 회의에서 **그녀를** 만났다.

We recommend hiring a new assistant. 우리는 **새로운 조수를 채용하는 것을** 추천한다.

전치사 뒤   Mr. Peters works with his brother. 피터스 씨는 **그의 남동생과** 함께 일한다.

Customers can save money by buying their tickets in advance.
고객들은 **미리 티켓을 구입함으로써** 비용을 절약할 수 있다.

Check Up 목적어를 찾아보세요.

1 We offer a discount to loyal clients.

2 Management is looking for a new paper supplier.

loyal client 단골 고객 management 명 경영진

■ 보어: 주어나 목적어를 보충하는 말

주어를 보충 설명할 때는 동사 뒤에, 목적어를 보충 설명할 때는 목적어 뒤에 옵니다. 보어 자리에는 형용사나 명사가 잘 쓰입니다.

주격 보어   The manuals are available online. 설명서는 온라인에서 **이용 가능하다**.

George became an accountant. 조지는 **회계사가** 되었다.

|주격 보어를 갖는 동사| be ~이다 become ~이 되다 remain 여전히 ~이다 seem ~인 것 같다

목적격 보어   We consider the accountant competent. 우리는 그 회계사가 **유능하다고** 생각한다.

Bay City made the festival an annual event. 베이 시티는 이 축제를 **연례 행사로** 만들었다.

|목적격 보어를 갖는 동사| keep ~하게 유지하다 consider ~라고 여기다 find ~라는 것을 알아내다
make ~하게 만들다 leave 그대로 두다

Check Up 보어를 찾아보세요.
정답과 해설 p.060

1 That price seems reasonable.

2 It will keep your files safe.

reasonable 형 합리적인

③ 수식어

문장의 기본 요소나 문장 전체를 꾸며주는 형용사나 부사 같은 말로서, 한 단어 형태일 수도 있고 구나 절의 형태를 취하기도 합니다. 수식어가 없어도 문장이 성립하므로 엑스트라 같은 존재입니다.

■ 수식어: 한두 단어로 이루어진 형용사나 부사

The new manager called yesterday. 새로 온 관리자가 어제 전화했다.
   형용사 └──↑   └──┘ 부사

■ 수식어구: 형용사나 부사 역할을 하는 전치사구, to부정사구, 분사구

The new manager at the sales department called yesterday. 영업 부서에 새로 온 관리자가 어제 전화했다.
       ↑└────────┘ 전치사구

The new manager called me to provide feedback. 새로 온 관리자가 피드백을 주기 위해 나에게 전화했다.
           ↑└────────┘ to부정사구

I received the file revised by the new manager. 나는 새 관리자가 수정한 파일을 받았다.
      ↑└──┘ 분사구

■ 수식어절: 형용사나 부사 역할을 하는 관계절이나 부사절

The new manager who transferred from the Boston branch attended the meeting.
     ↑└──┘   관계절

보스턴 지점에서 전근 온 새 관리자가 회의에 참석했다.

If you have any questions, please contact him by e-mail. 질문이 있으면, 그에게 이메일로 연락해 주세요.
   부사절 └───────┘

Check Up   수식어 부분을 찾아보세요.   정답과 해설 p.060

1 The library is closed since it's Sunday.
2 We've received orders from Hong Kong.
3 The board meeting was held this morning.
4 Here's a schedule that shows our regular hours.
5 To meet the demand, we'll need skilled employees.

since 접 ~이므로 board meeting 이사회 regular hours 정규 영업시간 demand 명 수요 skilled 형 숙련된

기출 어휘 - 명사 1

access	접근, 이용 ⑧ 이용하다	inspection	검사, 조사
	have access to ~에 접근하다		safety inspection 안전 검사
ease	쉬움 ⑧ 완화하다	receipt	영수증; 수령, 받음
	with ease 쉽게		an original receipt 영수증 원본
increase	증가 ⑧ 늘리다, 늘다	assistant	보조 요원
	the increase in tourism 관광객 증가		hire an assistant 조수를 채용하다
demand	수요 ⑧ 요구하다	attendant	안내원, 수행원
	high demand 높은 수요		flight attendant 승무원
fund	자금 ⑧ 자금을 대다	participant	참가자, 참석자
	sufficient funds 충분한 자금		survey participant 설문 참가자
purchase	구매(품) ⑧ 구매하다	applicant	지원자
	proof of purchase 구매의 증거		successful applicant 합격자
concern	걱정, 관심사	accountant	회계사
	primary concern 주요 관심사		junior accountant 초급 회계사
support	지지, 지원 ⑧ 지지하다	supervisor	감독관, 상사
	financial support 재정적인 지원		department supervisor 부서장

Check Up

다음 우리말을 보고 빈칸에 알맞은 말을 넣으세요.

정답과 해설 p.060

1 conduct a safety _____
안전 검사를 실시하다

2 appreciate your _____
당신의 지지에 감사해하다

3 have _____ to swimming lessons
수영 강습을 이용하다

4 office supply _____
사무용품 구입

5 address customers' _____
고객들의 우려를 다루다

6 review _____ qualifications
지원자들의 자격 요건을 검토하다

7 a recently hired _____
최근에 고용된 감독관

8 an _____ in the number of subscribers
구독자 수 증가

1. Haya Photo Studio _____ its customers a 20 percent discount.

   (A) offer   (B) offers

   단수 주어에는 단수 동사가 필요해요.
   discount 명 할인

2. The _____ is looking for someone who can train the new intern.

   (A) manage   (B) manager

   동사 앞은 주어 자리예요.
   look for ~를 찾다
   train 동 교육시키다

3. Sakan Communications _____ a local Internet service provider.

   (A) is   (B) should

   보어를 취하는 동사 자리예요.
   local 형 지역의, 현지의
   provider 명 제공업자

4. All employees must create a user name and password _____ the new database.

   (A) access   (B) to access

   to부정사구는 수식어구로 쓰일 수 있어요.
   create 동 만들다

5. Chiba Inn will complete _____ of its banquet facilities at the end of this year.

   (A) renovations   (B) renovate

   타동사 뒤에는 목적어가 필요해요.
   complete 동 완료하다
   banquet facility 연회 시설

6. Mr. Han is responsible for _____ the damaged pavement by his shop.

   (A) is repairing   (B) repairing

   전치사 뒤에는 목적어가 필요해요.
   responsible for ~에 책임이 있는
   damaged 형 파손된
   pavement 명 인도, 보도

7. The International Forest Society aims to make its Web site _____.

   (A) educates   (B) educational

   빈칸은 목적격 보어 자리예요.
   aim to+동사원형 ~을 목표로 하다

8. Flinder's Automotive Factory conducts a quality-control _____ every month.

   (A) inspection   (B) participation

   inspection은 '검사', participation은 '참여'를 뜻해요.
   conduct 동 실시하다
   quality-control 형 품질 관리의

1. Cierni Energy ------- a monthly newsletter that is mailed to customers.

   (A) publisher
   (B) publishing
   (C) publishes
   (D) publishable

2. Customers found most of the nine color variations of Malbey purses very -------.

   (A) attractive
   (B) attraction
   (C) attracted
   (D) attracts

3. ------- in the technology forum, you must first register and create an online profile.

   (A) Participation
   (B) To participate
   (C) Participates
   (D) Will participate

4. In ------- of its tenth anniversary, this year's art festival will last a full week.

   (A) celebrate
   (B) celebration
   (C) celebrated
   (D) celebrates

5. Mr. Ito's revised marketing ------- is an improvement on his earlier version.

   (A) presentation
   (B) present
   (C) presented
   (D) presenter

6. Lander's Travel will send ------- of your airline and hotel reservations by e-mail.

   (A) confirming
   (B) confirm
   (C) confirms
   (D) confirmation

7. The facility's new ventilation system has proven ------- in improving air quality.

   (A) effected
   (B) effective
   (C) effectively
   (D) more effectively

8. To thank our customers for their continued -------, Mauricio's Pastries is offering a free tote bag with every purchase.

   (A) transaction
   (B) support
   (C) foundation
   (D) resource

어휘 | **1.** monthly 형 매달의 **2.** variation 명 변형, 변화 purse 명 지갑 **3.** register 동 등록하다 profile 명 프로필
4. anniversary 명 기념일 last 동 지속되다 **5.** improvement 명 개선, 향상 version 명 판 **6.** reservation 명 예약
7. ventilation 명 환기, 통풍 improve 동 개선하다 **8.** continued 형 지속적인 purchase 명 구매

Questions 9-12 refer to the following e-mail.

To: <ellen.martinez@officelighting.com>
From: <kmann@greenstyle.com>
Date: February 4
Subject: Order #1135729

Dear Ms. Martinez:

Thank you for your purchase of fifteen office-grade light fixtures. I am writing to inform you that we are ------- to ship your merchandise. Due to unforeseen -------, the item is out of stock
　　　　　9　　　　　　　　　　　　　　　　　　　　　　　　10
until February 15. -------. Please let me know if you would like to cancel your order because
　　　　　　　　　11
of this delay. -------, you can expect delivery of your original order in approximately three
　　　　　　12
weeks from today. If you have any questions, please contact me via e-mail or phone (1-800-555-0199).

Sincerely,
Kyle Mann

9. (A) about
   (B) unable
   (C) always
   (D) unexpected

10. (A) demander
    (B) demandingly
    (C) demanded
    (D) demand

11. (A) Returns must be made within 30 days of receipt.
    (B) The information you provided was unclear.
    (C) I am sorry if this inconveniences you.
    (D) Then, normal hours of operation will resume.

12. (A) Otherwise
    (B) Accordingly
    (C) Nevertheless
    (D) Indeed

어휘 | light fixture 조명 기구 inform 통 알리다 unforeseen 형 예상치 못한 out of stock 품절인 original 형 원래의
approximately 부 대략
11. resume 통 재개하다

명사와 대명사

세상 만물의 이름인 '명사'와 아바타 '대명사'!

명사
Jake

대명사
He

Q. 가산명사와 불가산명사는 어떻게 다른가요?

명사는 사람이나 사물의 이름을 표현하는 말이지만, 다 셀 수 있는 것은 아니에요. 크게 셀 수 있는 '가산명사'와 셀 수 없는 '불가산명사'로 나눌 수 있답니다. 가산명사는 관사(a/an)를 붙일 수 있고 복수형이 될 수도 있지만, 불가산명사는 그렇게 표시할 수 없어요.

가산명사	불가산명사
a car – some cars	water – some water
차 한 대 – 차 여러 대	물 – 약간의 물

Q. 대명사는 어떤 종류가 있나요?

대명사는 she(그녀), that(저것), it(그것)과 같이 명사를 대신하는 말이에요. 대명사에는 인칭대명사, 지시대명사, 부정대명사 등이 있습니다.

인칭대명사	I 나	you 당신	he 그	them 그들
지시대명사	this 이것	that 저것	those 저것들/저 사람들	
부정대명사	some 일부	another 또 하나	others 일부	

정해지지 않은 수량을 막연하게 나타날 때 쓰는 대명사라서, 부정(不定)대명사라고 해요.

① 명사의 역할과 자리

명사는 문장에서 주어, 목적어, 보어의 역할을 하며 관사나 소유격, 형용사 뒤에 옵니다.

■ 명사의 역할

주어 (동사 앞)	The construction <u>will begin</u> soon. **공사**는 곧 시작할 것이다. Your satisfaction <u>is</u> our top priority. 당신의 **만족**이 우리의 최우선 순위입니다.
목적어 (동사 뒤/전치사 뒤)	We <u>hired</u> a new supplier. 우리는 새로운 **공급 업체**를 고용했다. Kate <u>handles</u> reservations <u>for</u> employees. 케이트는 **직원들**을 위한 **예약**을 처리한다.
보어 (주로 be동사 뒤)	The Barston Group is a manufacturer of mobile phones. 바스턴 그룹은 휴대폰 **제조 업체**이다.

Check Up

정답과 해설 p.062

1 Mr. Pollard is a department [(A) supervisor (B) supervise].

2 The application provides [(A) inform (B) information] about transportation.

application 명 앱; 지원서 transportation 명 교통, 운송

■ 한눈에 알아보는 명사 자리

관사(a/an/the)+명사	an applicant 지원자	the decision 결정
소유격(one's)+명사	your participation 당신의 참여 → 소유격 my, our, your, his, her, its, their	his retirement 그의 은퇴
형용사+명사	a qualified applicant 자격을 갖춘 지원자 → 순서: 관사/소유격+형용사+명사	his right decision 그의 올바른 결정

Our team will launch a new campaign soon. 우리 팀은 곧 새로운 캠페인을 시작할 것이다.

Check Up

정답과 해설 p.062

1 Thanks for your careful [(A) attend (B) attention] to this matter.

2 Ms. Keegan is awaiting a quick [(A) respond (B) response] from the office.

matter 명 일 await 동 기다리다

② 명사의 형태

■ 명사의 형태

토익에서는 여러 단어 중에서 명사를 한눈에 알아보는 것이 무엇보다 중요합니다. 명사에는 유독 잘 붙어 다니는 끝말이 있는데 끝말에 따라 어떤 명사들이 있는지 익혀 두세요.

-tion, -sion	location 지점, 위치	revision 수정	division 부서
-ment	employment 고용	equipment 장비	requirement (자격) 요건
-ship, -sm	membership 회원(자격)	readership 독자층[수]	tourism 관광업
-ance, -ence	appliance 가전 제품	importance 중요성	experience 경력
-al, -ty	approval 승인	rental 임대	safety 안전
-er, -or, -ant, -ent (주로 사람 명사)	recruiter 채용 담당자 consultant 상담가	supplier 공급 업체[업자] participant 참가자	author 작가 resident 거주자, 주민

Check Up
정답과 해설 p.062

1 The Daquael Theater reduced ticket prices for local [(A) residents (B) residential].
2 Cardona Inn will close its downtown [(A) locate (B) location] next month.

■ 복합명사

복합명사는 두 개 이상의 명사가 하나의 명사처럼 쓰이는 것을 말합니다. 한 덩어리로 기억해 두세요.

job openings 일자리 공석	assembly line 조립 라인	staff assembly 직원 총회
customer satisfaction 고객 만족	benefits package 복리 후생 제도	expiration date 만기일
sales representative 영업 사원	safety regulations 안전 규정	warranty certificate 품질 보증서

We observe strict safety regulations.   우리는 엄격한 **안전 규정**을 준수한다.

Starletic, Inc. has posted job openings on its Web site.
스타레틱 사는 자사 웹사이트에 **채용 공고**를 냈다.

Check Up
정답과 해설 p.063

1 Just present this coupon to a sales [(A) representation (B) representative] at the store.
2 Customers can download a new warranty [(A) certify (B) certificate] from the Web site.

present 동 제시하다

130

③ 가산명사와 불가산명사

■ 가산명사와 불가산명사

가산명사는 단수와 복수로 쓸 수 있고, 단수인 경우는 a/an이 붙습니다. 하지만 불가산명사는 복수형이 없고 항상 단수로 씁니다.

가산명사	단수형	a customer 고객	a price 가격	an item 물건
	복수형	customers 고객들	prices 가격들	items 물건들
불가산명사	항상 단수 취급	information 정보	access 접근	merchandise 상품

A customer asked me the price of an item. 한 **고객**이 나에게 어떤 **물건**의 **가격**을 물었다.
Customer (X)   price (X)   item (X)

A variety of merchandise is on sale now. 다양한 **상품**이 지금 할인 판매 중이다.
              a merchandise (X)
              merchandises (X)

Check Up
정답과 해설 p.063

1 As a member, you will have [(A) access (B) accesses] to the database.
2 The festival has attracted [(A) tourist (B) tourists] from across the country.

tourist 몡 관광객

■ 혼동하기 쉬운 가산명사와 불가산명사

다음과 같이 혼동하기 쉬운 명사들은 특히 유의해서 익혀 두세요.

가산명사	불가산명사		
a fund/funds 자금	funding 자금 조달	staffing 직원 채용	planning 계획
a permit/permits 허가증	permission 허가	furniture 가구	baggage 수화물
a product/products 제품	merchandise 상품	equipment 장비	information 정보
a benefit/benefits 혜택	assistance 도움, 지원	advice 충고	support 지지
a discount/discounts 할인	damage 손해	expertise 전문성	access 이용, 접근

Check Up
정답과 해설 p.063

1 The logo may not be used without [(A) permit (B) permission].
2 We are offering special [(A) discounts (B) discount] on the opening day.

Unit 02 명사와 대명사 **131**

RC

PART 5&6

④ 인칭대명사

인칭대명사는 인칭, 수, 격에 따라 형태가 달라집니다.

인칭/수		격	주격 ~은/는/이/가	소유격 ~의	목적격 ~을/를/~에게	소유대명사 ~의 것	재귀대명사 자신/스스로
1인칭		단수(나)	I	my	me	mine	myself
		복수(우리)	we	our	us	ours	ourselves
2인칭		단수(너)	you	your	you	yours	yourself
		복수(너희)	you	your	you	yours	yourselves
3인칭	단수	남성(그)	he	his	him	his	himself
		여성(그녀)	she	her	her	hers	herself
		사물(그것)	it	its	it	–	itself
	복수(그들, 그것들)		they	their	them	theirs	themselves

If you have any questions about my job offer, please call me at 555-0170.
　　[주격]　　　　　　　　　　　　[소유격]　　　　　　　　　[목적격]

제 취업 제의에 대해 궁금한 점이 있으시면 555-0170으로 제게 전화 주십시오.

Check Up

정답과 해설 p.063

1 I know that [(A) he (B) him] needs additional staff.
2 We provide [(A) your (B) you] with the membership benefits.

additional 형 추가의　benefit 명 혜택

■ 소유대명사와 재귀대명사의 쓰임

소유대명사는 '~의 것'이라는 뜻으로 <소유격＋명사>를 합친 형태이며, 재귀대명사는 어떤 동작이나 행위를 하는 사람 자신 또는 사물을 가리키는 대명사입니다.

소유대명사　John submitted his report, but Nina didn't submit hers.　[hers = her report]
　　　　　　　존은 보고서를 제출했지만 니나는 그녀의 것을 제출하지 않았다.

재귀대명사　We will devote ourselves to garden landscaping.　[재귀 용법: 목적어가 주어와 같을 때]
　　　　　　　우리는 정원 조경에 전념할 것이다.

　　　　　　　The director will interview the candidates himself.　[강조 용법: 주어나 목적어를 강조할 때]
　　　　　　　감독이 직접 후보들을 인터뷰할 것이다.

Check Up

정답과 해설 p.063

1 Mr. Naidoo ordered the office supplies [(A) his (B) himself].
2 Please use the copier on the first floor while [(A) yours (B) yourself] is being fixed.

⑤ 지시대명사와 부정대명사

■ 지시대명사 that과 those

같은 문장 안에서 앞부분의 비교 대상이 되는 명사가 단수이면 that, 복수이면 those를 씁니다.

Our benefits package is better than that of other companies.
우리의 복리 후생 제도는 다른 회사들 것보다 낫다.

Summer earnings exceeded those of previous years.
여름 수입이 예년의 소득을 초과했다.

■ those who ~하는 사람들

those who는 '하는 사람들'의 의미로 쓰이며 항상 복수 취급합니다.

A special offer is available for those who renew their contract.
계약을 갱신하는 **사람들**에게는 특별 할인 혜택이 주어진다.

Check Up

정답과 해설 p.063

1 The wheels of the suitcases are bigger than [(A) that (B) those] of previous models.

2 [(A) Those (B) Anyone] who are unable to attend the meeting should contact Ms. Kim.

previous 형 이전의 be unable to ~할 수 없다

■ 부정대명사 one / another / others

부정대명사는 정해지지 않은 대상을 막연하게 가리킬 때 사용합니다.

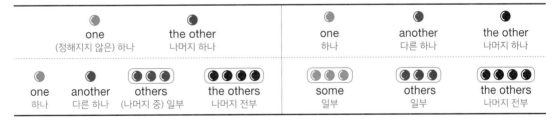

one (정해지지 않은) 하나	the other 나머지 하나		one 하나	another 다른 하나	the other 나머지 하나
one 하나 / another 다른 하나 / others (나머지 중) 일부 / the others 나머지 전부			some 일부 / others 일부 / the others 나머지 전부		

Instead of the old manual, you can download a new one.
기존 설명서 대신 새 **설명서**를 다운로드할 수 있다.

The new mobile phone is selling better than others.
새 휴대전화는 **다른 것들**보다 잘 팔리고 있다.

Check Up

정답과 해설 p.063

1 Many customers recommend our moving service to [(A) the other (B) others].

2 The company has two plants, one in Seattle and [(A) another (B) the other] in Boston.

recommend 동 추천하다

기출 어휘 - 명사 2

range	범위, 다양성 a range of services 다양한 서비스	**complaint**	불평, 불만 consumer complaints 소비자 불만
panel	패널, 배심원단 a panel of judges 판사단, 심사단	**convenience**	편의, 편리 for your convenience 당신의 편의를 위하여
phase	단계 ⑧ 단계적으로 하다 final phase 최종 단계	**maintenance**	유지, 정비 routine maintenance 일상적 정비
response	답장, 대응 in response to ~에 응하여	**agreement**	협약, 계약 rental agreement 임대 계약
priority	우선(권) take priority 우선권을 가지다	**certificate**	증서, 자격증 a warranty certificate 보증서
security	보안, 안전 for security purposes 보안을 위해	**professional**	전문가 ⑱ 직무의, 전문적인 a finance professional 재정 전문가
assembly	조립; 집회 during assembly 조립 중에	**architect**	건축가 a renowned architect 유명한 건축가
initiative	계획, 주도권, 진취성 take the initiative 주도권을 가지다	**associate**	직원, 동료 ⑧ 연상하다 a sales associate 판매 직원

Check Up

다음 우리말을 보고 빈칸에 알맞은 말을 넣으세요.

정답과 해설 p.063

1 the proposed _____
제안된 계획

2 _____ experience
직무 경력

3 at your earliest _____
가급적 빨리

4 all equipment _____
모든 장비 유지 보수

5 reach a mutual _____
상호 합의에 이르다

6 a _____ of completion
수료증

7 offer a full _____ of services
모든 다양한 서비스를 제공하다

8 the next _____ of a project
프로젝트의 다음 단계들

T 토익 감각 익히기 | 다음 빈칸에 알맞은 말을 고르세요.

1. *Work Power* magazine is a new _____ for human resource professionals.

    (A) publication   (B) publishers

> a/an 뒤에는 단수 명사가 와요.
> magazine 명 잡지
> human resource 인사, 인력

2. Managers should encourage members of _____ teams to take the survey.

    (A) their   (B) theirs

> 명사 앞에는 소유격이 와요.
> encourage 동 권장하다
> take a survey 설문 조사에 참여하다

3. The department spent half its budget on new audio _____.

    (A) equip   (B) equipment

> 형용사는 명사를 수식해요.
> budget 명 예산

4. The critic said that _____ was a thought-provoking novel.

    (A) it   (B) itself

> 재귀대명사는 주어 자리에 올 수 없어요.
> critic 명 비평가, 평론가
> thought-provoking
> 형 시사하는 바가 많은
> novel 명 소설

5. The Lillicotte Hotel was designed in 1849 by a famous _____.

    (A) architect   (B) architecture

> architect는 '건축가',
> architecture는 '건축(물)'을 뜻해요.

6. The staff _____ will take place at 1:00 P.M. in the Oak Conference Room.

    (A) assembly   (B) assemble

> 주어 자리에는 명사가 와요.
> take place 일어나다, 개최되다

7. The online module is for _____ who cannot attend the training session.

    (A) that   (B) those

> '~하는 사람들'이라는 의미로 those who를 써요.
> training session 연수

8. For _____, all personal access codes are set to expire every thirty days.

    (A) security   (b) priority

> security는 '보안', priority는
> '우선순위'를 뜻해요.
> be set to+동사원형 ~하도록 예정되다
> expire 동 만료되다

1. The board of directors thanked Juliana Thorne for ------- efforts in organizing the meeting.

   (A) her
   (B) herself
   (C) she
   (D) hers

2. ------- about a merger between Zofia Pharmaceuticals and Treszka Group are untrue.

   (A) Report
   (B) Reports
   (C) Reporter
   (D) To report

3. We invite guests to leave ------- for improving the service at our hotel.

   (A) suggest
   (B) suggestions
   (C) suggests
   (D) suggesting

4. Introduction to Design is a suitable course for ------- who plan to pursue a career in engineering.

   (A) those
   (B) that
   (C) other
   (D) anyone

5. During the morning break, workshop participants may help ------- to coffee or tea.

   (A) them
   (B) themselves
   (C) their
   (D) theirs

6. The committee has begun its review of Yun Yeh's ------- for the position of director of operations.

   (A) qualifies
   (B) qualifier
   (C) qualified
   (D) qualifications

7. The owner of Oak Furniture Gallery hires salespeople who enjoy helping ------- with their home design needs.

   (A) ones
   (B) others
   (C) any
   (D) that

8. The final ------- of the Linkton Hall restoration project will be completed at the end of May.

   (A) trace
   (B) decline
   (C) guide
   (D) phase

어휘 | **1.** effort 명 노력 organize 동 준비하다 **2.** merger 명 합병 untrue 형 사실이 아닌 **4.** suitable 형 적절한 pursue 동 추구하다 **5.** participant 명 참가자 **6.** committee 명 위원회 director of operations 운영 이사 **7.** owner 명 소유주 **8.** restoration 명 복원, 복구

Questions 9-12 refer to the following letter.

Dear Mr. Leung,

We recently sent you a questionnaire about your experience with Rockton Windows and Doors. -------.
     9

Your ------- can help us improve our services and provide us with valuable feedback about
     10
our products. After filling in your answers, please return the survey in the prepaid envelope.

Please submit the survey ------- the end of the month. After we receive it, we'll mail you a
                          11
$50 coupon for any product or service from Rockton Windows and Doors as a token of

-------.
12

Sincerely,

Connor Briggs
Vice President, Customer Relations
Rockton Windows and Doors

---

9. (A) Now, we want to thank you for your assistance.
    (B) It should take less than fifteen minutes to complete.
    (C) The city has received some complaints about this business.
    (D) Our records show that you interviewed for a position here in August.

10. (A) finances
    (B) skills
    (C) solutions
    (D) responses

11. (A) already
    (B) from
    (C) before
    (D) last

12. (A) appreciated
    (B) appreciates
    (C) appreciating
    (D) appreciation

어휘 | questionnaire 명 설문지 valuable 형 소중한 fill in 채우다 prepaid 형 선불된 envelope 명 봉투
      submit 동 제출하다 token 명 표시
      9. assistance 명 지원, 도움 complaint 명 불평

형용사와 부사

말을 맛깔나게 해 주는 언어 요리사 '형용사와 부사'!

He is a slow walker. He walks slowly.
그는 느리게 걷는 사람이에요. 그는 **천천히** 걸어요.

Q. 형용사는 어떤 역할을 하나요?

형용사는 명사의 특징이나 성격을 설명해 주는 말입니다.

It's an efficient <u>design</u>. 그것은 **효율적인** 디자인이다.

The <u>design</u> is efficient. 그 디자인은 **효율적이다**.

Q. 부사는 무엇을 꾸며 주나요?

부사는 만능이에요. 동사, 형용사, 일부 명사, 또 다른 부사, 구, 문장 전체 등을 다 수식할 수 있습니다.

The system is <u>working</u> efficiently. 그 시스템은 **효율적으로** 운용되고 있다.

The system is highly efficient. 그 시스템은 **매우** 효율적이다.

① 형용사의 역할과 자리

형용사는 주로 명사 앞에서 명사를 수식하거나, 보어 자리에서 주어나 목적어의 성질이나 상태를 설명해 줍니다.

명사 수식	(관사 / 소유격) + 형용사 + 명사
	positive **reviews** 긍정적인 평
	my personal **trainer** 나의 개인 트레이너
보어 자리	2형식 동사(be, become, remain, seem) + 형용사
	The <u>application process</u> will be complete. 지원 절차가 완료될 것이다.
	5형식 동사(make, leave, keep, consider, find) + 목적어 + 형용사
	We'll make <u>our services</u> available for online customers.
	우리는 온라인 고객들이 우리의 서비스를 이용할 수 있도록 할 것이다.

Check Up

정답과 해설 p.065

1 Parkano Boutique remains [(A) open (B) opening] during the renovation.

2 The job requires at least five years of [(A) professional (B) professionally] experience.

at least 적어도

■ 빈출 형용사 표현

be famous for + 명사	~으로 유명하다	be agreeable to + 명사	~에 동의하다
be suitable / adequate for + 명사	~에 적합하다	be (in)accessible to + 명사	~에 접근할 수 있[없]다
be eligible for + 명사	~에 자격이 있다	be subject to + 명사	~을 받기 쉽다
be familiar with + 명사	~에 익숙하다	be capable of + 명사	~을 할 수 있다

You are eligible for our express shipping offer.
당신은 저희의 속달 서비스를 **받을 자격이** 있습니다.

The contract was agreeable to all parties.
그 계약은 모든 당사자들이 **동의할 수** 있었다.

Check Up

정답과 해설 p.065

1 This cooking course is not [(A) suit (B) suitable] for beginners.

2 The maintenance schedule is [(A) subject (B) capable] to change.

maintenance 몡 유지 보수

② 형용사의 형태

형용사는 주로 명사나 동사 뒤에 특정 끝말을 붙여 만들어지기 때문에 형태만 보아도 형용사임을 쉽게 알 수 있습니다.

■ 형용사의 형태

-able / -ible	affordable 적당한	considerable 상당한	accessible 접근할 수 있는
-ant / -ent	significant 상당한	relevant 관련 있는	efficient 효율적인
-tive / -sive	informative 유익한	productive 생산적인	extensive 폭넓은
-ful / -ous	helpful 도움이 되는	useful 유용한	various 다양한
-al	regional 지역의	additional 추가적인	operational 작동하는
-ry	complimentary 무료의	introductory 입문용의	supplementary 보충의
명사+-y / -ly	lengthy 너무 긴	timely 시기적절한	friendly 친절한

Check Up

정답과 해설 p.065

1 The program begins with an [(A) introductory (B) introduction] workshop.

2 Dr. Westin donated a [(A) significance (B) significant] amount of money to a local charity.

donate 통 기부하다 charity 명 자선단체

■ 혼동하기 쉬운 형용사

어원이 같아서 비슷해 보이지만 의미가 다른 형용사들입니다. 잘 구분해서 외워 둡시다.

confidential information	기밀 정보	be confident (that) 절	~을 확신하다
reliable employees	믿을 수 있는 직원들	be reliant on / upon	~에 의존하다
an impressive experience	인상적인 경력	be impressed with	~에 감명받다
an informative workshop	유익한 워크숍	be informed about / of	~을 통보받다, 잘 알다
be responsible for	~을 책임지다	be responsive to	~에 대응하다

The guideline contains confidential information.
가이드라인에는 **기밀** 정보가 포함되어 있다.

I am confident that my extensive experience would benefit your firm.
저의 폭넓은 경험이 귀사에 도움이 될 것이라고 **확신**합니다.

Check Up

정답과 해설 p.066

1 Ms. Kelvin's work experience is quite [(A) impressive (B) impressed].

2 Mr. Pettit is [(A) responsible (B) responsive] for assisting with the training sessions.

assist 통 돕다

③ 수량 형용사

수나 양을 표현하는 형용사를 수량 형용사라고 합니다. 가산명사 또는 불가산명사와 쓰이는 수량 형용사를 잘 익혀 두세요.

one	each	every	another		+단수 가산명사
하나의	각각의	모든	또 다른		

one area 한 개의 지역   each quarter 분기마다

every attempt 모든 시도   another option 다른 선택권

many	(a) few	several	both	a number of	+복수 명사
많은	약간의/거의 없는	몇몇의	둘 다	수많은	

many businesses 많은 사업체들   a few participants 소수의 참가자들

several locations 몇 개의 지점들   a number of restaurants 수많은 식당들

much	(a) little	a great deal[amount] of	+불가산명사
많은	약간의/거의 없는	다량의	

much interest 많은 관심   little influence 거의 없는 영향

a great deal of damage 엄청난 피해   a large amount of time 엄청난 양의 시간

all	most	other	some	plenty of	+복수 명사/불가산명사
모든	대부분의	다른	약간의	다량의	
any		no			+복수 명사/단수 명사/불가산명사
약간의/아무		하나도[조금도] 없는			

all divisions / equipment 모든 부서들/장비   plenty of cups / confidence 충분한 컵/자신감

some appliances / advice 약간의 가전제품들/충고   any questions / event / perfume 어떤 질문/어느 이벤트/아무 향수

Check Up

정답과 해설 p.066

1 Your card can be used at [(A) any (B) some] Callex store.

2 A new chapter on travel will draw [(A) much (B) few] interest.

3 During the tour, you'll see [(A) much (B) many] local attractions.

4 Orientation sessions will be held before [(A) each (B) many] event.

5 All records are stored electronically, like [(A) another (B) other] hospitals in town.

chapter 명 (책·논문 등의) 장 attraction 명 명소 electronically 부 컴퓨터로

④ 부사의 역할과 자리

부사는 문장의 거의 모든 요소(동사, 형용사, 다른 부사, 구, 절, 문장 전체)의 의미를 풍부하게 해 주는 수식어입니다.

동사 수식
Ms. Tsuri frequently meets with clients.
쯔리 씨는 고객들을 **자주** 만난다.

형용사 수식
Registration fees are fully refundable.
등록비는 **전액** 환불 가능하다.

다른 부사 수식
Mr. Liu will be completing his internship very soon.
류 씨는 **곧** 인턴십을 마칠 것이다.

구 수식
Mr. Salgado will accept only a full-time position.
살가도 씨는 전임자 자리**만** 수락할 것이다.

문장 수식
Unfortunately, the position has already been filled.
유감스럽게도, 그 일자리가 이미 찼습니다.

Check Up

  1 Please send your application to me [(A) directly (B) direct].

  2 The Wesley Hotel is [(A) relatively (B) relative] close to the airport.

application 명 신청서, 지원서

■ 쉽게 찾아가는 부사 자리

be+(부사)+형용사/-ing/p.p.	Our team members are currently busy. 우리 팀원들은 **현재** 바쁘다.
be+p.p.+(부사)	Highway 10 was closed unexpectedly. 10번 고속도로는 **갑자기** 폐쇄되었다.
have+(부사)+p.p.	Our employee directory has recently been updated. 우리의 직원 명부가 **최근에** 업데이트되었다.
조동사+(부사)+동사원형	The City of Albevon will soon hold a public hearing. 알베본 시는 **곧** 공청회를 열 것이다.

Check Up
정답과 해설 p.066

  1 All samples have been [(A) thorough (B) thoroughly] tested.

  2 The shoes will be shipped [(A) separately (B) separation].

ship 통 배송하다

⑤ 부사의 형태

형용사 뒤에 -ly를 붙이면 부사가 되기 때문에 쉽게 알 수 있습니다. 하지만 그 외에도 다양한 형태의 부사가 있으니 유의하세요.

형용사+-ly		finally 마침내	directly 직접	recently 최근에
그 외	시간	soon 곧	already 이미	yet 아직 (부정문)
	빈도	always 항상	often 자주	once 한 번
	정도	quite 매우, 상당히	very 매우	extremely 극도로
	강조	even 심지어	just/only 오직	simply 간단히
	숫자 수식	almost 거의	around/about/approximately 대략	

Check Up

정답과 해설 p.066

1 The lecture will last [(A) approximately (B) finally] two hours.
2 The program is available [(A) extremely (B) only] to members.

last 동 지속되다

■ 혼동하기 쉬운 부사들

<형용사+-ly>의 형태로 완전히 다른 의미를 갖는 부사 어휘들이 있습니다.

lately 최근	shortly 곧	nearly 거의, 대략	closely 긴밀히, 면밀히	highly 매우, 충분히

Traffic on Harbor Street has increased lately. **최근** 하버 가의 교통량이 증가했다.

Delivery costs for natural gas will increase shortly. 천연가스의 배송비는 **곧** 인상될 것이다.

The building was constructed nearly two centuries ago. 그 건물은 **거의** 200년 전에 지어졌다.

Maintenance crews will closely monitor the Internet connection.
관리 직원들은 인터넷 연결을 **면밀히** 감시할 것이다.

The new operating system has proved to be highly effective.
새로운 운영 체제는 **매우** 효과적이라는 것이 입증되었다.

Check Up

정답과 해설 p.066

1 The city issued [(A) closely (B) nearly] 100 building permits last year.
2 Ms. Park has been [(A) shortly (B) highly] recommended by her previous employer.

issue 동 발부하다 permit 명 허가(증) previous 형 이전의

기출 어휘 - 명사 3

summary	요약, 개요 a summary of ~의 요약본	**contribution**	기부(금); 투고 individual contributions 개인 기부금
maximum	최고, 최대 ⑧ 최고의, 최대의 a maximum of 최대의	**reception**	환영회, 연회; 접수처 host a reception 연회를 개최하다
selection	선택, 선발 a selection of 다양한	**reputation**	평판, 명성 earn a reputation 평판을 얻다
collection	수집품, 수거 a collection of ~의 모음집	**restriction**	제한, 제약 strict restrictions 엄격한 제약
expectation	예상, 기대 exceed expectations 예상을 뛰어넘다	**replacement**	대체품, 후임자 deliver replacements 대체품을 배달하다
exception	예외, 이례 without exception 예외 없이	**estimate**	추정치, 견적서 ⑧ 추산하다 cost estimates 가격 견적서
expansion	확장, 확대 company expansion 기업 확장	**preference**	선호, 기호 various preferences 다양한 기호
suggestion	제안, 제의 respond to suggestions 제안에 응답하다	**reference**	추천인, 추천서; 참고, 참조 for your reference 참고용으로

Check Up

다음 우리말을 보고 빈칸에 알맞은 말을 넣으세요.

1 an accurate _____
정확한 견적서

2 a wide _____ of products
다양한 제품들

3 trash _____
쓰레기 수거

4 _____ efficiency
극대화된 효율성

5 an informal _____
비공식 환영회

6 a list of professional _____
직업 관련 추천인들 명단

7 build an outstanding _____
뛰어난 평판을 쌓다

8 serve as a temporary _____
임시 후임자로 일하다

144

1. Ms. Pinto had an _____ dining experience at Restaurant Adelais.

   (A) enjoyable   (B) enjoyably

   관사와 명사 사이에는 형용사가 와요.
   dining 명 식사

2. The Grodin Inn Restaurant will close _____ on Tuesday for a private event.

   (A) lately   (B) early

   lately는 '최근에', early는 '일찍'을 뜻해요.
   private 형 사적인, 비공개인

3. The fashion designer made clothes for _____ members of her family.

   (A) several   (B) each

   several 뒤에는 복수 명사, each 뒤에는 단수 명사가 와요.

4. Ms. Ko has become a _____ member of the company's leadership team.

   (A) value   (B) valuable

   관사와 명사 사이에는 형용사가 와요.

5. The CEO is _____ awaiting earnings reports from all divisions.

   (A) eagerly   (B) eager

   <be+동사-ing> 사이에는 부사가 와요.
   earnings report 수익 보고
   division 명 부서, 분과

6. The responses from the customer survey have been _____ positive.

   (A) consistent   (B) consistently

   <be+형용사> 사이에는 부사가 와요.
   response 명 응답, 반응
   positive 형 긍정적인

7. Most customers were _____ with the products made by Labine Foods.

   (A) famous   (B) familiar

   '~에 친숙하다'라는 의미로 be familiar with를 써요.

8. The manager would like a _____ of last Tuesday's meeting with Bayston Bank.

   (A) summary   (B) reputation

   a summary of는 '~의 요약(본)'을 뜻해요.

RC

PART 5&6

1. AIZ Office Products offers businesses a
------- way to send invoices to clients
online.

   (A) secure
   (B) securely
   (C) securest
   (D) secures

2. Workplace attire has become more casual,
------- among new start-up companies.

   (A) particular
   (B) particularly
   (C) particularize
   (D) particularity

3. Members of the Fresh Pond Hotel staff
will have ------- of opportunities to work
overtime this summer.

   (A) plenty
   (B) numerous
   (C) all
   (D) many

4. Ms. Kim has ------- completed processing
this week's purchase orders submitted by
our consultants.

   (A) ever
   (B) almost
   (C) soon
   (D) near

5. From March 9 to March 14, Mr. Park will
lead a series of workshops for ------- new
loan officers.

   (A) few
   (B) every
   (C) all
   (D) either

6. The average age of a first-time home
buyer has risen ------- over the past three
decades.

   (A) steadies
   (B) steadier
   (C) steadily
   (D) steadiness

7. Luggage that exceeds weight and size
restrictions will be ------- to additional
charges.

   (A) subject
   (B) entitle
   (C) accountable
   (D) transferable

8. Milton Flooring boasts an impressive
------- of carpets and rugs, in almost every
color and type of material.

   (A) record
   (B) solution
   (C) selection
   (D) preference

어휘 | **1.** invoice 뗑 송장, 견적서 **2.** attire 뗑 의복, 복장 start-up 혱 신생의 **3.** opportunity 뗑 기회
4. process 똥 처리하다 submit 똥 제출하다 consultant 뗑 자문 위원 **5.** a series of 일련의 loan 뗑 대출
6. average 혱 평균의 decade 뗑 10년 **7.** exceed 똥 초과하다 restriction 뗑 제한, 제약 **8.** boast 똥 뽐내다
impressive 혱 인상적인

Questions 9-12 refer to the following e-mail.

To: Kylie McLeod <kmcleod@hmail.com>
From: Winston Perrott <wperrott@perrott.com>
Re: Inquiry
Date: April 7

Dear Ms. McLeod,

Thank you for your inquiry about the rental property listing #PC8772. I can confirm that the property is, at this stage, still available. There has been plenty of interest in it since it was listed three days ago, so I advise you to act -------.
9

This exceptional house has expansive views of the bay and three ------- bedrooms. -------.
10 **11**
The one downside to renting this property is that it's available only from May 1 to the end of March of next year. On April 1, the owners intend to ------- its use.
12

I am available almost any time this week to give you a tour at your convenience.

Sincerely,
Winston Perrott
555-0133

---

9. (A) briefly
    (B) recently
    (C) constantly
    (D) quickly

10. (A) sizing
    (B) sizable
    (C) sized
    (D) sizes

11. (A) I have really loved living here.
    (B) It is also reasonably priced.
    (C) They were planted a few years ago.
    (D) However, the area can be noisy.

12. (A) reclaim
    (B) approve
    (C) require
    (D) extend

어휘 | inquiry 몡 질문 property 몡 부동산, 건물 expansive 톙 툭 트인 bay 몡 만 intend to + 동사원형 ~하려고 의도하다
11. reasonably 뷔 합리적으로

Unit | 04 동사의 형태와 수 일치

주어에 따라 모습이 변하는 동사!

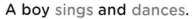

A boy sings and dances.

The boys sing and dance.

Q. 동사의 형태는 어떻게 달라지나요?

동사는 주어의 상태나 동작을 나타내는 말로서, 주어와 시제에 따라 동사의 어미가 다양한 형태로 변합니다.

동사원형	I work from home.	나는 재택 근무한다.
3인칭 단수형	He works from home.	그는 재택 근무한다.
과거형	He worked from home last month.	그는 지난달에 재택 근무했다.
현재분사형	He is working from home this week.	그는 이번주에 재택 근무하고 있다.
과거분사형	He has worked from home since last week.	그는 지난주부터 재택 근무하고 있다.

Q. 수 일치가 뭔가요?

현재 시제에서 주어와 동사의 수를 일치시키는 것을 말해요. 단수 주어에는 단수 동사, 복수 주어에는 복수 동사를 써야 한다는 뜻입니다.

Amy goes to work by bus.　에이미는 버스로 출근한다.
단수 주어 + 단수 동사 'go+-(e)s'

Sarah and Brandon go to work by subway.　사라와 브랜든은 지하철로 출근한다.
복수 주어 + 복수 동사 'go(동사원형)'

① 동사의 형태

■ 동사의 형태 변화

동사원형	현재형/3인칭 단수형	과거형	현재분사형/과거분사형
be	am, are/is	was, were	being/been
work	work/works	worked	working/worked
begin	begin/begins	began	beginning/begun

■ 동사원형을 쓰는 경우

3인칭 단수가 아닌 주어 뒤의 현재 시제	All lunch specials include coffee or tea. 모든 점심 특선 메뉴는 커피나 차를 **포함한다**.
조동사 뒤	The package will arrive on time. 소포가 제시간에 **도착할** 것이다.
명령문	Please direct questions to your manager. 질문 사항을 매니저에게 **전달하세요**.

■ 현재분사형/과거분사형을 쓰는 경우

be동사+현재분사(-ing)	진행 중인 일을 나타낼 때 (~하고 있다) Tickets for the final game are selling fast. 결승전 티켓이 빠르게 **팔리고 있다**.
be동사+과거분사(p.p.)	수동태를 나타낼 때 (~되다) Reservations are required as space is limited. 공간이 **한정되어 있기** 때문에 예약이 **필수이다**.
have 동사+과거분사(p.p.)	완료된 일을 나타낼 때 (~했다) The city has built a new sports stadium. 그 도시는 새로운 스포츠 경기장을 **건설했다**.

Check Up

정답과 해설 p.068

1 I have [(A) attach (B) attached] my résumé for your consideration.

2 KUL Industries [(A) manufacture (B) manufactures] hair care products.

3 The new factory will be [(A) located (B) locate] in the city of Laxton.

4 Just [(A) give (B) will give] me the details about the difference in cost.

5 We are [(A) seek (B) seeking] applicants for the position of Director of Research.

résumé 명 이력서 consideration 명 고려 manufacture 동 제조하다

② 자동사와 타동사

동사는 움직임이나 상태를 나타내는 말로, 뒤에 목적어를 가질 수 있는지 없는지에 따라 자동사와 타동사로 나뉩니다.

■ 자동사와 타동사 비교

자동사는 목적어를 직접 취할 수 없으며, 뒤에 목적어가 올 경우 전치사가 필요합니다.

All attendees participated in a survey. 모든 참석자들이 설문에 **참여했다**.

대표 자동사	work 일하다	arrive 도착하다	participate 참석하다	appear 나타나다
	rise 오르다	exist 존재하다	expire 만료되다	proceed 진행하다

타동사는 전치사 없이 뒤에 바로 목적어가 옵니다.

Mr. Kwon attended the expo in London. 권 씨는 런던에서 열린 엑스포에 **참석했다**.

대표 타동사	reach ~에 도착하다	attend ~에 참석하다	obtain ~을 얻다	seek ~을 구하다
	provide ~을 주다	raise ~을 올리다	conduct ~을 실시하다	undergo ~을 받다

Check Up

1 This dishwasher is [(A) working (B) conducting] properly.
2 The Lauren Hotel has recently [(A) expired (B) undergone] renovations.

properly 뷔 적절히

■ 전치사와 함께 쓰이는 자동사

자동사는 전치사와 함께 타동사처럼 쓰이기도 하므로 짝꿍 전치사와 함께 외워 둡시다. 괄호 안에 표기된 비슷한 의미의 타동사와 구별해서 사용하는 것도 중요합니다.

deal with ~을 다루다(=address)	rely on[upon] ~에 의지하다
participate in ~에 참석하다(=attend)	specialize in ~을 전문으로 하다
refer to ~을 참고하다(=consult)	lead to ~로 이어지다
respond to ~에 응답하다(=answer)	attend to ~에 주의하다
talk about ~에 대해 말하다(=discuss)	contribute to ~에 기여하다

Check Up
정답과 해설 p.069

1 For instructions, please [(A) refer (B) consult] the first page of this booklet.
2 Thank you for [(A) attending (B) dealing) with this matter in a timely manner.

booklet 뎡 소책자 in a timely manner 적시에

150

③ 수 일치

■ 수 일치 개념

현재 시제에서 단수 주어는 단수 동사, 복수 주어는 복수 동사로 수를 일치시키는 것을 수 일치라고 합니다.

단·복수 \ 동사	be동사	have/do동사	일반동사
단수	is, was	has / does	includes
복수	are, were	have / do	include

The Shum Grill's <u>menu</u> includes vegetarian dishes. 섬 그릴의 메뉴에는 채식 요리가 **포함되어 있다**.

The training <u>folders</u> contain information about employment benefits.
교육 폴더에는 고용 혜택에 대한 정보가 **들어 있다**.

수식어구는 수 일치에 영향을 주지 않습니다.

The <u>deadline</u> (for applications) is October 15. 지원 마감일은 10월 15일입니다.

Check Up

정답과 해설 p.069

1 Our equipment [(A) meet (B) meets] all safety requirements.
2 Gift certificates to Kun Gym [(A) is (B) are] valid for a year.

requirement 명 요구 사항 certificate 명 증서, 자격증 valid 형 유효한

■ 주의해야 할 수 일치

<수량 표현 + of + 명사>의 경우는 뒤의 명사에 수 일치합니다.

대표 수량 표현	all 모두	most 대부분	some 일부	none 아무도/아무것도	many 다수
	several 몇몇	much 다량	few/little 거의 없는(수/양)	a few/a little 약간의(수/양)	

All of the <u>certificates</u> have expired. 모든 증서들은 기한이 만료되었다.
Some of the <u>furniture</u> was rearranged. 일부 가구가 재배치되었다.

단, <each of the + 복수 명사>의 경우는 단수 동사를 씁니다.
<u>Each</u> of the participants shares their work experience with the group.
각 참가자는 그룹과 자신들의 업무 경험을 공유한다.

Check Up

정답과 해설 p.069

1 Most of customer records [(A) is (B) are] confidential.
2 Some of the equipment [(A) has (B) have] been replaced.

confidential 형 기밀의 replace 동 교체하다

기출 어휘 - 동사 1

accept	접수하다, 받다 accept opinions 의견을 받다	**indicate**	나타내다, 표시하다 indicate the date 날짜를 표시하다
anticipate	예상하다, 예측하다 as anticipated 예상한 대로	**complete**	완료하다 ⑱ 완료된, 완전한 complete one's internship 인턴 과정을 완료하다
assist	돕다, 도움이 되다 assist the economy 경제를 돕다	**submit**	제출하다 submit a plan 계획서를 제출하다
deliver	배송하다, (연설 등을) 하다 deliver replacements 대체품을 배송하다	**direct**	보내다, 안내하다 ⑱ 직접적인 direct questions 질문을 보내다
operate	운영하다, 가동하다 operate in the summer 여름에 운영하다	**inform**	알리다, 통지하다 inform drivers 운전자들에게 알리다
predict	예측하다, 예견하다 predict trends 추세를 예측하다	**assume**	맡다(= take on), 추정하다 assume roles 역할을 맡다
promote	홍보하다, 승진시키다 promote awareness of ~의 인식을 홍보하다	**emphasize**	강조하다 emphasize the importance 중요성을 강조하다
launch	시작하다, 출시하다 ⑲ 출시 launch a campaign 캠페인을 시작하다	**finalize**	마무리짓다 finalize a contract 계약을 마무리짓다

Check Up

다음 우리말을 보고 빈칸에 알맞은 말을 넣으세요.

1 _____ a lecture
강연하다

2 _____ with different activities
다양한 활동을 돕다

3 _____ his new album
그의 새 앨범을 홍보하다

4 _____ changes in leadership
리더십 변화를 예측하다

5 _____ staff about a benefit
직원에게 혜택을 알리다

6 _____ questions to the director
부장에게 질문을 전달하다

7 _____ the renovation plans
보수 공사 계획을 마무리짓다

8 _____ its first store
첫 가게를 시작하다

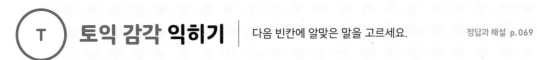
1. All of our products _____ with a 30-day money-back guarantee.

(A) come   (B) comes

<all of + 복수 명사>로 이루어진 주어 뒤에는 복수 동사가 와요.
money-back guarantee 환불 보증
come with ~이 따라오다

2. Mr. Iwata has _____ at Kaneko Financial Group for ten years.

(A) working   (B) worked

<have + 과거분사(p.p.)>는 현재완료 시제를 나타내요.

3. Volunteers at the Kumi Hirota Theater _____ free admission to all performances.

(A) receive   (B) receives

전치사구는 수 일치에 영향을 주지 않아요.
admission 명 입장, 입장료
performance 명 공연

4. The package will probably _____ on time if sent by standard mail.

(A) reach   (B) arrive

빈칸 뒤에 목적어가 없으므로 자동사 자리예요.
on time 제시간에, 정각에
standard 형 표준의, 일반의

5. Please _____ all safety regulations when using the pool and fitness facilities.

(A) observe   (B) to observe

명령문은 동사원형으로 시작해요.
safety regulation 안전 규정

6. Some of the retail shops in Hinwood _____ now offering postal supplies.

(A) is   (B) are

<some of + 복수 명사>로 이루어진 주어 뒤에는 복수 동사가 와요.
retail 명 소매
postal supplies 우편용품

7. Lower prices have _____ more demand for Notily brand music players.

(A) lead   (B) led to

동사 have 뒤에는 동사원형이 올 수 없어요.
lead 동 이끌다 [lead-led-led]
demand 명 수요

8. Packages that arrive after the office is closed should be _____ to 14 Broad Street.

(A) operated   (B) delivered

operate는 '가동하다', deliver는 '배송하다'를 뜻해요.

1. Many of the customers ------- confused about Easton Cookware's new shipping policy.

   (A) was
   (B) has
   (C) were
   (D) have

2. Please ------- your Konel Travel agent of any special requests before booking your reservation.

   (A) inform
   (B) informed
   (C) informing
   (D) informs

3. All cargo is securely ------- before the carrier leaves the loading dock.

   (A) fasten
   (B) fastened
   (C) fastening
   (D) fastens

4. The magazine's readership ------- almost 20 percent in three months.

   (A) rise
   (B) rising
   (C) to rise
   (D) has risen

5. Before starting a business, entrepreneurs should ------- every aspect of their chosen industry.

   (A) to understand
   (B) understand
   (C) understanding
   (D) are understood

6. Outstanding Promotions Ltd. is seeking a project manager to ------- two new advertising campaigns over the next year.

   (A) educate
   (B) participate
   (C) launch
   (D) appear

7. Kamakura Marketing is an international advertising firm that ------- in the food and beverage industry.

   (A) finalizes
   (B) specializes
   (C) processes
   (D) limits

8. To ------- its new line of natural cosmetics, Chang Tsien Ltd. is offering shoppers a free lip balm with every purchase.

   (A) promote
   (B) upgrade
   (C) invest
   (D) organize

어휘 | **1.** confused 혱 혼란스러워하는 **2.** request 몡 요청 **3.** cargo 몡 화물 carrier 몡 운반 차량
5. entrepreneur 몡 기업가 aspect 몡 측면, 양상 **6.** seek 통 찾다, 구하다 **7.** beverage 몡 음료수
8. cosmetics 몡 화장품

Questions 9-12 refer to the following memo.

To: Mataw Designs Sales Staff
From: Mie Mifune
Date: 8 May
Subject: Textile Expo

As you know, I ------- the Pacific Region Textile Exposition in Sydney from 14 May through
    9
18 May. I expect to be very busy presenting our products and taking new orders while I am

away. Thankfully, some colleagues have offered to ------- some of my responsibilities around
    10
the office.

During my -------, Alex Vitsin will monitor my sales approvals, and Emiko Endo will answer
    11
my customer calls and letters. -------. Finally, the monthly sales meeting previously scheduled
    12
for 16 May will take place on 23 May instead.

9. (A) attending
   (B) attended
   (C) will be attending
   (D) have attended

10. (A) assume
    (B) explain
    (C) determine
    (D) promote

11. (A) search
    (B) evaluation
    (C) absence
    (D) contribution

12. (A) Please assist them in any way
        necessary.
    (B) My contact details are in the
        attachment.
    (C) We hope to hire additional staff soon.
    (D) Thank you for the regular updates.

어휘 | colleague 몡 동료 responsibility 몡 책임, 책무 monitor 통 관찰하다, 감시하다 approval 몡 승인
    12. details 몡 세부 사항 attachment 몡 첨부 파일

시제와 태

시간을 알려 주는 시제와 동작의 형태를 알려 주는 태

He takes pictures.
그는 사진을 찍어요.

He took a picture.
그는 사진을 찍었어요.

This picture was taken by him.
이 사진은 그에 의해 **찍힌** 거예요.

Q. 동사의 시제는 어떻게 표현하나요?

시제는 과거, 현재, 미래의 시간에 따라 변하는 동사의 형태를 말합니다.

현재 시제	He cooks every day.	그는 매일 요리한다.
과거 시제	He cooked some pasta this morning.	그는 오늘 아침 파스타를 요리했다.
미래 시제	He will cook for his family tonight.	그는 오늘 밤 가족을 위해 요리할 것이다.

Q. 능동태와 수동태가 무엇인가요?

능동태는 주어가 행위자가 되어 동작을 행하는 경우이며, '주어가 ~을 하다'의 의미로 쓰입니다.

수동태는 '주어가 ~되다'의 의미로, 주어가 동작을 당하는 대상이 되는 것이며 <be동사+과거분사>의 형태로 쓰입니다.

Jake took this picture. 제이크가 이 사진을 찍었다.
→ 제이크가 사진 찍는 동작을 행하였으므로 능동태

This picture was taken by Jake. 이 사진은 제이크에 의해 찍혔다.
→ 사진은 동작의 대상이므로 수동태

① 단순 시제

단순 시제는 현재, 과거, 미래의 시점에 일어난 일을 나타낼 때 사용합니다.

■ 현재: 현재의 상태, 습관, 일반적인 사실

기본 형태	동사원형 / 동사원형 + (e)s			
단서 표현	always 항상	usually 보통	often / frequently 종종, 자주	generally 일반적으로
	regularly 정기적으로	every / each + 시간 매 ~		

Rowler Studio usually opens early on Fridays.
롤러 스튜디오는 금요일에 보통 일찍 문을 **연다**.

This gallery offers discounted tickets every Saturday.
이 갤러리는 매주 토요일 할인된 티켓을 **제공한다**.

■ 과거: 과거에 이미 일어난 일

기본 형태	동사원형 + -(e)d			
단서 표현	yesterday 어제	시간 표현 + ago ~ 전에	last + 시간 지난 ~	recently 최근에
	then 그때에	previously 이전에	once 한때	

Production increased by twenty percent last quarter.
지난 분기에 생산이 20퍼센트 **증가했다**.

The chef left the restaurant several weeks ago.
주방장은 몇 주 전에 그 식당을 **떠났다**.

■ 미래: 앞으로 일어날 일

기본 형태	will + 동사원형			
단서 표현	tomorrow 내일	shortly / soon 곧	next + 시간 다음 ~	upcoming 다가오는
	starting / beginning / as of + 미래 시점 ~부터			

You will receive a 15% discount toward your next order.
당신은 다음 주문품에 대해 15퍼센트 할인을 **받을 수 있습니다**.

Check Up
정답과 해설 p.071

1 Darla Wing's debut album [(A) comes (B) came] out two months ago.

2 Many of our employees usually [(A) use (B) used] the train to commute.

3 We [(A) recruited (B) will recruit] new technicians at the upcoming job fair.

4 The cafeteria [(A) will be closed (B) closed] for renovations until next month.

5 The city council [(A) met (B) meets] regularly on the third Wednesday of each month.

debut 명 데뷔, 첫 출연 commute 통 통근하다 city council 시 의회

② 진행 시제

진행 시제는 현재, 과거, 미래의 구체적인 시점에 진행 중인 동작, 사건을 나타낼 때 사용합니다.

■ 현재진행 : 현재진행 중이거나 가까운 미래에 예정된 일

기본 형태	am / are / is + 동사원형-ing		
단서 표현	(right) now (바로) 지금	currently / presently 현재	at the moment 지금

We are currently working on revising our books.
우리는 현재 책을 수정하는 **작업을 하고 있다**.

Blackstone Railways is planning to install a new ticketing system next month.
블랙스톤 철도는 다음 달에 새로운 티케팅 시스템을 설치할 **계획이다**.

■ 과거진행 : 과거의 구체적인 시간에 진행되고 있던 일

기본 형태	was / were + 동사원형-ing		
단서 표현	last night 어젯밤	at that time 그때	when + 주어 + 과거 시제 ~가 …했을 때

Some passengers were complaining about the noise when I arrived.
내가 도착했을 때 일부 승객들이 소음에 대해 불평하고 있었다.

■ 미래진행: 미래의 구체적 시점에 진행되고 있을 일

기본 형태	will be + 동사원형-ing		
단서 표현	at 9 tomorrow 내일 9시에	next week 다음 주	at this time + 미래 시간 미래의 이때에

I will be moving to Boston within the next two weeks.
나는 2주 안에 보스턴으로 이사할 것이다.

We will be hiring a number of new employees starting in January.
우리는 1월부터 신입 사원을 많이 채용할 것이다.

Check Up

정답과 해설 p. 071

1 When I arrived, Mr. Cohen [(A) is (B) was] talking with a customer.

2 Rajal [(A) will be (B) was] visiting Sydney for the next two weeks.

3 Chem Solutions [(A) was (B) is] renovating its facility at the moment.

4 The technician [(A) fixes (B) will be fixing] my car this afternoon.

5 The inspectors [(A) are (B) will be] examining the whole assembly line now.

facility 몡 시설 inspector 몡 검사관 examine 통 점검하다 assembly 몡 조립

③ 완료 시제

완료 시제는 어떤 일이 발생한 시간이 현재, 과거, 미래의 어느 시점까지인지를 나타낼 때 사용합니다.

■ 현재완료: 현재까지 지속되었거나 최근에 완료된 일 또는 상태

기본 형태	have[has] + p.p.(과거분사)		
단서 표현	over[for/in/during] the last[past] five years 지난 5년간		for three years 3년 동안
	just 방금 already 이미 yet 아직(부정문)		recently[lately] 최근에
	since + 과거 시점[주어 + 과거 시제] ~이래로		

The movie has <u>already</u> broken several box office records.
그 영화는 이미 몇 차례의 흥행 기록을 **깼다**.

A week has passed <u>since the goods were shipped</u>.
상품이 선적된 지 거의 일주일이 **지났다**.

■ 과거완료: 과거 시점 이전에 발생한 일 또는 상태

기본 형태	had + p.p.(과거분사)
단서 표현	before[when/by the time] + 주어 + 과거 시제 ~하기 전에[~했을 무렵]

Before Mr. Liu arrived, the flight had already left.
류 씨가 도착하기 전에 비행기는 이미 **출발했다**.

■ 미래완료: 미래의 시점에 이르러 완료될 일

기본 형태	will have + p.p.(과거분사)	
단서 표현	by the end of + 미래 시간 ~ 말까지	by the time + 주어 + 현재 시제 ~할 무렵이면

By the end of year, Joy Entertainment will have released several new movies.
연말까지 조이 엔터테인먼트는 몇 편의 새 영화를 **개봉할 것이다**.

By the time Mr. Liu retires, he will have worked here for 15 years.
류 씨가 은퇴할 무렵에는 여기서 15년간 **근무한 것이 된다**.

Check Up

정답과 해설 p.071

1 By the end of the month, we [(A) will have (B) had] completed the road repairs.

2 The business [(A) had (B) has] gone through many changes since it was established.

3 By the time the president returns, we [(A) has (B) will have] finished the project.

4 The delivery service [(A) will have (B) has] shown strong growth over the last five years.

5 Before we received your letter, we [(A) had (B) has] already mailed your bill to your address.

go through ~을 겪다 establish 통 설립하다 growth 명 성장 bill 명 청구서

④ 수동태의 형태

능동태는 주어가 어떤 행위를 직접 행하는 것을 말하며, '~을 하다'로 해석됩니다. 수동태는 주어가 어떤 행위를 받는 것을 말하며, '~이 되다'로 해석되고, <be동사 + p.p.(과거분사)>의 형태로 씁니다.

| 능동태 | The manager 매니저가 (주어) | recommended 추천하였다. (동사) | a new supplier. 새로운 공급 업체를 (목적어) |

| 수동태 | A new supplier 새로운 공급 업체가 (주어) | was recommended 추천되었다. (동사) | (by the manager). 매니저에 의하여 (by + 목적격) |

■ 수동태의 형태

단순 시제	be + p.p.	Lunch is included. 점심이 포함된다. Lunch was included. 점심이 포함되었다. Lunch will be included. 점심이 포함될 것이다.
진행 시제	be being + p.p.	The lobby is being painted. 로비가 페인트칠되고 있다. The lobby was being painted. 로비가 페인트칠되고 있었다.
완료 시제	have been + p.p.	The proposal has been approved. 제안서는 승인되었다. The proposal had been approved. 제안서는 승인되었다. The proposal will have been approved. 제안서는 승인될 것이다.

Check Up

정답과 해설 p. 071

1 Prizes [(A) were awarded (B) awarded] for the top three entries.

2 The opening of the new plant will [(A) delay (B) be delayed] by a week.

3 A new return policy will [(A) implement (B) be implemented] soon.

4 The number of defective items [(A) is listed (B) listed] in the quarterly report.

5 This fair [(A) had held (B) had been held] at Madrigal Park for the last 20 years.

award 통 수여하다 entry 명 출품작, 입장 implement 통 시행하다 defective 형 결함 있는 fair 명 박람회

⑤ 능동태와 수동태

■ 능동태와 수동태 구별하기

동사 뒤에 목적어가 있으면 능동태, 목적어가 없으면 수동태라고 생각하면 됩니다.

Mr. Miller presented <u>the business plan</u>. 밀러 씨가 사업 계획을 **발표했다**. 　　　　　　　　　목적어 있음	능동태
The business plan was presented∧by Mr. Miller. 사업 계획은 밀러 씨에 의해 **발표되었다**. 　　　　　　　　　Ø (목적어 없음)	수동태

RC / PART 5&6

Check Up

1 An e-mail alert will [(A) send (B) be sent] to all staff members.

2 The team members [(A) addressed (B) were addressed] the issue by themselves.

alert 명 경보 address 동 다루다, 해결하다

■ <수동태 + 전치사> 빈출 표현

수동태 뒤에는 주로 전치사 by가 오지만, 다른 전치사를 쓰는 경우도 있으니 함께 기억해 두세요.

be known for ~로 유명하다	be pleased with ~로 기뻐하다
be qualified for ~에 적격이다	be satisfied with ~에 만족하다
be required for ~을 위해 요구되다	be equipped with ~을 갖추고 있다
be exchanged for ~으로 교환되다	be provided with ~을 제공받다
be interested in ~에 관심 있다	be faced with ~에 직면하다
be included in ~에 포함되다	be replaced with ~으로 교체되다
be involved in ~에 관련되다	be based on ~에 기초를 두다
be engaged in ~에 종사하다, 관여하다	be concerned about ~에 대해 걱정하다

Check Up

1 The lounge is [(A) engaged (B) equipped] with free Internet access.

2 All network servers will be [(A) replaced (B) required] with new ones.

Unit 05 시제와 태　**161**

기출 어휘 - 동사 2

attract	마음을 끌다, 끌어들이다 attract visitors 방문객을 끌다	**cooperate**	협력하다, 협조하다 cooperate with us 우리와 협력하다
revise	수정하다 revise a document 서류를 수정하다	**include**	포함하다 include details 세부 사항들을 포함하다
require	필요하다, 요구하다 require experience 경험을 요구하다	**provide**	제공하다 provide a discount 할인을 제공하다
resolve	해결하다, 다짐하다 resolve a problem 문제를 해결하다	**improve**	개선하다, 향상시키다 improve work flow 업무 흐름을 개선하다
acquire	얻다, (기업을) 인수하다 acquire a company 회사를 인수하다	**resign**	사임하다, 물러나다 resign from the position 사임하다
maintain	유지하다 maintain its level 수준을 유지하다	**commence**	시작되다, 시작하다 commence at noon 정오에 시작되다
decline	감소하다, 거절하다 ⑲ 감소 decline a request 요구를 거절하다	**confirm**	확인하다, 확정하다 confirm one's reservation ~의 예약을 확인하다
donate	기부하다, 기증하다 donate equipment 장비를 기부하다	**implement**	시행하다 ⑲ 도구 implement a system 시스템을 시행하다

Check Up

다음 우리말을 보고 빈칸에 알맞은 말을 넣으세요.

정답과 해설 p. 072

1 _____ a job offer
일자리 제안을 거절하다

2 _____ a new policy
새로운 정책을 시행하다

3 _____ more business
사업체를 더 유치하다

4 _____ your participation
참석을 확인하다

5 _____ safety conditions
안전 조건을 개선하다

6 _____ a deadline extension
마감일 연장을 요구하다

7 _____ normal business hours
평소 영업 시간을 유지하다

8 _____ employees with training
직원들에게 교육을 제공하다

162

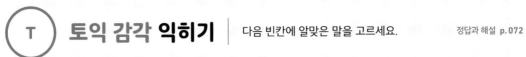
1. Lake Maracas last _____ completely 25 years ago.
   (A) freezes   (B) froze

   25 years ago가 있으므로 과거 시제가 필요해요.
   freeze 동 얼다

2. Alicia Villalobos _____ joining us as an intern starting May 15.
   (A) was   (B) will be

   <starting+미래 시점>이 있으므로 미래(진행) 시제가 필요해요.

3. Mr. Yun's grocery store became profitable after it _____ open for six months.
   (A) has been   (B) had been

   특정 과거 시점보다 더 이전에 일어난 일은 <had+p.p.>로 나타내요.
   profitable 형 수익성이 있는

4. Local business owners are _____ about a rapid rise in labor and operating costs.
   (A) concerned   (B) faced

   '~에 대해 걱정하다'라는 의미로 be concerned about를 써요.
   labor 명 노동, 근로
   operating cost 운영비

5. Submissions to the art contest are _____ by a team of expert judges.
   (A) reviewed   (B) reviewing

   타동사는 목적어가 없으면 수동태로 쓰여요.
   submission 명 제출물
   expert judge 전문 심사위원

6. Dulang City _____ experienced losses in tourism revenue in recent years.
   (A) will have   (B) has

   in recent years가 있으므로 현재완료 시제가 필요해요.
   loss 명 손실
   revenue 명 수익

7. Ms. Sato is _____ in learning more about customers' perceptions of the company.
   (A) interestingly   (B) interested

   '~에 관심 있다'라는 의미로 be interested in을 써요.
   perception 명 인식, 지각

8. If you are not satisfied with your hotel room, please contact the desk clerk to _____ the problem.
   (A) resolve   (B) reserve

   resolve는 '해결하다', reserve는 '예약하다'를 뜻해요.
   desk clerk 접수 담당자

1. Ms. Rodriguez will speak about a banking conference she ------- in Lisbon last month.

   (A) attends
   (B) attended
   (C) will attend
   (D) attend

2. The city is ------- its public transportation system in preparation for two international sporting events.

   (A) improve
   (B) improved
   (C) improving
   (D) improvement

3. Laboratory conditions ------- frequently to ensure temperature stability.

   (A) monitor
   (B) are monitoring
   (C) are monitored
   (D) monitored

4. Visitors to the plant will be ------- with safety gear, which must be worn at all times.

   (A) provided
   (B) required
   (C) alerted
   (D) developed

5. Waveby's new hair care products are being ------- to both men and women.

   (A) market
   (B) markets
   (C) marketed
   (D) marketing

6. By the time the merger was announced, Trexler Co. ------- operating under its new name, Trexler-Compton, Inc.

   (A) begins
   (B) will begin
   (C) had begun
   (D) having begun

7. Milldell Bus Company's service connecting the city's two airports ------- shortly.

   (A) commence
   (B) commencing
   (C) commenced
   (D) will commence

8. Cleartele Mobile is striving to ------- service by quickly addressing customers' concerns.

   (A) include
   (B) occupy
   (C) improve
   (D) acquire

어휘 | **1.** banking 몡 은행업 **2.** in preparation for ~을 대비하여 **3.** laboratory 몡 실험실 stability 몡 안정, 안정성 **4.** safety gear 안전 장치 at all times 항상 **6.** merger 몡 합병 operate 동 운영하다 **7.** connect 동 연결하다 **8.** strive to ~하려고 노력하다 address 동 다루다, 해결하다

Questions 9-12 refer to the following article.

CENTERVILLE—Luigi's, the Italian restaurant located in the Monmouth Hotel, ------- its
doors next Saturday after ten years in business. Chef Giovanni Modica left the restaurant
several weeks ago, prompting rumors of a change. The space is going to be renovated this
spring and then reopen with new management and a new ------- according to Linda Hughes,
spokesperson for the Monmouth Hotel. -------. The restaurant's name, however, is ------- to
be announced.

9. (A) was closed
   (B) will be closing
   (C) closed
   (D) to close

10. (A) address
    (B) receipt
    (C) supply
    (D) menu

11. (A) Centerville has a diverse dining
        scene.
    (B) Mexican cuisine will be the focus.
    (C) Food costs have increased recently.
    (D) There are other cafés on Main Street.

12. (A) yet
    (B) really
    (C) besides
    (D) until

to부정사와 동명사

변신의 귀재 to부정사와 명사가 된 동명사!

Do you want to work from home?
재택 근무하기를 원하세요?

Yes, I enjoy working independently.
네, 저는 혼자 일하는 것을 즐겨요.

Q. to부정사는 무슨 뜻이죠?

<to + 동사원형>으로 만들어진 to부정사는 문장에서의 기능이 정해져 있지 않다고 하여 부정사(不定詞)라고 합니다.
to부정사는 문장에서 명사, 형용사, 부사처럼 사용되는 변신의 귀재랍니다.

명사   I want to work from home.   나는 **재택 근무하기를** 원한다.
               → 동사 want의 목적어

형용사 I have a plan to work from home.   나는 **재택 근무를 할** 계획이 있다.
                   → 앞에 위치한 명사 plan을 수식

부사   To work from home, I need a new computer.   **재택 근무를 하기 위하여**, 새 컴퓨터가 필요해요.
          → '~을 하기 위하여'의 의미로 목적을 나타내고, 문장 전체를 수식

Q. 동명사는 to부정사와 뭐가 다른가요?

동명사는 동사원형에 -ing가 붙은 형태로 to부정사와 달리 명사처럼만 쓰입니다

부사   I enjoy working independently.   나는 **혼자 일하는 것**을 좋아한다.
           → 동사 enjoy의 목적어

① to부정사의 역할: 명사

■ 명사 역할을 하는 to부정사: '~하는 것, ~하기'

주어
To follow the safety procedures is important.
안전 절차를 따르는 것은 중요하다.

It is important to follow the safety procedures. (가주어 it 사용)

목적어
Mr. Durkin finally agreed to accept the position.
더킨 씨는 마침내 그 직책을 수락하기로 동의했다.

보어
[주격 보어] Our goal is to provide on-time delivery.
우리의 목표는 정시 배송을 제공하는 것이다.

[목적격 보어] The company requires all employees to wear uniforms.
그 회사는 모든 직원들에게 유니폼을 입도록 요구한다.

Check Up
정답과 해설 p.074

1 The firm expects [(A) to open (B) opening] a third shop in Bath.

2 It is essential to [(A) maintaining (B) maintain] a close relationship with clients.

essential 형 필수적인 relationship 명 관계

■ to부정사를 목적어로 취하는 동사

to부정사를 목적어로 취하는 동사들은 대체로 희망이나 계획의 의미를 가진 동사입니다.

want 원하다	plan 계획하다	hope 바라다	
intend 의도하다	offer 제안하다	need 필요하다	**+to부정사**
aim 목표하다	agree 동의하다	strive 노력하다	(~하기를, ~하기로)
tend 경향이 있다	decide 결정하다	promise 약속하다	
expect 기대하다	afford 여유가 있다	refuse 거절하다	

Rolidge Motors plans to expand into Europe.
롤리지 모터스는 유럽으로 확장할 계획이다.

We are continually striving to improve our services.
우리는 서비스를 개선하기 위해 끊임없이 노력하고 있다.

Check Up
정답과 해설 p.074

1 We aim [(A) to reply (B) reply] to all requests in a timely manner.

2 The bank decided [(A) to extend (B) extending] its regular business hours.

② to부정사의 역할: 형용사/부사

■ 형용사/부사 역할을 하는 to부정사

형용사 역할
(~할, 하는)

We're seeking a way to work effectively.

우리는 **효과적으로 일할** 방법을 찾고 있다.

부사 역할
(~하기 위해)

To lower travel expenses, we will hold a video conference meeting.

출장 경비를 낮추기 위해 화상 회의를 개최할 예정입니다.

= In order to lower travel expenses, we will hold a video conference meeting.

■ <명사 + to부정사> 빈출 표현

a plan to부정사	~할 계획	a time to부정사	~할 시간
a way to부정사	~할 방법	an ability to부정사	~할 능력
a right to부정사	~할 권리	an attempt to부정사	~하려는 시도
an effort to부정사	~하려는 노력	a chance/an opportunity to부정사	~할 기회

You will have an opportunity to attend the reception.
당신은 **리셉션에 참여할 수 있는** 기회가 있을 겁니다.

We make every effort to improve efficiency.
우리는 **효율성을 향상시킬** 모든 노력을 한다.

Check Up

정답과 해설 p.074

1 [(A) Honor (B) To honor] Dr. Winston, we will be holding a banquet.

2 The plan to [(A) renovated (B) renovate] the Tolliver building was approved.

3 In order to [(A) get (B) got] reimbursed, please present a copy of all receipts.

4 Visit us before May 1 in order to [(A) take (B) taking] advantage of this special offer.

5 In an effort to [(A) limit (B) limited] congestion, the city changed parking regulations.

honor 동 기리다 banquet 명 연회 reimburse 동 상환하다, 변제하다 receipt 명 영수증 congestion 명 혼잡

③ to부정사 빈출 표현

■ <be동사+형용사/분사+to부정사> 빈출 표현

be eager to부정사 ~하기를 열망하다	be asked to부정사 ~하도록 요청받다
be ready to부정사 ~할 준비가 되다	be invited to부정사 ~하도록 초대되다, 요청받다
be willing to부정사 기꺼이 ~하다	be scheduled to부정사 ~할 예정이다
be (un)able to부정사 ~을 할 수 있다(없다)	be supposed to부정사 ~하기로 되어 있다
be sure to부정사 반드시 ~하다	be required to부정사 ~하는 것이 필수이다
be honored to부정사 ~하게 되어 영광이다	be advised to부정사 ~하도록 권고받다
be likely to부정사 ~할 것 같다	be pleased to부정사 ~해서 기쁘다

Employees are able to correct their information by themselves.
직원들은 스스로 **정보를 수정할 수** 있다.

The board meeting is scheduled to run until 5:30 P.M.
이사회는 **오후 5시 30분까지 열릴** 예정이다.

■ <동사+목적어+to부정사> 빈출 구문

5형식 문장에서 목적어를 설명하는 to부정사 구문을 잘 익혀 두세요.

advise 충고하다	allow 허락하다	**+목적어+to부정사**
remind 상기시키다	expect 기대하다	(~가 …하는 것을)
require 요구하다	encourage 독려하다	

Dutt Gym encourages its members to work out regularly.
더트 체육관은 회원들에게 **규칙적으로 운동을 하라**고 독려한다.

Check Up

정답과 해설 p.074

1 We are eager to [(A) cooperate (B) cooperation] with the community.

2 I'm pleased to [(A) offer (B) offering] you a position as a sales associate.

3 They asked participants [(A) stop (B) to stop] in at the laboratory every week.

4 Interns are required [(A) to work (B) working] with team members for a month.

5 The roadwork is expected [(A) to be completed (B) complete] in about two weeks.

community 명 지역 사회 sales associate 영업 사원 stop in at ~에 들르다 laboratory 명 실험실 roadwork 명 도로 공사

④ 동명사의 역할

동명사는 명사의 역할만 하며, 문장 내에서 주어, 목적어, 보어로 쓰입니다.

주어   Preparing the conference was a challenging task.
회의 준비를 하는 것은 어려운 일이었다.

목적어   **[동사 뒤]**   Please avoid operating equipment before 9:30 A.M.
오전 9시 30분 전에는 **장비 사용**을 피해 주세요.

            [전치사 뒤]   Most accidents can be reduced by wearing a seat belt.
대부분의 사고는 **안전 벨트를 착용함**으로써 줄일 수 있다.

보어   Our mission is developing a new eco-friendly vehicle.
우리의 임무는 **새로운 친환경 자동차를 개발하는 것**이다.

■ 동명사를 목적어로 취하는 동사

동명사를 목적어로 취하는 동사들은 대체로 말하는 시점이나 그 이전에 일어난 일을 말하는 경우가 많고, 완료, 제안, 부정의 의미가 있는 동사입니다.

enjoy 즐기다	consider 고려하다	suggest 제안하다	
recommend 추천하다	keep 계속하다	avoid 피하다	**+동명사**
include 포함하다	give up[quit] 포기하다	put off 연기하다	(~하기를, ~하기로)
mind 꺼리다	finish[complete] 끝내다	discontinue 중단하다	

We recommend making reservations in advance.
우리는 미리 **예약하는 것**을 추천합니다.

■ 동명사와 명사의 구분

동명사는 뒤에 명사를 목적어로 가질 수 있지만, 명사는 목적어를 가질 수 없습니다. 명사는 앞에 관사(a / an / the)나 형용사가 올 수 있습니다.

The CEO suggested (extending / ~~extension~~) the range of products.
CEO는 제품의 범위를 **넓힐 것**을 제안했다.

The CEO suggested an (~~extending~~ / extension) of bus lines.
CEO는 버스 노선의 **확장**을 제안했다.

Check Up

정답과 해설 p.074

1 The patrons can get the current schedule by [(A) visited (B) visiting] the Web site.
2 Our main concern is [(A) maintaining (B) maintenance] diverse suppliers.
3 [(A) Canceling (B) Cancellation] your reservation can result in penalty fees.
4 The technician suggested discontinuing the [(A) using (B) use] of color printers.
5 The sales representative recommended [(A) ordering (B) to order] furniture online.

patron 명 고객   concern 명 관심사   diverse 형 다양한   penalty fee 벌금, 위약금

⑤ 동명사 빈출 표현

■ 동명사 관용 표현

on / upon + -ing	~하자마자	spend + 시간 / 돈 + -ing	~하는 데 시간 / 돈을 쓰다
by -ing	~함으로써	have difficulty + -ing	~하는 데 어려움이 있다
be busy + -ing	~하느라 바쁘다	have trouble + -ing	~하는 데 어려움이 있다
be capable of + -ing	~할 수 있다	prevent A from + -ing	A가 ~하는 것을 막다

Upon receiving your payment, we will send you an e-mail confirmation.
대금을 받는 즉시 이메일 확인 메시지를 보내 드리겠습니다.

Check Up

정답과 해설 p. 074

1 The Wycliff Inn prevents visitors from [(A) entering (B) entrance] restricted areas.
2 They had difficulty [(A) accessed (B) accessing] the company e-mail server yesterday.

restricted 형 제한된

■ 전치사 to + 동명사 / 명사

전치사 to 뒤에는 동사원형이 오지 못하기 때문에 뒤의 -ing까지 붙여서 외워 두세요.

adapt to + -ing	~에 적응하다	be related to + -ing	~와 관련되다
object to + -ing	~에 반대하다	be opposed to + -ing	~에 반대하다
contribute to + -ing	~에 공헌하다	be dedicated[devoted] to + -ing	~에 헌신하다
look forward to + -ing	~을 고대하다	be committed to + -ing	~에 전념하다
pay attention to + -ing	~하는 데 유의하다	be accustomed[used] to + -ing	~에 익숙하다

Mr. Eiffel is accustomed to working remotely as an engineer.
에펠 씨는 엔지니어로서 원격으로 일하는 것에 익숙하다.

We are committed to providing you with reliable wireless service.
우리는 여러분에게 신뢰할 수 있는 무선 서비스를 제공하기 위해 최선을 다하고 있습니다.

Check Up

정답과 해설 p. 074

1 The sales director is opposed to [(A) changing (B) change] the current manufacturer.
2 The project contributed to [(A) lower (B) lowering] the rising employment rate.

manufacturer 명 제조 업체   lower 동 낮추다   rising 형 오르는, 증가하는

● 기출 어휘 - 동사 3

adopt	채택하다, 도입하다 adopt high standards 높은 기준을 채택하다	**notify**	알리다, 통지하다 notify customers 고객들에게 알리다
broaden	넓히다, 확대하다 broaden access to ~의 이용을 확대하다	**identify**	확인하다, 찾다 identify issues 문제점들을 확인하다
arrange	마련하다, (일을) 처리하다 arrange an appointment 예약을 처리하다	**modify**	수정하다, 바꾸다 modify one's itinerary ~의 여행 일정표를 수정하다
ensure	보장하다, 확실하게 하다 ensure the privacy 사생활을 보장하다	**specify**	명시하다, 구체화하다 specify the season 계절을 명시하다
issue	발행하다 몡 사안; (잡지의) 호 issue a refund 환불해 주다	**verify**	확인하다, 입증하다 verify some information 일부 정보를 확인하다
dispose	처리하다, 버리다(of) dispose of the item 물품을 폐기하다	**occupy**	차지하다, 사용하다 occupy positions 직책을 차지하다
resume	재개하다, 다시 시작하다 resume negotiations 협상을 재개하다	**familiarize**	익숙하게 하다 familiarize visitors 방문객들에게 익숙하게 하다
accommodate	수용하다, 숙박시키다 accommodate large groups 대규모 단체를 수용하다	**suspend**	중단하다, 유보하다 suspend operations 운영을 중단하다

Check Up

다음 우리말을 보고 빈칸에 알맞은 말을 넣으세요.

정답과 해설 p.074

1 _____ the schedule of events
행사 일정을 준비하다

2 _____ new procedures
새로운 절차를 채택하다

3 _____ the company's rapid growth
회사의 빠른 성장을 수용하다

4 _____ the best location
최고의 장소를 확인하다

5 _____ him of a price increase
그에게 가격 인상을 알리다

6 _____ its production capabilities
생산력을 확대하다

7 _____ a better product
더 나은 제품을 보장하다

8 _____ staff with security procedure
직원들이 보안 절차에 익숙해지게 하다

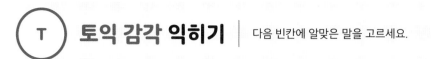

T 토익 감각 익히기 | 다음 빈칸에 알맞은 말을 고르세요.
정답과 해설 p.074

1. _____ the potential success of a product is often done through market research.

   (A) Calculating   (B) Calculation

   > 명사 역할을 하면서 뒤에 목적어가 있으면 동명사 자리예요.
   > potential 혱 잠재적인

2. Belvin Theaters will allow customers _____ tickets on its Web site.

   (A) are purchasing   (B) to purchase

   > allow는 5형식 동사로 to부정사구를 목적격 보어로 가져요.

3. It is essential for employees _____ sensitive documents in a secure location.

   (A) keep   (B) to keep

   > to부정사구는 진주어로 쓰이기도 해요.
   > sensitive 혱 민감한
   > secure 혱 안전한

4. Anyone using a corporate credit card is required _____ an online security training.

   (A) to complete   (B) completing

   > <be required to부정사>는 '~하는 것이 필수이다'를 의미해요.
   > corporate 혱 기업의, 회사의
   > security 몡 보안

5. Dr. Loa's many accomplishments include _____ a distinguished scientist award.

   (A) to win   (B) winning

   > include는 동명사를 목적어로 취해요.
   > accomplishment 몡 업적, 공적
   > distinguished 혱 유명한, 성공한

6. To track the location of your package, be sure to _____ the order number to the shipping department.

   (A) provide   (B) providing

   > <be sure to부정사>는 '반드시 ~하다'를 의미해요.
   > track 동 추적하다, 기록하다

7. Ms. Uchida announced her _____ to retire from the architecture firm next month.

   (A) plans   (B) trips

   > plan은 to부정사를 목적어로 취하는 명사예요.
   > retire 동 은퇴하다

8. Because space is limited, we need a quick response in order to _____ the reservation.

   (A) adopt   (B) ensure

   > adopt는 '채택하다', ensure는 '보장하다'를 뜻해요.
   > response 몡 응답

RC

PART 5&6

1. In an effort ------- efficiency, Loggia Home Furnishings has adopted new production methods.

   (A) to improve
   (B) improve
   (C) improved
   (D) be improved

2. The vice president of KWR Glassware, will soon announce his decision about ------- operations at the Seoul plant.

   (A) suspending
   (B) to suspend
   (C) suspends
   (D) suspend

3. Mr. Tsu said he was ------- to be named Businessperson of the Year and thanked his staff members for their support.

   (A) honor
   (B) honors
   (C) honored
   (D) honorable

4. ------- probable competitor businesses is an important early step for aspiring entrepreneurs.

   (A) Identify
   (B) Identified
   (C) Identifying
   (D) Identification

5. Safety protocols were modified last month ------- comply with new standards.

   (A) leading to
   (B) in order to
   (C) due to
   (D) in addition to

6. Linden Pharmaceuticals plans to improve overall production levels by ------- its assembly-line process.

   (A) updated
   (B) to update
   (C) updating
   (D) updates

7. Kieu Tech Services ------- to build three more data centers in southern Vietnam in the next two years.

   (A) refers
   (B) delivers
   (C) intends
   (D) indicates

8. Mr. Miller will ------- for Ms. Carmona to meet the publisher's sales representative this week.

   (A) conduct
   (B) identify
   (C) connect
   (D) arrange

어휘 | **1.** efficiency 몡 효율성 adopt 동 채택하다 **2.** operation 몡 가동, 운영 **4.** probable 휑 유망한 aspiring 휑 장차 ~가 되려는 **5.** safety protocols 안전 규약 comply with ~을 준수하다 **6.** overall 휑 전반적인 **8.** publisher 몡 출판사

Questions 9-12 refer to the following e-mail.

From: Motoko Nonaka
To: All Staff
Date: 20 May
Subject: Colin Blansett

As some of you know, Colin Blansett, our head landscaper, will soon be leaving our company. He has ------- a position in the residential construction industry. Colin has been
9
interested in residential construction for some time now, and his new job is more in line with his ultimate goal of becoming a construction engineer. -------, we are very sorry to see him
10
go.

Colin's last day with us will be Friday, 3 June. At 2:30 P.M. on that day, we will have a farewell gathering in the company cafeteria ------- his ten years of service with us. -------.
11   12

Motoko Nonaka
Facilities Director

9. (A) advertised
    (B) supported
    (C) accepted
    (D) indicated

10. (A) Even so
    (B) Besides
    (C) Similarly
    (D) After that

11. (A) has recognized
    (B) is recognizing
    (C) would recognize
    (D) to recognize

12. (A) This policy applies to all employees.
    (B) I look forward to seeing you there.
    (C) He appreciated the warm wishes.
    (D) Please let me know as soon as possible.

어휘 | head landscaper 수석 조경사 be in line with ~와 일치하다 ultimate 형 궁극적인 farewell gathering 송별 모임
12. apply to ~에 적용되다 appreciate 통 감사하다

Unit 06 to부정사와 동명사 175

분사

형용사로 변신한 분사!

falling snow 떨어지는 눈

fallen snow 떨어진 눈

Q. 현재분사와 과거분사는 어떤 차이가 있나요?

분사는 동사원형에 -ing나 -ed를 붙인 형태로 형용사로 쓰이며, 현재분사와 과거분사로 나뉩니다.

현재분사	동사원형+-ing: '~하고 있는' → '능동' 또는 '진행'의 의미

the growing number 증가하고 있는 수치

과거분사	동사원형+-ed: '~된' → '수동' 또는 '완료'의 의미

the house damaged by the storm 폭우로 파손된 주택

Q. 분사구문은 무엇인가요?

분사구문은 부사절이 축약된 구문으로 분사로 이루어진 구를 말합니다.

Drinking coffee, I read a newspaper. [분사구문]

= While I drink coffee, I read a newspaper. [부사절]
나는 커피를 마시면서 신문을 읽는다.

① 분사의 역할

분사는 형용사처럼 명사의 앞 / 뒤에서 명사를 수식하거나, 주어 또는 목적어를 보충 설명하는 보어 자리에 쓰입니다.

■ 명사 수식

명사 앞 수식	(관사 / 소유격) + 분사 + 명사 a leading supplier 선도적인 공급 업체 our existing members 우리의 **기존** 회원들	the attached files 첨부 파일들 a revised invoice 수정된 송장
명사 뒤 수식	명사 + 분사 + (목적어 / 수식어) shops selling souvenirs 기념품을 **파는** 가게들 shops located on Carter Street 카터 가에 **위치한** 가게들	

Check Up

정답과 해설 p. 077

1 Some of the [(A) ordering (B) ordered] items are currently not available.
2 The shuttle service [(A) connecting (B) connected] the two stations will begin soon.

■ 보어 역할

주격 보어
The mountain is challenging for climbers. 그 산은 등산객들에게 **도전적**이다.
(The mountain = challenging)

My luggage seemed badly damaged. 내 짐이 심하게 **파손된** 것 같다.
(My luggage = damaged)

목적격 보어
I found an item missing in my package. 나는 내 소포에서 물품 한 개가 **없어진** 것을 알았다.
(an item = missing)

Please keep visitors informed of safety rules. 방문객들에게 안전 수칙에 대해 계속 **알려**주세요.
(visitors = informed)

Check Up

정답과 해설 p. 077

1 No one seems [(A) qualify (B) qualified] to receive the Richolt Prize this year.
2 We found the number of audience members [(A) growing (B) grown] rapidly in summer.

rapidly 휙 빠르게, 급격히

② 현재분사와 과거분사

분사의 수식을 받는 명사가 행위를 주체적으로 하는 경우는 현재분사, 명사가 행위를 당하는 입장이면 과거분사를 씁니다.

■ <분사 + 명사> 빈출 표현

현재분사 + 명사	과거분사 + 명사
approaching summer 다가오는 여름	updated manual 업데이트된 매뉴얼
existing equipment 기존 장비	detailed information 자세한 정보
growing business 성장하는 사업	desired results 바라던 결과
leading complaints 주된 불만 사항들	damaged products 파손된 제품
lasting impression 지속되는 인상	proposed initiative 제안된 계획안
promising location 유망한 지역	required document 필요 서류
remaining inventory 남아 있는 재고	qualified candidates 자격을 갖춘 지원자들
rising prices 오르는 가격	(in)experienced staff 경험이 풍부한(부족한) 직원

Check Up
정답과 해설 p.077

1 Textell Incorporated is a [(A) leading (B) led] manufacturer of kitchen appliances.
2 The training session will be led by an [(A) experiencing (B) experienced] financial planner.

appliance 명 가전 제품 financial 형 금융의

■ 감정분사 빈출 표현

감정을 유발하는 쪽은 현재분사, 감정을 느끼는 쪽은 과거분사를 사용합니다.

interesting 흥미롭게 하는	interested 흥미 있는	amazing 놀라게 하는	amazed 놀란
confusing 혼란스럽게 하는	confused 혼란스러운	surprising 놀라게 하는	surprised 놀란
disappointing 실망스러운	disappointed 실망한	frustrating 좌절하게 하는	frustrated 좌절한
embarrassing 난처하게 하는	embarrassed 난처한	tiring 피곤하게 하는	tired 피곤한, 지친
exciting 흥미진진한	excited 신난, 즐거운	satisfying 만족스럽게 하는	satisfied 만족한

Journalists are interested in writing exciting articles.
기자들은 **흥미진진한** 기사를 쓰는 데 **관심이 있다**.

Check Up
정답과 해설 p.077

1 My stay at the Giddings Hotel was [(A) frustrating (B) frustrated].
2 Everyone is [(A) exciting (B) excited] about the week-long holiday.

week-long 형 일주일에 걸친

③ 분사구문

분사구문이란 <접속사＋주어＋동사> 구조의 부사절이 분사가 포함된 '부사구'로 축약된 구문으로, 시간, 이유, 동시 동작 등의 의미를 나타냅니다.

RC

PART 5&6

■ 분사구문 만드는 법

After they finalize their data, researchers will report it to the director.
부사절(접속사＋주어＋동사)

Finalizing their data, researchers will report it to the director.
분사구문
자료를 마무리한 후에, 연구원들은 부장에게 보고할 것이다.

> ❶ 부사절의 접속사(After)를 생략한다.
>   정확한 의미 전달을 위해 접속사를 남겨두는 경우도 종종 있다.
> ❷ 부사절과 주절의 주어(researchers = they)가 같기 때문에 부사절의 주어(they)를 생략한다.
> ❸ 동사(finalize)를 현재분사 형태(finalizing)로 바꾼다.

■ 현재분사 구문과 과거분사 구문의 구별

주어와의 관계가 능동이면 현재분사(-ing), 수동이면 과거분사(p.p.)를 씁니다.

When riding the train, passengers are reminded to be quiet.
기차에 타고 있을 때, 승객들은 조용히 할 것을 안내받는다.
→ 주어 passengers와 ride의 관계는 능동이므로 현재분사를 사용한다. 접속사 when은 그대로 써도 된다.

Impressed by the customer service, the buyer placed a bulk order immediately.
고객 서비스에 감동하여 구매자는 즉시 대량 주문을 했다.
→ 주어 the buyer와 impress의 관계는 수동이므로 과거분사를 사용한다.

Check Up   정답과 해설 p. 077

1 Ms. Elli contacted the event planner after [(A) receiving (B) received] the schedule.
2 [(A) Comparing (B) Compared] to other vehicles, the ZR-6 sedan is more fuel efficient.
3 Please make sure to show your boarding pass when [(A) using (B) used] the coupon.
4 [(A) Locating (B) Located] at the top of the hotel, the Magnolia Room is quite spacious.
5 As [(A) stating (B) stated] in his résumé, Mr. Yon has worked at several law firms in Boston.

fuel efficient 연료 효율이 높은 boarding pass 탑승권 spacious 형 널찍한 law firm 법률 회사

기출 어휘 - 형용사 1

local	지역의, 현지의 local farms 지역 농장들	**affordable**	저렴한, (가격이) 알맞은 affordable service 저렴한 서비스
legal	법적인 legal matters 법률 문제들	**favorable**	호의적인, 유리한 favorable effects 긍정적인 효과
formal	공식적인 formal business attire 비즈니스 정장	**considerable**	상당한, 많은 a considerable upturn 상당한 상승
seasonal	계절의, 제철의 seasonal ingredients 제철 재료들	**valuable**	소중한, 귀중한 a valuable opportunity 소중한 기회
potential	잠재적인 ⑲ 잠재력 potential profitability 잠재적 수익성	**probable**	가능성 있는, 유망한 a probable candidate 유망한 후보
personal	개인적인 personal items 개인 물품들	**multiple**	많은, 다수의 multiple renovations 여러 번의 보수
residential	주택지의, 주거의 residential spaces 주거 공간	**competent**	유능한, 적격인 a competent employee 유능한 직원
managerial	관리의, 경영의 managerial experience 관리 경력	**adjacent**	인접한, 가까운(to) adjacent to the city 도시에 인접한

Check Up

다음 우리말을 보고 빈칸에 알맞은 말을 넣으세요.

정답과 해설 p. 077

1 in _____ locations
여러 곳에

2 _____ personal belongings
귀중한 개인 소지품들

3 _____ consumers
잠재적 소비자들

4 a vacant _____ position
비어 있는 관리직

5 all _____ streets
모든 주택가

6 at an _____ price
저렴한 가격에

7 a _____ team leader
유능한 팀장

8 a _____ increase
상당한 증가

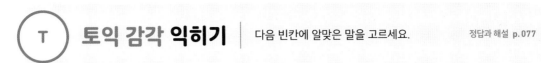
1. Because of the _____ storm, all afternoon flights are being redirected to Tokyo.

(A) approaching

(B) approached

'다가오는'이라는 의미를 나타낼 때는 approaching을 써요.

redirect 동 다시 보내다, 전용하다

2. Dishwashers _____ by Relmek Appliances are more energy efficient than other models.

(A) manufacturing

(B) manufactured

행위자를 나타내는 전치사 by는 과거분사와 함께 써요.

energy efficient 에너지 효율적인

3. Shoe Perfect will expand regionally, _____ two stores in neighboring towns.

(A) opening

(B) opened

분사구문에서 생략된 주어는 주절의 주어와 같아요.

regionally 부 국지적으로, 지방으로
neighboring 형 이웃의, 근접한

4. Every cup of coffee at Landrew's Bistro is prepared with gourmet beans _____ from Chile.

(A) importing

(B) imported

목적어 없이 뒤에 바로 전치사구가 이어지면 과거분사를 써요.

import 동 수입하다

5. Qiao Photo Supplies will remain _____ until electrical repairs are fully completed.

(A) closing

(B) closed

주격 보어 자리이며 주어와의 관계가 수동이면 과거분사를 써요.

electrical 형 전기의

6. The _____ employee manual now includes a section on information and data security.

(A) updating

(B) updated

'수정된'이라는 의미를 나타낼 때는 updated를 써요.

section 명 부분
security 명 보안

7. Doryn Academy offers a program of courses for people _____ in industrial design.

(A) interested

(B) interesting

사람이 감정을 느끼는 경우는 과거분사를 써요.

industrial 형 산업의, 공업의

8. Chef Ramos adjusts the restaurant's menu to feature _____ fruits and vegetables.

(A) formal

(B) seasonal

formal은 '공식적인', seasonal은 '계절의'를 뜻해요.

adjust 동 조정하다
feature 동 특색을 이루다

ETS 실전 도전하기

1. The mayor's office is ------- to present the Student of Excellence Awards at tonight's ceremony.

   (A) excite
   (B) excites
   (C) excitedly
   (D) excited

2. Katy Wilton will be handling reservations for employees ------- to the sales conference in Boston.

   (A) traveled
   (B) traveling
   (C) have traveled
   (D) are traveling

3. Most of the art ------- in the new wing was purchased at auctions over the last few years.

   (A) would have been displayed
   (B) was being displayed
   (C) has displayed
   (D) displayed

4. Aris Funds plans to move its headquarters to Spain after ------- with GHT Capital.

   (A) merge
   (B) merged
   (C) merging
   (D) merges

5. *Bird-Watching in Britain* is published by the Harmon-Ayer Company, a ------- distributor of books for the nature enthusiast.

   (A) leading
   (B) modeling
   (C) guided
   (D) signified

6. Adjust your new chair to the ------- height using the lever underneath the seat.

   (A) desire
   (B) desires
   (C) desired
   (D) desiring

7. ------- returning any merchandise, indicate your original order number on the return form provided.

   (A) In order to
   (B) So that
   (C) When
   (D) As

8. Museum members are invited to preview the historic portraits before the ------- opening of the exhibit.

   (A) constant
   (B) official
   (C) competent
   (D) natural

어휘 | 1. mayor 명 시장 present 동 수여하다 2. handle 동 다루다, 처리하다 3. wing 명 부속 건물 auction 명 경매 4. headquarters 명 본사 5. distributor 명 배급 업체 enthusiast 명 열정적인 팬 6. adjust 동 조절하다 underneath 전 ~의 밑에 7. indicate 동 명시하다 8. preview 동 미리 보다 portrait 명 초상화

182

Questions 9-12 refer to the following article.

New Food Trucks Help Diners Eat and Run

BRISTON—Local residents are enjoying the newest ------- at the popular Briston Community
                                                    9
Park. Gourmet food trucks have started to fill empty parking spots in the lot adjacent to the

park's jogging track. After ------- permission from the city's park commissioner, three local
                           10
food truck owners began offering their delicious fare to park visitors. -------. The park has set
                                                                      11
a limit of no more than four trucks at any one time. -------, anyone interested in selling their
                                                    12
cuisine must reserve a spot. More food trucks are expected to join the roster by the end of

the summer.

---

9. (A) equipment
    (B) attraction
    (C) role
    (D) space

10. (A) receive
    (B) receives
    (C) receiving
    (D) have received

11. (A) Among the offerings are soups,
        salads, and rice bowls.
    (B) The first is scheduled to arrive in the
        park on June 3.
    (C) Organizers say event tickets have
        been selling quickly.
    (D) Runners of all fitness levels are
        welcome to join.

12. (A) Otherwise
    (B) As if
    (C) Although
    (D) Therefore

어휘 | gourmet 형 고급의 spot 명 장소, 지점 adjacent to ~에 인접한 commissioner 명 위원, 관리인 fare 명 식사
     cuisine 명 요리법, 요리 roster 명 명부, 초대연사
     11. offering 명 제공된 것 fitness 명 건강

전치사

전치사는 명사의 앞자리 지킴이!

in **the basket** 바구니 안에   next to **the basket** 바구니 옆에

Q. 전치사는 누구와 어떻게 쓰이나요?

명사 '앞에 위치'하기 때문에 '전치사'라고 부르는데요. 전치사는 혼자 쓰이지 못하고 명사 또는 대명사, 동명사 앞에 쓰여 함께 구를 이룹니다.

전치사	+명사(구)	in **person** 직접
		at **all times** 항상
		by **the government** 정부에 의하여
	+대명사	for **you** 당신을 위해
		to **him** 그에게
		by **himself** 혼자, 혼자 힘으로
	+동명사(구)	in **solving problems** 문제를 해결함에 있어서
		by **creating innovative designs** 혁신적인 디자인을 만들어 냄으로써

① 시간 전치사

■ 시점

at+시각/시점 ~에	at 2 P.M. 오후 2시에	at the beginning of the month 월 초에
on+요일/날짜 ~에	on Monday 월요일에	on June 15 6월 15일에
in+월/계절/연도 ~에	in September 9월에	in summer 여름에
from+시점 ~부터	from 1 June 6월 1일부터	
as of+시점 ~부터	as of today 오늘부터	
since+과거 시점 ~ 이래로 쭉	Sales have increased dramatically since 2015. 2015년 이후 매출이 크게 늘었다. → since는 현재완료 시제와 쓰입니다.	
by ~까지(완료)	Please submit the sales reports by Friday. 금요일까지 판매 보고서를 제출해 주세요.	
until ~까지(지속)	The coupons are valid until 30 April. 쿠폰은 4월 30일까지 유효합니다.	
before+시점 ~ 전에	before each visit 매번 방문 전에	
prior to+시점 ~ 전에	prior to arrival time 도착 시간 전에	
after+시점 ~ 후에	after months of work 수개월의 노력 끝에	
toward+명사 ~쯤, 무렵	toward the end of the performance 공연 끝 무렵	

■ 기간

for/over+기간 ~ 동안	over[for, in, during] the last ten years 지난 10년간
during+행사/사건 ~ 동안	during negotiations 협상 동안에
throughout+기간 ~ 내내	throughout the year 일 년 내내
within+기간 ~ 이내에	within five business days 영업일 5일 이내에

Check Up

정답과 해설 p.080

1 Our grand opening will be held [(A) on (B) in] Saturday, May 5.

2 Negotiations will be completed [(A) until (B) by] the end of the year.

3 The water supply will be shut off [(A) during (B) as of] maintenance.

4 All applications are processed [(A) within (B) since] one week of receipt.

5 MJ Electronix has doubled its online sales [(A) over (B) from] the last two years.

negotiation 몡 협상 shut off 멈추다, 중지하다 receipt 몡 수령 double 통 두 배가 되다

② 장소/방향 전치사

■ 장소

at+특정 지점 ~에서 in+국가/도시명/공간 ~에서 on+층/표면/거리 ~ 위에[~에서]	at the meeting 회의에서 in France 프랑스에서 on the second floor 2층에서	at branch locations 지점에서 in the business district 상업 지구에서 on the street 거리에서
in front of ~의 앞에 by/beside/next to ~의 옆에 behind ~의 뒤에	in front of the judges 심사관들 앞에서 beside the gate 출입구 옆에 behind the screen 스크린 뒤에	in front of the hotel 호텔 앞에서 next to our building 우리 건물 옆에 behind schedule 예정보다 늦게
near ~의 근처에 around ~의 주위에 across ~에 걸쳐 throughout ~ 곳곳에	near the headquarters 본사 근처에 around the world 전 세계에서 across several departments 여러 부서에 걸쳐 throughout the Web site 웹사이트 전반에 걸쳐	
between (둘) 사이에 among (셋 이상) 사이에	between the hours of 2 P.M. and 4 P.M. 오후 2시와 4시 사이에 among artists worldwide 전 세계 예술인들 사이에	

■ 방향

from ~부터	from Paris to London 파리에서 런던까지
to ~로, ~에게	be forwarded to A A에게 전달되다
into/inside ~으로/~ 안에	expand into Europe 유럽으로 확장하다
through ~을 통하여	exit through the doors 문을 통해서 나가다

Check Up

정답과 해설 p.080

1 There's some road construction [(A) near (B) from] the airport.

2 Russet Software has a plan to expand [(A) about (B) into] India.

3 Brandt Dental Clinic is located [(A) on (B) behind] the Russ Building.

4 Your purchase will be delivered [(A) between (B) among] 5 June and 10 June.

5 All presentations will take place [(A) on (B) in] the third floor of the Expo Center.

construction 명 공사, 건설 expand 동 확장하다 take place 열리다

③ 기타 전치사

■ 기타 전치사

수단/정도	by ~으로, ~을 타고, ~만큼, ~에 의해 through ~을 통해 with ~으로, ~하게 without ~ 없이	by e-mail 이메일을 통해 by ten percent 10퍼센트만큼 through our Web page 우리 웹사이트를 통해 with this coupon 쿠폰을 소지하고 with ease 쉽게 without permission 허락 없이
주제/분야	about/on/over ~에 관하여 in ~에서	details about the new system 신규 시스템에 대한 세부 사항 an increase in sales 판매에서의 증가
제외	except (for) ~을 제외하고	except on Sundays 일요일을 제외하고
이유	because of/due to/owing to ~ 때문에	because of repair work 보수 작업 때문에 due to the rising cost 오르는 비용 때문에
원인/목적	for ~로 인해, ~을 위하여	for your protection 보호용으로 for free 무료로
양보	despite/in spite of ~에도 불구하고	despite repeated delays 반복된 지연에도 불구하고 in spite of heavy snow 폭설에도 불구하고

Check Up

정답과 해설 p.080

1 The CEO will step down [(A) due to (B) despite] his poor health.

2 The inspectors will visit our facility [(A) for (B) without] advance notice.

step down 사직하다 advance notice 사전 공지

■ 두 단어 이상의 구전치사

according to ~에 따르면	in addition to ~ 이외에도(=besides)
ahead of ~ 전에	regardless of ~와 상관없이
instead of ~ 대신에	in case of ~의 경우에(=in the event of)
across from ~의 맞은편에	in preparation for ~을 대비하여

■ -ing 형태의 전치사

including ~을 포함하여	beginning ~부터(=starting)	following ~ 이후에
considering ~을 고려하면	regarding ~에 관하여(=concerning)	

Check Up

정답과 해설 p.080

1 The convention center is located [(A) ahead (B) across] from the new sports stadium.

2 Souvenirs will be sold in the lobby [(A) beginning (B) following] the performance.

souvenir 명 기념품 performance 명 공연

● 기출 어휘 - 형용사 2

massive	엄청난, 거대한 a massive display 대대적인 진열	**satisfactory**	만족스러운 satisfactory result 만족스러운 결과
impressive	인상적인 an impressive part 인상적인 부분	**supervisory**	감독의, 관리의 supervisory experience 관리 경력
innovative	혁신적인, 획기적인 innovative designs 혁신적인 디자인	**temporary**	임시의, 일시적인 a temporary replacement 임시 후임자
defective	결함 있는, 불량인 a defective item 결함 있는 물품	**convenient**	편리한, 간편한 convenient to use 사용하기 편리한
positive	긍정적인 positive comments 긍정적인 논평	**former**	예전의, 과거의 a former employee 예전 직원
constructive	건설적인 constructive feedback 건설적인 피드백	**thorough**	철저한 a thorough evaluation 철저한 평가
consecutive	연이은 three consecutive days 3일 연속	**superior**	우수한, 상급의 a superior reputation 우수한 평판
collaborative	협력하는, 공동의 a collaborative effort 공동의 노력	**sufficient**	충분한 sufficient interest 충분한 관심

Check Up

다음 우리말을 보고 빈칸에 알맞은 말을 넣으세요.

정답과 해설 p. 080

1 _____ sculptures
혁신적인 조각품들

2 _____ funds
충분한 자금

3 _____ ingredients
우수한 재료

4 the _____ closure
일시적 폐쇄

5 report _____ products
불량품을 알리다

6 an _____ example
인상적인 사례

7 a _____ contribution
긍정적인 기여

8 a _____ quality check
철저한 품질 검사

1. All returns or exchanges must be made _____ 30 days of the purchase date.
   (A) during   (B) within

전치사 during은 '~ 동안', within은 '~ 이내에'라는 뜻이에요.
exchange 명 교환

2. Visit Pentel Pharmacy _____ our newly renovated location on Westwood Road.
   (A) at   (B) to

'~에'라는 의미를 나타내는 장소 전치사가 필요해요.
pharmacy 명 약국

3. All northbound trains pass _____ downtown St. Charles before reaching North City Station.
   (A) through   (B) from

'시내를 통하여 지나다'라는 의미를 완성하는 전치사를 선택해요.
northbound 형 북행의, 북쪽으로 가는

4. Heatheron Library's audiovisual center will be closed _____ renovations from December 1 to 15.
   (A) in   (B) for

목적을 나타내는 전치사가 필요해요.
audiovisual center 시청각 센터

5. The reception for the new hires has been postponed _____ further notice.
   (A) until   (B) instead

'추후 통지가 있을 때까지'라는 의미를 만드는 전치사를 선택해요.
new hire 신입 사원
postpone 동 연기하다

6. _____ losses in the fourth quarter, stock prices remain strong.
   (A) Although   (B) Despite

'~에도 불구하고'라는 의미로 양보를 나타내는 전치사가 필요해요.
loss 명 손실
stock 명 주식

7. Highway 24 is temporarily closed _____ flooding from the nearby Salazar River.
   (A) owing to   (B) instead of

owing to는 '~ 때문에', instead of는 '~ 대신에'를 뜻해요.
temporarily 부 일시적으로
flooding 명 홍수

8. Clyden Bistro's _____ location is now occupied by Margie Sue's Bakery.
   (A) former   (B) responsible

former는 '전의', responsible은 '책임이 있는'이라는 의미에요.
occupy 동 차지하다

1. The director of the Yeon Park Clinic will deliver a speech ------- tonight's benefit dinner.

   (A) except
   (B) before
   (C) as
   (D) onto

2. The price of tomatoes is expected to fall by almost 10 percent ------- a big harvest earlier this year.

   (A) except for
   (B) due to
   (C) in exchange for
   (D) along with

3. Ada's Gift Shop will remain open until 10:00 P.M. ------- the summer sales season.

   (A) between
   (B) along
   (C) while
   (D) during

4. Please contact the help desk at 555-0191 for any issues ------- the copy machines or printers.

   (A) regard
   (B) regarding
   (C) regards
   (D) regarded

5. ------- attending an orientation session, new Slackwood University employees must read the employee handbook.

   (A) In addition to
   (B) Provided that
   (C) As well
   (D) In order that

6. Visits to the Bridgevale Culture Museum have grown twofold ------- the opening of the Ancient Egyptian Art wing.

   (A) onto
   (B) except
   (C) among
   (D) since

7. To avoid a penalty, Steiner Inn guests must cancel reservations at least 24 hours ------- their arrival.

   (A) related to
   (B) in accordance with
   (C) ahead of
   (D) regardless of

8. The managers said that the factory's assembly line is an ------- example of efficiency.

   (A) acquired
   (B) equipped
   (C) indecisive
   (D) impressive

어휘 | **1.** benefit dinner 자선 만찬 **2.** harvest 명 수확 **4.** issue 명 문제 **5.** handbook 명 편람, 안내서
6. twofold 부 두 배로 **7.** penalty 명 벌금 at least 적어도 **8.** efficiency 명 효율성

Questions 9-12 refer to the following letter.

22 October

Dear Ms. Gauthier,

Thank you for contacting us about your Active Sport Fitness Club membership (membership number MH2879). This letter ------- that your membership has been placed on a three-month
9
hold while you are out of the country, and that your account will not be charged a fee for this service.

In accordance with your membership agreement, you will be unable to use Active Sport
Fitness Clubs ------- this time period.
10

Please remember that once this three-month period ends on 22 January, your membership
will ------- resume at its normal monthly rate. -------.
11   12

Thank you,

Your Active Sport Fitness team

9. (A) adjusts
    (B) confirms
    (C) requests
    (D) predicts

10. (A) between
    (B) during
    (C) other than
    (D) prior to

11. (A) automate
    (B) automatic
    (C) automatically
    (D) automation

12. (A) Alternatively, longer membership periods have significantly lower rates.
    (B) If the work is completed before then, we will notify you by e-mail.
    (C) Call today to make an appointment with an experienced personal trainer.
    (D) At that time, we will begin electronically debiting the account on file.

어휘 | hold 몡 정지 charge 통 청구하다 in accordance with ~에 따라서 agreement 몡 동의, 약관 resume 통 재개하다
12. alternatively 튀 그 대신에, 그렇지 않으면 debit 통 인출하다

접속사

이어 주기의 달인, 접속사!

Slow and steady will win the race.
천천히 그리고 꾸준히 하면 경주에서 이길 수 있어요.

Q. 접속사는 어떤 종류가 있나요?

단어, 구, 절 무엇이든 이어 주는 접속사는 문장 내에서의 역할에 따라 등위접속사, 상관접속사, 종속접속사 3가지 종류가 있습니다.

등위접속사	동일한 요소를 대등하게 이어 주는 연결어
	food and drinks 음식과 음료
	by mail or e-mail 우편 또는 이메일로
상관접속사	두 단어 이상이 짝을 이루면서 동일한 요소를 이어 주는 연결어
	both cash and checks 현금과 수표 둘 다
	either a lunch or dinner menu 점심이나 저녁 메뉴 둘 중 하나
종속접속사	부사, 명사, 형용사처럼 쓰이는 절을 이끌어주는 연결어
	I will return your call when I come back. 내가 돌아오면 다시 전화 드릴게요.
	He said that the flight was delayed. 그는 항공편이 지연되었다고 말했다.

① 등위접속사와 상관접속사

■ 등위접속사

등위접속사는 단어와 단어, 구와 구, 절과 절 등 동일한 요소를 대등하게 이어 주는 역할을 합니다.

and 그리고	or 또는, 그렇지 않으면	but[yet] 그러나	so 그래서

The Darese Spa offers a relaxing and elegant atmosphere.
　　　　　　　　　　　　　　단어(형용사)　　　단어(형용사)

다레스 스파는 편안**하고** 우아한 분위기를 제공한다.

Please e-mail me or call my secretary at extension 320.
　　　　구(동사+목적어)　　구(동사+목적어)

저에게 이메일을 보내시**거나** 내선 320번으로 저의 비서에게 전화해 주세요.

Mr. Kwon is unable to attend the meeting, so Ms. Shin will attend in his place.
　　　　　　　절(주어+동사)　　　　　　　　　　　　절(주어+동사)

권 씨는 회의에 참석할 수 없**어서** 신 씨가 대신 참석할 것이다.

Check Up
정답과 해설 p.082

1 Visitors should stop by the security desk [(A) and (B) or] return their pass.
2 Please be sure to include your name, [(A) and (B) so] the editors can notify you.

stop by 들르다　editor 명 편집자

■ 상관접속사

두 단어 이상이 짝을 이루어 쓰이는 접속사로, 등위접속사처럼 동일한 요소를 이어 줍니다.

both A and B A와 B 둘 다	not A but B A가 아니라 B
either A or B A 혹은 B 둘 중 하나	not only A but (also) B A뿐만 아니라 B도
neither A nor B A나 B 둘 다 아닌	= B as well as A

Ms. Sinclair is not only a playwright but also an actress.

싱클레어 씨는 극작가일 **뿐만 아니라** 배우이다.

= Ms. Sinclair is an actress as well as a playwright.

Check Up
정답과 해설 p.082

1 The seminars are open to both part-time [(A) but (B) and] full-time employees.
2 Our products are neither harmful to the environment [(A) nor (B) or] to people.

harmful 형 유해한　environment 명 환경

② 명사절 접속사

명사절은 명사처럼 문장 내에서 주어, 목적어, 보어의 역할을 합니다. 이런 명사절을 이끄는 대표적인 명사절 접속사로는 that, whether[if], 의문사가 있습니다.

that ~라는 것	whether/if ~인지 아닌지	**의문사**

주어   That the baseball game will be canceled is true.
야구 경기가 취소될 것이라는 것은 사실이다.

Who will work overtime on Friday hasn't been decided yet.
금요일에 누가 야근을 할지는 아직 결정되지 않았다.

목적어   Please ensure that your work area is clean.
여러분의 작업 구역이 깨끗한지 확인하세요.

Management has to determine whether[if] they will renew the contract.
경영진은 **계약을 갱신할 것인지 여부**를 결정해야 한다.

→ if 명사절은 whether와 달리 주어나 보어 자리에는 쓸 수 없고, 이 문장처럼 목적어 자리에만 쓸 수 있다.

보어   The problem is that the item was shipped to the wrong address.
문제는 물건이 잘못된 주소로 배송되었다는 것이다.

■ that절을 목적어로 취하는 동사

agree 동의하다	ensure 보장하다	announce 공지하다	
indicate 나타내다	state 진술하다	insist 주장하다	+that절
note 유념하다	request 요청하다	recommend 권하다	

Our records indicate that your regular checkup is scheduled this Friday.
저희 기록에 따르면 이번 주 금요일에 귀하의 정기 검진이 예정되어 있습니다.

Check Up

정답과 해설 p. 083

1 My question is [(A) either (B) whether] a refund is available without a receipt.
2 Please be aware [(A) that (B) whether] there is road construction scheduled.
3 We understand [(A) how (B) whether] stressful a household move can be.
4 The client has requested [(A) whether (B) that] his order be delivered on time.
5 Grady Gas announced [(A) whether (B) that] Andrew Wu has been promoted to CEO.

stressful 형 스트레스가 많은 household 형 가정의 on time 제때에

③ 부사절 접속사: 시간 / 조건

<부사절 접속사 + 주어 + 동사>로 이루어진 부사절은 문장의 맨 앞 또는 맨 뒤에 위치하여 부사 역할을 하며 시간, 조건, 이유와 같은 부가적인 내용을 나타냅니다.

■ <시간> 부사절

when ~할 때	before ~ 전에	after ~ 후에	while ~하는 동안
since ~한 이후로 지금까지	until ~까지	as ~할 때	once ~하자마자
as soon as ~하자마자	by the time ~할 때쯤에, ~할 때까지		

Since the café launched new desserts, her workload has increased.
카페가 새로운 디저트를 출시한 이후, 그녀의 업무량은 증가하였다.

Amanda will open a savings account as soon as she finds a job.
아만다는 일자리를 찾자마자 저축 예금을 개설할 것이다.

→ 시간 / 조건 부사절에서 미래의 일을 나타낼 때 미래 시제 대신 단순 현재 시제를 사용한다.

■ <조건> 부사절

if 만약	unless 만약 ~하지 않는다면	once 일단 ~하면
as long as ~하는 한	in case (that) ~하는 경우에	provided (that) ~한다면

If you look on the first page, you'll see the figures for product sales.
첫 페이지를 보시면 제품 판매 수치를 보실 수 있습니다.

This coupon will not be valid once the expiration date has passed.
이 쿠폰은 **유효 기간이 지나면** 사용할 수 없을 것이다.

Check Up
정답과 해설 p.083

1 The staff meeting will start [(A) soon (B) as soon as] everyone is seated.

2 My assistant will show you around the facility [(A) while (B) if] you're waiting.

3 [(A) If (B) Unless] you haven't received a brochure, they're available at the registration desk.

4 Ms. Maroni will meet us this evening [(A) until (B) as long as] her flight is not delayed.

5 Your information will be kept on file [(A) once (B) in case] another suitable position opens up.

facility 평 시설 keep A on file A를 파일로 보관하다 suitable 형 적당한

④ 부사절 접속사: 이유 / 양보 / 기타

■ <이유 / 목적 / 결과> 부사절

이유	because / since / as ~이기 때문에	now that ~이므로
목적	so that / in order that ~하기 위해서	
결과	so + 형용사 / 부사 + that 너무 ~해서 …하다	

[이유] Ms. Zhang has to work late now that her colleague is on vacation.
장 씨는 **동료가 휴가 중이라** 늦게까지 일해야 한다.

[목적] Presenters are asked to speak loudly so that everyone can hear them.
발표자들은 **모두 들을 수 있도록** 큰 소리로 이야기하도록 요청받는다.

→ so that은 조동사 can, may와 함께 자주 쓰인다.

[결과] The lecture was so interesting that the audience was completely focused.
강의가 너무 재미있어서 **청중들은 완전히 집중하였다.**

■ <양보 / 대조> 부사절

양보	although, though, even though 비록 ~이지만	even if ~할지라도
대조	while, whereas ~인 반면	

[양보] Though most production is automated, we still require some human workers.
대부분의 생산은 자동화되어 있지만, 우리는 여전히 몇몇 노동자를 필요로 한다.

[대조] Tickets on weekdays average $10 per person, whereas weekend tickets cost $15.
주말 티켓은 15달러인 데 반해 평일 티켓은 1인당 평균 10달러이다.

Check Up

정답과 해설 p.083

1 [(A) Even though (B) Since] we work overtime, we're still behind schedule.

2 I have reserved a bicycle for you [(A) so that (B) though] you can explore our town.

3 The photography exhibition was so inspiring [(A) as (B) that] I visited three times.

4 The projector needs to be replaced [(A) even if (B) because] it makes noisy sound.

5 The main entrance is closed [(A) whereas (B) so] the side entrances remain accessible.

behind schedule 일정보다 늦은 explore 통 답사하다 inspiring 형 고무적인 accessible 형 접근할 수 있는

⑤ 접속사와 전치사

접속사와 전치사의 의미가 같은 것이 많아 헷갈리는 경우가 많습니다. 접속사는 뒤에 <주어 + 동사>의 절이 오며, 전치사는 뒤에 명사나 동명사구가 온다는 점을 명심하세요.

의미		부사절 접속사(+ 주어 + 동사)	전치사(+ 명사(구) / 동명사구)
시간	~하는 동안	while	during
	~하자마자	as soon as	upon, on
조건	~하는 경우에	if, in case (that)	in case of
이유	~ 때문에	because, since, as	because of, due to, owing to
양보	~에도 불구하고	though, although, even though	despite, in spite of

As soon as you complete the training, you can start to work as a mechanic.
　　　접속사 + 절

= Upon completing the training, you can start to work as a mechanic.
　　　전치사 + 동명사구

= Upon completion of the training, you can start to work as a mechanic.
　　　전치사 + 명사구

연수를 끝내자마자 여러분은 정비사로 일을 시작할 수 있습니다.

While a new electrical system is being installed, the factory will be closed.
　접속사 + 절

= During the installation of a new electrical system, the factory will be closed.
　　　전치사 + 명사구

새로운 전기 시스템을 설치하는 동안 공장은 폐쇄될 것이다.

Check Up

정답과 해설 p. 083

1 [(A) As soon as (B) Upon] the watch is repaired, I will send it to you.

2 The office is closed this week [(A) during (B) while] we move to our new offices.

3 This evening's flight has been canceled [(A) because (B) because of] a technical issue.

4 [(A) Despite (B) Though] its high rates, ST Phone's service plans are considered attractive.

5 Please make a copy of your passport in advance [(A) in case (B) in case of] you lose it.

technical 혱 기술적인　high rate 높은 요금　attractive 혱 매력적인　in advance 미리

기출 어휘 - 형용사 3

rare	드문, 진귀한 a rare event 드문 사건	**surrounding**	주변의 surrounding areas 주변 지역
routine	정기적인, 일상적인 routine maintenance 정기 점검	**accomplished**	뛰어난 an accomplished individual 뛰어난 사람
relevant	관련된 relevant information 관련 정보	**designated**	지정된, 지명된 a designated area 지정된 구역
steady	꾸준한 a steady rise 꾸준한 증가	**rewarding**	보람 있는; 수익이 많이 나는 a rewarding job 보람 있는 직업
feasible	실현 가능성이 있는 feasible plans 실현 가능한 계획들	**varying**	바뀌는, 가지각색의 varying sizes 다양한 크기
profitable	수익성이 있는 profitable business 수익성이 있는 사업	**preferred**	바람직한, 선호되는 a preferred method 선호되는 방법
attractive	매력적인, 마음을 끄는 an attractive design 매력적인 디자인	**challenging**	도전적인, 힘든 a challenging position 도전적인 일자리
established	기성의, 확립된; 인정받는 an established company 인정받는 회사	**outstanding**	뛰어난; 미결제의 outstanding contribution 뛰어난 기여

Check Up

다음 우리말을 보고 빈칸에 알맞은 말을 넣으세요.

정답과 해설 p. 083

1 many _____ tasks
많은 일상적인 작업들

2 a _____ sales growth
꾸준한 판매 성장

3 _____ permit applications
관련 허가 신청서

4 _____ customer base
확립된 고객 기반

5 an _____ reputation
뛰어난 명성

6 _____ working hours
선호하는 근무 시간

7 at the _____ spot
지정된 장소에서

8 a highly _____ project
수익성이 높은 프로젝트

RC

PART 5&6

1. Lunch will be catered by Welco Café _____ Haqri Grill.

(A) but (B) and

빈칸은 두 개의 명사구를 연결하고 있어요.

cater 통 음식을 공급하다

2. _____ your job duties change often, regularly updating your résumé is recommended.

(A) Unless (B) If

부사절 접속사 unless는 '만약에 ~하지 않는다면', if는 '만약에'라는 뜻이에요.

recommend 통 추천하다

3. Not only is Erik Hardwicke the author of several books, _____ he is also a photographer.

(A) nor (B) but

not only A but (also) B는 'A뿐만 아니라 B도'라는 의미의 구문이에요.

author 명 저자
photographer 명 사진사

4. Museum visitors may not use flash photography _____ the light could damage the paintings.

(A) but (B) because

but은 앞뒤의 내용이 상반되어야 해요.

damage 통 파손하다

5. A diamond-shaped symbol next to merchandise indicates _____ the item has been discounted.

(A) that (B) whether

indicate 뒤에는 that절이 와요.

merchandise 명 상품

6. _____ the large number of new hires, our employee directory has recently been updated.

(A) Due to (B) Because

빈칸 뒤에 동사가 없으면 일단 접속사 보기는 정답에서 제외시켜요.

employee directory 직원 명부

7. The application process will be complete _____ you have turned in the paperwork.

(A) once (B) soon

부사는 절을 이끌 수 없어요.

turn in 제출하다

8. In the last five years, Shimizu Clothing has experienced a _____ sales growth.

(A) designated (B) steady

designated는 '지정된', steady는 '안정적인'이라는 뜻이에요.

1. RBN Bank's headquarters is located in Wales, ------- it has other branches throughout the United Kingdom.

   (A) either
   (B) after
   (C) than
   (D) but

2. Homeowners can save money ------- they replace their heaters with our super-efficient TD Ultra.

   (A) unlike
   (B) when
   (C) even
   (D) which

3. Farms in Gaston County typically raise dairy cattle, ------- sheep are also common.

   (A) although
   (B) either
   (C) both
   (D) whether

4. Ms. Murai prefers that managers attend ------- the meeting in March and the workshop in April.

   (A) so
   (B) both
   (C) either
   (D) nor

5. ------- the package is labeled correctly, Harris Mailers cannot guarantee its arrival date.

   (A) Without
   (B) Unless
   (C) Otherwise
   (D) In case of

6. Parkano Boutique expanded its store hours ------- it can remain competitive with other local businesses.

   (A) whenever
   (B) besides
   (C) as well as
   (D) so that

7. The management requests ------- all drivers submit their third-quarter fuel receipts by 5 P.M. on October 30.

   (A) or
   (B) that
   (C) if
   (D) which

8. Haneul Wildlife Sanctuary provides nesting grounds for several ------- species of birds.

   (A) rare
   (B) direct
   (C) feasible
   (D) brief

어휘 | **2.** super-efficient 형 매우 효율적인 **3.** typically 부 보통, 일반적으로 dairy cattle 젖소 **5.** guarantee 동 보장하다 **6.** competitive 형 경쟁력이 있는 **7.** fuel 명 연료 **8.** nesting ground 산란 장소 species 명 종

Questions 9-12 refer to the following article.

June 26—KHGR-TV announced yesterday that the popular series *Summer Alley* will be renewed for another year.

The producers have added new characters to the cast and have replaced the show's ------. Carlton Knight, who has played the leading role of Dr. Mac ------ the series began, resigned last month to pursue a career in motion pictures. He ------ by Kip Kyton, a newcomer to prime-time television.
9   10   11

The season premiere will air on Sunday, March 23, at 8:00 P.M. ------.
12

9. (A) star
(B) director
(C) writer
(D) sponsor

10. (A) because
(B) since
(C) between
(D) then

11. (A) would have been replaced
(B) will be replaced
(C) is replacing
(D) replaces

12. (A) Its audience has nearly doubled in that time.
(B) Tickets can be obtained by visiting www.khgr.com.
(C) The studio has refused to comment on the matter.
(D) It promises to be action-packed and full of surprises.

어휘 | cast 명 출연진 leading role 주연 prime-time 형 황금 시간대의 season premiere 시즌 첫 방송 air 동 방송하다
12. comment 동 논평하다 action-packed 형 액션 장면이 많은

Unit 09 접속사 201

관계대명사

접속사이면서 대명사인 관계대명사!

This is
the picture that
I took yesterday.
이게 내가 어제
찍은 사진이야.

Q. 관계대명사와 접속사는 어떻게 다른가요?

관계대명사는 접속사에 대명사의 기능이 합쳐진 형태로, 관계절은 앞의 명사를 수식합니다.

This is the picture. + I took it yesterday.

→ This is the picture, and I took it yesterday.

두 문장을 연결하고 it의 기능까지 해 주는 것이 바로 관계대명사예요.

→ This is the picture that I took yesterday.   이것이 내가 어제 찍은 사진이다.

Q. 선행사가 무엇인가요?

관계대명사절의 수식을 받는 명사를 관계대명사 앞에 온다고 하여 선행사라고 부릅니다. 선행사가 사람인지 사물인지에 따라 관계대명사도 who, which로 나뉘며, that은 사람, 사물에 다 쓸 수 있습니다.

This is the person who I met yesterday.   이 사람이 내가 어제 만난 사람이다.
사람 선행사

This is the book which I bought yesterday.   이것이 내가 어제 산 책이다.
사물 선행사

① 관계대명사: 주격

관계절에서 주어 역할을 하는 관계대명사를 주격 관계대명사라고 합니다. 선행사가 사람이면 who나 that을 사용하며, 사물이면 which나 that을 사용합니다. 선행사에 의해 동사의 수 일치가 결정되므로 수 일치에 유의해야 합니다.

선행사	주격 관계대명사
사람	who, that
사물	which, that

■ 사람 선행사

(1) We need a technician. 우리는 기술자가 필요하다.

(2) He has strong software skills. 그는 뛰어난 소프트웨어 기술을 가지고 있다.

→ 문장 (2)의 He는 문장 (1)의 a technician을 반복한 말이며, He가 사람이고 주격이므로 주격 관계대명사 who나 that을 사용한다.

> We need a technician who has strong software skills.
>   선행사   관계절[주격 관계대명사 + 동사]
> 우리는 **뛰어난 소프트웨어 기술을 가진** 기술자가 필요하다.

■ 사물 선행사

(1) All employees attended the workshop. 전 직원이 워크숍에 참석하였다.

(2) It was held last Friday. 그것은 지난주 금요일에 열렸다.

→ 문장 (2)의 It은 문장 (1)의 the workshop을 반복한 말이며, It이 사물이고 주격이므로 주격 관계대명사 which나 that을 사용한다.

> All employees attended the workshop which[that] was held last Friday.
>   선행사   관계절[주격 관계대명사 + 동사]
> 전 직원이 **지난주 금요일에 열린** 워크숍에 참석하였다.

Check Up
정답과 해설 p.085

1 Enclosed is my résumé [(A) who (B) which] details my work history.

2 Cover letters [(A) who (B) that] do not exceed 300 words are preferred.

3 We value the new authors [(A) who (B) which] have signed contracts with us.

4 Karolina is an amazing artist [(A) who (B) which] designed all of the illustrations.

5 Take advantage of the promotions [(A) who (B) which] are going on until next month.

enclosed 혱 동봉된 detail 통 상세히 알리다 exceed 통 초과하다 contract 뎽 계약(서)
illustration 뎽 삽화 take advantage of ~을 이용하다

② 관계대명사: 목적격

관계절 안에서 목적어 역할을 하는 관계대명사를 목적격 관계대명사라고 합니다. 선행사가 사람이면 who, whom, that을 사용하고, 선행사가 사물이면 which나 that을 사용하며 목적격 관계대명사는 생략이 가능합니다.

선행사	목적격 관계대명사
사람	who, whom, that
사물	which, that

■ 사람 선행사

(1) <u>The client</u> is transferring to Paris. 그 고객은 파리로 전근 간다.

(2) I visited <u>him</u> last week. 나는 지난주에 그를 방문했다.

→ 문장 (2)의 him은 문장 (1)의 The client를 반복한 말이고, him이 사람이며 동사 visited의 목적격이므로 목적격 관계대명사 who, whom, 또는 that을 사용할 수 있으며 생략 가능하다.

> <u>The client</u> (whom) I visited last week is transferring to Paris.
>
>   선행사   관계절[목적격 관계대명사 + 주어 + 동사]
>
> **내가 지난주에 방문했던** 고객은 파리로 전근 간다.

■ 사물 선행사

(1) <u>The used car</u> is in great condition. 그 중고차는 상태가 아주 좋다.

(2) Mr. Loren purchased <u>it</u>. 로렌 씨가 그것을 구입하였다.

→ 문장 (2)의 it은 문장 (1)의 The used car를 반복한 말이고, it이 사물이며 동사 purchased의 목적어이므로 목적격 관계대명사 which 또는 that을 사용하거나 생략 가능하다.

> <u>The used car</u> (which) Mr. Loren purchased is in great condition.
>
>   선행사   관계절[목적격 관계대명사 + 주어 + 동사]
>
> **로렌 씨가 구입한** 중고차는 상태가 아주 좋다.

Check Up

정답과 해설 p. 086

1 The online order [(A) who (B) that] Mr. Browning placed last week was delayed.

2 Most are professional writers [(A) we (B) whom] have a good relationship with.

3 The business plan [(A) which (B) whom] Susan proposed was the most impressive.

4 I need the brochure for the house [(A) who (B) that] we're selling on Clark Street.

5 The candidate [(A) who (B) you] recommended will be considered for an interview.

relationship 명 관계 impressive 형 인상적인 candidate 명 지원자, 후보

③ 관계대명사: 소유격

관계절에서 소유격 역할을 하는 관계대명사를 소유격 관계대명사라고 합니다. 선행사가 관계대명사 뒤의 명사를 소유하는 관계를 나타내면 소유격 관계대명사 whose를 사용합니다.

선행사	소유격 관계대명사
사람	whose
사물	

■ 사람 선행사

(1) Please send me a list of workers. 작업자 명단을 보내 주세요.

(2) Their certificates have expired. 그들의 인증서가 만료되었다.

→ 문장 (2)의 Their는 문장 (1)의 workers를 가리키며, Their가 소유격 대명사이므로 소유격 관계대명사 whose를 사용한다.

> Please send me a list of workers whose certificates have expired.
> 　　　　　　　　　　　　　선행사　　관계절[whose+명사+동사]
>
> **인증서가 만료된** 작업자 명단을 보내 주세요.

■ 사물 선행사

(1) Customers are familiar with the products. 고객들은 상품에 익숙하다.

(2) Their advertisements appear on TV. 그것들의 광고가 TV에 나온다.

→ 문장 (2)의 Their는 문장 (1)의 the products를 가리키며, Their가 소유격 대명사이므로 소유격 관계대명사 whose를 사용한다.

> Customers become familiar with the products whose advertisements appear on TV.
> 　　　　　　　　　　　　　　　　선행사　　　　관계절[whose+명사+동사]
>
> 고객들은 **TV에 광고가 나오는** 상품에 익숙하다.

Check Up
정답과 해설 p.086

1 The architect [(A) who (B) whose] designed the building did an outstanding job.

2 ML Design will reimburse employees [(A) who (B) whose] personal items were damaged.

3 We host a musical performance [(A) which (B) whose] will be held in an outdoor theater.

4 Contie Books offers digital e-books [(A) that (B) whose] customers can download at no charge.

5 Ms. Steward is an advertising executive [(A) whose (B) who] work has been widely recognized.

architect 명 건축가　outstanding 형 뛰어난, 훌륭한　reimburse 동 배상하다
at no charge 무료로　executive 명 임원　recognized 형 인정된

기출 어휘 - 부사 1

urgently	급히, 긴급히 urgently needed 긴급히 필요한	**briefly**	잠시, 간략하게 speak briefly 짧막하게 이야기하다
occasionally	가끔, 때때로 occasionally host events 이따금 행사를 주최하다	**initially**	처음에 initially expected 초기에 기대했던
exclusively	오로지, 배타적으로 focus exclusively on 오로지 ~에만 집중하다	**completely**	완전히, 전적으로 completely review 철저히 검토하다
frequently	자주, 흔히 frequently visit 자주 방문하다	**consistently**	지속적으로, 꾸준히 consistently high 꾸준히 높은
properly	적절히, 제대로 work properly 제대로 작동하다	**conveniently**	편리하게 conveniently located 편리하게 위치한
promptly	지체 없이, 정확히 제시간에 promptly upon pickup 인수 즉시	**temporarily**	일시적으로, 임시로 temporarily interrupt 일시적으로 중단하다
precisely	정확히, 바로 precisely calculate 정확히 계산하다	**generally**	일반적으로, 대개, 보통 generally prefer 일반적으로 선호하다
primarily	주로 due primarily to 주로 ~ 때문에	**generously**	후하게, 관대하게 generously donate 아낌없이 기부하다

Check Up

다음 우리말을 보고 빈칸에 알맞은 말을 넣으세요.

1 be closed _____
제대로 닫히다

2 meet _____ with the manager
관리자를 자주 만나다

3 at _____ 10 P.M.
정확히 저녁 10시에

4 work _____ with local artists
오로지 지역 예술인들과 작업하다

5 _____ operate in winter
주로 겨울에 운영되다

6 as _____ anticipated
처음에 기대했던 대로

7 _____ increase productivity
생산성을 지속적으로 높이다

8 _____ one meter wide
일반적으로 1미터 넓이

1. ChekChek Inc. identified a few problems _____ can help you address.

    (A) that　　　　　　(B) we

    생략된 목적격 관계대명사인 which [that] 뒤의 주어 자리예요.

    address 통 다루다, 처리하다

2. The Smoothglide wireless mouse model _____ you ordered is out of stock.

    (A) who　　　　　　(B) that

    선행사가 사물일 때, 목적격 관계대명사는 which나 that이 와요.

    out of stock 품절인

3. The presenter _____ you're waiting for has already left for Singapore.

    (A) who　　　　　　(B) which

    선행사가 사람일 때, 목적격 관계대명사는 who, whom 또는 that이 와요.

    presenter 명 발표자

4. Passengers _____ flights are delayed more than three hours may qualify for a discounted ticket.

    (A) who　　　　　　(B) whose

    빈칸 앞뒤의 명사 Passengers와 flights가 서로 소유 관계를 나타내고 있어요.

    qualify for ~의 자격을 얻다

5. The Micaville Art Gallery features work by artists _____ offer an array of paintings, drawings, and sculptures.

    (A) who　　　　　　(B) which

    선행사가 사람일 때, 주격 관계대명사는 who나 that이 와요.

    an array of 다양한

6. Town residents await the opening of Maple Bakery, _____ will replace the closed Golden Café.

    (A) who　　　　　　(B) which

    선행사가 사물일 때, 주격 관계대명사는 which나 that이 와요.

7. Zumatrone has embarked on a project _____ will convert an old warehouse into a laboratory.

    (A) that　　　　　　(B) nor

    동사 앞에서 주어 역할을 하면서 앞의 사물 명사를 꾸미는 관계대명사가 필요해요.

    embark on ~에 착수하다
    convert 통 전환시키다

8. Balsamo Bakers has _____ agreed to donate snacks to the library's children's program.

    (A) extremely　　　　(B) generously

    extremely는 '극도로', generously는 '후하게'라는 뜻이에요.

1. *Times-Gazette* subscribers ------- do not receive their newspapers by 7:00 A.M. should call the Customer Service Center.

   (A) they
   (B) who
   (C) all
   (D) you

2. Members of Freddi's Gym ------- enrollment ends this month are eligible for a 10 percent discount if they renew now.

   (A) who
   (B) whom
   (C) whoever
   (D) whose

3. The items ------- are listed on the holiday luncheon shopping list will be purchased by the management team.

   (A) such
   (B) about
   (C) that
   (D) what

4. All employees who ------- drilling equipment must wear safety glasses.

   (A) operate
   (B) operates
   (C) to operate
   (D) is operated

5. For a list of cleaning services ------- our company offers, please check the last page of this brochure.

   (A) who
   (B) much
   (C) anyone
   (D) that

6. Members of the planning committee are expected to attend all meetings, ------- occur on the first Tuesday of the month.

   (A) which
   (B) who
   (C) whoever
   (D) each

7. There are multiple places along the Sayulita Scenic Roadway at ------- drivers can stop and enjoy the scenery.

   (A) those
   (B) anyone
   (C) which
   (D) many

8. Last season's episodes of the television program *Around the Corner* are available ------- on channel 12.

   (A) exclusively
   (B) honorably
   (C) physically
   (D) keenly

어휘 | **1.** subscriber 명 구독자 **2.** enrollment 명 등록 **3.** luncheon 명 오찬 **4.** drilling 명 구멍 뚫기
6. occur 동 발생하다 **7.** scenery 명 경치, 풍경 **8.** episode 명 (연속 프로의) 1회분

Questions 9-12 refer to the following notice.

The Crotin Civic Center is pleased to announce that we will be hosting celebrated poet Ann Farnette for a lecture and book signing on July 22. This will be the third in our summer event series, in which people in the Crotin area have the opportunity to meet well-known -------.
9
The event will take place from 3:00 to 5:00 P.M. Ms. Farnette will read from her recently published book, *Magic of the Trees*, ------- includes poems written during her six-month
10
retreat in the rain forests of Costa Rica. After the lecture, there will be a question-and-answer session, a book signing, and refreshments. -------. If you plan to -------, please register on our
11   **12**
Web site.

9. (A) actors
   (B) writers
   (C) chefs
   (D) designers

10. (A) which
    (B) what
    (C) whenever
    (D) where

11. (A) An enjoyable time was had by everyone who participated.
    (B) The center also has spaces that can be used for musical activities.
    (C) Although the event is free and open to the public, space is limited.
    (D) Employees must stay afterwards to help with the cleanup.

12. (A) purchase
    (B) compete
    (C) vote
    (D) attend

어휘 | celebrated 형 유명한 poet 명 시인 well-known 형 유명한 retreat 명 휴양 refreshments 명 다과 register 동 등록하다
11. public 명 대중 afterwards 부 나중에, 그 뒤에

비교

누가 누가 더 잘하나! 비교 구문

| big | bigger | the biggest |
| running fast | running faster | running fastest |

Q. 원급, 비교급, 최상급은 어떻게 생겼나요?

둘 이상의 대상을 비교하는 비교 구문은 형용사와 부사를 사용하여 원급, 비교급, 최상급 세 가지 형태로 표현할 수 있습니다. 원급은 형용사, 부사의 본래 형태입니다.

	원급	비교급	최상급
규칙 변화	big 큰 popular 인기 있는	bigger 더 큰 more popular 더 인기 있는	biggest 가장 큰 most popular 가장 인기 있는
	fast 빠른/빨리 slowly 느리게	faster 더 빠른/더 빨리 more slowly 더 느리게	fastest 가장 빠른/가장 빨리 most slowly 가장 느리게
불규칙 변화	good/well 좋은/잘 bad/badly 나쁜/나쁘게 many/much 수/양이 많은 little 적은	better 더 좋은/더 잘 worse 더 나쁜/더 나쁘게 more 더 많은 less 더 적은	best 가장 좋은/가장 잘 worst 가장 나쁜/가장 나쁘게 most 가장 많은 least 가장 적은

① 원급

■ 원급의 형태

비교 대상이 서로 동등함을 나타내며, 다음과 같은 형태로 쓰입니다.

as+형용사/부사+as	~만큼 …한/ …하게

The renovated lounge is as spacious as the hotel lobby.

형용사 → 주어(The renovated lounge)를 수식

개조된 휴게실은 호텔 로비**만큼 널찍하다**.

This year, Mr. Sato has donated as generously as last year.

부사 → 일반동사(donated)를 수식

올해 사토 씨는 작년**과 마찬가지로 후하게** 기부했다.

■ 원급 관용 표현

as+원급+as possible 가능한 한 ~한/~하게	as soon as possible 가능한 한 빨리
as+원급+as+주어+can 할 수 있는 한 ~한/~하게	as quickly as you can 당신이 할 수 있는 한 빨리
as+many (복수 명사)+as ~만큼 (많은)	as many items as possible 가능한 한 많은 물품들
as+much (불가산명사)+as ~만큼 (많은)	as much as we invest 우리가 투자하는 만큼
the same (명사)+as ~와 똑같은	the same price as the previous model 이전 모델과 같은 가격

You will receive the best repair services as quickly as possible.
당신은 **가능한 한 빨리** 최상의 수리 서비스를 받을 것입니다.

The refrigerator is the same brand as the air conditioner.
그 냉장고는 에어컨**과 같은** 브랜드다.

Check Up

정답과 해설 p. 088

1 We strive to serve our customers as [(A) reliable (B) reliably] as we can.

2 The project for the new cafeteria could start [(A) so (B) as] early as next month.

3 Stanley's presentation is as [(A) impressive (B) impressively] as the expert's last year.

4 The department hopes to resolve current issues as [(A) quick (B) quickly] as possible.

5 The chef wants to purchase the [(A) similar (B) same] refrigerator model as the existing one.

strive to ~하려고 노력하다 expert 명 전문가 resolve 동 해결하다 existing 형 기존의

② 비교급

■ 비교급의 형태

비교 대상이 서로 차이가 날 때 다음과 같은 형태로 쓰입니다. 비교 대상을 밝힐 필요가 없을 때는 <than+비교 대상>을 생략하기도 합니다.

형용사/부사의 비교급+than ~	~보다 더 …한/…하게

This year's festival is more exciting than ever before.   올해 축제는 그 어느 때보다 신난다.
형용사 → 주어(This year's festival)를 수식

Encourage your staff to work more quickly to meet the deadline.
부사 → 일반동사(work)를 수식
직원들에게 마감일을 맞추기 위해 더 빨리 일하도록 격려해 주세요.

■ 비교급 강조 부사

비교급 바로 앞에 써서 '훨씬 더 ~한/~하게'라는 의미를 만듭니다.

much/even/far/still/a lot 훨씬	considerably 상당히	+비교급

Used cars are much cheaper than new ones.
중고차는 새 차보다 훨씬 싸다.

■ 비교급 관용 표현

more than ~ 이상	less than ~보다 못한
no longer 더 이상 ~이 아닌	no later than 늦어도 ~까지

More than fifty members will join us for the jazz concert on Friday.
금요일에 50명 이상의 회원들이 재즈 콘서트에 우리와 함께할 것이다.

Please reply to this e-mail no later than 5:00 P.M. tomorrow.
늦어도 내일 오후 5시까지 이 이메일에 답장해 주세요.

Check Up

정답과 해설 p.088

1 Today's rehearsal will last [(A) long (B) longer] than usual.

2 This dishwasher uses less water [(A) as (B) than] other models.

3 Mr. Gates is [(A) much (B) very] more qualified than other candidates.

4 The train will [(A) no (B) yet] longer be stopping at Green Street Station.

5 We expect this year's earnings to be [(A) good (B) better] than last year's.

dishwasher 명 식기세척기 earnings 명 소득, 수익

③ 최상급

■ 최상급의 형태

셋 이상의 비교 대상에서 최고를 나타낼 때 쓰는 표현으로 다음과 같은 형태로 쓰입니다.

the + 형용사 / 부사의 최상급 + in + 공간 / 범위	~에서 가장 …한 / …하게

Sustern Supermarket is the biggest in the region.

형용사 → 주어(Sustern Supermarket)를 수식

서스턴 슈퍼마켓은 그 지역에서 **가장 크다.**

The book is read most frequently in schools.

부사 → 동사(is read)를 수식하며, 부사의 최상급 앞에서는 the 생략 가능

그 책은 학교에서 **가장 자주** 읽힌다.

the + 형용사 / 부사의 최상급 + of[among] + 복수 명사	~(중)에서 가장 …한 / …하게

Weaving Fire is the most popular of all online games this year.

'위빙 파이어'는 올해 모든 온라인 게임 중에서 **가장 인기 있다.**

the + 형용사의 최상급 + 명사 + that + 주어 have (ever) p.p.	~했던 것 중에서 가장 …한

This is the most efficient oven that I've ever seen.

이것은 내가 본 것 중에 **가장 효율적인** 오븐이다.

■ 최상급 관용 표현

at least 적어도, 최소	at the latest 늦어도

Candidates must have at least three years of managerial experience.

지원자들은 **적어도** 3년의 관리직 경험이 있어야 한다.

Check Up

1 We are one of the [(A) large (B) largest] automobile insurance companies in Australia.
2 This is the [(A) best (B) better] apartment that you have ever shown me.
3 The supplier assured me that the gloves will be here by noon at the [(A) later (B) latest].
4 Ping Zhang is considered as the most [(A) promising (B) promisingly] car designer in Asia.
5 Woodgate Ltd. promises the [(A) lowest (B) lower] rates available among electronics retailers.

insurance 명 보험 assure 동 보장하다, 확인하다 electronics retailer 전자 소매상

Unit 11 비교 **213**

● 기출 어휘 - 부사 2

eagerly	열심히, 간절히 eagerly await 간절히 기다리다	**perfectly**	완벽하게 perfectly fit 완벽하게 알맞다
entirely	완전히, 전적으로 entirely accurate 완전히 정확한	**increasingly**	점점 더, 갈수록 더 increasingly use 점점 더 이용하다
easily	쉽게 easily accessible 쉽게 접근할 수 있는	**accordingly**	그에 맞춰 be adjusted accordingly 그에 맞춰 조정되다
eventually	결국, 마침내 eventually earn a degree 마침내 학위를 취득하다	**unexpectedly**	예상 외로, 갑자기 be closed unexpectedly 갑작스럽게 폐쇄되다
reasonably	합리적으로, 타당하게 reasonably priced 적정한 가격의	**cautiously**	조심스럽게, 주의해서 drive cautiously 주의해서 운전하다
repeatedly	반복적으로, 거듭 repeatedly test 반복적으로 실험하다	**considerably**	상당히 considerably increase 상당히 증가하다
directly	바로, 직접 directly after 직후에	**separately**	따로, (~와) 별도로(from) separately submit 따로 제출하다
largely	주로, 대체로 thanks largely to 주로 ~ 덕분에	**historically**	역사상, 역사적으로 historically significant 역사적으로 중요한

Check Up

다음 우리말을 보고 빈칸에 알맞은 말을 넣으세요.

정답과 해설 p.089

1 be purchased _____
따로 구매되다

2 _____ from the mayor's office
시장 사무실에서 직접

3 be _____ responsible for
대체로 ~의 책임이다

4 _____ different matters
전적으로 다른 문제들

5 downsize _____
상당히 줄이다

6 adjust the pay rate _____
그에 따라 월급을 조정하다

7 as _____ as possible
가능한 한 조심스럽게

8 _____ high customer expectations
점점 더 높은 고객 기대치

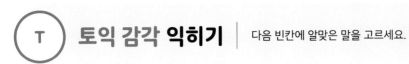

1. Bendell Restaurant serves food _____ than the local competition does.

   (A) quickest   (B) more quickly

   빈칸 뒤에 비교급에 쓰이는 than이 있어요.
   competition 명 경쟁(자)

2. Mr. Lee appears to be the most _____ of all the candidates who applied for the supervisor position.

   (A) qualifier   (B) qualified

   빈칸 앞에 the most가 있으므로 형용사의 최상급 표현이 되어야 해요.
   appear 동 ~인 것 같다

3. The automated fabric cutters are _____ faster than those operated by hand.

   (A) even   (B) ever

   much, even, a lot, far는 비교급을 강조하는 부사예요.
   automated 형 자동화된
   fabric cutter 섬유 절단기

4. A Web site created by E-Orb Design will make your business more _____ to customers.

   (A) attractively   (B) attractive

   목적격 보어 자리에는 부사를 쓸 수 없어요.

5. The Southweil guide discusses the most _____ ways to train yourself to be a great salesperson.

   (A) effective   (B) effectively

   빈칸 뒤에 명사 ways가 있어요.
   train 동 훈련하다

6. We strive to make our training programs as informative and _____ as possible.

   (A) useful   (B) usefully

   등위접속사 and 앞의 informative와 병렬 구조로 쓰였어요.
   informative 형 유익한

7. The latest refrigerator series from Frescaine Appliances operates more _____ than the previous version.

   (A) quietly   (B) quiet

   빈칸 앞에 있는 동사 operates를 수식하는 부사가 필요해요.
   latest 형 가장 최신의
   previous 형 이전의

8. Department managers submit expense reports _____ to Helen, rather than to her assistant.

   (A) nearly   (B) directly

   nearly는 '거의', directly는 '직접'이라는 의미예요.
   rather than ~보다는

ETS 실전 도전하기

1. We must make a decision about where to have the party no ------- than 15 March.
   (A) later
   (B) further
   (C) longer
   (D) higher

2. Winblaze running shoes are not quite as ------- as comparably priced brands.
   (A) light
   (B) lightly
   (C) lightest
   (D) lightness

3. The adjustability of its handlebars makes the Vizu motorcycle more ------- than its competitors.
   (A) innovation
   (B) innovate
   (C) innovative
   (D) innovatively

4. Mr. Vega will be recognized for having the most ------- sales record at Zoh Insurance Group.
   (A) success
   (B) succeed
   (C) successfully
   (D) successful

5. The Stomes Platinum 56X is one of ------- environmentally friendly cars on the market.
   (A) more
   (B) the most
   (C) less than
   (D) much

6. Mr. Dutt noted that his career as a biologist had been ------- more rewarding than he had expected.
   (A) soon
   (B) alone
   (C) about
   (D) even

7. Since online advertising is usually less ------- than print advertising, many homeowners prefer to list their house for sale on the Internet.
   (A) expensive
   (B) expensively
   (C) expense
   (D) expenses

8. Revenues from sales of outdoor furniture have been ------- higher than expected over the last six months.
   (A) optionally
   (B) considerably
   (C) eagerly
   (D) informatively

어휘 | 1. decision 명 결정 2. comparably 부 동등하게 3. adjustability 명 조절 기능, 적응력 5. on the market 시장에 나와 있는 6. biologist 명 생물학자 8. revenue 명 수익

Questions 9-12 refer to the following instructions.

Farnsworth Flowers

We hope you enjoy your Farnsworth fresh-cut flowers. -------. First, fill a vase about
9

two-thirds full with water at room temperature. Add the contents of the enclosed flower-food

packet. Then, ------- arrange the flowers in the vase and place them away from any heat
10

source or drafts. ------- your bouquet may dry out quickly. With the proper care, your roses
11

should stay looking fresh for ------- seven days.
12

---

9. (A) Please consider posting a review on
        our Web site.
    (B) To save money on future orders, join
        Farnsworth Rewards.
    (C) If not, we encourage you to request a
        refund.
    (D) Follow these basic steps to preserve
        them.

10. (A) simplify
    (B) simply
    (C) simple
    (D) simplistically

11. (A) Meanwhile
    (B) However
    (C) Thus
    (D) Otherwise

12. (A) at least
    (B) as much
    (C) by then
    (D) in case

어휘 | fresh-cut 형 갓 자른 temperature 명 온도 content 명 내용물 flower-food 명 절화 보존제 heat source 열원
draft 명 외풍 bouquet 명 꽃다발
9. encourage 동 권하다, 격려하다 preserve 동 보존하다

Part

독해

7

● 시험에 이렇게 나와요!

주어진 지문을 읽고 이와 관련된 문제를 풀어야 하는 유형으로, 단일 지문 10개에 29문항, 이중 지문 2세트에 10문항, 삼중 지문 3세트에 15문항으로 구성되어 있습니다.

📄 문제지

Longview History Center

147 The Longview History Center collects and preserves information about local businesses, residents, and cultural institutions in order to document the history and development of our region. In addition to its extensive book collection, the center houses photographs, newspapers, and the official papers of many local government departments and community groups. Our wide assortment of published works and archival materials is accessible to civic and governmental organizations as well as local residents. The center's map collection includes both hand-drawn and printed historical maps. Our photography collection, which can be accessed online, contains over four thousand images. 148 Reproductions of the images are available for a minimal charge and can be ordered through our Web site.

147. What does the information describe?

(A) A research library

(B) A community event

(C) A local history course

(D) A tourist information center

148. What is available for purchase?

(A) Documents from civic organizations

(B) Historical photographs

(C) Copies of newspaper articles

(D) History textbooks

● 이렇게 풀어요!

1   지문의 종류와 제목을 읽고 내용을 예상해 보세요.
    - 지문 종류에 따라 흐름이 정해져 있으므로 내용의 전개 방식을 예상할 수 있어요.

2   지문을 읽으면서 문제와 관련된 내용이 나오면 집중해서 읽으세요.
    - 문제를 먼저 읽고 지문을 읽되, 지문의 처음부터 읽으면서 전반적인 내용을 파악하는 것이 도움이 됩니다.

3   보기와 지문의 내용을 대조하면서 가장 적절한 정답을 고르세요.
    - 모르는 어휘가 나오더라도 아닌 것 같은 보기를 소거하다 보면 정답이 보입니다.

● 이렇게 하면 Part 7이 쉬워져요!

빠르고 효율적인 직독직해를 하기 위해서는 문장 구조를 이해하고, 의미 단위에 따라 문장을 끊어서 읽는 연습을 하면
좋습니다.

1   긴 주어, 긴 동사구, 긴 목적어에서 끊어 읽기
수식어로 인해 길어진 주어, 동사, 목적어는 묶어서 이해하는 것이 좋습니다.

The project to recreate / the original design of the mill / was awarded / to Mindseye, Inc.
재창조할 프로젝트는 / 제분소의 원래 디자인을 / 주어졌다 / 마인즈아이 사에.

2   구와 절 앞에서 끊어 읽기
전치사나 to부정사, 동명사, 분사 등이 이끄는 구와 절을 이끄는 접속사 앞에서는 대체로 끊어 읽는 것이
편리합니다.

As our schedule is subject to change, / we ask / that you call us at (808) 555-0162 / one
day in advance of your appointment / to confirm the installation time.
우리 일정이 변경될 수 있으므로, / 부탁드립니다 / (808) 555-0162로 전화 주시기를 / 예약 날짜 하루 전에 / 설치 시간을 확인하기 위해.

① 주제 / 목적 문제

주제·목적을 묻는 문제는 지문의 첫 번째 문제로 출제됩니다. 글의 초반부에서 글의 목적, 감사 표현 등을 제시하는 경우가 대부분이나 가끔 후반부에서 제안이나 요청 사항으로 목적을 나타낼 때도 있습니다.

● 빈출 질문 유형

주제 What is the memo mainly about? 주로 무엇에 관한 회람인가?

What are the writers discussing? 글쓴이들이 논의하고 있는 것은?

What topic will be discussed at the event? 행사에서 논의될 주제는?

목적 Why was the e-mail sent? 이메일을 보낸 이유는?

What is the purpose of the Web page? 웹페이지의 목적은?

Why is an event being held? 이벤트가 열리는 이유는?

● 풀이 전략

정답과 해설 p. 091

Q Why was the letter written? ┈┈┈┈┈┈┈

> **STEP ❶** 질문을 먼저 읽는다.
> → 편지의 목적을 묻는 질문임을 파악한다.

21 August

To whom it may concern:

It has been a pleasure for Ballymena Regional Health Clinic (BRHC) to have had Ms. Cecylia Jaworska as a team member. ┈┈
During her one-year internship, Cecylia demonstrated that she possesses the knowledge and skills needed to become a successful dietitian.

> **STEP ❷** 지문을 읽으면서 편지의 목적이 드러나는 단서 문장을 찾는다.
> → 세실리아를 팀원으로 두고 함께 일해서 기뻤다고 하므로 추천서임을 알 수 있다.

Sincerely,
Simon Carroll
Intern Supervisor
Ballymena Regional Health Clinic

Q Why was the letter written?

(A) To recommend a former employee ┈┈┈┈┈
(B) To introduce a new team member
(C) To ask about job requirements
(D) To approve a request

> **STEP ❸** 정답을 고른다.
> → 지문의 to have had Ms. Cecylia Jaworska as a team member가 a former employee로 패러프레이징된 (A)가 정답이다.

어휘 | dietitian 몡 영양사

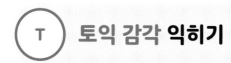

T **토익 감각 익히기** | 다음 지문을 읽고 질문에 알맞은 답을 고르세요. 정답과 해설 p.091

1.

Attention patrons: the Clivedon Swimming Club pools will be unavailable between October 4 and January 1.

We are pleased to announce that significant upgrades will be made to our swimming pool complex over the next few months. So that our members will continue to have access to pools and swimming lessons during the three-month renovation period, we have entered into an agreement with nearby Greenhill Athletic Center.

For more information, please call Jane Trombley at 555-0191.

어휘 | patron 명 고객 complex 명 복합 건물, 단지 enter into (계약을) 맺다

What is the notice mainly about?

(A) The temporary closure of a swimming club

(B) An upcoming sports event

2.

To: Tom Vronsky, Director of Media Advertising
From: Annalise Bell, Vice President
Subject: Lani Evans
Sent: June 24

Dear Tom,

I know that your department has won several new clients this month and that you are in need of additional staff. I would like you to consider Lani Evans for an advertising assistant position on your media team. She has been an intern in my office for the past year, and I find her to be highly capable. The feedback on her contributions has been very positive. I would be happy to provide more information, so feel free to contact me if you have any questions.

Sincerely,
Annalise Bell

어휘 | in need of ~을 필요로 하는 capable 형 유능한 contribution 명 기여, 공헌 feel free to 편하게 ~하다

What is the purpose of the e-mail?

(A) To describe a change in hiring policies

(B) To make a recommendation

RC

PART 7

② 세부 사항 문제

세부 사항을 묻는 유형은 모든 지문에서 가장 많이 출제되는 문제 유형입니다. 문제 속의 키워드(날짜, 장소, 사람 이름 등)를 먼저 파악하고 지문에서 문제 키워드를 빨리 찾는 것이 중요합니다. 첨부 파일, 요청 사항을 묻는 질문의 정답은 지문 후반부에 많이 나옵니다.

● 빈출 질문 유형

세부 정보
What problem did Mr. Raiche report? 레이치 씨가 보고한 문제는?
What is expected to open on November 5? 11월 5일에 문을 열 예정인 것은?
What did Ms. Lopez include with the e-mail? 로페즈 씨가 이메일에 첨부한 서류는?
Where will a company activity take place? 회사 행사는 어디에서 일어나는가?
How should applicants apply for the position? 지원자들은 그 자리에 어떻게 지원하면 되는가?

요청 사항
What is Mr. Heath encouraged to do? 히스 씨가 격려받은 일은?
What is Ms. Paxton instructed to do? 팩스턴 씨가 지시받은 일은?

● 풀이 전략

정답과 해설 p.092

Q What will Mr. Heath **receive free of charge**? ·········

> **STEP ❶** 질문을 먼저 읽는다.
> → 히스 씨가 무료로 받는 것이 무엇인지를 묻는 질문임을 파악한다.

April 2

Dear Mr. Heath,

Please stop by our office at your earliest convenience. Your new glasses are ready!

We are offering a 20% discount on prescription sunglasses and 10% off contact lenses and lens cleaning products. As we discussed at your exam, you will receive a complimentary ········· case for your new eyewear, in a color and style of your choosing.

> **STEP ❷** 지문에서 문제 키워드를 찾는다.
> → ① 히스 씨가 수신자이므로 'you will receive' 이하 내용에 유의한다.
> ② 무료 안경 케이스를 받을 것이라는 사실을 알 수 있다.

We look forward to seeing you soon.

The team at One Vision Clinic

Q What will Mr. Heath receive free of charge?
(A) Sunglasses
(B) A case for his glasses ·········
(C) A cleaning product
(D) Contact lenses

> **STEP ❸** 정답을 고른다.
> → 지문의 complimentary가 질문의 free of charge로, 지문의 eyewear가 glasses로 패러프레이징된 (B)가 정답이다.

어휘 | prescription sunglasses 도수 있는 선글라스 eyewear 몡 안경류

1.

회람 Memo

To: All Employees
From: Mahomi Yamagishi
Subject: Calendar updates
Date: 21 November

Below is an updated schedule of events for the first three months of next year. Please note the changes in your calendars.

Office holiday	22 January
Hong Kong Printers Conference	16-18 February
Company retreat	19 February (previously listed for 17 February)
Annual facility inspection	12 March

어휘 | company retreat 회사 야유회 inspection 명 점검, 검사

When will the Hong Kong Printers Conference end?

(A) On February 16

(B) On February 18

2.

공지 Notice

Attention Maynard Street Residents

On Tuesday, May 12, beginning shortly after 2:00 P.M., power will be temporarily shut down on Maynard Street while workers install new steel power poles in place of the old wooden ones. Power is scheduled to be turned on again just before 6:00 P.M.

To prevent potential damage caused by a power surge when the electricity is switched back on, area residents are encouraged to unplug sensitive appliances such as computers, TVs, and audio equipment.

We apologize for the inconvenience.

Cedar Ridge Power Company

어휘 | temporarily 부 일시적으로 power pole 전선주 power surge 전류 급증 sensitive 형 민감한

What are residents asked to do?

(A) Unplug certain devices

(B) Contact maintenance workers

RC

PART 7

③ NOT / True 문제와 추론 문제

NOT/True 문제는 보기의 키워드를 지문에서 하나하나 찾아가면서 소거법으로 문제를 풀어야 하는 유형으로, 시간이 가장 많이 소요됩니다. 추론 문제는 문제 키워드와 관련된 단서들의 함축적 의미를 파악하는 문제이며 난이도가 가장 높은 문제 유형입니다.

● 빈출 질문 유형

NOT/True
What is NOT stated as a feature of Orietta's Cleaning? 오리에타 클리닝의 특징이 아닌 것은?
What is true about the receptionist position? 접수원 직에 관해 사실인 것은?
What is mentioned about STQ Engineering? STQ 엔지니어링에 대해 언급된 것은?
What is indicated about Ms. Lebreton? 레브레턴 씨에 대해 나타내는 것은?

추론/암시
For whom are the instructions most likely intended? 안내문의 대상자는 누구겠는가?
What is suggested about Spin Cycle? 스핀 사이클에 대해 암시된 것은?
What is implied about Ms. Sadural? 세듀럴 씨에 대해 암시된 것은?

● 풀이 전략

정답과 해설 p.093

Q What information is **NOT provided** in the letter?

> **STEP ❶ 질문을 먼저 읽는다.**
> → 편지에서 제공되지 않은 정보를 묻는 질문임을 파악한다.

Dear Mr. Diaz,

Storage Harbor would like to remind you that your next payment for (B) storage unit 182-B in the amount of $144.00 is due on May 1. We have been unable to reach you at the e-mail address you provided when you originally leased the unit. The leasing agreement states that you will prepay the rental costs for the storage unit (D) three months at a time. Please contact Storage Harbor (A) at 321-555-0146 to arrange a method of payment.

Sincerely,
Mark Kushner
Rental Manager, Storage Harbor

> **STEP ❷ 보기의 키워드를 지문에서 찾아 하나씩 소거한다.**
> → (A) 연락처 → 321-555-0146
>   (B) 품목 번호 → 182-B
>   (C) 임대 시작일 → 없음
>   (D) 지급 빈도 → three months at a time

Q What information is NOT provided in the letter?
(A) The company's contact information
(B) The number of the unit
(C) **The initial date of a lease**
(D) The frequency of payments

> **STEP ❸ 정답을 고른다.**
> → (A), (B), (D)는 지문에서 찾을 수 있으므로 정답은 (C)이다.

어휘 | prepay 통 선불하다, 선납하다 frequency 명 빈도

1.

기사 Article

Mayanol Wins Funding

ORCHID CREEK, December 8 — The Mayanol Group, based in Orchid Creek, was awarded US$15,000 through the Clanar Healthy Choice Grant Program to help start a small farm. Beginning next year, the group will offer classes on organic gardening. The group's industrial kitchen, which is now used for courses on food preparation safety, will also be used to host workshops on cooking with fresh vegetables grown on the farm.

The Mayanol Group was founded twelve years ago in Orchid Creek by a group of local residents interested in promoting safety awareness for the area's agricultural and food preparation workers.

어휘 | organic 형 유기농의 found 동 창립하다 awareness 명 의식 agricultural 형 농업의

What is NOT indicated about the Mayanol Group?

(A) It plans to apply for additional grants.

(B) It already has cooking facilities.

2.

공지 Notice

This door is equipped with an electronic entry system. If you do not have an access card, you may use the telephone provided to dial the suite number of your party. Your party will be able to open the door remotely. If you do not know the suite number, dial "0" to be connected to building security.

어휘 | party 명 (전화의) 통화 상대 remotely 부 원격으로

What is suggested about the door?

(A) It is locked.

(B) It is being repaired.

④ 문장 삽입 문제와 동의어 문제

문장 삽입 문제는 삽입문의 의미를 파악하고 같은 주제를 다루는 단락을 먼저 찾는 것이 중요합니다. 삽입문이 대부분 앞 문장에 대한 부연 설명이나 내용 추가이므로 제시된 삽입문의 연결어(however, also 등), 지시어(this, such 등), 대명사(it, they 등)를 활용하여 앞뒤 문맥을 보고 판단합니다. 동의어 문제는 다의어가 자주 출제되므로 반드시 단어 앞뒤를 해석해 보고 선택합니다.

● 빈출 질문 유형

문장 삽입 In which of the positions marked [1], [2], [3], and [4] does the following sentence best belong?
"You will also receive a complimentary carrying case."
(A) [1]　　　(B) [2]　　　(C) [3]　　　(D) [4]

[1], [2], [3], [4]로 표시된 곳 중에서 다음 문장이 들어가기에 가장 적합한 곳은?

동의어 In the first e-mail, the word "sustained" in paragraph 1, line 2, is closest in meaning to
(A) maintained　　　(B) caused
(C) suffered　　　(D) avoided

첫 번째 이메일 첫 번째 단락 2행의 "sustained"와 의미가 가장 가까운 단어는?

● 풀이 전략

정답과 해설 p.094

Q In which of the positions marked [1], [2], [3], and [4] does the following sentence best belong?
"A new chapter on travel in East Asia is also sure to draw much interest."

STEP ① 주어진 문장을 읽고 요지를 파악한다.
→ '또한 관심을 끌 것이다'가 핵심 포인트 이다.

Dear Mr. Tomase:

We at Orangedale Press are delighted that you have agreed to work with us again on an update of your book *Global Traveling: A Consumer's Guide.* —[1]—. This new version will include electronic editions of your book in order for it to be more easily distributed and bring in the widest possible audience. —[2]—.

STEP ② 지문을 읽으면서 여행서를 소개하는 부분을 찾는다.
→ 새 버전의 특징을 소개한 다음에 이어지는 것이 가장 자연스럽다.

The updated agreement is enclosed. —[3]—. I would appreciate it if you could return it to me by October 1. —[4]—. Please contact me if you have any questions or concerns at all.

With very best regards,
Kathryn Lloyd
Director, Orangedale Press

(A) [1]　　　**(B) [2]**　　　(C) [3]　　　(D) [4]

STEP ③ 정답을 고른다.
→ 주어진 문장을 넣고 앞뒤 연결이 자연스러운지 확인한다.

1.

웹페이지 Web Page

http://www.thesailboatfactory.fr/English/aboutus

Enzo Moreau, Founder

Enzo Moreau has always loved the sea, but he has not always been the shipbuilder he is known as today. A civil engineer in the early years, he took a consultant position in Marseille almost a decade ago in order to be closer to the ocean. —[1]—. Taking a chance, he made yet another change: he used his life savings to start his own sailboat-restoration company, the Sailboat Factory. The company did so well in its first year that Mr. Moreau decided to share his success by giving back to the community. —[2]—. He has also written a number of articles about sailboat restoration for leading industry journals.

어휘 | decade 명 10년 restoration 명 복원, 복구 article 명 기사 leading 형 선도적인

In which of the positions marked [1] and [2] does the following sentence best belong?

"He began offering sailing lessons at a nearby lake after hours, for example."

(A) [1]   (B) [2]

2.

이메일 E-mail

To: customerservice@hardawayfirstbank.com
From: tclark@blakeleyryecable.com
Subject: New savings account
Date: April 2

I recently opened a Personal Savings Premier account, and it was my understanding that the balance of my Choice Savings account would be transferred into the new account automatically. However, when I log in to my online banking profile, I see the available funds listed as $0 for the Personal Savings Premier account. Could you please tell me when the funds will be transferred to the new account?

Thank you for your assistance.

Timothy Clark

어휘 | transfer 동 이체하다 automatically 부 자동으로

In the e-mail, the word "balance" in paragraph 1, line 2, is closest in meaning to

(A) amount   (B) average

RC

PART 7

① 편지 / 이메일

편지(letter)와 이메일(e-mail) 중 특히 이메일은 PART 7에서 가장 많이 출제되는 지문 유형입니다. 발신인과
수신인의 이름을 확인하고 해당 글의 제목과 주제, 요청 사항 등을 파악하는 것이 중요합니다. 이메일 계정으로 발신인과
수신인의 관계나 회사 업종과 같은 정보를 파악할 수 있습니다.

지문 구조	지문	독해 전략 정답과 해설 p.095

지문 구조

수신인
발신인
날짜
제목

주제/목적

세부 사항

요청 사항

발신인

지문

To:　　　mgladstone@marionvilledialnet.com
From:　admin@marionvillemedical.com
Date:　June 3
Subject: Reminder

Dear Ms. Gladstone,

❶ This is a reminder that you have an appointment
soon with Marionville Medical Associates.

Physician:	Dariusz Potoniec
Date:	Monday, June 10
Time:	12:45 P.M.
Purpose:	Regular checkup

❷ If any of this information appears to be incorrect, please
contact us at our reception desk at (206) 555-0114.
Additionally, if you are unable to keep this appointment,
it is important that you call our receptionist as soon as
possible so we can reschedule it.

Sincerely,
Marionville Medical Associates

독해 전략

이메일 주소에서 수신인과 발신인의
이름 및 인물 관계를 확인하세요.

이메일 제목에서 지문의 주제를 알 수
있으므로 반드시 확인하세요.

질문에 따라 내용의 핵심을 파악하세요.
❶ 이메일의 주제를 묻는 문제
진료 예약이 있음을 알림

❷ 사무실에 전화하는 이유
정보가 부정확한 경우에 접수 데스크에
전화를 부탁한다는 내용

[주제/목적] **Q1. What** is the e-mail mainly **about**?

A1. An upcoming appointment
Paraphrasing | soon → upcoming (곧 → 다가오는)

이메일은 무엇에 관한 것인가?

다가오는 예약

[세부 사항] **Q2.** According to the e-mail, what is one **reason** for
Ms. Gladstone to **call the office**?

A2. To report inaccurate information
Paraphrasing | incorrect → inaccurate (부정확한)

이메일에 의하면 글래드스톤 씨가
전화한다면 어떤 이유인가?

부정확한 정보를 알리기 위하여

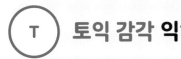
1.

———— 편지 Letter

Dear Ms. Ikegami:

Congratulations! You have been selected to receive *Travel Ready* for three months at no cost.

To receive these three issues, simply return the enclosed prepaid postcard. When your complimentary three-month period ends, we hope you will decide to purchase an annual subscription at our special introductory rate of $45.95.

Sincerely,
Jenna Warwick
Marketing Department

어휘 | issue 명 (잡지의) 호 enclosed 형 동봉된 prepaid 형 선납된 annual subscription 연간 구독

What is Ms. Ikegami asked to do?

(A) Send in a postcard

(B) Select a payment option

2.

———— 이메일 E-mail

To: customerservice@castillion.com
From: Cathy Huang <chuang@bursonship.com>
Date: November 6
Subject: Fwd: Order confirmation #555491

On September 15 I placed an order for a mechanical loading-dock leveler, item #665 in your catalog. The order also included installation, for which I paid $79.99.

Yesterday, I was contacted by your representative to set up the installation for next week, but I'm afraid the voice mail message was accidentally erased, and I cannot find the phone number to call. Please contact me by phone, 778-555-0145, or by replying to this e-mail, so we can set up a day and time.

Sincerely,
Cathy Huang
Office Manager, Burson Shipping

어휘 | loading dock 적재장 installation 명 설치 accidentally 부 우연히 erase 동 지우다

What problem has occurred?

(A) Ms. Huang was not called.

(B) A phone message was lost.

② 광고 / 공지

광고(advertisement)는 보통 제품 / 서비스 광고와 구인 광고로 나누어지며, 제품 / 서비스 광고는 광고 대상자를 유추하거나 제품의 특장점, 구매 방법, 할인 혜택 적용 방법을 묻는 문제가 나오고, 구인 광고는 직무 내용, 자격 요건, 지원 방법 등이 나옵니다. 공지(notice)는 글의 작성 이유와 변경 내용 등을 잘 읽는 것이 중요합니다.

지문 구조	지문	독해 전략	정답과 해설 p.096

지문 구조 | **지문** | **독해 전략** 정답과 해설 p.096

광고 업체명
(주소)

제목

Integrated Tillage Systems of Botswana(ITSB)
54 Bessie Head Crescent · Gaborone, Botswana
www.itsb.bw

VACANCY ANNOUNCEMENT

> 구인 광고는 광고 업체, 모집 부문을 제목이나 초반부에서 확인할 수 있습니다.

업체 소개

We are a privately funded organization headquartered in Gaborone, with additional operations in the Botswana cities of Francistown, Serowe, and Palapye.

모집 부문

We are seeking applicants for the position of Deputy Director of Research. The successful candidate,

자격 요건

❶ to be stationed in Francistown, must possess a background in scientific research, preferably agricultural, and ❷ have a minimum of five years of professional experience at the management level.

> 질문에 따라 내용의 핵심을 파악하세요.
> ❶ 공석의 위치
> 합격자는 프랜시스타운에 배치될 예정.

구비 서류
지원 방법
마감일

Applicants may submit their cover letter and résumé in person, by regular mail, or on our Web site, www.itsb.bw/careers. The deadline for applications is 3 October.

> ❷ 공석에 대해 암시하는 것
> 합격자는 관리직에서 최소 5년의 전문 경력을 갖고 있어야 한다.

세부 사항 **Q1. Where** does ITSB have an **open position**?

A1. In Francistown

> ITSB의 공석은 어디에 있는가?
> 프랜시스타운

추론 / 암시 **Q2.** What is **suggested** about the **position**?

A2. It requires experience as a manager.

Paraphrasing | professional experience at the management level → experience as a manager
(관리직에서의 전문적인 경험 → 관리자로서의 경험)

> 공석에 대해 암시하는 것은?
> 관리자로서의 경력이 필요하다.

232

1.

Come to a poetry reading!

Café Monroe, in association with Meade's Bookstore, will hold a poetry reading on January 15 at 8 P.M. Among the poets scheduled to participate are Adina Rao, recently named Poet to Watch by *Last Poet* magazine, and Tobias Lee Owen, longtime editor of the journal *Bookworthy*. The evening will close with Eleanor Gasquet, who will sign copies of her book *Tidal*. Ms. Gasquet's book won the Franz Library Poetry Award in November.

Tickets cost $10 and may be purchased at Café Monroe or Meade's Bookstore. Seating is limited, so get your ticket today!

어휘 | poetry 명 시 in association with ~와 공동으로

According to the notice, what publication recently won an award?

(A) *Bookworthy*

(B) *Tidal*

2.

SUPERIOR DESTINATION HUB
"Unbeatable Prices for Every Destination"

DEALS OF THE WEEK

Cairns	$199
Darwin	$299
Adelaide	$299
Perth	$348
Broome	$401

Book your discounted trip now by visiting our Web site at superiorhub.com.au. Then browse our list of hotels to find the perfect place to stay in your chosen location.

Terms & Conditions: Airfares are per person for economy flights departing from Sydney. Deals include transport to the airport via shuttle bus and vouchers for a complimentary buffet breakfast if you book a hotel through our Web site.

어휘 | unbeatable 형 더 이상 좋을 수 없는 browse 동 둘러보다 transport 명 수송, 교통

What do the Deals of the Week include?

(A) Hotel accommodations

(B) A ride to the airport

③ 기사 / 안내문

기사(article)와 언론 보도(press release)는 지역 뉴스, 비즈니스 뉴스, 인물 뉴스가 주요 내용으로, 지문의 길이가 길고 시사 어휘가 많이 나오기 때문에 PART 7에서 난이도가 가장 높은 편입니다. 하지만 기사는 질문의 정답 순서가 지문에서 순차적으로 출제되므로 부담을 조금이나마 덜 수 있습니다. 안내문(information)은 목적이나 대상, 게재된 곳이나 언급된 특정 사항에 대해 잘 읽는 것이 중요합니다

지문 구조	지문	독해 전략	정답과 해설 p.097

지문 구조	지문	독해 전략
주제	May 4—The Grosse Isle Cultural Alliance (GICA) has announced that Naima Soldano is the winner of its Fourth Annual Amateur Photography Competition.	기사의 제목과 첫 단락에서 지문의 주제를 알 수 있으므로 반드시 확인하세요. 특히 announced that절 이하 내용이 중요합니다.
세부 내용	Her prize-winning entry, titled "Enlightenment," as well as the work of the other fourteen finalists, will be on display from July 15 to July 31 at GICA's Arts Center. ❶ On July 15, there will be an opening celebration where Ms. Soldano will receive a $1,500 cash prize in recognition of her achievement from GICA's director, George Hampstead.	질문에 따라 내용의 핵심을 파악하세요. ❶ 솔다노 씨에 대해 언급한 것 7월 15일, 솔다노 씨가 상금을 받는 개막 축하 행사가 있을 것이다.
향후 계획	❷ The public is reminded that the arts center will be closed for its annual summer break from August 1 to September 3.	❷ 미술 전시관에 대해 암시하는 것 8월 1일부터 9월 3일까지 매년 여름 휴식기를 위해 위해 미술 전시관이 문을 닫을 예정.

NOT/True	Q1. What is **indicated** about **Ms. Soldano**?	솔다노 씨에 대해 언급된 것은?
	A1. She will be attending an event at the arts center on July 15.	7월 15일 미술 전시관 행사에 참석 예정이다.
추론/암시	Q2. What does the article **imply** about **the arts center**?	미술 전시관에 대해 암시하는 것은?
	A2. The photography exhibition will be its final show for the season.	사진 전시회가 이번 시즌의 마지막 전시가 될 것이다.

Paraphrasing | be closed for its annual summer break → its final show for the season
(매년 여름 휴식기로 폐쇄되다 → 시즌 마지막 전시)

1.

안내문 Information

Welcome to Montbretia Suites.

We appreciate your business and would like to ensure that your stay with us is a pleasant experience. If your room is unsatisfactory for any reason, please call extension 1040 for housekeeping services.

Breakfast is served daily from 6:00 A.M.–10:00 A.M. in the restaurant located off the lobby on the first floor. Please show your room key to the attendant when you are seated.

We are continually striving to improve our services. Please feel free to call me at extension 0145 with any suggestions or comments.

Sincerely yours,

Gina Maroni

Gina Maroni
Montbretia Suites Manager

어휘 | housekeeping 명 객실 관리 attendant 명 수행원, 안내원

What is the purpose of the information?

(A) To announce a change to the restaurant

(B) To communicate with a hotel guest

2.

기사 Article

Danilo Medical Journal
Conference News

On September 23 and 24, the International Association of Medical Ethicists (IAME) will hold its annual conference at the newly refurbished Ipoh Trade and Exhibition Center in Ipoh, Malaysia.

This year's conference will feature keynote speeches from Susan Donalds, professor of philosophy at Harris & Rao University, and Da Chun Wen, IAME president. In addition, six plenary sessions will be led by leaders in the medical ethics field.

Registration for the conference can be completed online at www.iame.org/ipoh. A list of local hotels is also available on the IAME Web site.

어휘 | refurbished 형 새로 꾸민 plenary session 본회의, 총회

What information is the organization providing online?

(A) A list of restaurants near the conference

(B) Names of places to stay in the Ipoh area

Questions 1-2 refer to the following flyer.

ZADIE'S

2108 Davie Street, Vancouver BC V6G 1W5

End-of-Season Clearance Sale
August 5 to August 20

Summer apparel–25% to 50% off
Sandals–20% off

Swimwear–50% off
Sunglasses and accessories–20% off

Prices as marked

- Present this flyer for an additional $10 off any jewelry purchase of $50 or more during the sale.

- For every purchase of $100 or more during our End-of-Season sale, customers will receive a coupon for 20% off any purchase from our Fall Collection. Coupons will be valid from August 28 to September 30.

Note: Zadie's will be closed on August 25 while our associates take inventory and prepare the store for our Fall Collection.

1. What is the purpose of the flyer?
   (A) To support new ownership of a store
   (B) To introduce a new line of designer apparel
   (C) To advertise a sale of seasonal merchandise
   (D) To announce an additional store location

2. On what date could a customer be awarded a coupon?
   (A) August 20
   (B) August 25
   (C) August 28
   (D) September 30

어휘 | flyer 명 전단지 clearance sale 재고 정리 세일 apparel 명 의복, 의상 valid 형 유효한 associate 명 동료
take inventory 재고 조사를 하다

Questions 3-4 refer to the following job announcement.

Corporate Trainer Wanted

San Francisco-based Logistos Advisors, Inc. is seeking an energetic person with strong public-speaking skills to serve as a temporary replacement for an employee who is away on leave. Logistos delivers training classes on Internet security to large financial institutions and retail businesses worldwide. The successful applicant will be responsible for assisting with training sessions throughout Latin America. Although the sessions are delivered in English, proficiency in Spanish is necessary for the job. At least one year of experience as a corporate trainer in any field is highly desirable. The work assignment is for six months, the first two weeks to be spent at the Logistos headquarters for initial training. Interested candidates should submit a cover letter and résumé to hr@logistosadvisors.com by March 1.

---

3. What is NOT a stated requirement for the job?
   (A) Experience working at a financial institution
   (B) Ability to speak more than one language
   (C) Willingness to travel internationally
   (D) Public speaking skills

4. How long will the job last?
   (A) Two weeks
   (B) One month
   (C) Six months
   (D) One year

어휘 | corporate 형 기업의 based 형 ~에 본사를 둔 public-speaking 대중 연설 financial institution 금융 기관
proficiency 명 유창함 desirable 형 바람직한 assignment 명 (업무) 배정 cover letter 자기소개서

Questions 5-7 refer to the following letter.

Guardian Vision
Red Bird Shopping Centre
5200 Courtland Street, Johannesburg 2196
27 (0) 11 537-5555
www.guardianvision.co.za

10 March
Mr. Daniel Motsepe
33 Marple Road
Johannesburg 2146

Dear Mr. Motsepe:

Our records indicate it is now time for your annual screening. As you know, regular checkups contribute greatly to overall eye health, so call us to schedule a visit at your earliest convenience.

We have moved from the Arden Park location, and we are now open for business in our new store in the Red Bird Shopping Centre. To celebrate the opening, we are offering 20 percent off any purchase of eyeglass frames until 30 April. See the enclosed flyer for details.

Our business hours remain the same.
Monday to Friday, 8:00 A.M. to 7:00 P.M.
Saturday, 8:00 A.M. to 2:00 P.M.
We hope to see you soon.

Ilse Bauer
Ilse Bauer
Customer Service Manager
Enclosure

---

5. Why has Ms. Bauer written to Mr. Motsepe?
   (A) To note that a product he ordered is ready to be picked up
   (B) To ask him to submit an overdue payment
   (C) To remind him to make an appointment
   (D) To inform him of his screening results

6. What has been sent with the letter?
   (A) A catalog of eyeglasses
   (B) A list of health-care providers
   (C) A discount offer
   (D) An eyeglass prescription

7. According to the letter, what has Guardian Vision changed?
   (A) Its store location
   (B) Its hours of operation
   (C) Its payment policies
   (D) Its Web site design

어휘 | screening 몡 검사 regular checkup 정기 검진 overall 혱 전반적인 eyeglass frame 안경테

Questions 8-10 refer to the following information.

Baffert Studio Rules

1) Enter your name and the time you arrive and leave in the logbook located at the front desk. The use of this sound room is restricted to employees of Baffert Studio and participating musicians.

2) Switch on the "In Session" light to signal to people outside the sound room you are recording and do not want to be disturbed. The switch is located to the right of the studio door.

3) Food and drink are not allowed in the sound room. This is necessary to prevent accidents from damaging the equipment.

4) Be aware that any background noise can affect the quality of your recording. To reduce static from the microphone, the device should be positioned directly toward the vocalist's mouth and no more than 10 cm away.

Questions? Call Daniella at Extension 400

8. For whom is this information intended?

(A) A maintenance crew
(B) A theater audience
(C) Recording musicians
(D) Broadcast journalists

9. When should the signal light be on?

(A) When a film is being shown
(B) When a room is in use
(C) When the equipment is malfunctioning
(D) When the front desk is unattended

10. What are readers cautioned about?

(A) Film quality
(B) Room size
(C) Phone reception
(D) Background noise

어휘 | logbook 명 로그일지 restricted to ~로 제한된 signal 동 신호로 알리다 static 명 잡음

① 문자 메시지 / 온라인 채팅

문자 메시지(text-message chain)는 두 사람이 문자로 주고받는 대화이고, 온라인 채팅(online chat discussion)은 보통 3명 이상이 온라인에서 채팅을 하는 형식을 갖습니다. 일상생활에서 사용하는 구어체 표현들이 많이 등장하며, 특정인의 직업, 종사하는 업계를 유추하는 문제나 인용 어구의 의도 파악 문제가 출제되므로 등장인물의 이름을 파악하면서 읽는 것이 중요합니다.

지문 구조	지문		독해 전략	정답과 해설 p. 101

지문 구조 | **지문** | **독해 전략**   정답과 해설 p. 101

등장인물1
대화 목적

Koji Higa   **1:01 P.M.**
Hi, Sue. ❶ I'm on the train headed to my meetings in Newhurst tomorrow, but I left the schedule on my desk. Can you help?

> 인물 관계와 대화 목적을 파악한다.
>
> 질문에 따라 내용의 핵심을 파악하세요.
>
> ❶ 오후 1시 3분에 칼라마 씨가 '그럼요'라고 말하는 이유
> 앞 문장의 도움 요청 문장을 파악하는 것이 중요함.

등장인물2

Sue Kalama   **1:03 P.M.**
Absolutely.

Koji Higa   **1:04 P.M.**
Great. Let me know once you've found it.

Sue Kalama   **1:08 P.M.**
OK, I have it. What do you want me to do with it?

요청 사항

Koji Higa   **1:09 P.M.**
Can you scan the schedule and attach it to an e-mail? I'll print it later from my hotel so ❷ I'll have the meeting details for the new authors who have signed contracts with us.

> ❷ 히가 씨가 종사하는 업종
> 우리와 계약한 신인 작가들을 위한 미팅 세부 사항을 알려 주겠다고 함.

요청 수락

Sue Kalama   **1:11 P.M.**
No problem.

Koji Higa   **1:12 P.M.**
Thanks!

의도 파악   **Q1. At 1:03 P.M.**, what does Ms. Kalama mean when she writes, "**Absolutely**"?

> 오후 1시 3분에 칼라마 씨가 '그럼요'라고 말하는 이유는?

A1. She is willing to assist Mr. Higa.
Paraphrasing | help → assist (돕다)

> 히가 씨를 기꺼이 도우려고 한다.

추론/암시   **Q2.** For **what type of business** does **Mr. Higa** most likely work?

> 히가 씨가 종사하는 업종은?

A2. A publishing company

> 출판사

1.

———— 문자 메시지 Text-message Chain

Javier Palomo [2:04 P.M.]	Are you still at the farm? I haven't made a shelter for the new tractor yet, and rain has been forecast for today.
Conrad Genet [2:06 P.M.]	I'm still here. It looks like it might rain any minute.
Javier Palomo [2:07 P.M.]	Can you find a tarp to cover it?
Conrad Genet [2:17 P.M.]	OK, I found a tarp, but it's quite dirty.
Javier Palomo [2:18 P.M.]	That's fine. I'd rather clean the tractor than let it get drenched by the rain.
Conrad Genet [2:19 P.M.]	Okay.

어휘 | shelter 명 보호소 tarp 명 방수포 get drenched 흠뻑 젖다

At 2:18 P.M., what does Mr. Palomo most likely mean when he writes, "That's fine"?

(A) He is pleased that the tractor is clean.

(B) He is not concerned about the dirt.

2.

———— 온라인 채팅 Online Chat Discussion

Kato, Yuri [9:21 A.M.]:
Hello. I'd like an update on the Mondvale Road job. Are we still on schedule to begin on Monday?

Vega, Camila [9:22 A.M.]:
No, I'm afraid that there has been some delay in getting the fabric for the drapes and bed linens.

Kato, Yuri [9:22 A.M.]:
Have you communicated this to the client?

Vega, Camila [9:23 A.M.]:
Not yet. Richard is waiting to hear from the distributor first so that we can give the client a firm date. Have you heard from them yet, Richard?

Bremen, Richard [9:34 A.M.]:
I just got off the phone with them. It looks like everything will arrive on Monday afternoon, so we could actually begin the job on Tuesday.

Vega, Camila [9:35 A.M.]:
That's good news.

어휘 | drape 명 커튼 bed linen 침대 시트와 베갯잇 distributor 명 유통 업체

When will the crew begin work?

(A) On Monday

(B) On Tuesday

② 양식 / 웹페이지

양식(form)은 초대장(invitation), 송장(invoice), 영수증(receipt), 일정표(schedule), 온라인 양식(online form), 설문지(survey) 등으로 구성됩니다. 웹페이지(Web page)는 제품이나 서비스 안내, 고객 리뷰 페이지가 주로 출제되며 탭 이름을 확인하면 어떤 내용인지 대략 파악할 수 있습니다.

지문 구조	지문	독해 전략

정답과 해설 p. 102

출처

http://www.mattressmavens.com ●- - - - - - - - - - - - - -

→ 홈페이지 주소나 제목으로부터 제품명이나 업체 종류를 확인합니다.

Mattress Mavens
A Leader in Quality

**목적/
요청 사항**

Complete the information below to contact our customer service department. ❷ We will reply to your ●- - - inquiry within 24 hours, seven days a week.

→ 질문에 따라 내용의 핵심을 파악하세요.

❷ 매트리스 메이븐스 사가 약속한 것
일주일 내내, 24시간 이내에 고객의 문의에 회신할 것이라고 함.

고객 정보

First Name:	Rishi
Surname:	Khan
E-mail:	rishikhan@lrxmai.net
Subject:	Snooze Comfort--Style 4508

Message:

추가 정보

I am interested in purchasing a king-size mattress, style number 4508. ❶ Your Web Site ●- - - mentions that shipping charges are calculated based on the delivery destination. Could I pick up the mattress myself in order to avoid this fee?

→ ❶ 칸 씨가 양식을 작성한 이유
배송 비용을 피하기 위해 직접 매트리스를 찾아 갈 수 있는지를 질문함.

세부 사항 Q1. **Why** did Mr. Khan **complete the form**?

칸 씨가 양식을 작성한 이유는?

A1. To ask about a delivery policy

Paraphrasing | shipping → delivery (배송)

배송 정책에 대해 문의하기 위해서

세부 사항 Q2. What does **Mattress Mavens promise to do**?

매트리스 메이븐스 사가 약속한 것은?

A2. Respond to messages within one day

Paraphrasing | within 24 hours → within one day
(24시간 이내에 → 하루 이내에)

하루 이내에 메시지에 답하기

1.

송장 Invoice

Marville Manufacturing
1515 Chesapeake Road, New York, NY 10010
(212) 555-0155, www.marville-mfg.com

Order Number: 7935021
Date: March 17
Customer:
Jackie Daminger
709 Carlson Place
Englewood, NJ 07631
(201) 555-0172

Item	Number	Quantity	Price
Swivel chair, black leather	65873	1	$99.99
Computer desk, gray steel	21220	1	$79.99
Bookcase, 5-shelf, walnut	34529	1	$69.99
		Subtotal	$249.97
		Tax	$ 22.18
		Delivery	$ 30.00
		Deposit	$125.00
		Total due	$177.15

어휘 | swivel 명 회전 leather 명 가죽

What does Marville Manufacturing sell?

(A) Leather luggage   (B) Office furniture

2.

웹페이지 Web Page

http://www.weissenberghotel.de/breezetop_center

EQUIPMENT	HOURS	RESERVATIONS

Breezetop Center at the Weissenberg Hotel

The following equipment can be rented for all reserved meeting spaces, except for the Garden Terrace, which is equipped with lounge-style outdoor furniture. All fees are listed by the hour.

Digital video projector   € 10.00
Laptop computer   € 12.00
Web-enabled video camera   € 8.00
Flipchart with easel and markers   € 6.00

어휘 | by the hour 시간당

What most likely is the Breezetop Center?

(A) An exercise facility   (B) A conference site

RC

PART 7

③ 연계 지문

이중·삼중 연계 지문은 서로 관련 있는 지문이 시간 순서에 따라 순차적으로 구성되며, 여기서 꼭 출제되는 연계 문제는 두 개 지문에서 단서를 찾아 정보를 조합해서 풀어야 합니다. 두 지문에 공통적으로 등장하는 단어(숫자, 직책 등)에 유의해야 하며, 지문에 표가 있는 경우 연계 문제로 꼭 출제됩니다.

● 풀이 전략

정답과 해설 p.103

Q What type of car does Ms. Saito drive?

> **STEP ❶** 질문을 먼저 읽는다.
> → 사이토 씨가 운전하는 차의 종류를 묻고 있다.

지문 1

From: Kana Saito <ksaito@kmail.com>
To: Customer Service <CS@lantiauto.com>
Subject: Request for information
Date: September 16

To Whom It May Concern:

I currently lease a car from your company. However, I recently accepted a job in Memphis City, and I am going to start taking the bus. ㉑ My lease agreement is number LA508. It is a month-to-month lease that automatically renews on the same day each month.

Please let me know on what exact day of the month my lease ends and when I need to return the car.

Thank you
Kana Saito

> **STEP ❷** 키워드가 있는 부분부터 하나씩 정보를 찾아간다.
> 1 지문 1에서 사이토 씨가 임대한 차의 계약 번호를 찾는다.
> 2 지문 2에서 그 계약 번호에 해당하는 차종을 확인한다.

지문 2

Lanti Auto

List of Current Month-to-Month Lease Agreements

Agreement Number	Car Model	Cost per Month	Final Contract Date for Each Month
LA502	Cartif	$199	7
㉒ LA508	Sylvon	$211	25
LA513	Thundee	$159	28
LA519	Grayley	$249	14

Q What type of car does Ms. Saito **drive**?
(A) A Cartif
(B) A Sylvon
(C) A Thundee
(D) A Grayley

> **STEP ❸** 정답을 고른다.
> → 임대한 차의 계약 번호가 LA508이므로 차종은 Sylvon임을 알 수 있다. 따라서 정답은 (B)이다.

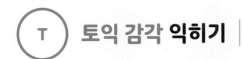

토익 감각 **익히기** | 다음 지문을 읽고 질문에 알맞은 답을 고르세요. 정답과 해설 p. 103

웹페이지와 이메일 Web Page + E-mail

---

http://www.amselhotel.com/faq

The Amsel Hotel

Home	Locations	**FAQs**	Reservation

The Amsel Hotel—Frequently Asked Questions (FAQs)

Does the Amsel Hotel offer any discounts?
Yes! A discount is available to anyone who attends a conference or convention in Springville. Before making your reservation, contact your event organizer for your specific discount percentage.

When can I check in?
You can check in at any time after 1:00 P.M. If you are checking in on a Saturday between November 1 and May 31, please send your estimated time of arrival to Anne Hermann at desk@amsel-hotel.org with 'Seasonal check-in' in the subject line of your e-mail; otherwise, we do not require this information.

What is your checkout time?
Checkout is 11:00 A.M. If you need to check out before 6:00 A.M., please notify the front desk the evening before.

From: fraser@office.junip.com
To: desk@amsel-hotel.org
Date: March 28
Subject: Seasonal check-in, Fraser reservation

Dear Ms. Hermann,

I will be staying at the Amsel Hotel from April 5 to April 7. I am confirming that I plan to arrive around 3:00 P.M. I submitted my reservation online with my credit card information today at around 9:00 A.M., but I have yet to receive an e-mail confirmation of my reservation. Could you please let me know if you have received it yet?

Brian Fraser

어휘 | estimated time 예상 시간 confirmation 명 확인

When does Mr. Fraser probably expect to arrive at the Amsel Hotel?

(A) On Monday

(B) On Saturday

Questions 1-2 refer to the following card.

Dr. Lim's Dental Solutions
424 South Mill Street
Elora ON N0B 1S0
(519) 555-0138

Give this card to a friend or colleague and you will each receive $25 off the cost of a dental service. Credit will be applied to each patient's account when the card is presented to the office staff. Offer is valid on new patient referrals only.

_____*Rekha Kaul*_____ recommends Dr. Lim's Dental Solutions to _____*Abdul Yusef*_____ .
Current patient   New patient

- -

For office staff only
Account credits entered by _*Marjorie Wilson*_ on _*14*_ _*July*_
                                                                           Day   Month

---

1. What is implied by the card?

   (A) Ms. Kaul must pay $25 for her dental visit.
   (B) Mr. Yusef is satisfied with his dental provider.
   (C) Dr. Lim has hired a new dentist.
   (D) Dr. Lim is looking for new patients.

2. What is suggested about Ms. Wilson?

   (A) She and Ms. Kaul are colleagues.
   (B) She has an appointment for dental work on July 14.
   (C) She met Mr. Yusef during his visit to Dr. Lim's office.
   (D) She manages an accounting firm in Elora.

어휘 | credit 몡 공제액, (상점 등의) 포인트 valid 휑 유효한 referral 몡 추천, 소개

Questions 3-5 refer to the following text-message chain.

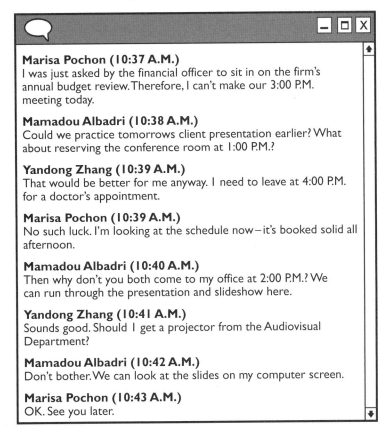

---

3. Why is Ms. Pochon unavailable at 3:00 P.M.?

(A) She has a phone call with important clients.
(B) She has to give a presentation.
(C) She has been asked to attend a meeting.
(D) She has a medical appointment.

4. Why does Mr. Albadri suggest using his office?

(A) Because it can accommodate a lot of people
(B) Because it is located near the finance office
(C) Because his audiovisual equipment has been upgraded
(D) Because the conference room is unavailable.

5. At 10:42 A.M., what does Mr. Albadri most likely mean when he writes, "Don't bother"?

(A) He should not be disturbed this afternoon.
(B) Ms. Pochon should not reserve a room.
(C) Mr. Zhang does not have to come to a meeting.
(D) Mr. Zhang does not need to bring a projector.

어휘 | booked solid 모두 예약된 run through 예행 연습을 하다

Questions 6-10 refer to the following e-mail and schedule.

To:	All Staff
From:	Cassandra Clausen, Office Manager
Date:	February 17
Re:	Second quarter travel schedule

The staff's travel schedule for the second quarter is now posted online. These months tend to be our busiest, so it is important that you keep the schedule updated. To avoid confusion, please include travel, whether domestic or international, only after it has been approved by a department supervisor. Do not forget that any travel exceeding ten consecutive business days is considered long-term and requires additional approval from the division head.

Also, please note that there will likely be a few days of overlap in the travel dates of department supervisors during this quarter. For instance, Tessa Alexander has just been invited to lead several workshops in Seoul. Her dates are not yet confirmed, but her trip is expected to be at the same time as Natasha Danilchenko's trip to Denver. Bear in mind that any date-sensitive documents or approvals requiring the signature of a department supervisor should be acquired ahead of your departure.

Let me know if you encounter difficulty viewing or editing the schedule. Have a fantastic second quarter.

Best,

Cassandra

Garcia Architecture Group—Travel Schedule, April-June

Important Reminders

— Requests for long-term travel should be directed to Laura Garcia.
— This is a schedule of conferences and trade events requiring off-site travel. Please send information regarding sick leave and vacation time to Devon Taylor at Human Resources for entry into a separate calendar.

Dates	Name	Event, Location
April 3–8	Natasha Danilchenko	Symposium on Modern City Structure, Denver
April 22–27	Tania Schultz	Safety in Factory Design Workshop, Tokyo
May 1–10	Gil Shaw	International Urban Architecture, Singapore
May 1–10	Natasha Danilchenko	International Urban Architecture, Singapore
June 7–12	Dionne O'Donnell	Reflections in Architecture Exposition, Ottawa

6. What is the purpose of the e-mail?

(A) To invite employees to attend an event
(B) To request feedback on a recent meeting
(C) To encourage participation in conferences
(D) To announce the availability of an online document

7. Why most likely are Ms. Alexander's travel plans not included on the schedule?

(A) Her travel dates fall within the third quarter.
(B) The schedule lists only confirmed travel.
(C) The schedule is limited to domestic travel.
(D) She missed the deadline for travel approval.

8. Why are employees asked to contact Ms. Taylor?

(A) To inform her of absences
(B) To request approval for long-term travel
(C) To report updates to their contact information
(D) To seek advice on presenting at trade shows

9. What is Ms. Garcia's job title?

(A) Office Manager
(B) Department Supervisor
(C) Division Head
(D) Head of Human Resources

10. When will Ms. Alexander most likely be traveling?

(A) April 3–8
(B) April 22–27
(C) May 1–10
(D) June 7–12

어휘 | exceed 동 초과하다 consecutive 형 연속적인 overlap 동 겹치다 date-sensitive 날짜에 영향을 받는
encounter 동 접하다, 마주치다 off-site 형 떨어진 sick leave 병가

Questions 11-15 refer to the following Web page and e-mails.

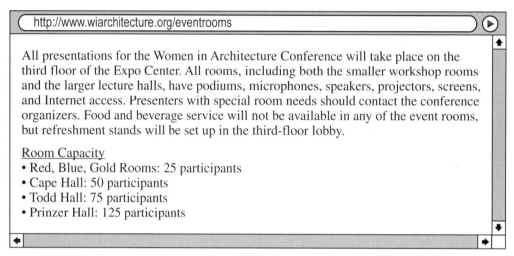

http://www.wiarchitecture.org/eventrooms

All presentations for the Women in Architecture Conference will take place on the third floor of the Expo Center. All rooms, including both the smaller workshop rooms and the larger lecture halls, have podiums, microphones, speakers, projectors, screens, and Internet access. Presenters with special room needs should contact the conference organizers. Food and beverage service will not be available in any of the event rooms, but refreshment stands will be set up in the third-floor lobby.

Room Capacity
• Red, Blue, Gold Rooms: 25 participants
• Cape Hall: 50 participants
• Todd Hall: 75 participants
• Prinzer Hall: 125 participants

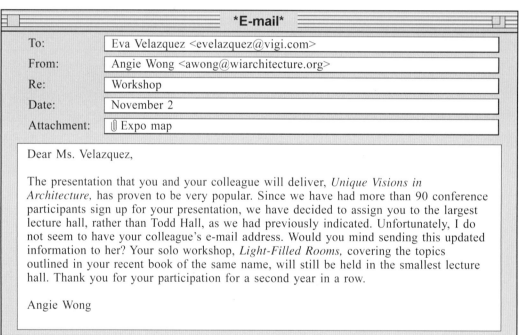

E-mail

To: Eva Velazquez <evelazquez@vigi.com>
From: Angie Wong <awong@wiarchitecture.org>
Re: Workshop
Date: November 2
Attachment: Expo map

Dear Ms. Velazquez,

The presentation that you and your colleague will deliver, *Unique Visions in Architecture,* has proven to be very popular. Since we have had more than 90 conference participants sign up for your presentation, we have decided to assign you to the largest lecture hall, rather than Todd Hall, as we had previously indicated. Unfortunately, I do not seem to have your colleague's e-mail address. Would you mind sending this updated information to her? Your solo workshop, *Light-Filled Rooms,* covering the topics outlined in your recent book of the same name, will still be held in the smallest lecture hall. Thank you for your participation for a second year in a row.

Angie Wong

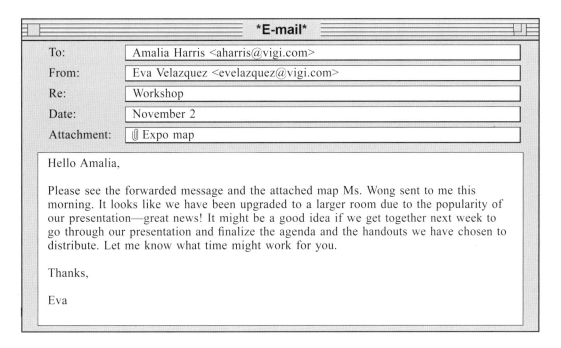

To:	Amalia Harris <aharris@vigi.com>
From:	Eva Velazquez <evelazquez@vigi.com>
Re:	Workshop
Date:	November 2
Attachment:	📎 Expo map

Hello Amalia,

Please see the forwarded message and the attached map Ms. Wong sent to me this morning. It looks like we have been upgraded to a larger room due to the popularity of our presentation—great news! It might be a good idea if we get together next week to go through our presentation and finalize the agenda and the handouts we have chosen to distribute. Let me know what time might work for you.

Thanks,

Eva

11. According to the Web page, what is unavailable in the event rooms?

(A) Podiums
(B) Projectors
(C) Internet
(D) Catering

12. What is suggested in the first e-mail about Ms. Velazquez?

(A) She prefers to present in smaller rooms.
(B) She has published a book.
(C) She is a conference organizer.
(D) She has not presented at this conference before.

13. Where will the presentation *Unique Visions in Architecture* be given?

(A) In the Blue Room
(B) In Cape Hall
(C) In Todd Hall
(D) In Prinzer Hall

14. What does Ms. Wong ask Ms. Velazquez to do?

(A) Forward an e-mail
(B) Register for an event
(C) Confirm her payment details
(D) Provide biographical details

15. Who most likely is Ms. Harris?

(A) Ms. Velazquez's classmate
(B) Ms. Wong's editor
(C) Ms. Velazquez's work colleague
(D) Ms. Wong's assistant

어휘 | podium 몡 연단 outlined 혱 요약된 in a row 연속으로 forwarded 혱 전달된

ETS TOEIC

토익 단기공략
550⁺

LC RC

정답과 해설

PART 1 LC

Unit 01 인물 사진

Check Up

M-Cn

(A) Some people are riding bikes. (X)
사람들이 자전거를 타고 있다.

(B) Some people are sitting in a waiting area. (X)
사람들이 대기 구역에 앉아 있다.

(C) Some people are changing a tire. (X)
사람들이 타이어를 교체하고 있다.

(D) Some people are boarding a bus. (O)
사람들이 버스에 탑승하고 있다.

해설 | 2인 이상 인물 사진 - 버스 정류장

(A) 동작 묘사 오답: 사진에 자전거가 보이지만, 사람들이 자전거를 타고 있는(are riding bikes) 것이 아니다.

(B) 장소 묘사 오답: 일부 사람들이 버스 안에 앉아 있지만 대기 구역(a waiting area)에 앉아 있는 것이 아니다.

(C) 동작 묘사 오답: 사진에 타이어(a tire)가 보이지만, 사람들이 타이어를 교체하고 있는(changing a tire) 것이 아니다.

(D) 정답: 버스에 탑승하고 있는(are boarding a bus) 모습이므로 정답이다.

어휘 | board 타다, 탑승하다

Check Up

1 attending 2 crossing 3 wearing 4 wiping
5 reaching 6 paying 7 entering 8 holding
9 looking 10 standing

● 토익 감각 익히기

1 (B) 2 (A) 3 (B) 4 (A)

1

M-Au

(A) She's cooking some food.

(B) She's shopping for groceries.

(A) 여자가 음식을 요리하고 있다.
(B) 여자가 식료품을 사고 있다.

해설 | 1인 인물 사진 - 식료품점

(A) 동작 묘사 오답: 사진에 음식(some food)이 보이지만, 여자가 음식을 요리하고 있는(is cooking some food) 것이 아니다.

(B) 정답: 여자가 식료품을 사고 있는(is shopping for groceries) 모습이므로 정답이다.

2

W-Am

(A) Some people are sitting on a bench.

(B) Some people are fishing from a boat.

(A) 사람들이 벤치에 앉아 있다.
(B) 사람들이 배에서 낚시를 하고 있다.

해설 | 2인 이상 인물 사진 - 배 위

(A) 정답: 4명의 사람들이 벤치에 앉아 있는(are sitting on a bench) 모습이므로 정답이다.

(B) 동작 묘사 오답: 사람들이 배에 타고 있지만 낚시를 하고 있는(are fishing from a boat) 모습이 아니다.

3

(A) The woman is drinking from a bottle.

(B) The man is wearing a tie.

(A) 여자가 병에 담아 마시고 있다.
(B) 남자가 넥타이를 매고 있다.

해설 | 2인 인물 사진 - 실내

(A) 사진에 없는 명사 사용 오답: 사진에 병(bottle)은 보이지 않는다.

(B) 정답: 남자가 넥타이를 맨(wearing a tie) 상태이므로 정답이다.

4

(A) Some people are waiting on a platform.

(B) Some passengers are exiting a train.

(A) 사람들이 플랫폼에서 기다리고 있다.
(B) 일부 승객이 열차에서 내리고 있다.

해설 | **2인 이상 인물 사진 - 기차역**
(A) 정답: 사람들이 플랫폼에 서서 들어오는 기차를 기다리는(are waiting on a platform) 모습이므로 정답이다.
(B) 동작 묘사 오답: 사진에 열차가 역에 들어오고 있지만 일부 승객들(Some passengers)이 열차에서 내리는(are exiting a train) 것은 아니다.

해설 | **2인 이상 인물 사진 - 실내**
(A) 동작 묘사 오답: 사진에 남자에게 요리를 덜어 주는 여자와 앉아서 먹고 있는 여자가 보이지만 설거지를 하고 있는(is washing dishes) 것이 아니다.
(B) 정답: 여자가 남자에게 요리를 대접하는(is serving some food) 모습이므로 정답이다.
(C) 동작 묘사 오답: 여자가 요리를 하고 있는(is cooking a meal) 것이 아니다.
(D) 동작 묘사 오답: 사진에 커튼이 보이지만 여자가 커튼을 닫고 있는(is closing some curtains) 것이 아니다.

● ETS 실전 도전하기
본책 p.025

1 (B) **2** (B) **3** (B) **4** (D) **5** (D) **6** (C)

1

M-Cn

(A) He's planting some flowers in a garden.
(B) He's holding a potted plant.
(C) He's parking a vehicle.
(D) He's putting on a jacket.

(A) 남자가 정원에 꽃을 심고 있다.
(B) 남자가 화분을 들고 있다.
(C) 남자가 차량을 주차하고 있다.
(D) 남자가 재킷을 입고 있다.

해설 | **1인 인물 사진 - 실외**
(A) 동작 묘사 오답: 사진에 식물이 보이지만 남자가 꽃을 심고 있는(is planting some flowers) 것은 아니다.
(B) 정답: 남자가 손에 화분을 들고 있는(is holding a potted plant) 모습이므로 정답이다.
(C) 동작 묘사 오답: 사진에 차가 보이지만 남자가 주차하고 있는(is parking a vehicle) 것은 아니다.
(D) 동작 묘사 오답: 남자가 웃옷을 이미 입은 상태이며, 재킷을 입고 있는(is putting on a jacket) 동작이 아니다.

어휘 | plant 심다; 식물 potted 화분에 심은

2

W-Am

(A) A woman is washing dishes.
(B) A woman is serving some food.
(C) A woman is cooking a meal.
(D) A woman is closing some curtains.

(A) 여자가 설거지를 하고 있다.
(B) 여자가 음식을 대접하고 있다.
(C) 여자가 식사를 요리하고 있다.
(D) 여자가 커튼을 닫고 있다.

3

M-Au

(A) A man is leaving an office.
(B) A man is looking at a sheet of paper.
(C) A woman is locking a drawer.
(D) A woman is carrying a stack of folders.

(A) 남자가 사무실에서 나가고 있다.
(B) 남자가 종이 한 장을 보고 있다.
(C) 여자가 서랍을 잠그고 있다.
(D) 여자가 한 무더기의 폴더를 나르고 있다.

해설 | **2인 인물 사진 - 사무실**
(A) 동작 묘사 오답: 남자가 보이지만 사무실에서 나가고 있는 (is leaving an office) 모습이 아니다.
(B) 정답: 남자가 종이 한 장을 보고 있는(is looking at a sheet of paper) 모습이므로 정답이다.
(C) 동작 묘사 오답: 여자가 서랍을 잠그고 있는(is locking a drawer) 모습이 아니다.
(D) 동작 묘사 오답: 여자가 폴더 같은 것을 보고 있기는 하지만, 한 무더기의 폴더를 나르고 있는(is carrying a stack of folders) 것은 아니다.

어휘 | lock 잠그다 stack 더미, 무더기

4

M-Cn

(A) She's squeezing soap from a bottle.
(B) She's drying utensils with a cloth.
(C) She's placing a towel on a rack.
(D) She's washing a pot in a sink.

(A) 여자가 병에서 비누를 짜내고 있다.
(B) 여자가 행주로 식기를 말리고 있다.
(C) 여자가 선반에 수건을 놓고 있다.
(D) 여자가 싱크대에서 냄비를 씻고 있다.

(A) 동작 묘사 오답: 병에서 비누를 짜내고 있는(squeezing soap from a bottle) 모습은 아니다.

(B) 동작 묘사 오답: 행주로 식기를 말리는(drying utensils with a cloth) 모습은 아니다.

(C) 동작 묘사 오답: 선반이 보이긴 하지만, 선반에 수건을 놓고 있는(placing a towel on a rack) 모습은 아니다.

(D) 정답: 싱크대에서 냄비를 씻고 있는(washing a pot in a sink) 모습이므로 정답이다.

어휘 | squeeze 짜내다 utensil 도구, 식기 rack 선반 pot 냄비

5

M-Au

(A) A woman is tying on a scarf.

(B) Artists are working in a studio.

(C) Some women are making jewelry in a factory.

(D) A customer is examining some merchandise.

(A) 여자가 스카프를 매고 있다.

(B) 예술가들이 스튜디오에서 일하고 있다.

(C) 몇몇 여성이 공장에서 보석을 만들고 있다.

(D) 고객이 상품을 살펴보고 있다.

해설 | **2인 이상 인물 사진 - 가게**

(A) 동작 묘사 오답: 사진에 스카프가 보이지만 여자가 스카프를 매고 있는(is tying on a scarf) 동작이 아니다.

(B) 장소 묘사 오답: 사진 속 장소가 스튜디오(in a studio)가 아니다.

(C) 동작 묘사 오답: 사진에서 보석이 보이지만 보석을 만들고 있는(are making jewelry) 것이 아니다.

(D) 정답: 고객(A customer)으로 보이는 여자가 상품을 보고 있는(is examining some merchandise) 모습이므로 정답이다.

어휘 | tie 매다 jewelry 보석류 examine 살펴보다, 조사하다

6

W-Br

(A) A man's filling a refrigerator with supplies.

(B) They're putting away some packages.

(C) They're looking at a document.

(D) A woman's making a photocopy.

(A) 남자가 냉장고에 물품을 채우고 있다.

(B) 사람들이 소포 몇 개를 치우고 있다.

(C) 사람들이 문서를 보고 있다.

(D) 여자가 복사를 하고 있다.

해설 | **2인 인물 사진 - 사무실**

(A) 동작 묘사 오답: 사진에 냉장고가 보이지만 남자가 냉장고에 물품을 채우고 있는(is filling a refrigerator with supplies) 것이 아니다.

(B) 사진에 없는 명사 사용 오답: 사진에 소포(some packages)가 보이지 않는다.

(C) 정답: 두 사람이 문서를 함께 보고 있는(are looking at a document) 모습이므로 정답이다.

(D) 동작 묘사 오답: 사진에 복사기가 보이지 않고, 여자가 복사를 하고 있는(is making a photocopy) 것이 아니다.

어휘 | refrigerator 냉장고 supplies 물품, 비품 put away 치우다 photocopy 복사

Unit 02 사물·풍경 사진

Check Up   본책 p.026

M-Cn

(A) A display case is being washed. (X)
진열장이 세척되고 있다.

(B) A customer is winding a watch. (X)
고객이 시계를 감고 있다.

(C) Some watches are on display. (O)
시계가 진열되어 있다.

(D) A watchband is being replaced. (X)
시곗줄이 교체되고 있다.

해설 | **사물 사진 - 시계 진열장**

(A) 진행 상황 묘사 오답: 현재 진열장(A display case)이 세척되는(is being washed) 상황이 아니다.

(B) 사진에 없는 명사 사용 오답: 사진에 고객(A customer)이 보이지 않는다.

(C) 정답: 시계(Some watches)가 진열되어 있는(are on display) 모습이므로 정답이다.

(D) 진행 상황 묘사 오답: 현재 시곗줄(A watchband)이 교체되고 있는(is being replaced) 상황이 아니다.

어휘 | wind 감다 on display 진열 중인 replace 교체하다

Check Up   본책 p.027

1 stacked[piled] **2** parked **3** lined **4** display
5 cross **6** set up **7** pushed **8** arranged
9 lying[resting] **10** leaning

● 토익 감각 **익히기**

본책 p.028

1 (B)　**2** (B)　**3** (A)　**4** (B)

1

M-Au

(A) Some grass is being cut.
(B) Some chairs are arranged on a lawn.

(A) 잔디가 깎이고 있다.
(B) 잔디밭에 의자 몇 개가 배치되어 있다.

해설 | **풍경 사진 - 잔디밭**
(A) 진행 상황 묘사 오답: 현재 잔디(Some grass)가 깎이고 있는(is being cut) 상황이 아니다.
(B) 정답: 의자(Some chairs)가 잔디밭에 배치되어 있는(are arranged on a lawn) 상태이므로 정답이다.

2

W-Am

(A) Cars are waiting at a traffic light.
(B) Some vehicles are parked along a street.

(A) 자동차들이 신호등에서 대기하고 있다.
(B) 차량 몇 대가 길을 따라 주차되어 있다.

해설 | **풍경 사진 - 가로수 길**
(A) 사진에 없는 명사 사용 오답: 사진에 신호등(a traffic light)이 보이지 않는다.
(B) 정답: 차량들(Some vehicles)이 길을 따라 주차되어 있는(are parked along a street) 모습이므로 정답이다.

3

M-Cn

(A) A cabinet has been stocked with supplies.
(B) A woman is closing a cabinet door.

(A) 캐비닛에 물품이 비축되어 있다.
(B) 여자가 캐비닛 문을 닫고 있다.

해설 | **인물·사물 혼합 사진 - 사무실**
(A) 정답: 캐비닛(A cabinet) 안에 많은 물품들이 쌓여 있는(has been stocked with supplies) 모습이므로 정답이다.
(B) 동작 묘사 오답: 여자가 캐비닛 문을 닫고 있는(is closing a cabinet door) 것이 아니다.

4.

W-Br

(A) Some wood is floating in the water.
(B) A bridge leads to some buildings.

(A) 나무가 물에 떠 있다.
(B) 다리가 일부 건물로 이어진다.

해설 | **인물·사물 혼합 사진 - 다리 위**
(A) 사물 상태 오답: 나무(Some wood)가 물 위에 떠 있는(is floating in the water) 모습이 아니다.
(B) 정답: 다리(A bridge)가 건물로 이어지는(leads to some buildings) 모습이므로 정답이다.

● ETS 실전 **도전하기**

본책 p.029

1 (B)　**2** (B)　**3** (B)　**4** (C)　**5** (A)　**6** (A)

1

W-Br

(A) The building is under construction.
(B) The balconies are decorated with flowers.
(C) Some railings are being replaced.
(D) Some bushes are being trimmed.

(A) 건물이 공사 중이다.
(B) 발코니는 꽃으로 장식되어 있다.
(C) 일부 난간이 교체되고 있다.
(D) 덤불이 다듬어지고 있다.

해설 | **사물 사진- 건물**
(A) 진행 상황 묘사 오답: 사진은 다 지어진 건물(The building)이며 공사 중(is under construction)인 상황이 아니다.
(B) 정답: 발코니(The balconies)가 꽃으로 장식되어 있는(are decorated with flowers) 모습이므로 정답이다.
(C) 진행 상황 묘사 오답: 난간(Some railings)은 이미 설치되어 있고 현재 교체되고 있는(are being replaced) 상황이 아니다.
(D) 진행 상황 묘사 오답: 현재 덤불(Some bushes)이 다듬어지고 있는(are being trimmed) 상황이 아니다.

어휘 | railing 난간　bush 덤불　trim 다듬다, 잘라내다

2

M-Au

(A) A man is turning on a lamp.

(B) Some clocks have been hung on a wall.

(C) A woman is signing a document.

(D) A counter is being wiped off.

(A) 남자가 램프를 켜고 있다.
(B) 벽에 시계 몇 개가 걸려 있다.
(C) 여자가 문서에 서명하고 있다.
(D) 카운터가 닦이고 있다.

해설 | **인물·사물 혼합 사진 - 실내**
(A) 동작 묘사 오답: 사진에 램프가 이미 켜져 있으며 남자가 켜고 있는(is turning on a lamp) 것이 아니다.
(B) 정답: 벽에 시계들(Some clocks)이 걸려 있는(have been hung on a wall) 모습이므로 정답이다.
(C) 동작 묘사 오답: 사진에 문서가 보이지만 여자가 서명을 하고 있는(is signing a document) 것이 아니다.
(D) 진행 상황 묘사 오답: 현재 카운터(A counter)가 닦이고 있는(is being wiped off) 상황이 아니다.

어휘 | turn on 켜다 sign 서명하다 wipe off 닦아 내다

3

W-Am

(A) Tabletop umbrellas have been opened.

(B) A tree is growing against the building.

(C) Some pillows have been piled on the ground.

(D) Diners are eating on the patio.

(A) 테이블 위 파라솔이 펼쳐져 있다.
(B) 나무 한 그루가 건물에 기대어 자라고 있다.
(C) 쿠션이 바닥에 쌓여 있다.
(D) 테라스에서 사람들이 식사하고 있다.

해설 | **풍경 사진 - 테라스**
(A) 사물 상태 오답: 테이블 위 파라솔(Tabletop umbrellas)이 접혀 있고, 펼쳐져 있는(have been opened) 상태가 아니다.
(B) 정답: 나무(A tree)가 건물에 기대어 있는(against the building) 모습이므로 정답이다.
(C) 위치 묘사 오답 : 쿠션(Some pillows)이 의자 위에 있는 모습으로 바닥에(on the ground) 있는 것이 아니다.
(D) 사진에 없는 명사 사용 오답: 사진에 식사하는 사람들 (Diners)이 보이지 않는다.

어휘 | tabletop 테이블 윗면 pillow 베개, 쿠션 diner 식사하는 사람 patio 테라스

4

M-Au

(A) She's typing on a computer.

(B) She's setting a table.

(C) Bottles are lined up on shelves.

(D) Supplies have been placed in a basket.

(A) 여자가 컴퓨터로 타이핑하고 있다.
(B) 여자가 식탁을 차리고 있다.
(C) 병들이 선반 위에 가지런히 놓여 있다.
(D) 물품이 바구니에 담겨 있다.

해설 | **인물·사물 혼합 사진 - 실내**
(A) 동작 묘사 오답: 사진에 컴퓨터가 보이지만 여자가 타이핑을 하고 있는(is typing on a computer) 것이 아니다.
(B) 사진에 없는 명사 사용 오답: 사진에 식탁(a table)이 보이지 않는다.
(C) 정답: 선반에 병들(Bottles)이 가지런히 놓여 있는(are lined up on shelves) 모습이므로 정답이다.
(D) 사물 상태 오답: 바구니 안(in a basket)이 비어 있으며, 물품이 담겨 있는(Supplies have been placed) 상태가 아니다.

어휘 | line up 줄을 서다 shelf 선반

5

W-Br

(A) Several boats are floating in a harbor.

(B) Motorcycles are parked side by side.

(C) Some benches face a garden.

(D) A pedestrian bridge overlooks the water.

(A) 항구에 여러 척의 배가 떠 있다.
(B) 오토바이들이 나란히 주차되어 있다.
(C) 일부 벤치는 정원을 마주보고 있다.
(D) 보행자용 다리가 물을 내려다보고 있다.

해설 | **인물·사물 혼합 사진 - 물가**
(A) 정답: 항구에 배(Several boats)가 떠 있는(are floating in a harbor) 모습이므로 정답이다.
(B) 사진에 없는 명사 사용 오답: 사진에 오토바이(Motorcycles)가 보이지 않는다. 자동차(motor)와 발음이 비슷한 오토바이(motorcycle)를 사용한 오답이다.
(C) 사진에 없는 명사 사용 오답: 사진에 정원(a garden)이 보이지 않는다.
(D) 사진에 없는 명사 사용 오답: 사진에 보행자용 다리(A pedestrian bridge)가 보이지 않는다.

어휘 | float 떠다니다 face 마주보다 pedestrian 보행자
overlook 내려다보다

6

M-Cn

(A) A lamp is placed on the corner of a table.

(B) A notebook has been left on a bench.

(C) A chair has been pushed under a table.

(D) Some blinds have been shut.

(A) 테이블의 모서리에 램프가 놓여 있다.
(B) 공책이 벤치에 놓여 있다.
(C) 의자가 테이블 밑으로 밀어 넣어져 있다.
(D) 일부 블라인드가 닫혀 있다.

해설 | **사물 사진 - 실내**
(A) 정답: 램프 하나(A lamp)가 테이블 모서리에 놓여 있는(is placed on the corner of a table) 모습으로 정답이다.
(B) 사진에 없는 명사 사용 오답: 사진에 공책(A notebook)과 벤치(a bench)가 보이지 않는다.
(C) 사물 상태 오답: 사진에 의자가 테이블 옆에 위치해 있으며, 테이블 밑으로 밀어 넣어져 있는(has been pushed under a table) 상태가 아니다.
(D) 사진에 없는 명사 사용 오답: 사진에 블라인드(Some blinds)가 보이지 않는다.

어휘 | shut 닫다

PART 2 LC

Unit 03 Who/What·Which 의문문

Check Up
본책 p.035

(A) X	(B) X	(C) O	(D) X	(E) O	(F) O

Q. Who should I contact about the broken printer?
고장 난 프린터에 대해서 누구에게 연락해야 하나요?

(A) To get it replaced. (X)
교체하기 위해서요.

(B) No, I'm not using it. (X)
아니요, 저는 그걸 사용하고 있지 않아요.

(C) Try the technology department. (O)
기술 부서에 연락해 보세요.

(D) I will sign the rental contract. (X)
임대 계약서에 서명할 겁니다.

(E) The phone number is on your desk. (O)
전화번호는 당신 책상 위에 있어요.

(F) Someone from the maintenance department. (O)
유지 보수 부서의 누군가요.

Check Up
본책 p.037

(A) X	(B) X	(C) O	(D) X	(E) X	(F) O

Q. What would you recommend from the dessert menu?
디저트 메뉴에서 무엇을 추천하시겠습니까?

(A) That's what they suggested. (X)
그것이 그들이 제안한 거예요.

(B) A table for two, please. (X)
두 명 앉을 테이블 부탁합니다.

(C) The pie sounds delicious. (O)
파이가 맛있을 것 같은데요.

(D) That's a good choice. (X)
선택 잘하셨어요.

(E) Yes, it was nice to meet you. (X)
네, 만나서 반가웠습니다.

(F) Everyone likes the chocolate cake. (O)
모두 초콜릿 케이크를 좋아해요.

● 토익 감각 익히기
본책 p.038

1 (A)   **2** (A)   **3** (A)   **4** (C)

1 W-Br / M-Cn

Who's setting up the projector?

(A) Ali from technical support.

(B) Yes, it's been turned on.

(C) With the orange cable.

프로젝터를 누가 설치 중인가요?
(A) 기술 지원 팀의 알리요.
(B) 네, 켜져 있어요.
(C) 주황색 케이블로요.

해설 | **Who 의문문**
(A) 정답. [사람 이름] 표현 '알리'로 답변.
(B) Yes/No 답변 불가 오답.
(C) 연상 어휘 오답. projector(프로젝터) → cable(케이블)

어휘 | turn on (전원을) 켜다

2 M-Au / W-Am

Which hotel did you go to?

(A) I can't remember the name.

(B) Swimming and hiking.

(C) The room has a view.

어느 호텔로 갔나요?

(A) 이름이 기억나지 않아요.

(B) 수영과 등산이요.

(C) 그 방은 전망이 좋아요.

해설 | **Which (hotel) 의문문**

(A) 정답. '이름이 기억나지 않는다'는 우회적인 답변.

(B) 질문과 무관한 오답.

(C) 연상 어휘 오답. hotel(호텔) → room(방)

3 M-Au / W-Br

What did you buy at the bookstore?

(A) Just a gift card.

(B) Yesterday afternoon.

(C) It was never published.

서점에서 무엇을 샀나요?

(A) 기프트 카드만요.

(B) 어제 오후요.

(C) 그건 출간된 적이 없어요.

해설 | **What 의문문**

(A) 정답. '기프트 카드만 샀다'는 구체적인 답변.

(B) 다른 의문사 When 응답 오류.

(C) 연상 어휘 오답. bookstore(서점) → published(출간된)

어휘 | publish 출판하다, 출간하다

4 M-Cn / W-Am

Who attended the trade show last year?

(A) Nearly half past six.

(B) Sure, we can share a car.

(C) The sales team.

작년 무역 박람회에 누가 참석했나요?

(A) 거의 6시 반이요.

(B) 물론이죠, 차를 같이 타고 갈 수 있어요.

(C) 영업팀이요.

해설 | **Who 의문문**

(A) 다른 의문사 What (time) 응답 오류.

(B) Sure 답변 불가 오답.

(C) 정답. [부서명] 표현 '영업팀'으로 답변.

● ETS 실전 도전하기 본책 p.039

1 (A)	2 (C)	3 (A)	4 (B)	5 (B)
6 (C)	7 (C)	8 (C)	9 (B)	10 (A)
11 (B)	12 (C)	13 (B)	14 (A)	15 (B)
16 (B)	17 (C)	18 (B)	19 (A)	20 (A)

1 W-Br / W-Am

Who bought the tickets?

(A) My assistant did.

(B) That's too expensive.

(C) Tomorrow's show.

누가 그 표를 샀나요?

(A) 제 조수가요.

(B) 그건 너무 비싸요.

(C) 내일 공연이에요.

해설 | **Who 의문문**

(A) 정답. [신분] 표현 '조수'로 답변.

(B) 연상 어휘 오답. bought(샀다) → expensive(비싼)

(C) 연상 어휘 오답. tickets(표) → show(공연)

어휘 | assistant 조수, 비서

2 W-Am / W-Br

Which flight are you taking?

(A) Sure, I'll take it.

(B) No, are you?

(C) The one at seven.

어느 항공편을 탈 예정이세요?

(A) 그러죠, 그걸로 가져갈게요.

(B) 아니요, 당신은요?

(C) 7시 항공편이요.

해설 | **Which (flight) 의문문**

(A) Sure 답변 불가 오답.

(B) Yes/No 답변 불가 오답.

(C) 정답. 항공편을 묻는 질문에 '7시 항공편'으로 답변.

3 M-Cn / W-Br

What time do you usually get to work?

(A) Between eight-thirty and nine.

(B) I usually take the train.

(C) I was hired three months ago.

보통 몇 시에 출근하세요?

(A) 8시 반에서 9시 사이요.

(B) 보통 기차를 타요.

(C) 저는 3개월 전에 채용됐어요.

해설 | **What (time) 의문문**
(A) 정답. [시간] 표현 '8시 반~9시'로 답변.
(B) 다른 의문사 How 응답 오류.
(C) 연상 어휘 오답. work(직장) → hired(채용된)

어휘 | get to work 출근하다

4 M-Au / W-Br

Who supervises this production line?
(A) A thousand bottles per hour.
(B) Normally Mr. Patel does.
(C) It'll be a long wait.

누가 생산 라인을 관리하나요?
(A) 시간당 천 병이요.
(B) 보통 파텔 씨가 해요.
(C) 한참 기다려야 해요.

해설 | **Who 의문문**
(A) 질문과 무관한 오답.
(B) 정답. [사람 이름] 표현 '파텔 씨'로 답변.
(C) 연상 어휘 오답. line(줄, 라인) → wait(기다림)

어휘 | supervise 감독하다, 관리하다

5 M-Cn / W-Br

Which event is Marco planning?
(A) The list of new staff.
(B) The luncheon next Thursday.
(C) When can I check it?

마르코는 어떤 행사를 준비하고 있나요?
(A) 새 직원의 명단이요.
(B) 다음 주 목요일 오찬이요.
(C) 제가 언제 확인할 수 있나요?

해설 | **Which (event) 의문문**
(A) 질문과 무관한 오답.
(B) 정답. 행사를 묻는 질문에 '오찬' 행사로 답변.
(C) 질문과 무관한 오답.

어휘 | luncheon 오찬

6 M-Au / W-Br

Who will be catering the museum's grand opening?
(A) I already ate in the cafeteria.
(B) Meet me near the photography exhibit.
(C) They're using a nearby restaurant.

그 박물관의 개관식에 누가 음식을 공급할 예정이죠?
(A) 저는 구내식당에서 이미 먹었어요.
(B) 사진 전시회장 근처에서 저랑 만나요.
(C) 그들은 인근 식당을 이용하고 있어요.

해설 | **Who 의문문**
(A) 연상 어휘 오답. catering(음식을 공급하다) →
cafeteria(구내식당)
(B) 연상 어휘 오답. museum(박물관) → exhibit(전시회)
(C) 정답. '인근 식당을 이용한다'는 우회적인 답변.

어휘 | cater 음식을 공급하다 cafeteria 구내식당 exhibit
전시회

7 W-Am / M-Au

Which design proposal did the client prefer?
(A) They described it well.
(B) Because it's new.
(C) She liked the first one.

고객이 어떤 디자인 제안을 더 마음에 들어 했나요?
(A) 그들은 잘 묘사했어요.
(B) 새롭기 때문이죠.
(C) 그녀는 첫 번째 것을 좋아했어요.

해설 | **Which (design) 의문문**
(A) 연상 어휘 오답. design(디자인) → described(묘사했다)
(B) 다른 의문사 Why 응답 오류
(C) 정답. '첫 번째'의 디자인으로 답변.

어휘 | proposal 제안 describe 묘사하다

8 W-Br / M-Cn

Who are you going to hire for the position?
(A) Our standards are higher.
(B) At the end of the month.
(C) I've decided on Mr. Smith.

그 자리에 누구를 채용할 예정이세요?
(A) 우리 기준이 더 높아요.
(B) 월말이요.
(C) 스미스 씨로 정했어요.

해설 | **Who 의문문**
(A) 유사 발음 오답. hire(채용하다) → higher(더 높은)
(B) 다른 의문사 When 응답 오류.
(C) 정답. [사람 이름] 표현 '스미스 씨'로 답변.

어휘 | hire 고용하다 standard 기준

9 M-Au / W-Am

What's the return policy for items purchased online?
(A) He came back yesterday.
(B) We offer a full refund.
(C) In the item inventory.

온라인에서 구매한 물건의 반품 정책은 어떻게 되나요?
(A) 그는 어제 돌아왔어요.
(B) 저희는 전액을 환불해 드립니다.
(C) 물품 목록에 있어요.

해설 | **What 의문문**
(A) 다의어 오답. return ① 반품 ② 돌아오다(= come back)
(B) 정답. '전액 환불해 준다'는 구체적인 답변.
(C) 반복 어휘 오답. item(물품)

어휘 | return 반품 policy 정책 purchase 구매하다
inventory 물품 목록, 재고품

10 W-Am / M-Au

Who's invited to the lecture tonight?
(A) It's open to the public.
(B) Yes, they were.
(C) Conference room B.

오늘 밤 강연에는 누가 초대를 받았나요?
(A) 누구나 올 수 있어요.
(B) 네, 그들이 그랬습니다.
(C) B 회의실이요.

해설 | **Who 의문문**
(A) 정답. 불특정 대상으로 답변.
(B) Yes/No 답변 불가 오답.
(C) 연상 어휘 오답. lecture(강연) → conference room
    (회의실)

어휘 | lecture 강연 open to the public 일반인에게 개방하다

11 M-Cn / W-Br

Which bus goes to Joplin Music Hall?
(A) About a mile.
(B) The blue line stops there.
(C) Yes, we charter them for large events.

어떤 버스가 조플린 음악 전당에 가나요?
(A) 대략 1마일이요.
(B) 청색 지선이 거기에서 서요.
(C) 네, 저희가 큰 행사를 위해 전세 냈어요.

해설 | **Which (bus) 의문문**
(A) 다른 의문사 How far 응답 오류
(B) 정답. '청색 지선'의 버스로 답변.
(C) Yes/No 답변 불가 오답.

어휘 | charter 전세 내다

12 M-Au / W-Am

What kind of restaurant did you choose for the banquet?
(A) Yes, it was near the bank.
(B) I wore my new shoes.
(C) An Italian one.

연회 장소로 어떤 종류의 식당을 선택했나요?
(A) 네, 은행 근처에 있었어요.
(B) 저는 새 신발을 신었어요.
(C) 이탈리아 식당이요.

해설 | **What (kind) 의문문**
(A) Yes/No 답변 불가 오답.
(B) 유사 발음 오답. choose(선택하다) → shoes(신발)
(C) 정답. 식당 종류를 묻는 질문에 '이탈리아 식당'으로 답변.

어휘 | banquet 연회

13 W-Am / M-Au

Who was the last person to review these files?
(A) No, the first one.
(B) The accountant.
(C) At four o'clock.

이 서류들을 마지막으로 검토한 사람이 누구였나요?
(A) 아니요, 첫 번째 거요.
(B) 회계사요.
(C) 4시 정각이에요.

해설 | **Who 의문문**
(A) Yes/No 답변 불가 오답.
(B) 정답. [직업] 표현 '회계사'로 답변.
(C) 다른 의문사 When 응답 오류

어휘 | accountant 회계사

14 M-Cn / W-Am

What's the price of part number 136?
(A) Let me check the pricing list.
(B) A credit-card number.
(C) In boxes of twenty-five.

부품 번호 136의 가격이 얼마입니까?
(A) 제가 가격표를 확인해 볼게요.
(B) 신용카드 번호요.
(C) 25개들이 박스에요.

해설 | **What 의문문**
(A) 정답. '확인해 보겠다'는 우회적인 답변.
(B) 반복 어휘 오답. number(번호)
(C) 연상 어휘 오답. price(가격), number(숫자)
    → twenty-five(25)

15 W-Am / M-Au

Which menu item is your most popular?
(A) I'll be sure to notify the chef.
(B) Everyone loves the grilled salmon.
(C) For a few months now.

어떤 메뉴가 여기서 가장 인기가 있나요?
(A) 주방장에게 꼭 전해 드릴게요.
(B) 구운 연어를 모두 좋아하세요.
(C) 요 몇 달 동안이요.

해설 | **Which (menu) 의문문**
(A) 연상 어휘 오답. menu(메뉴) → chef(주방장)
(B) 정답. '구운 연어'로 구체적으로 답변.
(C) 질문과 무관한 오답.

어휘 | popular 인기가 있는 be sure to 반드시 ~하다 notify 알리다, 통보하다

16 M-Au / W-Am

Who did you hire to paint your offices?
(A) Which color do you prefer?
(B) I'll send you the contact information.
(C) I wouldn't mind at all.

사무실에 페인트칠할 사람으로 누구를 고용하셨나요?
(A) 어떤 색이 더 좋으세요?
(B) 제가 연락처를 보내 드릴게요.
(C) 기꺼이 할게요.

해설 | **Who 의문문**
(A) 연상 어휘 오답. paint(페인트칠하다) → color(색)
(B) 정답. '연락처를 보내 주겠다'는 우회적인 답변.
(C) 질문과 무관한 오답.

17 W-Am / M-Cn

What do I have to do to renew my driver's license?
(A) Sure, I'll drive.
(B) By the end of May.
(C) There's a form online.

제 운전 면허를 갱신하려면 어떻게 해야 하나요?
(A) 물론이죠, 제가 운전할게요.
(B) 5월 말까지요.
(C) 온라인에 양식이 있습니다.

해설 | **What 의문문**
(A) Sure 답변 불가 오답.
(B) 질문과 무관한 오답.
(C) 정답. '온라인에 있다'는 우회적인 답변.

어휘 | renew 갱신하다 form 양식, 서식

18 M-Au / W-Br

What's the name of the restaurant you took your clients to?
(A) No, in Chicago.
(B) Do you mean the Laguna Café?
(C) They took a different route.

당신의 고객을 모시고 갔던 식당 이름이 뭐예요?
(A) 아니요, 시카고에서요.
(B) 라구나 카페를 말씀하시는 건가요?
(C) 그들은 다른 길로 갔어요.

해설 | **What 의문문**
(A) Yes / No 답변 불가 오답.
(B) 정답. 확인을 요청하는 역질문 답변.
(C) 반복 어휘 오답. took(take의 과거형)

19 W-Am / M-Cn

Who can pick up Mr. Park from the airport?
(A) I don't have a car.
(B) A one-way ticket.
(C) Yes, it's pretty heavy.

누가 공항으로 박 씨를 태우러 갈 수 있나요?
(A) 저는 차가 없어요.
(B) 편도 표요.
(C) 네, 꽤 무거워요.

해설 | **Who 의문문**
(A) 정답. '차가 없어서' 태우러 갈 수 없다는 우회적인 답변.
(B) 연상 어휘 오답. airport(공항) → ticket(표)
(C) Yes / No 답변 불가 오답.

20 M-Au / W-Br

What's in those boxes in the storage locker?
(A) I think they're full of old power cords.
(B) Or you could stack them by the door.
(C) Yes, back to the warehouse.

보관함 안에 있는 이 상자들에는 뭐가 들어 있나요?
(A) 오래된 전원 코드가 가득 들어 있을 것 같아요.
(B) 아니면 문 옆에 그걸 쌓아 두어도 돼요.
(C) 네, 창고 뒤에요.

해설 | **What 의문문**
(A) 정답. '전원 코드가 들어 있다'는 구체적인 답변.
(B) 연상 어휘 오답. storage locker(보관함) → stack(쌓다)
(C) Yes / No 답변 불가 오답.

어휘 | storage locker (잠금 장치가 있는) 보관함 stack 쌓다 warehouse 창고

Unit 04 When / Where 의문문

Check Up
본책 p.041

| (A) X | (B) O | (C) O | (D) X | (E) X | (F) O |

Q. When is the new facility scheduled to open?
새 시설은 언제 개장하기로 예정되어 있나요?

(A) 35 workers. (X)
35명의 근로자요.

(B) In two days. (O)
이틀 후에요.

(C) In early October. (O)
10월 초예요.

(D) It should be here soon. (X)
곧 여기 올 거예요.

(E) To manufacture car parts. (X)
자동차 부품을 제조하기 위해서요.

(F) It hasn't been decided yet. (O)
아직 결정되지 않았어요.

Check Up

(A) X	(B) O	(C) X	(D) X	(E) O	(F) X

Q M-Au

Where can I find the shoe department?
신발 코너는 어디에서 찾을 수 있나요?

(A) Sorry, we don't have that size. (X)
죄송합니다, 그 사이즈는 없습니다.

(B) At the back of the store. (O)
가게 뒤편예요.

(C) Where did you lose them? (X)
그것들을 어디에서 잃어버렸나요?

(D) No, it's a new model. (X)
아니요, 그건 새로운 모델이에요.

(E) Our supervisor should know. (O)
저희 관리자님이 아실 거예요.

(F) By advertising more. (X)
더 광고해서요.

● 토익 감각 익히기
본책 p.044

1 (C) **2** (A) **3** (B) **4** (A)

1 M-Cn / W-Br

When will we be seated?
(A) They'll arrive later.
(B) At the table near the door.
(C) Very soon.

우리는 언제 앉을 수 있죠?
(A) 그들은 나중에 올 거예요.
(B) 문 옆에 있는 테이블예요.
(C) 금방이요.

해설 | **When 의문문**
(A) 인칭대명사 응답 오류. we(우리) → They(그들)
(B) 다른 의문사 Where 응답 오류.
(C) 정답. [시간] 표현 '곧'으로 답변.

2 M-Cn / W-Am

Where do you want me to send the catalog?
(A) To my work address.
(B) Today would be great.
(C) The summer edition.

카탈로그를 어디로 보낼까요?
(A) 제 직장 주소로요.
(B) 오늘이 좋겠어요.
(C) 여름 호요.

해설 | **Where 의문문**
(A) 정답. [장소] 표현 '직장 주소'로 답변.
(B) 다른 의문사 When 응답 오류.
(C) 연상 어휘 오답. catalog(카탈로그) → edition(출간물의 판)

어휘 | edition (출간물 등의) 판, 호

3 W-Am / M-Au

When did I see you last?
(A) No, at the cinema.
(B) I think it was February.
(C) You can go first.

우리가 언제 마지막으로 봤죠?
(A) 아니요, 영화관에서요.
(B) 2월이었던 것 같아요.
(C) 먼저 가세요.

해설 | **When 의문문**
(A) Yes/No 답변 불가 오답.
(B) 정답. [시간] 표현 '2월'로 답변.
(C) 연상 어휘 오답. last(마지막) → first(처음, 먼저)

어휘 | cinema 영화관

4 M-Au / W-Br

Where are Cindy Garza's medical records?
(A) In the folder on top of my desk.
(B) Yes, Dr. Deluca's patient.
(C) For her next appointment.

신디 가르자의 진료 기록이 어디에 있나요?
(A) 제 책상 위의 폴더에 있어요.
(B) 네, 델루카 박사님의 환자입니다.
(C) 그녀의 다음 예약 때문에요.

해설 | **Where 의문문**
(A) 정답. [위치] 표현 '폴더에'로 답변.
(B) Yes/No 답변 불가 오답.
(C) 다른 의문사 Why 응답 오류.

어휘 | medical record 진료 기록 patient 환자
appointment (진료 등의) 예약

● ETS 실전 도전하기

본책 p.045

1 (C)	**2** (A)	**3** (B)	**4** (B)	**5** (C)
6 (B)	**7** (C)	**8** (C)	**9** (C)	**10** (C)
11 (B)	**12** (A)	**13** (A)	**14** (A)	**15** (A)
16 (A)	**17** (A)	**18** (B)	**19** (A)	**20** (A)

1   M-Cn / W-Am

When is Ms. Carney's flight arriving?
(A) With a stop in Denver.
(B) A window seat.
(C) At 4:15 P.M.

카니 씨의 항공편은 언제 도착할 예정인가요?
(A) 덴버를 경유해서요.
(B) 창가 자리요.
(C) 오후 4시 15분이요.

해설 | **When 의문문**
(A) 연상 어휘 오답. flight(항공편) → stop(경유)
(B) 연상 어휘 오답. flight(항공편) → window seat(창가 자리)
(C) 정답. [시간] 표현 '오후 4시 15분'으로 답변.

2   W-Am / M-Au

Where's the cafeteria?
(A) On the lower level.
(B) No, it wasn't very good.
(C) Soup and salad, please.

구내식당은 어디에 있나요?
(A) 아래층에요.
(B) 아니요, 별로 좋지는 않았습니다.
(C) 수프와 샐러드로 주세요.

어휘 | level (건물 등의) 층

해설 | **Where 의문문**
(A) 정답. [위치] 표현 '아래층'으로 답변.
(B) Yes / No 답변 불가 오답.
(C) 연상 어휘 오답. cafeteria(구내식당) → Soup and salad(수프와 샐러드)

3   M-Cn / W-Br

When does the community center open?
(A) To add a new wing.
(B) On May first.
(C) It's on Main Street.

주민 센터는 언제 개관하나요?
(A) 부속 건물을 짓기 위해서요.
(B) 5월 1일에요.
(C) 메인 가에 있어요.

해설 | **When 의문문**
(A) 연상 어휘 오답. community center(주민 센터)
   → a new wing(새 부속 건물)
(B) 정답. [시간] 표현 '5월 1일'로 답변.
(C) 다른 의문사 Where 응답 오류.

어휘 | community center (지역) 주민 센터   wing 부속 건물

4   W-Br / M-Au

Where does Hiroshi keep our company brochures?
(A) No, it's locked.
(B) In the top drawer.
(C) Yes, I'm sure.

히로시는 회사 안내책자를 어디에 보관하나요?
(A) 아니요, 잠겨 있어요.
(B) 맨 위 서랍에요.
(C) 네, 확실합니다.

해설 | **Where 의문문**
(A) Yes / No 답변 불가 오답.
(B) 정답. [위치] 표현 '맨 위 서랍'으로 답변.
(C) Yes / No 답변 불가 오답.

어휘 | drawer 서랍

5   M-Cn / W-Br

When will today's training session end?
(A) At the central station.
(B) Mr. Lowry trained us.
(C) Around noon.

오늘 연수 과정은 언제 끝날 예정인가요?
(A) 중앙역에서요.
(B) 로리 씨가 우리를 교육해 주었어요.
(C) 정오쯤에요.

해설 | **When 의문문**
(A) 다른 의문사 Where 응답 오류.
(B) 파생어 오답. training(연수) → train(교육하다)
(C) 정답. [시간] 표현 '정오쯤'으로 답변.

어휘 | training session 연수 과정

6   M-Au / W-Am

Where did you get the flowers for the luncheon?
(A) I'll have some, thanks.
(B) They're from my garden.
(C) In a couple of hours.

오찬 때 준비한 꽃들은 어디서 가져왔나요?
(A) 좀 먹을게요, 감사합니다.
(B) 제 정원에서요.
(C) 두어 시간 후에요.

해설 | **Where 의문문**
(A) 연상 어휘 오답. luncheon(오찬) → have(먹다)
(B) 정답. [장소] 표현 '정원에서'로 답변.
(C) 다른 의문사 When 응답 오류.

어휘 | a couple of 둘의, 두 셋의

7 M-Au / M-Cn

When will you finish editing the final draft of
my article?
(A) Yes, I think so.
(B) At the publisher's.
(C) By Friday evening.

제 기사의 최종 원고 편집을 언제 끝내실 건가요?
(A) 네, 그렇게 생각합니다.
(B) 출판사에서요.
(C) 금요일 저녁까지요.

해설 | **When 의문문**
(A) Yes/No 답변 불가 오답.
(B) 다른 의문사 Where 응답 오류.
(C) 정답. [시간] 표현 '금요일 저녁'으로 답변.

어휘 | final draft 최종 원고 article 기사 publisher 출판업자

8 M-Cn / W-Br

Where's the job fair taking place?
(A) On the twenty-fifth.
(B) Just a few employees.
(C) At the convention center.

취업 박람회는 어디에서 개최되나요?
(A) 25일에요.
(B) 직원 몇 명만이요.
(C) 컨벤션 센터에서요.

해설 | **Where 의문문**
(A) 다른 의문사 When 응답 오류.
(B) 연상 어휘 오답. job(직업) → employees(직원)
(C) 정답. [장소] 표현 '컨벤션 센터'로 답변.

어휘 | take place 개최되다 convention center 컨벤션 센터

9 M-Au / W-Br

When did you speak with Dr. Rollo?
(A) He gave an interesting speech.
(B) OK, I'll call the clinic.
(C) Actually, I talked with his nurse.

롤로 박사님과 언제 이야기하셨나요?
(A) 그는 흥미로운 연설을 했습니다.
(B) 알겠습니다. 병원에 전화할게요.
(C) 실은 제가 그의 간호사와 이야기했어요.

해설 | **When 의문문**
(A) 파생어 오답. speak(이야기하다) → speech(연설)
(B) Yes/No 답변 불가 오답.
(C) 정답. 다른 사람인 '그의 간호사'와 이야기했다는 우회적인
    답변.

10 W-Am / M-Cn

Where did you buy that picture frame?
(A) With my new camera.
(B) A silver one.
(C) I didn't buy it—it was a gift.

그 액자는 어디에서 샀나요?
(A) 저의 새 카메라로요.
(B) 은색이요.
(C) 산 건 아니고 선물 받았어요.

해설 | **Where 의문문**
(A) 연상 어휘 오답. picture(사진) → camera(카메라)
(B) 질문과 무관한 오답.
(C) 정답. '선물 받았다'는 우회적인 답변.

어휘 | picture frame 액자

11 W-Br / M-Cn

When do we launch the mobile phone
application?
(A) I'm afraid I just ate.
(B) We're a bit behind schedule.
(C) Because I interviewed her previously.

휴대 전화 앱은 언제 출시하나요?
(A) 유감이지만 제가 방금 식사를 했어요.
(B) 계획보다 조금 지연되네요.
(C) 제가 이전에 그녀를 인터뷰했기 때문에요.

해설 | **When 의문문**
(A) 연상 어휘 오답 launch(출시하다) → lunch(점심) →
    ate(먹다)
(B) 정답. 지연되었다는 우회적인 답변.
(C) 연상 어휘 오답. application(앱; 지원서) →
    interview(인터뷰)

어휘 | behind schedule 일정이 늦은 previously 이전에

12 M-Au / W-Am

Where can I find the organic chocolate you
always buy?
(A) At Robin's Candy Shop.
(B) No, I don't have any.
(C) With cake or cookies.

당신이 항상 사는 유기농 초콜릿은 어디에서 살 수 있나요?
(A) 로빈스 사탕 가게에서요.
(B) 아니요, 저는 하나도 없어요.
(C) 케이크나 쿠키와 함께요.

해설 | **Where 의문문**
(A) 정답. [장소] 표현 '로빈스 사탕 가게'로 답변.
(B) Yes / No 답변 불가 오답.
(C) 연상 어휘 오답. chocolate(초콜릿) → cake or cookies
(케이크나 쿠키)

어휘 | organic 유기농의

13 M-Au / M-Cn

When will Doctor Hunt be available?
(A) She's busy all day, I'm afraid.
(B) Just down the hall.
(C) Because she's stuck in traffic.

헌트 박사님은 언제 시간이 되실까요?
(A) 안타깝게도 그녀는 온종일 바빠요.
(B) 바로 복도 끝에요.
(C) 그녀가 교통 체증에 걸려 있어서요.

해설 | **When 의문문**
(A) 정답. '온종일 바쁘다'는 우회적인 답변.
(B) 다른 의문사 Where 응답 오류.
(C) 다른 의문사 Why 응답 오류.

어휘 | available 이용 가능한, 시간 여유가 있는 down the hall
복도 끝에 stuck in traffic 교통이 정체된

14 W-Br / M-Au

Where are the people from marketing?
(A) They're in a meeting right now.
(B) The reports are in my office.
(C) Because the Internet isn't working.

마케팅 부서에서 온 사람들은 어디에 있나요?
(A) 그들은 지금 회의 중이에요.
(B) 그 보고서들은 제 사무실에 있어요.
(C) 인터넷이 지금 안 되기 때문이에요.

해설 | **Where 의문문**
(A) 정답. '회의 중'이라는 우회적인 답변.
(B) 질문과 무관한 오답.
(C) 다른 의문사 Why 응답 오류.

어휘 | report 보고서

15 W-Br / M-Cn

Where should I leave these design sketches?
(A) Right there on the desk is fine.
(B) By Thursday at the latest.
(C) Mr. Jones approved it.

이 디자인 밑그림을 어디에 두어야 할까요?
(A) 책상 위 바로 거기에 놓아 주시면 돼요.
(B) 아무리 늦어도 목요일까지요.
(C) 존슨 씨가 승인했어요.

해설 | **Where 의문문**
(A) 정답. [위치] 표현 '책상 위 바로 거기'로 답변.
(B) 다른 의문사 When 응답 오류.
(C) 수 일치 오류. 복수(sketches) → 단수(it)

어휘 | at the latest 아무리 늦어도 approve 승인하다

16 W-Am / M-Au

When is the best time to send out this press release?
(A) First thing on Tuesday.
(B) For a business magazine.
(C) To get the most readers.

이 보도 자료를 배포하기에 가장 좋은 시기는 언제인가요?
(A) 화요일 아침 일찍이요.
(B) 경제 잡지용으로요.
(C) 가장 많은 사람이 읽게 하기 위해서요.

해설 | **When 의문문**
(A) 정답. [시간] 표현 '화요일 아침'으로 표현.
(B) 연상 어휘 오답. press release(보도 자료)
→ magazine(잡지)
(C) 연상 어휘 오답. press release(보도 자료)
→ readers(독자들)

어휘 | send out 배포하다 press release 보도 자료

17 M-Au / W-Am

Where is a good place to rent an apartment?
(A) A lot of people like Hastings Street.
(B) Early January is usually best.
(C) Your department is down the hall.

아파트를 임대하기에 좋은 곳은 어디인가요?
(A) 많은 분이 헤이스팅스 가를 좋아해요.
(B) 1월 초가 보통 가장 좋아요.
(C) 당신의 부서는 복도 끝에 있어요.

해설 | **Where 의문문**
(A) 정답. [지명] 표현 '헤이스팅스 가'로 답변.
(B) 다른 의문사 When 응답 오류.
(C) 유사 발음 오답. apartment(아파트) → department(부서)

어휘 | department 부서

18 M-Cn / M-Au

When did Dr. Lewis move his clinic to a different location?
(A) Since it's near the highway.
(B) Actually, he's moving next month.
(C) I'm feeling better, thanks.

루이스 박사는 언제 진료소를 다른 장소로 이전했나요?
(A) 고속도로 근처라서요.
(B) 실은 다음 달에 이사를 할 거예요.
(C) 많이 좋아졌어요, 감사합니다.

해설 | When 의문문
(A) 연상 어휘 오답. location(장소) → highway(고속도로)
(B) 정답. [시간] 표현 '다음 달'로 답변.
(C) 연상 어휘 오답. clinic(진료소) → feel better(좋아지다)

어휘 | move 이사하다 location 장소 feel better (기분이나 몸이) 좋아지다

19 M-Au / W-Am

Where are we meeting our clients for lunch?
(A) They had to cancel.
(B) About an account.
(C) Today, at noon.

고객과의 점심을 위해 어디에서 만날까요?
(A) 그들은 점심을 취소해야만 했어요.
(B) 계정에 대해서요.
(C) 오늘 정오에요.

해설 | Where 의문문
(A) 정답. '취소해야 했다'는 우회적인 답변.
(B) 연상 어휘 오답. clients(고객) → account(고객; 계정)
(C) 다른 의문사 When 응답 오류.

어휘 | account 계정, 계좌

20 M-Cn / W-Br

When's a convenient time to stop by your office?
(A) Mornings are usually best.
(B) It's up on the second floor.
(C) We should get some of those.

당신 사무실에 들르려고 하는데 언제가 시간이 편하세요?
(A) 오전이 보통 가장 좋아요.
(B) 위에 2층에 있어요.
(C) 우리 이거 몇 개 사야 해요.

해설 | When 의문문
(A) 정답. [시간] 표현 '오전'으로 답변.
(B) 다른 의문사 Where 응답 오류.
(C) 질문과 무관한 오답.

어휘 | convenient 편리한 stop by 잠시 들르다

Unit 05 How / Why 의문문

Check Up
본책 p.047

(A) X	(B) O	(C) X	(D) X	(E) X	(F) O

Q. How can I apply for a library card?
도서관 카드를 어떻게 신청하나요?
(A) Three to four days. (X)
3~4일이요.
(B) Just sign up at the front desk. (O)
프런트 데스크에서 등록만 하면 돼요.
(C) Yes, that'd be OK with me. (X)
네, 저는 괜찮아요.
(D) That book has been reserved. (X)
그 책은 예약되었습니다.
(E) I'll notify them on Tuesday. (X)
화요일에 그들에게 알리겠습니다.
(F) You'll have to ask the receptionist. (O)
접수 담당자에게 물어보셔야 할 겁니다.

Check Up
본책 p.049

(A) X	(B) O	(C) X	(D) O	(E) X	(F) O

Q. Why is Ms. Keller moving to another department?
켈러 씨는 왜 다른 부서로 옮기나요?
(A) It was a surprise party. (X)
서프라이즈 파티였어요.
(B) I think it's Ms. Kathy. (O)
제 생각엔 캐시 씨 같아요.
(C) In the manager's office. (X)
관리자 사무실에서요.
(D) Why don't you ask her? (O)
그녀에게 물어보지 그러세요?
(E) She didn't like that movie. (X)
그녀는 그 영화를 좋아하지 않았어요.
(F) Because she's been promoted. (O)
그녀가 승진을 해서요.

● 토익 감각 익히기
본책 p.050

1 (C)　**2** (B)　**3** (B)　**4** (A)

1 M-Au / W-Br

How often do you travel for work?
(A) I'll be back soon.
(B) Those will be shipped on Tuesday.
(C) Every couple of months.

얼마나 자주 출장을 가세요?
(A) 저는 금방 돌아올 거예요.
(B) 저것들은 화요일에 출하될 거예요.
(C) 두어 달에 한 번이요.

해설 | **How (often) 의문문**
(A) 연상 어휘 오답. travel(여행하다) → be back(돌아오다)
(B) 질문과 무관한 오답.
(C) 정답. [빈도] 표현 '두어 달에 한 번'으로 답변.

어휘 | ship 출하하다, 실어 나르다

2 W-Br / M-Cn

Why did she leave the meeting so early?
(A) By taxi.
(B) Didn't she tell you?
(C) In half an hour.

그녀는 회의 장소에서 왜 그렇게 일찍 나갔나요?
(A) 택시로요.
(B) 그녀가 말해 주지 않았나요?
(C) 30분 후에요.

해설 | **Why 의문문**
(A) 질문과 무관한 오답.
(B) 정답. 그녀가 알려 주지 않았나는 우회적인 답변.
(C) 다른 의문사 When 응답 오류.

3 M-Cn / W-Am

How did you find a local distributor?
(A) I don't recall where it is.
(B) I searched online.
(C) On platform four.

지역 유통 업체를 어떻게 찾으셨나요?
(A) 어디에 있는지 기억이 안 나요.
(B) 온라인에서 찾았어요.
(C) 4번 승강장이에요.

해설 | **How 의문문**
(A) 유사 발음 오답. local(지역의) → recall(기억해 내다)
(B) 정답. [출처] 표현 '온라인'으로 답변.
(C) 다른 의문사 Where 응답 오류

어휘 | distributor 유통 업체 recall 기억해 내다

4 M-Cn / W-Br

Why is the restaurant closed today?
(A) There's a private party.
(B) Some water, please.
(C) Not until Tuesday night.

그 식당은 왜 오늘 문을 닫았나요?
(A) 비공개 파티가 있어요.
(B) 물 좀 갖다주세요.
(C) 화요일 밤까지요.

해설 | **Why 의문문**
(A) 정답. [이유] 표현으로 '파티가 있다'는 응답.
(B) 연상 어휘 오답. restaurant(식당) → water(물)
(C) 다른 의문사 When 응답 오류.

● ETS 실전 **도전하기**   본책 p.051

1 (B)	2 (B)	3 (C)	4 (A)	5 (C)
6 (C)	7 (C)	8 (B)	9 (A)	10 (B)
11 (C)	12 (C)	13 (C)	14 (A)	15 (C)
16 (C)	17 (B)	18 (B)	19 (A)	20 (A)

1 M-Au / W-Br

How did your job interview go?
(A) For production manager.
(B) Fine, I think.
(C) With Ms. Wilde.

취업 면접은 어떻게 됐어요?
(A) 생산 관리자 자리요.
(B) 잘된 것 같아요.
(C) 와일드 씨와 함께요.

해설 | **How 의문문**
(A) 연상 어휘 오답. interview(면접) → manager(관리자)
(B) 정답. [상태] 표현 '잘된 것 같다'로 답변.
(C) 질문과 무관한 오답.

어휘 | production 생산

2 M-Cn / W-Am

Why are you looking at the furniture catalog?
(A) A small armchair.
(B) I'm ordering a new lamp.
(C) In the mailbox.

왜 가구 카탈로그를 보고 있나요?
(A) 작은 안락의자요.
(B) 새 조명등을 주문하려고요.
(C) 우편함에 있어요.

해설 | **Why 의문문**
(A) 연상 어휘 오답. furniture(가구) → armchair(안락의자)
(B) 정답. '새 조명등을 주문하려는 목적'으로 답변.
(C) 다른 의문사 Where 응답 오류.

어휘 | furniture 가구 armchair 안락의자 order 주문하다
mailbox 우편함

3 M-Au / W-Am

How did you hear about the job?
(A) The volume is too low.
(B) Yes, I believe he started last week.
(C) It was advertised in the newspaper.

그 일자리에 대해 어떻게 들었어요?
(A) 음량이 너무 작아요.
(B) 네, 그가 지난주에 시작했을 거예요.
(C) 신문에 광고가 실려 있었어요.

해설 | **How 의문문**
(A) 연상 어휘 오답. hear(듣다) → volume(음량)
(B) Yes / No 답변 불가 오답.
(C) 정답. [출처] 표현 '신문 광고'로 답변.

어휘 | advertise 광고하다

4 W-Am / M-Au

Why is the park so crowded today?
(A) There's a free concert later.
(B) A nearby parking area.
(C) No, not too cloudy.

오늘 공원에 사람이 왜 이렇게 많나요?
(A) 이따가 무료 음악회가 있어요.
(B) 인근 주차 구역이요.
(C) 아니요, 날씨가 그렇게 흐리지는 않아요.

해설 | **Why 의문문**
(A) 정답. '음악회가 있다'는 이유로 답변.
(B) 유사 발음 오답. park(공원) → parking(주차)
(C) Yes / No 답변 불가 오답.

5 M-Au / W-Am

How many packages did your company ship
last month?
(A) No, I don't need any.
(B) You can take the bus to the port.
(C) About 5,000.

지난달 당신의 회사가 상자를 몇 개나 배송했나요?
(A) 아니요, 아무것도 필요 없어요.
(B) 항구로 가는 버스를 탈 수 있어요.
(C) 대략 5천 개요.

해설 | **How (many) 의문문**
(A) Yes / No 답변 불가 오답.
(B) 연상 어휘 오답. ship(배송하다; 배) → port(항구)
(C) 정답. [수량] 표현 '대략 5천 개'로 답변.

어휘 | port 항구

6 W-Am / M-Au

Why was the price of this computer reduced?
(A) Can I help you find something?
(B) At least fifty dollars.
(C) Because a newer model just came out.

이 컴퓨터의 가격은 왜 낮춰졌나요?
(A) 제가 물건 찾는 걸 도와드릴까요?
(B) 적어도 50달러요.
(C) 신모델이 최근 출시되어서요.

해설 | **Why 의문문**
(A) 질문과 무관한 오답.
(B) 다른 의문사 How much 응답 오류.
(C) 정답. [이유] 표현으로 답변.

어휘 | reduce 낮추다, 줄이다

7 W-Br / W-Am

How often are tours of the gallery given?
(A) At the front desk.
(B) Sculptures and paintings.
(C) Twice a day.

갤러리 투어는 얼마나 자주 진행되나요?
(A) 접수대에서요.
(B) 조각과 회화요.
(C) 하루 두 번이요.

해설 | **How (often) 의문문**
(A) 다른 의문사 Where 응답 오류.
(B) 연상 어휘 오답. gallery(미술관) → Sculptures and
    paintings(조각과 회화)
(C) 정답. [빈도] 표현 '하루 두 번'으로 답변.

어휘 | gallery 미술관 sculpture 조각 painting 회화

8 M-Au / W-Am

Why did the store stop carrying Treeton
products?
(A) On the corner of Tower Road and Johnson
    Street.
(B) They weren't selling well.
(C) They're really not that heavy.

그 가게는 왜 트리턴 제품의 판매를 중단했나요?
(A) 타워 로와 존슨 가의 교차로에요.
(B) 잘 팔리지 않았어요.
(C) 정말 별로 무겁지 않아요.

해설 | **Why 의문문**
(A) 다른 의문사 Where 응답 오류.
(B) 정답. '잘 팔리지 않아서'라는 이유로 답변.
(C) 연상 어휘 오답. carry(운반하다) → heavy(무거운)

어휘 | carry (가게에서 물건을) 취급하다

9 W-Br / M-Au

How is Marco getting to Shanghai?

(A) He's flying there from New York.

(B) Sure, I'll return the key.

(C) Only for a few days.

마르코는 어떻게 상하이로 갈 건가요?

(A) 그는 뉴욕에서 비행기를 타고 갈 거예요.

(B) 그러죠, 열쇠 돌려드릴게요.

(C) 단지 며칠만요.

해설 | How 의문문

(A) 정답. [교통수단] 표현 '비행기'로 답변.

(B) Sure 답변 불가 오답.

(C) 다른 의문사 How long 응답 오류.

어휘 | get to ~에 도착하다 return 반납하다, 돌려주다

10 M-Au / M-Cn

Why are the new employees out of the office?

(A) It's in the center of town.

(B) Because they're at a training session.

(C) No thanks, we have enough.

신입 사원들이 왜 사무실을 비웠나요?

(A) 그것은 시내 중심가에 있어요.

(B) 연수 과정에 참석하고 있어서요.

(C) 고맙지만 사양할게요, 충분히 먹었어요.

해설 | Why 의문문

(A) 인칭대명사 및 수 일치 오류. 복수(employees) → 단수(it)

(B) 정답. [이유] 표현으로 답변.

(C) Yes / No 답변 불가 오답.

어휘 | training session 연수 과정

11 W-Br / M-Cn

How was your first week working at the radio station?

(A) Could you turn the radio up?

(B) On the morning news.

(C) I really learned a lot.

라디오 방송국에서 일한 첫 주는 어땠나요?

(A) 라디오 소리를 크게 해 주실 수 있나요?

(B) 아침 뉴스에서요.

(C) 정말 많이 배웠어요.

해설 | How 의문문

(A) 반복 어휘 오답. radio(라디오)

(B) 연상 어휘 오답. radio(라디오) → news(뉴스)

(C) 정답. [의견] 표현 '많이 배웠다'라고 답변.

어휘 | radio station 라디오 방송국 turn up 소리를 크게 하다

12 M-Au / W-Br

Why did you look so tired during the performance?

(A) Jonathan will be dancing in it.

(B) Because they're taking a break.

(C) I didn't sleep well last night.

공연 중에 당신은 왜 그렇게 피곤해 보였나요?

(A) 조너선이 춤을 출 거예요.

(B) 그들이 휴식을 취하고 있어서요.

(C) 간밤에 잠을 잘 못 잤어요.

해설 | Why 의문문

(A) 연상 어휘 오답. performance(공연) → dancing(춤을 추다)

(B) 인칭대명사 응답 오류. you(당신) → they(그들)

(C) 정답. '잠을 잘 못 잤다'라는 이유로 답변.

어휘 | performance 공연

13 M-Cn / W-Br

How much does this watch cost?

(A) Not very often these days.

(B) It's quarter to eleven.

(C) Is the price tag missing?

이 손목시계는 얼마인가요?

(A) 요즘에는 자주 하지 않아요.

(B) 11시 15분 전이예요.

(C) 가격표가 없나요?

해설 | How (much) 의문문

(A) 질문과 무관한 오답.

(B) 다른 의문사 What (time) 응답 오류.

(C) 정답. 가격표를 확인하라는 우회적인 답변.

어휘 | price tag 가격표

14 W-Br / M-Au

Why is Ms. Jiménez in Moscow?

(A) She's attending an economics forum.

(B) It's a nonstop flight.

(C) A few more months.

히메네스 씨는 왜 모스크바에 있나요?

(A) 그녀는 경제학 포럼에 참석 중이에요.

(B) 직항편이에요.

(C) 몇 달 더요.

해설 | Why 의문문

(A) 정답. '포럼에 참석 중'이라는 답변.

(B) 연상 어휘 오답. Moscow(모스크바) → flight(비행편)

(C) 다른 의문사 How (long) 응답 오류.

어휘 | economics 경제학 nonstop flight 직항편

15 M-Cn / W-Br

How do I submit an invoice for this editing project?

(A) Three hundred dollars.

(B) Thanks, but only minor revisions.

(C) Fax it to Mr. Sakda.

이번 편집 프로젝트에 대한 청구서를 어떻게 제출해야 하나요?
(A) 300달러요.
(B) 고맙습니다만, 단지 사소한 수정이에요.
(C) 사크다 씨에게 팩스로 보내주세요.

해설 | **How 의문문**
(A) 의문사 How (much) 응답 오류.
(B) 연상 어휘 오답. editing(편집) → revisions(수정, 교정)
(C) 정답. 제출 방법을 '팩스'로 답변.

어휘 | submit 제출하다 invoice 청구서, 송장 editing 편집 작업 minor 사소한 revision 수정

16 W-Br / W-Am

Why didn't Jim accept the vice president position?

(A) In his office.

(B) Except for the night shift.

(C) Because he wants to retire.

짐은 왜 부회장직을 수락하지 않았나요?
(A) 그의 사무실에서요.
(B) 야간 근무만 빼고요.
(C) 그가 은퇴를 원해서요.

해설 | **Why 의문문**
(A) 다른 의문사 Where 응답 오류.
(B) 유사 발음 오답. accept(수락하다) → except(~을 제외하고)
(C) 정답. [이유] 표현 '은퇴를 원해서'라고 답변.

어휘 | accept 수락하다 vice president 부회장, 부사장 shift 근무조 retire 은퇴하다

17 W-Am / M-Cn

How long will the morning training session last?

(A) Almost every Monday.

(B) Probably about an hour.

(C) It was very informative.

오전 연수 과정은 얼마나 오래 진행될까요?
(A) 거의 월요일마다요.
(B) 아마도 한 시간쯤이요.
(C) 매우 유익했어요.

해설 | **How (long) 의문문**
(A) 다른 의문사 How often 응답 오류.
(B) 정답. [기간] 표현 '한 시간'으로 답변.
(C) 연상 어휘 오답. training session(연수 과정) → informative(유익한)

어휘 | last 계속하다 informative 유익한

18 M-Au / W-Am

Why was the quality control inspection postponed?

(A) I'll take you to the post office.

(B) The inspector was delayed.

(C) The controller's office is downstairs.

품질 관리 검사가 왜 미뤄졌나요?
(A) 제가 우체국까지 모셔다 드릴게요.
(B) 검사관이 늦게 왔어요.
(C) 관리 사무실은 아래층이에요.

해설 | **Why 의문문**
(A) 유사 발음 오답. postponed(미뤄진) → post office(우체국)
(B) 정답. 이유로 '검사관이 늦게 왔다'는 답변.
(C) 파생어 오답. control(관리) → controller(관리자)

어휘 | quality control inspection 품질 관리 검사 postpone 미루다 inspector 조사관 controller 관리자

19 W-Br / M-Au

Why did you come to the office early today?

(A) Because I had to finish a report.

(B) Usually at eight-thirty in the morning.

(C) I'm sorry, but I can't.

오늘 왜 일찍 사무실에 나오셨나요?
(A) 보고서를 마무리해야 했어요.
(B) 보통 아침 8시 30분에요.
(C) 죄송한데, 저는 할 수 없어요.

해설 | **Why 의문문**
(A) 정답. 이유로 '보고서를 마무리해야 한다'고 답변.
(B) 다른 의문사 When 응답 오류.
(C) 질문과 무관한 오답.

20 W-Am / M-Cn

How should we advertise the store opening?

(A) Let's discuss it at the management meeting.

(B) Yes, I've worked there before.

(C) A shoe store.

가게 개업을 어떻게 광고해야 할까요?
(A) 경영진 회의 때 의논해 봅시다.
(B) 네, 저는 거기서 일해 본 적 있어요.
(C) 신발 가게요.

해설 | **How 의문문**
(A) 정답. '회의 때 의논하자'는 우회적인 답변.
(B) Yes/No 답변 불가 오답.
(C) 반복 어휘 오답. store(가게)

어휘 | advertise 광고하다 opening 개업 management meeting 경영진 회의

Unit 06 일반/선택 의문문

Check Up

| (A) X | (B) O | (C) X | (D) X | (E) X | (F) O |

Q. Are you going to the company dinner?
회사 만찬에 가실 건가요?

(A) It's a growing company. (X)
그곳은 성장하는 회사예요.

(B) Yes, but I'll be late. (O)
네, 하지만 늦을 거예요.

(C) My dinner was delicious, thanks. (X)
저녁 식사 맛있었어요, 감사합니다.

(D) Actually, I ordered eight. (X)
사실 8개 주문했어요.

(E) I had that for lunch. (X)
점심으로 그것을 먹었어요.

(F) No, I'm leaving for the conference tonight. (O)
아니요, 오늘밤 콘퍼런스 때문에 떠나요.

Check Up
본책 p.055

| (A) X | (B) X | (C) O | (D) X | (E) X | (F) O |

Q. I'm sorry, did you say you wanted iced coffee or iced tea?
죄송합니다, 아이스 커피라고 하셨나요, 아이스 티라고 하셨나요?

(A) It's a little too sweet. (X)
좀 너무 달군요.

(B) Yes, thanks. (X)
네, 감사해요.

(C) I'd like coffee, please. (O)
커피 주세요.

(D) We can afford to do both. (X)
우리는 둘 다 할 수 있겠네요.

(E) Did you ask the manager first? (X)
관리자에게 먼저 물어보셨나요?

(F) Either is fine with me. (O)
어느 것이든 전 괜찮아요.

● 토익 감각 **익히기**
본책 p.056

1 (C)　**2** (A)　**3** (B)　**4** (C)

1　W-Am / M-Cn
Do we have enough paint to finish the lobby?
(A) What's your hobby?
(B) A darker green.
(C) Yes, just enough.

로비를 다 칠할 수 있을 만큼 페인트가 있나요?
(A) 당신의 취미는 무엇인가요?
(B) 짙은 녹색이요.
(C) 네, 딱 맞을 것 같네요.

해설 | **일반 의문문**
(A) 유사 발음 오답. lobby(로비) → hobby(취미)
(B) 연상 어휘 오답. paint(페인트) → green(녹색)
(C) 정답. 페인트가 충분하냐는 질문에 딱 맞을 것 같다고 답변.

2　M-Cn / W-Am
Do you prefer the original or the revised catalog?
(A) Definitely the new one.
(B) On page nineteen.
(C) I prepared it for you.

원래 카탈로그가 더 좋으세요, 아니면 수정된 카탈로그가 더 좋으세요?
(A) 물론 새로 나온 것이죠.
(B) 19쪽에 있어요.
(C) 당신을 위해 준비했어요.

해설 | **선택 의문문**
(A) 정답. [A or B] 중에 B를 선택.
(B) 연상 어휘 오답. catalog(카탈로그) → page(쪽)
(C) 유사 발음 오답. prefer(선호하다) → prepared(준비했다)

어휘 | revised 수정된 prepare 준비하다

3　W-Am / W-Br
Have you been to the science museum yet?
(A) She's a scientist.
(B) No, can we go?
(C) Yes, it is.

과학 박물관에 가 보셨나요?
(A) 그녀는 과학자예요.
(B) 아니요, 같이 갈까요?
(C) 네, 맞아요.

해설 | **일반 의문문**
(A) 인칭대명사 응답 오류. you(당신) → she(그녀)
(B) 정답. '과학 박물관에 가봤냐'는 질문에 '같이 가자'는 답변.
(C) 인칭대명사 응답 오류. you(당신) → it(그것)

LC

PART 2

4 M-Cn / W-Br

Should I buy the set of blue plates or the white ones?

(A) Be careful, the plate is hot.

(B) I'll have some potatoes.

(C) I like the blue ones.

파란 접시 세트를 사야 할까요, 아니면 하얀 접시 세트를 사야 할까요?

(A) 조심하세요, 접시가 뜨겁습니다.

(B) 저는 감자를 먹겠습니다.

(C) 저는 파란 것이 마음에 드네요.

해설 | **선택 의문문**

(A) 반복 어휘 오답. plate(접시)

(B) 질문과 무관한 오답.

(C) 정답. [A or B] 중에 A를 선택.

어휘 | careful 조심하는

● ETS 실전 도전하기 본책 p.057

1 (B)	**2** (C)	**3** (A)	**4** (B)	**5** (A)
6 (B)	**7** (A)	**8** (A)	**9** (B)	**10** (B)
11 (A)	**12** (A)	**13** (C)	**14** (B)	**15** (B)
16 (B)	**17** (A)	**18** (B)	**19** (A)	**20** (B)

1 W-Am / M-Cn

Do you know of a good doctor in this area?

(A) On the way back.

(B) Sure, I'll give you her phone number.

(C) He'd prefer a corner office.

이 지역에서 실력이 좋은 의사를 아시나요?

(A) 돌아오는 길에요.

(B) 물론이죠, 그녀의 전화번호를 드릴게요.

(C) 그는 모퉁이 사무실을 더 좋아할 거예요.

해설 | **일반 의문문**

(A) 질문과 무관한 응답.

(B) 정답. '전화번호' 추가 정보를 준다는 답변.

(C) 질문과 무관한 응답.

어휘 | corner office (전망이 좋은) 모퉁이 사무실

2 M-Cn / W-Am

Did you ask for one or two crates of oranges?

(A) Yes, that's a good idea.

(B) A complete set of dishes.

(C) I asked for three.

오렌지 한 상자를 주문하셨나요, 아니면 두 상자를 주문하셨나요?

(A) 네, 좋은 생각이네요.

(B) 완전한 식기 세트 한 벌이요.

(C) 세 개를 주문했는데요.

해설 | **선택 의문문**

(A) Yes/No 답변 불가 오답.

(B) 질문과 무관한 응답.

(C) 정답. [A or B]를 묻는 질문에 C를 선택.

어휘 | ask for ~을 요청하다, 주문하다 crate 상자 complete 완전한

3 M-Cn / W-Br

Have you met with the event planner yet?

(A) We're meeting tomorrow.

(B) Fifty invitations.

(C) That's a good plan.

행사 기획자를 만나 보셨나요?

(A) 내일 만날 거예요.

(B) 50장의 초대장이요.

(C) 좋은 계획이네요.

해설 | **일반 의문문**

(A) 정답. '행사 기획자를 만나 보았냐'는 질문에 '내일 만난다'는 답변.

(B) 연상 어휘 오답. event(행사) → invitations(초대장)

(C) 파생어 오답. planner(기획자) → plan(계획)

어휘 | planner 기획자 invitation 초대장

4 W-Br / M-Au

Are you a member of the gym or are you a guest?

(A) Did she remember?

(B) I'm just visiting.

(C) I guessed right.

헬스클럽의 회원이세요, 아니면 방문 손님이세요?

(A) 그녀가 기억을 했나요?

(B) 저는 그냥 구경하러 왔어요.

(C) 제 추측이 맞았어요.

해설 | **선택 의문문**

(A) 인칭대명사 응답 오류. you(당신) → she(그녀)

(B) 정답. [A or B]를 묻는 질문에 '그냥 방문했다'고 B를 달리 표현한 정답.

(C) 유사 발음 오답. guest(손님) → guessed(추측했다)

어휘 | gym 체육관, 헬스클럽

5 W-Br / M-Au

Does this mobile phone come with headphones?

(A) Yes, it does.

(B) Thanks, I'm fine.

(C) About two days.

이 휴대 전화에 헤드폰이 딸려 오나요?

(A) 네, 맞아요.

(B) 고마워요, 저는 괜찮아요.

(C) 약 이틀이요.

해설 | **일반 의문문**

(A) 정답. '휴대 전화에 헤드폰이 딸려오냐'는 질문에 '그렇다'는 답변

(B) 질문과 무관한 응답.

(C) 다른 의문사 How (long) 응답 오류.

어휘 | come with ~이 딸려 오다

6 M-Au / W-Am

Does our company recycle paper and plastic or just paper?

(A) Trash is collected weekly.

(B) We recycle both.

(C) Ten plastic bottles.

우리 회사는 종이와 플라스틱을 재활용하나요, 아니면 종이만 재활용하나요?

(A) 쓰레기는 매주 수거됩니다.

(B) 우리는 둘 다 재활용해요.

(C) 10개의 페트병이요.

해설 | **선택 의문문**

(A) 연상 어휘 오답. recycle(재활용하다) → trash(쓰레기)

(B) 정답. [A or B]를 묻는 질문에 '둘 다'라고 답변.

(C) 반복 어휘 오답. plastic(플라스틱)

어휘 | recycle 재활용하다 trash 쓰레기 collect 모으다

7 M-Cn / M-Au

Did you watch the football match yesterday?

(A) No, I missed it.

(B) It's 4:45.

(C) I've been training every day.

어제 축구 경기 보셨어요?

(A) 아니요, 못 봤어요.

(B) 4시 45분이에요.

(C) 저는 매일 연습해요.

해설 | **일반 의문문**

(A) 정답. '축구 경기를 보았냐'는 질문에 '못 봤다'는 답변.

(B) 다른 의문사 What (time) 응답 오류.

(C) 연상 어휘 오답. football(축구) → train(연습하다)

어휘 | match 경기 miss 놓치다

8 W-Am / M-Au

Will the carpenters be working the first or second shift?

(A) First would be better.

(B) I'm sorry we were tired.

(C) Making new window frames.

목수들은 첫 번째 근무조에서 일하게 될까요, 아니면 두 번째 근무조에서 일하게 될까요?

(A) 첫 번째 근무조가 더 좋을 거예요.

(B) 미안하지만 우리는 피곤했어요.

(C) 새 창틀을 만드는 일이요.

해설 | **선택 의문문**

(A) 정답. [A or B]를 묻는 질문에 A를 선택.

(B) 질문과 무관한 응답.

(C) 연상 어휘 오답. carpenters(목수들) → window frames(창틀)

어휘 | carpenter 목수 shift 근무조 frame 틀

9 M-Cn / W-Am

Did I already give you my business card?

(A) No, Mr. Cho has a car.

(B) Yes, I have it right here.

(C) Business is good, thanks.

제가 명함을 드렸나요?

(A) 아니요, 조 씨가 자동차가 있어요.

(B) 네, 여기에 있어요.

(C) 사업은 잘됩니다. 고맙습니다.

해설 | **일반 의문문**

(A) 유사 발음 오답. card(카드) → car(차)

(B) 정답. 명함을 주었는지 묻는 질문에 '여기 있다'고 답변

(C) 반복 어휘 오답. business(비즈니스)

어휘 | business card 명함

10 M-Cn / W-Br

Can I e-mail you my résumé, or would you prefer a hard copy?

(A) I checked the mail already.

(B) Just an e-mail will be fine.

(C) No thanks, it's not very difficult.

제 이력서를 이메일로 보내 드릴까요, 아니면 출력물이 더 좋으세요?

(A) 저는 이미 그 우편물을 확인했어요.

(B) 그냥 이메일로 보내 주시면 돼요.

(C) 고맙지만 사양할게요, 그렇게 어렵지 않아요.

해설 | **선택 의문문**

(A) 유사 발음 오답. e-mail(이메일을 보내다) → mail(우편물)

(B) 정답. [A or B]를 묻는 질문에 A를 선택.

(C) 질문과 무관한 응답.

어휘 | résumé 이력서 hard copy 출력된 자료

11 W-Am / M-Cn

Have the landscapers finished the garden?

(A) They need a couple more days.

(B) Flowering trees and shrubs.

(C) A security guard.

조경사들이 정원 일을 마쳤나요?

(A) 며칠 더 필요하대요.

(B) 꽃나무와 관목이요.

(C) 보안 경비원이요.

해설 | **일반 의문문**

(A) 정답. 시간이 더 필요하다는 부정적 답변.

(B) 연상 어휘 오답. garden(정원) → trees(나무)

(C) 유사 발음 오답. garden(정원) → guard(경비원)

어휘 | landscaper 조경사 shrub 관목 security guard 보안
경비원

12 M-Cn / M-Au

Is the convention in New York or San
Francisco this year?

(A) They decided on Toronto instead.

(B) For medical equipment.

(C) It starts on September third.

올해 대회는 뉴욕에서 열리나요, 아니면 샌프란시스코에서 열리나요?

(A) 토론토에서 하기로 결정됐대요.

(B) 의료 장비용이에요.

(C) 9월 3일에 시작해요.

해설 | **선택 의문문**

(A) 정답. [A or B]를 묻는 질문에 C라고 답변.

(B) 질문과 무관한 응답.

(C) 다른 의문사 When 응답 오류.

어휘 | convention 대회, 협의회 equipment 장비

13 W-Br / M-Au

Do you enjoy your job as a bank teller?

(A) I'll tell her tomorrow.

(B) A different account.

(C) I like it a lot.

은행원 일은 재미있으세요?

(A) 제가 내일 그녀에게 말할게요.

(B) 다른 계좌예요.

(C) 아주 마음에 들어요.

해설 | **일반 의문문**

(A) 유사 발음 오답. teller(창구 직원) → tell(말하다)

(B) 연상 어휘 오답. bank(은행) → account(계좌)

(C) 정답. '은행원 일이 재미있냐'는 질문에 '아주 마음에 든다'는
    긍정 답변.

어휘 | bank teller 은행원 account 계좌

14 W-Br / M-Cn

Should I hang the paintings on this wall or on
that one?

(A) I have some more paint here.

(B) We're still deciding where to put them.

(C) Some beautiful artwork.

이쪽 벽에 그림을 걸까요, 아니면 저쪽 벽에 걸까요?

(A) 여기 페인트 좀 더 있어요.

(B) 어디에 걸지 아직 고민 중입니다.

(C) 아름다운 미술품이요.

해설 | **선택 의문문**

(A) 파생어 오답. paintings(그림) → paint(페인트)

(B) 정답. [A or B]를 묻는 질문에 '고민 중'이라는 우회적인 답변.

(C) 연상 어휘 오답. paintings(그림) → artwork(미술품)

어휘 | hang 걸다, 매달다 decide 결정하다 artwork 미술품

15 W-Br / M-Cn

Did Mr. Lee approve the text for the brochure?

(A) Yes, I can.

(B) He hasn't seen it yet.

(C) A few more copies.

리 씨가 안내책자에 들어갈 문구를 승인했나요?

(A) 네, 제가 할 수 있어요.

(B) 그는 아직 이것을 보지 못했어요.

(C) 몇 부만 더요.

해설 | **일반 의문문**

(A) 인칭대명사 응답 오류. Mr. Lee(리 씨) → I(나)

(B) 정답. '안내책자'에 관한 질문에 '아직 보지 못했다'는 우회적인
    답변.

(C) 연상 어휘 오답. brochure(안내책자) → copies(부)

어휘 | approve 승인하다 brochure 안내책자, 안내책자 copy
(책 등의) 한 부

16 M-Au / W-Am

Is the orientation session in this building or in
the Carson Building?

(A) Starting on Monday.

(B) It's just upstairs.

(C) For the new employees.

오리엔테이션은 이 건물에서 열리나요, 아니면 카슨 빌딩에서
열리나요?

(A) 월요일부터요.

(B) 여기 위층에서요.

(C) 신입 사원들을 위해서요.

해설 | **선택 의문문**

(A) 다른 의문사 When 응답 오류.

(B) 정답. [A or B]를 묻는 질문에 A라고 답변.

(C) 연상 어휘 오답. orientation(오리엔테이션) → new
    employees(신입 사원)

17 M-Cn / W-Br

Do you usually eat lunch in the company cafeteria?

(A) No, I bring food from home.

(B) I'll have my coffee with cream and sugar, thanks.

(C) It's for the company picnic.

보통 회사 구내식당에서 점심을 드시나요?
(A) 아니요, 집에서 먹을 것을 가져와요.
(B) 제 커피에는 크림과 설탕을 넣어 주세요. 감사합니다.
(C) 회사 야유회를 위한 거예요.

해설 | **일반 의문문**
(A) 정답. '구내식당에서 점심을 먹느냐'는 질문에 '도시락을 가져온다'는 부정 답변.
(B) 연상 어휘 오답. cafeteria(구내식당) → coffee(커피)
(C) 반복 어휘 오답. company(회사)

어휘 | cafeteria 구내식당

18 W-Br / W-Am

Which flavor of ice cream would you prefer, vanilla or chocolate?

(A) I'll refer him to you.

(B) Some of each, if there's enough.

(C) It's next to the café.

바닐라와 초콜릿 중에서 어떤 아이스크림 맛을 더 좋아하세요?
(A) 당신에게 그를 소개할게요.
(B) 충분하다면 각각 조금씩 주세요.
(C) 그것은 카페 옆에 있어요.

해설 | **선택 의문문**
(A) 유사 발음 오답. prefer(선호하다) → refer(소개하다)
(B) 정답. [A or B]를 묻는 질문에 '각각'이라는 표현을 사용하여 둘 다라고 답변.
(C) 연상 어휘 오답. ice cream(아이스크림) → café(카페)

어휘 | flavor 맛, 풍미 refer A to B A를 B에게 소개하다

19 M-Au / M-Cn

Have you completed the reimbursement form?

(A) Yes, I've filled it out.

(B) Travel expenses.

(C) He's a former colleague.

상환 신청서를 작성하셨나요?
(A) 네, 작성했어요.
(B) 여행 경비요.
(C) 그는 옛날 직장 동료예요.

해설 | **일반 의문문**
(A) 정답. '신청서를 작성했냐'는 질문에 '작성했다'는 긍정 답변.
(B) 연상 어휘 오답. reimbursement(상환) → expense(경비)
(C) 유사 발음 오답. form(양식) → former(이전의)

어휘 | complete 작성하다 reimbursement 상환 fill out 작성하다 expense 경비, 지출 colleague 동료

20 W-Br / M-Au

Do you want to wait for a table, or should we eat somewhere else?

(A) I can throw them away later.

(B) Let's try a different restaurant.

(C) Yes, here's a list of participants.

자리가 날 때까지 기다리고 싶으세요, 아니면 다른 데 가서 먹을까요?
(A) 제가 나중에 갖다 버릴게요.
(B) 다른 식당으로 가 봅시다.
(C) 네, 여기 참가자 명단이요.

해설 | **선택 의문문**
(A) 질문과 무관한 오답.
(B) 정답. [A or B]를 묻는 질문에 B라고 답변.
(C) 질문과 무관한 오답.

어휘 | throw away 버리다, 없애다 participant 참가자

Unit 07 부정 / 부가 의문문

Check Up   본책 p.059

(A) X	(B) X	(C) O	(D) X	(E) X	(F) O

Q. Doesn't Ms. Rossi work in the Seoul office?
로씨 씨는 서울 사무실에서 일하지 않나요?

(A) Yes, it was a lot of work. (X)
네, 일이 많았어요.

(B) I appreciate your offer. (X)
제안에 감사드립니다.

(C) I'm not sure. (O)
모르겠어요.

(D) Yes, I'd like to work there. (X)
네, 거기서 일하고 싶어요.

(E) I try to go walking every day. (X)
저는 매일 걸어가려고 노력해요.

(F) No, she was transferred to Singapore. (O)
아니요, 싱가포르로 전근 갔어요.

Check Up   본책 p.061

(A) O	(B) X	(C) X	(D) O	(E) X	(F) O

Q. The performance starts at eight, doesn't it?
공연은 8시 시작이죠, 그렇죠?

(A) No, the show is at seven. (O)
아니요, 공연은 7시예요.

(B) They weren't able to join us this time. (X)
그들은 이번에 저희와 합류하지 못했어요.

(C) It lasted much longer than I thought, too. (X)
제가 생각했던 것보다 훨씬 더 오래 걸리기도 했어요.

(D) Yes, but we should be at the theater by seven-thirty. (O)
네, 하지만 7시 30분까지 극장에 가야 해요.

(E) A higher ticket price. (X)
표 가격이 더 비싸요.

(F) Yes, I heard it got excellent reviews. (O)
네, 후기들이 아주 좋다고 들었어요.

● 토익 감각 익히기

1 (C) **2** (C) **3** (A) **4** (A)

1 M-Au / W-Am

Don't you want to <u>bring</u> a <u>laptop</u> to the meeting?
(A) In the videoconference <u>room</u>.
(B) <u>Between</u> July 8th and July 12th.
(C) Yes, it's in my <u>bag</u>.

회의에 노트북을 가져오고 싶지 않으세요?
(A) 화상 회의실에서요.
(B) 7월 8일과 7월 12일 사이에요.
(C) 가져갈게요, 제 가방에 있어요.

해설 | **부정 의문문**
(A) 다른 의문사 Where 응답 오류.
(B) 다른 의문사 When 응답 오류.
(C) 정답. '노트북을 회의 장소에 가져오지 않겠냐'는 질문에 '가져가겠다'는 긍정 답변.

어휘 | bring 가져오다

2 W-Am / W-Br

<u>Lunch</u> yesterday was <u>delicious</u>, wasn't it?
(A) Sorry, I'm not <u>free</u> then.
(B) No, she's the new <u>office manager</u>.
(C) Yes, the spaghetti was <u>great</u>.

어제 점심은 정말 맛있었어요, 그렇지 않나요?
(A) 죄송합니다만, 저는 그때 시간이 안 돼요.
(B) 아니요, 그녀는 새로 온 사무장이에요.
(C) 네, 스파게티가 훌륭했죠.

해설 | **부가 의문문**
(A) 질문과 무관한 오답.
(B) 인칭대명사 응답 오류. it(그것) → she(그녀)
(C) 정답. '어제 점심이 맛있지 않았냐'는 질문에 '스파게티가 훌륭했다'는 긍정 답변.

어휘 | free 시간이 여유로운 office manager 사무장

3 M-Au / W-Am

Isn't Mr. Sandoval <u>out</u> of <u>town</u>?
(A) Actually, his trip was <u>canceled</u>.
(B) He's <u>from</u> Madrid.
(C) No, he still has <u>some</u>.

산도발 씨는 시외에 있지 않나요?
(A) 사실, 그의 여행은 취소되었어요.
(B) 그는 마드리드 출신이에요.
(C) 아니요, 그에게 아직 몇 개가 있어요.

해설 | **부정 의문문**
(A) 정답. '산도발 씨가 시외에 있지 않냐'는 질문에 '여행이 취소되었다'는 우회적 답변.
(B) 다른 의문사 Where 응답 오류.
(C) 질문과 무관한 오답.

어휘 | out of town 시내를 벗어난 cancel 취소하다

4 W-Am / M-Cn

My <u>car</u> can be <u>shipped</u> to the United Kingdom, can't it?
(A) Yes, we can <u>arrange</u> that.
(B) They <u>arrived</u> from London.
(C) Some new <u>tires</u>.

제 차를 영국으로 운송할 수 있죠, 그렇지 않나요?
(A) 네, 저희가 해 드릴 수 있어요.
(B) 그것들은 런던에서 도착했어요.
(C) 새 타이어 몇 개요.

해설 | **부가 의문문**
(A) 정답. '차를 운송할 수 있냐'는 질문에 '할 수 있다'는 긍정 답변.
(B) 수 일치 오류. 단수(car) → 복수(They)
(C) 연상 어휘 오답. car(차) → tires(타이어)

어휘 | ship 출하하다, 운송하다 arrange 마련하다, 처리하다

● ETS 실전 도전하기

1 (B)	**2** (B)	**3** (B)	**4** (B)	**5** (C)
6 (C)	**7** (B)	**8** (B)	**9** (C)	**10** (B)
11 (A)	**12** (C)	**13** (B)	**14** (A)	**15** (B)
16 (C)	**17** (C)	**18** (C)	**19** (C)	**20** (A)

1 M-Au / W-Br

Isn't Ken going on vacation soon?
(A) Sure, I'd like some.
(B) On Monday, I think.
(C) No, it's not too late.

켄이 곧 휴가를 가지 않나요?
(A) 물론이죠, 감사히 받을게요.
(B) 월요일인 것 같아요.
(C) 아니요, 아주 늦지는 않았어요.

해설 | **부정 의문문**
(A) 질문과 무관한 오답.
(B) 정답. '켄이 곧 휴가를 가냐'는 질문에 '월요일인 것 같다'는 긍정 답변.
(C) 인칭대명사 오류. Ken(켄) → it(그것)

2 W-Br / M-Cn

That jacket is too small, isn't it?
(A) It's rather cold today.
(B) Yes, it's a little tight.
(C) Cash or credit?

그 재킷은 너무 작네요, 그렇지 않나요?
(A) 오늘은 조금 춥네요.
(B) 네, 약간 꽉 끼네요.
(C) 현금으로 하실래요, 신용카드로 하실래요?

해설 | **부가 의문문**
(A) 연상 어휘 오답. jacket(재킷) → cold(추운)
(B) 정답. '재킷이 너무 작지 않냐'는 질문에 '약간 꽉 낀다'는 긍정 답변.
(C) 질문과 무관한 오답.

어휘 | rather 약간, 상당히 tight (옷이 몸에) 꽉 끼는

3 M-Cn / W-Br

Shouldn't we order some more photocopier paper?
(A) No, they're not.
(B) Yes, we're running out.
(C) A fair price.

복사 용지를 좀 더 주문해야 하지 않을까요?
(A) 아니요, 그들은 그렇지 않아요.
(B) 네, 다 떨어졌어요.
(C) 타당한 가격이에요.

해설 | **부정 의문문**
(A) 수 일치 오류. 불가산명사(paper) → 복수(they)
(B) 정답. '복사 용지를 더 주문해야 하지 않냐'는 질문에 '다 떨어졌다'는 긍정 답변.
(C) 연상 어휘 오답. order(주문하다) → price(가격)

어휘 | photocopier paper 복사 용지 run out 다 떨어지다
fair 공정한, 타당한

4 W-Br / M-Au

You're going to the office picnic, aren't you?
(A) Ms. Cho, the head of marketing.
(B) Yes, I'll be there.
(C) A large catering order.

당신은 회사 야유회에 갈 거죠, 아닌가요?
(A) 마케팅 부장인 조 씨요.
(B) 네, 참석할 거예요.
(C) 대량의 연회 음식 주문이요.

해설 | **부가 의문문**
(A) 질문과 무관한 오답.
(B) 정답. '야유회에 갈 거냐'는 질문에 '참석할 거다'라는 긍정 답변.
(C) 연상 어휘 오답. picnic(야유회) → catering(출장 연회)

어휘 | head 우두머리, 책임자 catering 출장 연회

5 W-Br / M-Au

Didn't you make a copy of the menu?
(A) A reservation for four people.
(B) No thanks, I already ordered something.
(C) Yes, it's posted on the bulletin board.

메뉴판 복사본을 만들지 않았나요?
(A) 4명을 위한 예약이요.
(B) 고맙지만 사양할게요, 이미 주문했어요.
(C) 네, 게시판에 붙어 있어요.

해설 | **부정 의문문**
(A) 연상 어휘 오답. menu(메뉴) → reservation(예약)
(B) 연상 어휘 오답. menu(메뉴) → order(주문하다)
(C) 정답. '메뉴 복사판을 만들지 않았냐'는 질문에 '게시판에 붙어 있다'는 긍정 답변.

어휘 | make a copy 복사본을 만들다 reservation 예약 post
게시하다 bulletin board 게시판

6 W-Am / M-Cn

The shoe sale lasts until Thursday, doesn't it?
(A) I'll try them on.
(B) Do you have the receipt?
(C) No, it ends on Wednesday.

그 신발 할인 판매는 목요일까지 계속되죠, 그렇지 않나요?
(A) 제가 한번 신어 볼게요.
(B) 영수증을 갖고 계신가요?
(C) 아니요, 수요일에 끝나요.

해설 | **부가 의문문**
(A) 연상 어휘 오답. shoe(신발) → try on(신어 보다)
(B) 연상 어휘 오답. sale(할인 판매) → receipt(영수증)
(C) 정답. '할인 판매가 목요일까지 계속되냐'는 질문에 '수요일에 끝난다'는 부정 답변.

어휘 | last 계속하다 try on 입어 보다, 신어 보다 receipt 영수증

7 M-Cn / W-Br

Don't you and Kirsten belong to the same gym?

(A) Usually for an hour.

(B) Yes, I always see her there.

(C) The membership coordinator.

당신과 커스틴이 같은 헬스클럽에 다니지 않나요?
(A) 보통 한 시간 동안이요.
(B) **네, 거기서 항상 그녀와 마주쳐요.**
(C) 회원 관리 담당자요.

해설 | **부정 의문문**
(A) 다른 의문사 How (long) 응답 오류.
(B) 정답. '커스틴과 같은 헬스클럽에 다니냐'는 질문에 '거기서 항상 마주친다'는 긍정 답변.
(C) 연상 어휘 오답. gym(헬스클럽) → membership(회원 자격)

어휘 | belong to ~에 속하다 gym 체육관, 헬스클럽 membership 회원 자격 coordinator 진행 담당자

8 W-Br / M-Au

You already signed the lease to your house, didn't you?

(A) A dozen at least.

(B) Yes, last week.

(C) It's on Alder Street.

주택 임대차 계약서에 이미 서명하셨죠, 그렇지 않나요?
(A) 적어도 열두 개요.
(B) **네, 지난주에요.**
(C) 앨더 가에 있어요.

해설 | **부가 의문문**
(A) 유사 발음 오답. lease(임대차 계약서) → at least(적어도)
(B) 정답. '계약서에 서명했냐'는 질문에 '지난주에 했다'라는 긍정 답변.
(C) 다른 의문사 Where 응답 오류.

어휘 | lease 임대차 계약서 dozen 12개, 십여 개

9 M-Au / W-Am

Aren't you going to see that action movie with Mei this weekend?

(A) I bought several of them.

(B) A newly remodeled theater.

(C) Actually, we just saw it.

이번 주말에 메이와 함께 액션 영화를 보러 가지 않나요?
(A) 저는 여러 개를 샀어요.
(B) 새단장을 마친 극장이요.
(C) **실은 방금 그것을 봤어요.**

해설 | **부정 의문문**
(A) 질문과 무관한 오답.
(B) 연상 어휘 오답. movie(영화) → theater(극장)
(C) 정답. '주말에 영화를 보러 가느냐'는 질문에 '방금 봤다'는 우회적인 답변.

어휘 | remodel 개조하다, 새단장하다

10 M-Cn / M-Au

We'll need umbrellas, won't we?

(A) She stayed inside all day.

(B) No, the weather's supposed to be nice.

(C) It takes about two hours.

우리는 우산이 필요할 거예요, 그렇지 않나요?
(A) 그녀는 종일 실내에 있었어요.
(B) **아니요, 날씨가 좋을 거래요.**
(C) 2시간쯤 걸려요.

해설 | **부가 의문문**
(A) 인칭대명사 응답 오류. We(우리) → She(그녀)
(B) 정답. '우산이 필요하냐'는 질문에 '날씨가 좋을 거다'라는 부정 답변.
(C) 다른 의문사 How (long) 응답 오류.

어휘 | umbrella 우산 be supposed to ~하기로 되어 있다, ~라고 한다

11 M-Cn / W-Br

Haven't the new uniforms for the kitchen staff arrived?

(A) I have them right here.

(B) It's company policy.

(C) I'll check the menu.

주방 직원들이 입을 새 유니폼이 도착하지 않았나요?
(A) **여기에 있어요.**
(B) 회사 정책입니다.
(C) 메뉴판을 확인해 볼게요.

해설 | **부정 의문문**
(A) 정답. '새 유니폼이 도착했냐'는 질문에 '여기에 있다'는 긍정 답변.
(B) 수 일치 오류. 복수(uniforms) → 단수(it)
(C) 연상 어휘 오답. kitchen(주방) → menu(메뉴)

어휘 | uniform 유니폼 policy 정책

12 W-Am / M-Au

The Franklin Bridge isn't far from here, is it?

(A) Probably around midnight.

(B) Two should be plenty.

(C) No, just a few kilometers away.

프랭클린 다리는 여기서 멀지 않죠, 그렇지 않나요?

(A) 아마도 자정쯤이에요.

(B) 두 개면 충분해요.

(C) 멀지 않아요, 몇 킬로미터 거리밖에 안 돼요.

해설 | **부가 의문문**

(A) 다른 의문사 When 응답 오류.

(B) 질문과 무관한 오답.

(C) 정답. '프랭클린 다리가 멀지 않은지' 묻는 질문에 '몇 킬로미터밖에 안된다'는 긍정 답변.

어휘 | plenty 충분한

13 M-Au / W-Am

Isn't the inspector supposed to come to the factory today?

(A) Six new facilities.

(B) Yes, he's on his way.

(C) Every day last year.

조사관이 오늘 공장에 오기로 되어 있지 않나요?

(A) 여섯 개의 신규 시설이요.

(B) 네, 그는 오는 중이에요.

(C) 작년에 매일이요.

해설 | **부정 의문문**

(A) 연상 어휘 오답. factory(공장) → facilities(시설)

(B) 정답. '조사관이 오냐'는 질문에 '오는 중'이라는 긍정 답변.

(C) 다른 의문사 How (often) 응답 오류.

어휘 | inspector 조사관 factory 공장 facility 시설

14 M-Cn / W-Br

This is your suitcase, right?

(A) It looks like mine.

(B) Just in case.

(C) At the train station.

이것은 당신의 여행 가방이죠, 맞나요?

(A) 제 것처럼 보이네요.

(B) 만약의 경우를 대비해서요.

(C) 기차역에서요.

해설 | **부가 의문문**

(A) 정답. '당신의 여행 가방이냐'는 질문에 '제 것처럼 보이네요'라는 긍정 답변.

(B) 유사 발음 오답. suitcase(여행 가방) → in case(만약을 대비하여)

(C) 다른 의문사 Where 응답 오류.

어휘 | suitcase 여행 가방 just in case 만약의 경우를 대비해서

15 W-Am / M-Au

Didn't you have a dentist appointment yesterday?

(A) I see your point.

(B) I had to change it to next week.

(C) It's on 12th Avenue.

당신 어제 치과 예약이 있지 않았나요?

(A) 무슨 말씀인지 알겠어요.

(B) 다음 주로 변경해야 했어요.

(C) 12번 가에 있어요.

해설 | **부정 의문문**

(A) 유사 발음 오답. appointment(예약) → point(요점)

(B) 정답. '어제 치과 예약이 있지 않았냐'는 질문에 '다음 주로 변경해야 했었다'라는 우회적인 답변.

(C) 다른 의문사 Where 응답 오류.

어휘 | dentist 치과, 치과 의사 appointment (진료 등의) 예약 see one's point ~의 요점을 이해하다

16 W-Am / M-Au

Our parking permits are valid for two years, aren't they?

(A) No, I came by car.

(B) The park opened last year.

(C) Yes, I just renewed mine.

우리 주차 허가증은 2년간 유효하죠, 그렇지 않나요?

(A) 아니요, 저는 차로 왔어요.

(B) 그 공원은 작년에 문을 열었어요.

(C) 네, 저는 방금 제 것을 갱신했어요.

해설 | **부가 의문문**

(A) 연상 어휘 오답. parking(주차) → car(차)

(B) 유사 발음 오답. parking(주차) → park(공원)

(C) 정답. '주차증의 유효 기간이 2년이죠'라는 질문에 '방금 갱신했다'라는 긍정 답변.

어휘 | parking permit 주차 허가증 valid 유효한 renew 갱신하다

17 M-Cn / W-Br

Flowers will be delivered for tonight's banquet, won't they?

(A) No, the bank is closed.

(B) Dinner for eight.

(C) We'll drop them off by four o'clock.

오늘 밤 연회를 위해 꽃이 배달될 거예요, 그렇지 않나요?

(A) 아니요, 그 은행은 문을 닫았어요.

(B) 8인분의 저녁 식사요.

(C) 저희가 4시 정각까지 가져다 드릴 거예요.

해설 | **부가 의문문**

(A) 유사 발음 오답. banquet(연회) → bank(은행)

(B) 연상 어휘 오답. banquet(연회) → dinner(저녁 식사)

(C) 정답. '오늘 밤 꽃이 배달되나'는 질문에 '4시 정각까지 가져다 준다'는 긍정 답변.

어휘 | deliver 배달하다 banquet 연회 drop off 내려놓다

18 W-Br / M-Cn

Doesn't Mr. Sutton's train arrive on track two?

(A) It's a short trip.

(B) Stay in the left lane.

(C) We should check the schedule.

서턴 씨의 기차가 2번 선로에 도착하지 않나요?

(A) 짧은 여행이에요.

(B) 왼쪽 차선을 유지하세요.

(C) **일정표를 확인해 봐야겠어요.**

해설 | **부정 의문문**

(A) 연상 어휘 오답. train(기차) → trip(여행)

(B) 연상 어휘 오답. track(선로) → lane(차선)

(C) 정답. '기차가 2번 선로에 도착하냐'는 질문에 '일정표를 확인해 보겠다'라는 우회적인 답변.

어휘 | track 선로 lane 차선

19 M-Au / W-Am

Isn't there usually a calculator in the bottom drawer?

(A) The folder on top of the pile.

(B) I have time to work on the budget.

(C) Yes, but Julio's using it at the moment.

보통 맨 아래 서랍에 계산기가 있지 않나요?

(A) 서류 더미 맨 위에 있는 폴더요.

(B) 제가 예산안을 작성할 시간이 있어요.

(C) **네, 하지만 지금은 훌리오가 사용하고 있어요.**

해설 | **부정 의문문**

(A) 질문과 무관한 오답.

(B) 연상 어휘 오답. calculator(계산기) → budget(예산)

(C) 정답. '서랍에 계산기가 있지 않냐'는 질문에 '훌리오가 사용 중'이라는 우회적인 답변.

어휘 | calculator 계산기 drawer 서랍 pile 쌓아 놓은 더미 work on ~에 착수하다, ~을 처리하다 budget 예산, 예산안

20 W-Br / M-Au

You've already explained the task to the interns, haven't you?

(A) No, could you do it?

(B) Twenty-seven pages.

(C) That's a good explanation.

인턴 사원들에게 그 업무를 설명해 주셨죠. 그렇지 않나요?

(A) **아니요, 당신이 해 주실 수 있어요?**

(B) 27쪽이에요.

(C) 충분한 설명이네요.

해설 | **부가 의문문**

(A) 정답. '인턴 사원들에게 업무를 설명해 주었냐'는 질문에 아니라고 하는 부정 답변.

(B) 다른 의문사 How (many) 응답 오류.

(C) 파생어 오답. explain(설명하다) → explanation(설명)

어휘 | explain 설명하다 task 업무 explanation 설명

Unit 08 요청·제안 의문문/평서문

Check Up

본책 p.065

(A) X	(B) O	(C) X	(D) O	(E) O	(F) X

Q. Could you bring me the newspaper?

신문 좀 갖다주실 수 있어요?

(A) That sounds correct. (X)
맞는 것 같아요.

(B) Yes, I'll go get it. (O)
네, 갖다 드릴게요.

(C) Not very many. (X)
아주 많지는 않아요.

(D) Sure—just give me a minute. (O)
물론이죠. 잠깐만요.

(E) Yeah, I'll do that now. (O)
네, 지금 할게요.

(F) Thanks, I'd appreciate that. (X)
고마워요, 감사드려요.

Check Up

본책 p.067

(A) X	(B) X	(C) O	(D) X	(E) O	(F) X

Q. My coworkers and I are going out for lunch tomorrow.

내일은 직장 동료들과 나가서 점심 식사를 할 거예요.

(A) It launched at three. (X)
3시에 시작했어요.

(B) I had the chicken. (X)
치킨을 먹었어요.

(C) That sounds nice. (O)
좋은 계획이네요.

(D) No, I arrived first. (X)
아니요, 제가 먼저 도착했어요.

(E) Yes, I heard that too. (O)
네, 저도 들었어요.

(F) Do you want to get some lunch now? (X)
지금 점심 드시러 가실래요?

● 토익 감각 **익히기**

본책 p.068

1 (C) **2** (B) **3** (C) **4** (C)

1 W-Am / M-Cn

Will you translate an e-mail into Spanish for me?
(A) Three more chapters.
(B) No, I haven't sent it yet.
(C) Sure, let me see it.

이메일을 스페인어로 번역해 주시겠어요?
(A) 세 장 더요.
(B) 아니요, 아직 보내지 못했어요.
(C) 네, 제가 한번 볼게요.

해설 | **요청 의문문**
(A) 연상 어휘 오답. translate(번역하다) → chapters(장)
(B) 연상 어휘 오답. e-mail(이메일) →sent (send의 과거형)
(C) 정답. '한번 보겠다'는 긍정 답변.

어휘 | translate 번역하다 chapter (책의) 장

2 M-Cn / W-Br

I'd suggest using the scanner downstairs.
(A) They went outside.
(B) Thanks, I'll do that.
(C) Yes, it came through a while ago.

아래층에 있는 스캐너를 사용하시는 게 좋겠어요.
(A) 그들은 외출했어요.
(B) 고맙습니다, 그렇게 할게요.
(C) 네, 조금 전에 도착했어요.

해설 | **평서문**
(A) 연상 어휘 오답. downstairs(아래층) → outside(바깥)
(B) 정답. '아래층의 복사기를 사용하는 게 좋겠다'는 [의견]에 '그렇게 하겠다'라는 수락 답변.
(C) 질문과 무관한 오답.

어휘 | come through 도착하다 a while ago 조금 전에

3 W-Br / M-Au

Can you give me a ride to the office tomorrow?
(A) At his house.
(B) Thanks, I just bought one.
(C) Let me know when to pick you up.

내일 사무실까지 저를 좀 태워 주실 수 있을까요?
(A) 그의 집에서요.
(B) 고맙습니다만, 방금 하나 샀어요.
(C) 언제 데리러 가야 하는지 알려 주세요.

해설 | **요청 의문문**
(A) 다른 의문사 Where 응답 오류.
(B) 질문과 무관한 오답.
(C) 정답. '사무실까지 태워 줄 수 있냐'는 [요청]에 시간을 묻는 우회적인 답변.

어휘 | give a ride (사람을 차에) 태워 주다

4 M-Au / W-Br

I'd like to sell my house in the next six months.
(A) Bruce, in accounting.
(B) I'm going home at six o'clock.
(C) Oh, are you moving?

앞으로 6개월 후에 집을 팔고 싶어요.
(A) 회계부의 브루스요.
(B) 6시 정각에 집에 갈 거예요.
(C) 오, 이사 가세요?

해설 | **평서문**
(A) 다른 의문사 Who 응답 오류.
(B) 연상 어휘 오답. house → home(집)
(C) 정답. '집을 팔고 싶다'라는 [의견]에 놀람을 나타내는 우회적인 답변.

어휘 | accounting 회계 move 이사하다

● ETS 실전 **도전하기**

본책 p.069

1 (B)	**2** (A)	**3** (B)	**4** (C)	**5** (A)
6 (A)	**7** (C)	**8** (A)	**9** (B)	**10** (B)
11 (A)	**12** (C)	**13** (C)	**14** (B)	**15** (B)
16 (C)	**17** (B)	**18** (A)	**19** (A)	**20** (A)

1 W-Br / M-Cn

Let's end early today.
(A) Only in the beginning.
(B) That's a good idea.
(C) I already sent it.

오늘 일찍 끝냅시다.
(A) 시작 부분에만요.
(B) 좋은 생각이에요.
(C) 저는 벌써 보냈어요.

해설 | **평서문**
(A) 연상 어휘 오답. early(일찍) → beginning(시작)
(B) 정답. '오늘 일찍 끝내자'는 [의견]에 '좋은 생각이다'라는 수락 답변.
(C) 질문과 무관한 오답.

2 W-Am / W-Br

The personnel director can see you now.

(A) OK, thank you.

(B) Let's schedule a time.

(C) I see your point.

인사부장이 지금 당신을 만날 수 있대요.

(A) 알겠습니다, 감사합니다.

(B) 시간을 정해 보죠.

(C) 무슨 말인지 알겠어요.

해설 | **평서문**

(A) 정답. '인사부장이 지금 만날 수 있다'라는 [사실 전달]에 '감사하다'는 답변.

(B) 연상 어휘 오답. see you(당신을 만나다) → schedule a time(시간을 정하다)

(C) 다의어 오답. see ① 만나다 ② 이해하다

어휘 | personnel 인사 업무 schedule a time 시간을 정하다 see one's point ~의 요점을 이해하다

3 W-Br / M-Au

Would you like to schedule your next dental examination?

(A) Monday through Friday.

(B) Sure, let's do that now.

(C) It was a routine exam.

다음 치과 검진 일정을 잡아 드릴까요?

(A) 월요일부터 금요일까지요.

(B) 물론이죠, 지금 해 주세요.

(C) 정기 검사였어요.

해설 | **제안 의문문**

(A) 다른 의문사 When 응답 오류.

(B) 정답. '치과 검진 일정을 잡아드릴까요'라는 '제안'에 '지금 해 주세요'라는 수락 답변.

(C) 반복 어휘 오답. examination → exam(검사)

어휘 | dental examination 치과 검진 routine 정기적인

4 W-Am / M-Cn

We need to replace the batteries in the clock.

(A) Yes, I locked it.

(B) It was placed beside the door.

(C) I did it last week.

시계의 배터리를 교체해야 해요.

(A) 네, 제가 잠갔어요.

(B) 문 옆에 놓여 있었습니다.

(C) 제가 지난주에 했어요.

해설 | **평서문**

(A) 유사 발음 오답. clock(시계) → locked(잠갔다)

(B) 유사 발음 오답. replace(교체하다) → place(놓아 두다)

(C) 정답. '시계 배터리를 교체해야 한다'라는 문제점 제시에 '지난주에 했다'는 답변.

어휘 | replace 교체하다 clock 시계 lock 잠그다 place 놓아 두다

5 M-Au / W-Am

Why don't you buy the black suit?

(A) I prefer the gray one.

(B) It's not a suitable location.

(C) A pair of trousers.

검은색 정장을 사지 그러세요?

(A) 저는 회색이 더 좋아요.

(B) 그곳은 적합한 장소가 아니에요.

(C) 바지 한 벌이요.

해설 | **제안 의문문**

(A) 정답. '검은색 정장을 사지 그러냐'는 제안에 '회색이 더 좋다'는 답변.

(B) 유사 발음 오답. suit(정장) → suitable(적합한)

(C) 연상 어휘 오답. suit(정장) → trousers(바지)

어휘 | suitable 적합한, 알맞은 location 장소, 위치 trousers 바지

6 M-Cn / M-Au

I heard that Route 4 is closed for construction.

(A) Yes, until the twenty-fifth.

(B) Every day on my way to work.

(C) I can help you open it.

4번 도로가 공사로 폐쇄되었다고 들었어요.

(A) 네, 25일까지요.

(B) 출근하는 길에 매일이요.

(C) 여는 걸 제가 도와드릴게요.

어휘 | construction 건설 공사

해설 | **평서문**

(A) 정답. '4번 도로가 막혔다'는 [정보 전달]에 '25일까지'라는 추가 정보를 제공하는 답변.

(B) 연상 어휘 오답. route(도로) → way(길)

(C) 연상 어휘 오답. closed(폐쇄된) → open(열다)

어휘 | on one's way to ~ 가는 길에

7 W-Br / M-Au

Could you work Erika's shift next Thursday?

(A) I didn't know them.

(B) Yes, it worked well.

(C) Let me check my schedule.

다음 주 목요일에 에리카의 근무를 대신해 주실 수 있나요?

(A) 저는 그들을 몰랐어요.

(B) 네, 효과가 있었어요.

(C) 제 일정 좀 확인해 볼게요.

해설 | **요청 의문문**
(A) 수 일치 오류. 단수(shift) → 복수(them)
(B) 다의어 오답. work ① 일하다 ② 효과가 있다
(C) 정답. '에리카의 근무를 대신해 줄 수 있냐'는 [요청]에 '일정을 확인해 보겠다'는 우회적인 답변.

어휘 | shift 근무조 work well 효과가 있다

8 W-Br / W-Am

I don't seem to be able to find my glasses.
(A) Have you looked on your desk?
(B) I picked up my prescription yesterday.
(C) We haven't seen the latest report.

제 안경을 못 찾겠어요.
(A) 책상 위는 찾아 보셨어요?
(B) 어제 제 처방 약을 받아왔어요.
(C) 우리는 가장 최근 보고서를 보지 못했어요.

해설 | **평서문**
(A) 정답. '안경을 못 찾겠다'는 [문제점] 제시에 '책상 위는 찾아 봤냐'라는 역질문 답변.
(B) 질문과 무관한 오답.
(C) 연상 어휘 오답. find(찾다) → haven't seen(보지 못했다)

어휘 | glasses 안경 prescription 처방전, 처방된 약 latest 가장 최근의

9 M-Cn / W-Br

Would you mind taking this box upstairs for me?
(A) Mostly cleaning supplies.
(B) OK, where should I leave it?
(C) Profits have gone up.

저 대신 이 상자를 위층으로 옮겨 주실 수 있어요?
(A) 주로 청소용품이요.
(B) 알겠습니다, 어디에 놓아야 할까요?
(C) 수익이 증가했어요.

해설 | **요청 의문문**
(A) 질문과 무관한 오답.
(B) 정답. '상자를 위층으로 옮겨 줄 수 있냐'는 [요청]에 '어디에 놓을까요'라는 수락 답변.
(C) 연상 어휘 오답. upstairs(위층) → go up(오르다)

어휘 | cleaning supplies 청소용품 leave 놓아 두다, 떠나다 profit 수익 go up (물가·기온 등이) 오르다

10 W-Br / M-Au

We bought the wrong kind of toner cartridge for the printer.
(A) How many hours?
(B) I can exchange it.
(C) And in color, too.

우리가 프린터와 맞지 않는 토너 카트리지를 샀네요.
(A) 몇 시간 동안이죠?
(B) 교환해 드릴 수 있어요.
(C) 그리고 컬러로도요.

해설 | **평서문**
(A) 질문과 무관한 오답.
(B) 정답. '프린터와 맞지 않는 토너를 샀다'라는 [문제점] 제기에 '교환해 주겠다'는 답변.
(C) 연상 어휘 오답. printer(프린터) → color(색깔)

어휘 | exchange 교환하다

11 M-Au / W-Am

Can I get you something to drink with your meal?
(A) I'd like a glass of water, please.
(B) It's a pretty good deal.
(C) On the back of the menu.

식사에 곁들일 음료를 갖다 드릴까요?
(A) 물 한 잔 부탁드릴게요.
(B) 정말 좋은 거래네요.
(C) 메뉴판 뒷장에요.

해설 | **제안 의문문**
(A) 정답. '음료를 갖다 줄까요'라는 [제의]에 '물 한 잔 부탁한다'는 답변.
(B) 유사 발음 오답. meal(식사) → deal(거래)
(C) 다른 의문사 Where 응답 오류.

어휘 | meal 식사 deal 거래

12 M-Au / W-Am

Mr. Yamada's laboratory is down the hall.
(A) Ask Mr. Bryant.
(B) Yes, he's quite tall.
(C) Let's stop by and say hello.

야마다 씨의 연구실은 복도 끝이에요.
(A) 브라이언트 씨에게 물어보세요.
(B) 네, 그는 꽤 키가 커요.
(C) 들러서 안부 인사를 전합시다.

해설 | **평서문**
(A) 질문과 무관한 오답.
(B) 유사 발음 오답. hall(복도) → tall(키가 큰)
(C) 정답. '야마다 씨의 연구실은 복도 끝에 있다'라는 표현에 '들러서 안부 인사를 전하자'는 답변.

어휘 | laboratory 연구실, 실험실 stop by (~에) 들르다

13 W-Br / M-Au

Let's meet in the hotel lobby at eight o'clock.
(A) Yes, I have one.
(B) A reservation for two nights.
(C) See you then.

8시 정각에 호텔 로비에서 만납시다.
(A) 네, 저한테 하나 있어요.
(B) 2박 예약이요.
(C) 그때 봅시다.

해설 | **평서문**
(A) 질문과 무관한 오답.
(B) 연상 어휘 오답 hotel(호텔) → reservation(예약)
(C) 정답. '8시에 호텔 로비에서 만나자'는 [제안]에 '그때 보자'라는 수락 답변.

어휘 | reservation 예약

14 M-Cn / M-Au

You should try the new salad bar in the cafeteria.
(A) That's after lunch.
(B) I have, and it's great!
(C) With lettuce and tomato.

구내식당에 새로 생긴 샐러드 바를 꼭 이용해 보세요.
(A) 그것은 점심 시간 이후예요.
(B) 가 봤어요, 정말 좋던데요!
(C) 상추와 토마토를 넣어 주세요.

해설 | **평서문**
(A) 연상 어휘 오답. salad(샐러드) → lunch(점심)
(B) 정답. '구내식당의 샐러드 바를 이용해 보세요'라는 [의견]에 '정말 좋았다'는 동의를 나타내는 답변.
(C) 연상 어휘 오답. salad(샐러드) → lettuce(상추), tomato(토마토)

어휘 | cafeteria 구내식당 lettuce 상추

15 W-Br / W-Am

Why don't we sit at one of the tables outside?
(A) Yes, it is.
(B) It's a little cold for that.
(C) Because it arrived early.

우리 밖에 있는 테이블에 앉을까요?
(A) 네, 맞아요.
(B) 그러기에는 좀 춥네요.
(C) 일찍 도착했으니까요.

해설 | **제안 의문문**
(A) 인칭대명사 오류. we(1인칭) → it(3인칭)
(B) 정답. '밖의 테이블에 앉을까요'라는 [제안]에 '좀 춥다'는 거절 답변.
(C) 다른 의문사 Why 응답 오류.

16 W-Am / M-Cn

The factory will be shut down for the month of January.
(A) Just down the street.
(B) The latest shipment.
(C) Do you know why?

그 공장은 1월 한 달 동안 문을 닫을 거예요.
(A) 이 길 바로 끝에요.
(B) 최근 배송품이요.
(C) 왜 그런지 아세요?

해설 | **평서문**
(A) 반복 어휘 오답. down(아래)
(B) 질문과 무관한 오답.
(C) 정답. '공장이 한 달간 문을 닫을 예정이다'라는 [정보 전달]에 '이유를 아는지' 묻는 역질문 답변.

어휘 | factory 공장 shut down 문을 닫다, 폐쇄하다 latest 가장 최근의 shipment 배송품

17 W-Am / M-Au

Can you please turn off the monitor when you're finished?
(A) Yes, I can get you some more.
(B) It's already off.
(C) Please scroll up to the beginning.

다 끝나면 모니터를 꺼 주실 수 있나요?
(A) 네, 제가 좀 더 갖다 드릴 수 있어요.
(B) 이미 꺼져 있어요.
(C) 첫 부분으로 스크롤을 올려 주세요.

해설 | **요청 의문문**
(A) 질문과 무관한 오답.
(B) 정답. '모니터를 꺼 줄 수 있냐'는 [요청]에 '이미 꺼져 있다'는 답변.
(C) 반복 어휘 오답. please(제발)

어휘 | turn off (전원을) 끄다 scroll up 스크롤을 위로 올리다

18 W-Br / M-Cn

There's a new play at the Rosedale Theater.
(A) Yes, I heard it got excellent reviews.
(B) Three hours long, with an intermission.
(C) It's just down Twenty-eighth Street.

로즈데일 극장에서 새로운 연극을 하네요.
(A) 네, 후기가 매우 좋다고 들었어요.
(B) 중간 휴식 시간 포함 세 시간이요.
(C) 28번 가를 따라 내려가시면 바로 있어요.

해설 | **평서문**

(A) 정답. '새로운 연극을 한다'라는 [정보 전달]에 '후기가 좋다고 들었다'는 추가 정보를 덧붙인 답변.

(B) 다른 의문사 How (long) 응답 오류.

(C) 질문과 무관한 오답.

어휘 | play 연극 excellent 우수한 review 평가, 후기 intermission (공연 등의) 중간 휴식 시간

---

19 W-Br / W-Am

Could you put those files back in order, please?

(A) Where does this one go?

(B) Here's an order form.

(C) Try the accounting department.

이 파일들을 다시 제자리에 가지런히 정리해 주시겠어요?

(A) 이것은 어디에 놓아야 하죠?

(B) 주문서 여기 있습니다.

(C) 회계부에 물어보세요.

해설 | **요청 의문문**

(A) 정답. '파일들을 제자리에 정리해 주겠냐'는 [요청]에 '어디에 놓아야 하는지' 묻는 역질문 답변.

(B) 다의어 오답. order ① 순서 ② 주문

(C) 질문과 무관한 오답.

어휘 | put back 제자리에 갖다 놓다 in order 가지런히 order form 주문서 accounting department 회계부, 경리부

---

20 W-Am / M-Cn

I've been looking into places to stay in Berlin.

(A) I hope the prices are reasonable.

(B) At the end of July.

(C) It was a short vacation.

베를린에서 머물 곳을 찾고 있는 중이에요.

(A) 가격이 합리적이었으면 좋겠네요.

(B) 7월 말에요.

(C) 짧은 휴가였어요.

해설 | **평서문**

(A) 정답. '머물 곳을 찾는다'는 [정보 전달]에 '가격이 합리적이면 좋겠다'라는 바람을 나타내는 답변.

(B) 다른 의문사 When 응답 오류.

(C) 연상 어휘 오답. stay in Berlin(베를린에서 머물다) → vacation(휴가)

어휘 | look into ~을 조사하다 reasonable 합리적인

PART 3 LC

Unit 09 회사 업무

① 인사 / 채용   본책 p. 074

1 (B)   **2** (B)   **3** (A)

② 회의   본책 p. 075

1 (A)   **2** (B)   **3** (B)

③ 마케팅 / 영업   본책 p. 076

1 (A)   **2** (B)   **3** (B)

Check Up   본책 p. 077

1 agenda   **2** applicants [candidates]   **3** manual
4 bulk   **5** appointment   **6** estimates
7 assignments   **8** business   **9** reschedule
10 demonstrate

● **토익 감각 익히기**   본책 p. 078

1 (C)   **2** (C)   **3** (B)   **4** (A)

받아쓰기

[1-2] (1) meeting (2) board (3) add

[3-4] (1) get through (2) résumés (3) take half

[1-2]

남: 좋은 아침입니다, 에릭슨 씨. **¹내일 이사회와의 회의를 위해** 준비해 달라고 부탁하신 연례 보고서 작성을 끝냈어요.

여: 고맙습니다. 잘 작성된 것 같아요. 그런데 **²일부 자문 비용이 누락되어 있네요.** 그 정보를 추가해 주실 수 있나요?

남: 물론이죠, 금방 수정할 수 있어요.

어휘 | annual 연례의 prepare for ~을 준비하다 board of directors 이사회 expense 경비, 비용 add 추가하다

---

1 여자에게 보고서가 필요한 이유는?

(A) 웹사이트 수정을 위해

(B) 홍보용 책자를 위해

(C) 이사회를 위해

해설 | **여자의 보고서 필요 이유**

대화 초반부 남자의 말 the annual report that you asked me to prepare for tomorrow's meeting with the board of directors에서 내일 이사회와의 회의를 위해 준비를 부탁한 연례 보고서라고 하므로 정답은 (C).

어휘 | promotional 홍보의 brochure 책자 board meeting 이사회 (회의)

Paraphrasing
meeting with the board of directors → a board meeting (이사회와의 회의 → 이사회 (회의))

2 보고서의 문제는 무엇인가?
(A) 늦게 나올 것이다.
(B) 철자 오기가 들어 있다.
(C) 일부 정보가 포함되어 있지 않다.

해설 | 보고서의 문제점
여자의 말 some consulting expenses were left out though에서 일부 자문 비용이 누락되어 있다고 하므로 정답은 (C).

어휘 | contain 포함하다 misspelling 철자 오기 include 포함하다

Paraphrasing
some consulting expenses → some information (일부 자문 비용 → 일부 정보)
be left out → not include (누락되다 → 들어 있지 않다)

[3-4]

여: 우리가 광고한 회계직에 지원한 ³이력서를 어떻게 다 훑어봐야 할지 모르겠어요. 세 자리에 수백 장의 지원서를 받았어요!
남: 정말 많은 지원서네요. 제가 일부 검토를 도와드릴 수 있어요. ⁴제가 절반을 맡을까요?
여: 그럼 정말 좋죠!

어휘 | get through (일 따위를) 끝내다 résumé 이력서 position 일자리 advertise 광고하다 review 검토하다 take half 절반을 맡다

3 화자들이 하려고 하는 일은?
(A) 파일 정리하기
(B) 이력서 검토하기
(C) 연수 일정 잡기

해설 | 하고자 하는 일
여자의 첫 대사 I don't know how I'm going to get through all the résumés에서 이력서를 어떻게 다 훑어봐야 할지 모르겠다고 하므로 정답은 (B).

어휘 | schedule 일정을 잡다 training session 연수 과정

Paraphrasing
get through → review (검토하다)

4 남자가 제안하는 것은?
(A) 일을 분담하기
(B) 마감일 옮기기
(C) 광고 내기

해설 | 남자의 제안 사항
남자의 말 Why don't I take half of them?에서 절반을 맡겠다고 하므로 정답은 (A).

어휘 | divide 나누다 deadline 마감일 place an advertisement 광고를 내다

Paraphrasing
take half of them → divide (절반을 맡다 → 나누다)

● ETS 실전 도전하기

1 (B)	**2** (B)	**3** (C)	**4** (B)	**5** (C)	**6** (B)
7 (B)	**8** (C)	**9** (B)	**10** (C)	**11** (D)	**12** (C)

[1-3] M-Au / W-Br

M I've got some good news, Hyunjoo! The local radio station just called. They're doing a special program about small business owners in the community and they want to feature ¹our restaurant.
W That's wonderful. I think that'll bring in a lot of new business. ²I'll definitely mention that our chef will be offering a master cooking class starting next month.
M That sounds like a good idea. ³They want to record the interview next Wednesday afternoon. Will that work for you?

남: 좋은 소식이 있어요, 현주! 지역 라디오 방송국에서 방금 전화가 왔어요. 지역 내 소상공인을 대상으로 특집 프로그램을 하고 있는데, ¹우리 식당을 다루고 싶대요.
여: 정말 잘됐네요. 그렇게 되면 새로운 손님이 많이 찾아올 것 같아요. ²우리 주방장이 다음 달부터 상급 요리 강좌를 제공할 예정이라는 말을 꼭 해야겠어요.
남: 좋은 생각이에요. ³다음 주 수요일 오후에 인터뷰를 녹화하고 싶어요. 그날 괜찮으세요?

어휘 | radio station 라디오 방송국 community 공동체, 지역 사회 feature 특집으로 다루다 bring in 가져오다 definitely 분명히 mention 언급하다 chef 주방장 offer 제공하다 record 녹화하다

1 화자들의 근무지는 어디이겠는가?
(A) 법률 사무소
(B) 식당
(C) 사진관
(D) 광고 회사

해설 | 화자들의 근무처
남자의 말에서 our restaurant(우리의 식당)라고 하므로 정답은 (B).

2 여자는 무엇을 언급하겠다고 말하는가?
(A) 기업 합병
(B) 앞으로 진행할 강좌
(C) 지역 사회 프로젝트
(D) 한 지역의 역사

해설 | **여자가 언급할 것**
여자의 말 our chef will be offering a master cooking class starting next month에서 우리 주방장이 다음 달부터 상급 요리 강좌를 제공할 예정이라는 말을 해야겠다고 하므로 정답은 (B).

어휘 | merger 합병 upcoming 다가오는

Paraphrasing
a master cooking class starting next month
→ An upcoming class
(다음 달부터 시작할 상급 요리 강좌 → 앞으로 진행할 강좌)

3 다음 주 수요일에 무슨 일이 일어나겠는가?
(A) 새 지점이 문을 열 것이다.
(B) 축하연이 열릴 것이다.
(C) 인터뷰가 녹화될 것이다.
(D) 계약이 성사될 것이다.

해설 | **다음 주 수요일 발생할 일 [추론 문제]**
남자의 마지막 대사 They want to record the interview next Wednesday afternoon.에서 그들이 다음 주 수요일 오후에 인터뷰를 녹화하고 싶다고 하므로 정답은 (C).

어휘 | location 장소 contract 계약서

[4-6] W-Br / M-Cn

W Hi, I'm Suzanne Moss. I'm a recruiter for Dynamix. Thanks for stopping by the Dynamix Corporation job fair booth. Are you interested in one of our job openings?

M Yes, ⁴I saw on your Web site that you're looking for people for your finance office. ⁵I just finished my degree in accounting.

W That's great. We're planning to hire some new accounting staff in the next few months. ⁶Have you worked as an accountant before?

M Yes. I had a summer job last year at Benson Accounting in Liverpool.

여: 안녕하세요. 저는 수잰 모스예요. 저는 다이나믹스 사의 채용 담당자이고요. 다이나믹스 사의 채용 박람회 부스에 들러 주셔서 감사합니다. 저희가 구인 중인 일자리에 관심이 있으신가요?
남: 네. ⁴귀사의 웹사이트에서 회계부에 사람을 구하신다는 내용을 봤습니다. ⁵저는 최근에 회계학 학위를 받았어요.
여: 좋습니다. 저희는 몇 달 후에 회계부 직원을 채용할 계획이에요. ⁶회계사로 일해 본 경력이 있으신가요?

남: 네. 리버풀에 있는 벤슨 회계 사무소에서 작년 여름에 인턴을 했어요.

어휘 | recruiter 채용 담당자 stop by (~에) 들르다 job fair 채용 박람회 job opening 구인 중인 일자리 finance office 회계부, 경리부 degree 학위 accounting 회계학, 회계 업무 accountant 회계사

4 남자가 다이나믹스 사 부스에 간 이유는?
(A) 상품 시연을 보려고
(B) 일자리에 대한 정보를 얻으려고
(C) 무역 박람회에 등록하려고
(D) 고객을 만나려고

해설 | **남자의 다이나믹스 사 부스 방문 이유**
남자의 첫 대사 I saw on your Web site that you're looking for people for your finance office에서 회사 웹사이트에서 회계부에 사람을 구한다는 내용을 봤다고 하므로 정답은 (B).

어휘 | attend 참석하다 demonstration 시연 register for ~에 등록하다 trade show 무역 박람회

5 남자가 최근에 한 일은?
(A) 회의장에서 발표했다.
(B) 책자를 디자인했다.
(C) 비즈니스 학위를 수료했다.
(D) 책을 출간했다.

해설 | **남자가 최근에 한 일**
남자의 말 I just finished my degree in accounting에서 최근에 회계학 학위를 받았다고 했는데, 회계학 학위는 비즈니스 학위의 한 종류이므로 정답은 (C).

어휘 | present 발표하다 brochure 책자 complete 완료하다 publish 출간하다

Paraphrasing
finish → complete (완료하다)
degree in accounting → a business degree
(회계학 학위 → 비즈니스 학위)

6 여자가 알고 싶어 하는 것은?
(A) 남자 회사의 이름
(B) 해당되는 직무 경험
(C) 대학 교과목
(D) 지불 방법

해설 | **여자의 궁금 사항**
대화 후반부 여자의 질문 Have you worked as an accountant before?에서 회계사로 일해 본 경력이 있는지를 묻고 있으므로 정답은 (B).

어휘 | payment 지불

Paraphrasing
worked as an accountant before → job experience
(회계사로 일해 보았다 → 직무 경험)

M1 Thanks for calling Komoto Advertising Agency. How can I help you?

M2 Hi. [7]This is Theodore Okuta, the real estate agent for the new office headquarters.

M1 Oh, hello. Ms. Campbell was expecting your call. Let me transfer you to her now.

W Hello. This is Ms. Campbell.

M2 Hi, it's Theodore. I'm calling about the new office space. I wanted to let you know that [8]I just e-mailed you the final version of the lease.

W Great, thanks. I'll take a look at it shortly. Also, [9]I'd like to discuss the timeline for the move. Ideally, we'd like to be in by the end of the year.

M2 That shouldn't be a problem.

남1: 코모토 광고 대행사에 전화 주셔서 감사합니다. 어떻게 도와드릴까요?

남2: 안녕하세요. 새 사무실 본사 건을 담당하고 있는 [7]**부동산 중개인 시어도어 오쿠타**입니다.

남1: 오, 안녕하세요. 캠벨 씨가 전화를 기다리고 있었어요. 지금 바로 연결해 드릴게요.

여: 여보세요. 캠벨입니다.

남2: 안녕하세요, 시어도어입니다. 새 사무실 공간 건으로 전화했어요. [8]**방금 임대차 계약서의 최종본을 이메일로 보냈다는 것을 알려** 드리려고요.

여: 좋아요, 감사해요. 바로 살펴볼게요. 또한, 이사 [9]**일정에 대해 의논하고 싶어요.** 올해 말까지 들어간다면 더할 나위 없겠어요.

남2: 문제 없을 거예요.

어휘 | real estate agent 부동산 중개인 version 판, 버전 lease 임대차 계약서 timeline 일정(표)

7 시어도어는 누구인가?
(A) 건축가
(B) 부동산 중개인
(C) 그래픽 디자이너
(D) 기자

해설 | **시어도어의 직업**
대화 초반부 남자 2의 말 This is Theodore Okuta, the real estate agent에서 부동산 중개인 시어도어 오쿠타라고 하므로 정답은 (B).

어휘 | architect 건축가 journalist 기자

8 시어도어는 무엇을 했다고 말하는가?
(A) 회의 일정을 잡았다.
(B) 사진을 찍었다.
(C) 문서를 이메일로 보냈다.
(D) 건설 현장을 방문했다.

해설 | **시어도어가 한 일**
대화 중반부 남자 2의 말 I just e-mailed you the final version of the lease에서 방금 임대차 계약서의 최종본을 이메일로 보냈다고 하므로 정답은 (C).

어휘 | construction site 건설 현장

Paraphrasing
the final version of the lease → document
(임대차 계약서의 최종본 → 서류)

9 여자는 무엇을 의논하고 싶어 하는가?
(A) 직원 채용 변경
(B) 일정
(C) 기술적인 문제
(D) 예산

해설 | **여자가 의논할 것**
대화 후반부 여자의 말 I'd like to discuss the timeline에서 일정에 대해 의논하고 싶다고 하므로 정답은 (B).

어휘 | staffing 직원 채용 budget 예산

W Hi, George. We're all set to open our sporting goods store next week. As we discussed, [10]we'll be offering special discounts on our opening day.

M Here, I put together a flyer of coupons that we can give away at the store entrance.

W Nice. I think the savings on running shoes will get customers into the store, but I've been thinking… [11]I'm concerned about the discount on camping equipment. We probably won't make money on those sales.

M I agree. [11]We should lower the discount by half that amount. I can make the change and print out a copy.

W Good. Then [12]I'll drop it off at the printers first thing tomorrow.

여: 안녕하세요, 조지. 다음 주 스포츠용품 매장을 개업할 준비가 모두 끝났어요. 우리가 상의했던 대로, [10]**개업식 날에 특별 할인을 제공할 거예요.**

남: 여기요, 제가 매장 입구에서 나눠줄 쿠폰 전단지를 만들었어요.

여: 좋네요. 운동화 할인은 손님들을 매장으로 들어오게 할 것 같은데, 제가 생각 중인 것은… [11]**캠핑 장비 할인 부분은 걱정이 돼요.** 이렇게 판매하면 아마 수익이 없을 거예요.

남: 같은 생각이에요. [11]**지금의 절반 수준으로 할인율을 낮춰야 해요.** 제가 수정해서 다시 뽑을게요.

여: 좋습니다. 그러면 [12]**내일 아침에 가장 먼저 제가 인쇄소에 맡길게요.**

어휘 | be all set 만반의 준비가 다 되다 sporting goods 스포츠용품 opening day 개시일 put together 만들다, 준비하다 flyer 전단지 give away 나눠주다 entrance 입구 saving 절약 be concerned about ~을 걱정하다 camping equipment 캠핑 장비 make money 수익을 올리다 lower 낮추다 drop off 맡기다 printer 인쇄소 first thing 가장 먼저

10 무슨 행사 때문에 특별 할인 판매를 하는가?
(A) 가게의 기념 행사
(B) 공휴일
(C) 개업식
(D) 고객 콘테스트

해설 | **특별 할인 판매 이유**
첫 번째 여자의 대사 we'll be offering special discounts on our opening day에서 개업식 날에 특별 할인을 제공한다고 하므로 정답은 (C).

어휘 | occasion 행사 anniversary 기념일 public holiday 공휴일, 국경일 grand opening 개업

11 시각 정보에 의하면, 어떤 할인율이 수정될 것인가?
(A) 10퍼센트
(B) 15퍼센트
(C) 25퍼센트
(D) 40퍼센트

해설 | **수정될 할인율 [시각 정보 연계 문제]**
대화 중반부 여자의 말 I'm concerned about the discount on camping equipment.에서 캠핑 장비 할인 부분을 걱정하자 남자는 We should lower the discount by half that amount라고 하며 지금의 절반 수준으로 할인율을 낮춰야 한다고 답한다. 캠핑 장비의 할인율을 수정하고자 하므로 도표를 참조하면 캠핑 장비의 할인율이 40%이므로 정답은 (D).

12 여자는 내일 무엇을 하겠다고 말하는가?
(A) 배송품을 수령하겠다.
(B) 출장 요리 업체에 연락하겠다.
(C) 인쇄소에 가겠다.
(D) 진열을 손보겠다.

해설 | **여자가 내일 할 일**
대화 후반부 여자의 말 I'll drop it off at the printers first thing tomorrow.에서 내일 아침에 가장 먼저 인쇄소에 맡기겠다고 하므로 정답은 (C).

어휘 | shipment 배송품 caterer 출장 요리 업체 print shop 인쇄소 display 진열, 전시

Paraphrasing
drop it off at the printers → go to a print shop
(인쇄소에 맡기다 → 인쇄소에 가다)

Unit 10 회사 생활

① 행사 / 교육   본책 p.080
1 (A)   **2** (B)   **3** (A)

② 출장 / 휴가   본책 p.081
1 (B)   **2** (B)   **3** (A)

③ 장비 / 시설 관리   본책 p.082
1 (B)   **2** (A)   **3** (A)

Check Up   본책 p.083
1 suppliers   **2** itinerary   **3** reimbursement
4 receipt   **5** venue   **6** install [set up]
7 take place [be held]   **8** accommodations
9 renovated [remodeled]   **10** annual

● 토익 감각 **익히기**   본책 p.084

1 (C)   **2** (C)   **3** (C)   **4** (A)
받아쓰기
[1-2] (1) company party (2) worried (3) rain
[3-4] (1) refrigerator (2) repairing (3) elevator

[1-2]

남: 안녕하세요, 셰리. 좋습니다, **¹회사 파티를 위한 준비가 거의 끝났네요.** 텐트는 오늘 일찍 쳐 두었고, 탁자도 이미 다 설치했어요.
여: 훌륭해요! **²단지 기상 예보에 비 소식이 있어서 조금 걱정이네요.** 만약 비가 온다면 모든 사람이 텐트 안으로 들어갈 수 있을까요?
남: 걱정 마세요. 확실하게 있는 것 중에 가장 큰 텐트를 주문했거든요.

어휘 | set up ~을 설치하다 call for (날씨를) 예상하다 fit 맞다, 적합하다 make sure 분명히 하다 available 이용 가능한

1 화자들은 어떤 행사를 이야기하는가?
(A) 연수 과정
(B) 비즈니스 회의
(C) 회사 파티

해설 | **행사 종류**
남자의 첫 번째 대사 everything's almost ready for the company party에서 회사 파티를 위한 준비가 거의 끝났다고 하므로 정답은 (C).

2 여자가 걱정하는 이유는?
(A) 일부 장비가 고장이어서
(B) 일부 참가자가 늦게 올 것 같아서
(C) 날씨가 나쁠 것 같아서

해설 | **여자의 걱정 이유**
여자의 말 I'm just a little worried because the weather forecast is calling for rain에서 기상 예보에 비 소식이 있어서 조금 걱정이라고 하므로 정답은 (C).

어휘 | equipment 장비

[3-4]

여: 좋은 아침입니다, 회계부의 달린 앤드루스입니다. 2층 주방에 있는 **3냉장고에 문제가 좀 있습니다.** 상황을 살펴볼 수 있도록 유지 보수팀에서 사람을 보내 주실 수 있을까요?
남: 물론입니다, 앤드루스 씨. 하지만 **4지금은 직원용 승강기를 수리 중이라서 조금 바빠서요.** 몇 시간 후에나 시작이 가능할 것 같네요.
여: 아, 알겠습니다.

어휘 | refrigerator 냉장고 look into ~을 조사하다 situation 상황 service elevator 직원용 승강기 get to ~을 시작하다

3 여자가 전화로 알리는 문제는 무엇인가?
(A) 창문이 깨졌다.
(B) 방이 너무 춥다.
(C) 냉장고가 제대로 작동하고 있지 않다.

해설 | **여자가 언급하는 문제점**
대화 초반부 여자의 말 We're having some problems with the refrigerator에서 냉장고에 문제가 좀 있다고 하므로 정답은 (C).

어휘 | report 보고하다 properly 제대로

Paraphrasing
having some problems with the refrigerator
→ A refrigerator is not working properly
(냉장고에 문제가 좀 있다 → 냉장고가 제대로 작동하고 있지 않다)

4 남자에 따르면, 유지 보수팀 직원들이 바쁜 이유는?
(A) 다른 일을 하는 중이라서
(B) 점검을 하는 중이라서
(C) 직원 중 한 명이 아파서

해설 | **유지 보수팀이 바쁜 이유**
남자의 말 we're a bit busy because we're repairing a service elevator에서 직원용 승강기를 수리 중이라 조금 바쁘다고 하므로 정답은 (A).

어휘 | take place 일어나다, 개최되다

● ETS 실전 도전하기
본책 p.085

| 1 (B) | 2 (D) | 3 (C) | 4 (B) | 5 (D) | 6 (A) |
| 7 (C) | 8 (D) | 9 (A) | 10 (B) | 11 (D) | 12 (C) |

[1-3] M-Au / W-Br

M Do you have any questions **1**before I leave for vacation? You'll be the only manager in the store for a few days.
W I'll be fine. **2**I can call Pam, the manager at our South Street automotive store if I have any questions. She trained me when I first became a manager.
M Oh, and remember that **3**the sales event starts on Monday. We could be pretty busy, but don't worry. Bernardo and Adrian will be here to help with the customers.

남: **1**제가 휴가를 떠나기 전에 궁금한 점이 있으세요? 당신이 며칠간 이 가게에서 유일한 관리자겠네요.
여: 괜찮을 거예요. 궁금한 점이 생기면 **2**사우스 가 자동차용품점의 점장인 팸에게 전화하면 돼요. 제가 처음 관리자가 됐을 때 저를 지도해 주셨어요.
남: 아, 그러면 **3**할인 판매 행사가 월요일에 시작된다는 사실을 기억해 주세요. 상당히 바쁠 수도 있지만 걱정하지 마세요. 베르나르도와 아드리안이 와서 고객 응대를 도와줄 거예요.

어휘 | leave for vacation 휴가를 떠나다 manager 관리자, 점장 automotive store 자동차용품점 train 교육시키다

1 남자가 하려고 하는 일은 무엇인가?
(A) 자동차 구매
(B) 휴가 떠나기
(C) 직원 고용하기
(D) 다른 지점에서 일하기

해설 | **남자의 계획**
남자의 첫 대사 before I leave for vacation에서 휴가를 떠나기 전이라고 하므로 정답은 (B).

어휘 | hire 고용하다 employee 직원 location 장소

Paraphrasing
leave for vacation → go on vacation (휴가 가기)

2 팸은 누구인가?
(A) 기업 고객
(B) 고객 서비스 담당자
(C) 배차 담당자
(D) 매장 관리자

해설 | **팸의 신분**
여자의 첫 대사 I can call Pam, the manager at our
South Street automotive store에서 팸이 자동차용품점의
점장이라고 하므로 정답은 (D).

어휘 | representative 대표, 담당자 delivery 배송
scheduler 일정을 짜는 사람

3 남자는 월요일에 무슨 일이 일어날 것이라고 말하는가?
(A) 물건이 배송될 것이다.
(B) 사업장이 새단장을 위해 문을 닫을 것이다.
(C) 판촉 행사가 시작될 것이다.
(D) 직원 교육이 있을 것이다.

해설 | **남자가 언급한 월요일에 발생할 일**
대화 후반부 남자의 말 the sales event starts on
Monday에서 할인 판매 행사가 월요일에 시작된다고 하므로
정답은 (C).

어휘 | shipment 배송품 renovation 새단장, 보수
promotion 홍보 활동

Paraphrasing
the sales event starts → A sales promotion will begin.
(할인 판매 행사가 시작되다 → 판촉 행사가 시작될 것이다)

[4-6] M-Cn / W-Am

> **M** Hi, Hannah. I have a meeting with the
> company president on Tuesday to
> discuss the budget. ⁴Since you're head of
> accounting, I was hoping ⁵you could present
> the earnings figures from last quarter.
> **W** Let me check... I don't have anything
> scheduled that day.
> **M** Great! Your input will really help us have a
> productive discussion. ⁶We're still working
> on the meeting agenda, and I'll send it to
> you as soon as it's finalized.

남: 안녕하세요, 해나. 화요일에 예산 논의를 위해 사장님과 회의를
할 거예요. ⁴당신이 경리부장이니 지난 분기의 ⁵수익 수치를 발표해
주었으면 해요.
여: 확인 좀 해 볼게요. 그날 일정이 잡힌 게 없네요.

남: 잘됐어요! 당신의 의견이 생산적인 토론을 위해 큰 도움이 될
거예요. ⁶회의 안건을 계속 준비 중인데 마무리되는 대로 당신에게
보낼게요.

어휘 | earnings 소득 figure 수치 quarter 분기 input 의견
productive 생산적인 agenda 안건 finalize 마무리하다

4 여자는 어느 부서에게 일하는가?
(A) 마케팅부
(B) 경리부
(C) 제품 개발부
(D) 인사부

해설 | **여자의 근무 부서**
대화 초반부 남자의 말 Since you're head of accounting에서
여자가 경리부장임을 알 수 있으므로 정답은 (B).

5 여자가 "그날 일정이 잡힌 게 없네요"라고 말한 것은 무엇을
의미하는가?
(A) 초대장을 받지 못했다.
(B) 후보자 인터뷰를 마쳤다.
(C) 여행 일정을 수정하고 싶다.
(D) 발표를 할 수 있다.

해설 | **여자가 그날 일정이 잡힌 게 없다고 말하는 의미 [의도 파악
문제]**
대화 전반부에서 남자가 수익 수치를 발표해 주었으면 한다(you
could present the earnings figures)라고 한 말에 대해
여자가 I don't have anything scheduled that day라고
응답하여 그날 일정이 잡힌 것이 없다고 하므로 정답은 (D).

어휘 | itinerary 일정(표)

6 남자는 여자에게 무엇을 보낼 것인가?
(A) 안건
(B) 설명서
(C) 이력서
(D) 피드백 양식

해설 | **남자의 제공 사항**
대화 후반부 남자의 말 We're still working on the meeting
agenda, and I'll send it to you as soon as it's
finalized.에서 회의 안건을 계속 준비 중이며 마무리되는 대로
보내 준다고 하므로 정답은 (A).

[7-9] **3인 대화** M-Cn / W-Am / M-Au

> **M1** ⁷Sunseeker Airlines. John speaking.
> **W** Hi, ⁷I canceled a plane ticket recently. ⁸I
> should've received a refund, but it hasn't
> arrived yet. My ticket number is F29A.
> **M1** OK... I see that your refund request was
> submitted correctly. Hmm... it should've
> been sent to you already.
> **W** Well, I haven't gotten anything.

M1 All right... I'm going to transfer you to my coworker, Anil. He'll be able to help. One moment.

M2 Hello, this is Anil. I'm looking into your refund now...

W Thanks, I appreciate it.

M2 OK, ⁹it looks like a computer error held things up. I'll fix it, and you should receive the refund shortly.

남1: ⁷선시커 항공사의 존입니다.

여: 안녕하세요, ⁷제가 최근에 비행기 표를 취소했는데요. ⁸환불을 받았어야 하는데, 환불금이 아직 안 들어왔어요. 제 예약 번호는 F29A입니다.

남1: 알겠습니다. 환불 요청서는 제대로 제출이 됐는데요. 음… 벌써 갔어야 하는데요.

여: 저는 받은 게 없어요.

남1: 알겠습니다… 제 동료인 아닐에게 연결해 드릴게요. 그가 도와드릴 거예요. 잠시만요.

남2: 안녕하세요. 저는 아닐입니다. 귀하의 환불금을 지금 확인 중이에요…

여: 고맙습니다. 감사드려요.

남2: 알겠습니다. ⁹컴퓨터에 오류가 있어서 늦어진 것 같아요. 제가 고쳐 드릴게요. 곧 환불금을 받으실 수 있을 겁니다.

어휘 | cancel 취소하다 refund 환불, 환불금 request 요청 submit 제출하다 correctly 정확하게 transfer A to B (전화로) A를 B에게 연결하다 coworker 동료 hold up ~을 지연시키다, 방해하다 fix 고치다

7 여자가 전화한 곳은 어떤 회사인가?
(A) 극장
(B) 호텔
(C) 항공사
(D) 은행

해설 | **여자가 전화한 업체**
남자 1의 첫 번째 대사 Sunseeker Airlines에서 항공사라는 것을 알 수 있으며, 여자의 첫 번째 대사 I canceled a plane ticket recently.에서 여자가 최근에 비행기 표를 취소했다고 하므로 정답은 (C).

8 여자가 전화를 건 용건은?
(A) 일자리 지원
(B) 대출
(C) 예약
(D) 환불

해설 | **여자의 전화 목적**
여자의 첫 번째 대사 I should've received a refund, but it hasn't arrived yet.에서 환불을 받았어야 하는데, 환불금이 아직 안 들어왔다고 하므로 정답은 (D).

어휘 | application 지원, 지원서 loan 대출 reservation 예약

9 지연의 원인은 무엇인가?
(A) 기술적 문제
(B) 부정확한 주소
(C) 인력 부족
(D) 폐업

해설 | **지연 이유**
대화 후반부 남자 2의 말 it looks like a computer error held things up에서 컴퓨터에 오류가 있어 늦어진 것 같다고 하므로 정답은 (A).

어휘 | delay 지연 technical 기술적인 incorrect 부정확한 business closure 사업장의 폐업

Paraphrasing
a computer error → a technical problem
(컴퓨터 오류 ➜ 기술적 문제)

[10-12] 대화 + 웹페이지 W-Br / M-Cn

W Hi, David. I just learned that Julie Chen is giving a talk on Saturday. ¹⁰She's been a sales executive for years. Our staff could learn a lot from someone with so much experience.

M Great idea. And we could pay for the tickets if anyone else from sales wants to go...

W Oh, wait. I just looked it up, and ¹¹her talk is sold out. There aren't any tickets left for our location.

M Oh, no! Well, ¹²let's just play her latest video at the department meeting. I've seen it, and it introduces useful strategies, too. I think our staff would like to see it.

여: 안녕하세요, 데이비드. 방금 들었는데 줄리 첸이 토요일에 강연을 한대요. ¹⁰그녀는 오랫동안 영업 사원으로 일했잖아요. 경험이 아주 풍부한 사람을 통해 우리 직원들이 많이 배울 수 있을 거예요.

남: 좋은 생각이에요. 영업부에서 다른 사람도 가고 싶다고 하면 우리가 입장권을 사줄 수 있고…

여: 아, 잠시만요. 제가 방금 살펴봤는데요. ¹¹강연이 매진되었어요. 우리 지점을 위해 남겨 놓은 표는 없네요.

남: 아, 안타깝네요! 그럼, ¹²부서 회의 때 최근 영상을 틀어 줍시다. 제가 봤는데요. 거기에도 유용한 전략이 많이 소개되어 있어요. 우리 직원들이 볼 만할 것 같아요.

어휘 | give a talk 강연을 하다 sales executive 영업 사원 look up (정보를) 찾아보다 sold out 표가 매진된 department meeting 부서 회의 introduce 소개하다 useful 유용한 strategy 전략

Talk Series with Julie Chen

Locations	Ticket status
Springtown	BUY (few tickets left!) ▼
North York	BUY ▼
Rite City	BUY (standing room only) ▼
Harborville[11]	SOLD OUT

줄리 첸과 함께 하는 강연 시리즈

장소	티켓 상황
스프링타운	구매(몇 매 남음) ▼
노스 욕	구매 ▼
라이트 시티	구매(입석만 가능) ▼
하버빌	[11]매진

10 화자들은 어떤 종류의 일에 종사하겠는가?

(A) 유지 보수
(B) 영업
(C) 보안
(D) 회계

해설 | **근무 업종 [추론 문제]**
여자의 첫 대사 중 She's been a sales executive for years. Our staff could learn a lot from someone with so much experience.에서 그녀가 오랫동안 영업 사원으로 일했고 경험이 아주 풍부한 사람을 통해 직원들이 많이 배울 수 있다고 하므로 정답은 (B).

어휘 | maintenance 유지 보수 security 보안 accounting 회계

11 시각 정보에 의하면, 화자들은 어느 장소에 관심이 있겠는가?

(A) 스프링타운
(B) 노스 욕
(C) 라이트 시티
(D) 하버빌

해설 | **화자들이 관심 가질 곳 [시각 정보 연계]**
대화 중반부 여자의 말 her talk is sold out에서 강연이 매진되었다고 하고 시각 정보에서 Harborville이 매진임을 알 수 있으므로 정답은 (D).

12 남자가 제안하는 것은?

(A) 고객에게 쿠폰 보내기
(B) 무역 박람회에서 상품 시연하기
(C) 회의 때 영상 보여 주기
(D) 사무실용 가전제품 구매하기

해설 | **남자의 제안 사항**
남자의 마지막 대사 let's just play her latest video at the department meeting에서 부서 회의 때 최근 영상을 틀어 주자고 하므로 정답은 (C).

어휘 | demonstrate 시연하다 trade show 무역 박람회 appliance 가전제품

Paraphrasing
play her latest video at the department meeting
→ show a video at a meeting
(부서 회의 때 최근 영상을 틀다 → 회의 때 영상을 보여 주다)

Unit 11　일상 생활

① **쇼핑 / 편의 시설**　　　　　　　本책 p.086
1 (A)　**2** (B)　**3** (B)

② **여행 / 여가**　　　　　　　本책 p.087
1 (B)　**2** (A)　**3** (A)

③ **교통 / 주거**　　　　　　　本책 p.088
1 (A)　**2** (B)　**3** (A)

Check Up　　　　　　　本책 p.089
1 traffic　**2** transportation　**3** property　**4** refund
5 exhibit　**6** stock　**7** commute　**8** conflict
9 available　**10** warranty

● **토익 감각 익히기**　　　　　　　本책 p.090

1 (A)　**2** (C)　**3** (B)　**4** (B)

받아쓰기
[1-2]　(1) here　(2) library　(3) art show
[3-4]　(1) this supermarket　(2) package
　　　　(3) changed

[1-2]

남: 안녕하세요. ¹이 도서관에서 열리는 행사 일정표가 있나요?
여: 사실, ²다음 주말에 우리는 미술 전시회를 개최할 거예요. 지역 예술가들의 그림을 전시하고 모든 작품은 구매도 가능해요. 관련 정보가 있는 안내책자가 여기 있습니다.
남: 고마워요.

어휘 | artist 예술가 for sale 팔려고 내놓은

1 여자는 누구이겠는가?

(A) 도서관 직원
(B) 교수
(C) 카페 주인

해설 | **여자의 직업 [추론 문제]**

남자의 첫 대사 Do you have a schedule of events here at the library?에서 도서관에서 열리는 행사 일정표가 있는지를 묻고 있으므로 여자의 직업은 (A).

어휘 | professor 교수

2 다음 주말에 어떤 행사가 열리는가?
(A) 영화 상영
(B) 학술 강연
(C) 미술 전시회

해설 | **다음 주말에 열릴 행사**

여자의 말 we're holding an art show next weekend에서 다음 주말에 미술 전시회를 개최할 것이라고 하므로 정답은 (C).

[3-4]

> 여: 실례합니다만, 케리스 파이니스트라는 샴푸 브랜드를 찾고 있는데요. ³이 슈퍼마켓에 있다는 사실을 알고 있는데, 제가 지난번에 왔을 때 봤거든요.
> 남: 8번 통로에 다른 모발 관리 제품들과 같이 놓여 있을 거예요. 어디에서 찾으실 수 있는지 안내해 드릴게요.
> 여: 아, 여기 있네요. 와! ⁴포장이 완전히 달라 보이네요. 포장을 바꿨나 봐요.
>
> 어휘 | hair care product 모발 관리 제품 package 포장

3 화자들은 어디에 있는가?
(A) 미용실
(B) 슈퍼마켓
(C) 진료소

해설 | **대화 장소**

여자의 첫 대사 중 at this supermarket이라는 말에서 장소가 슈퍼마켓임을 알 수 있으므로 정답은 (B).

어휘 | hair salon 미용실 doctor's office 진료소

4 여자에 따르면 최근에 바뀐 것은?
(A) 환불 정책
(B) 물건의 포장재
(C) 제품의 상표명

해설 | **여자가 언급한 최근 변경 사항**

대화 후반부 여자의 말 The package looks totally different. They must have changed it.에서 포장을 바꿨다는 것을 알 수 있으므로 정답은 (B).

어휘 | refund 환불 packaging 포장재

Paraphrasing
the package → an item's packaging
(포장 → 물건의 포장재)

● ETS 실전 도전하기
본책 p.091

| 1 (B) | 2 (C) | 3 (D) | 4 (B) | 5 (D) | 6 (C) |
| 7 (B) | 8 (D) | 9 (C) | 10 (A) | 11 (B) | 12 (D) |

[1-3] W-Am / M-Cn

> W Hi, Mr. Goldman. I see you have an appointment with Dr. Sayers at 2:15. ¹Please take a seat and the doctor will be with you soon.
> M Thank you. Umm ... ²I wonder if I could get a copy of my laboratory results while I'm waiting. I had a routine test done last week and I'd like a printout for my records.
> W Unfortunately, ³I can't access the computer system at the moment because we're running a software update. But it should be finished soon. I can have a copy for you after you've seen the doctor.

> 여: 안녕하세요, 골드먼 씨. 2시 15분에 세이어스 선생님 예약이 있으시네요. ¹자리에 앉아 계시면 의사 선생님께서 곧 오실 거예요.
> 남: 고맙습니다. 음… 기다리는 동안 ²임상검사실 결과 사본을 받아 볼 수 있을지 궁금합니다. 지난주에 루틴 검사를 받았는데요. 인쇄물로 보관해 두고 싶어서요.
> 여: 안타깝게도, ³지금은 소프트웨어 업데이트 중이라서 전산에 접속을 할 수가 없어요. 하지만 금방 끝날 거예요. 진료가 끝나고 나오시면 사본을 드릴 수 있어요.

어휘 | laboratory 실험실, 임상검사실 routine test 루틴 검사(대형병원 응급실 등에서 기본적으로 실시하는 모든 검사) printout 인쇄물 for one's records 기록 보관용으로 unfortunately 안타깝게도 access 접속하다, 접근하다

1 화자들은 어디에 있는가?
(A) 약국
(B) 진료소
(C) 창고
(D) 컴퓨터 매장

해설 | **대화 장소 [추론 문제]**

여자의 첫 대사 중 Please take a seat and the doctor will be with you soon.에서 의사가 곧 올 것이라고 하므로 정답은 (B).

어휘 | pharmacy 약국 warehouse 창고

2 남자가 요청하는 것은?
(A) 처방전
(B) 항목별 영수증
(C) 실험실 결과의 사본
(D) 소프트웨어 사용 설명서

해설 | 남자의 요청 사항

대화 중반부 남자의 말 I wonder if I could get a copy of my laboratory results에서 임상검사실 결과 사본을 받아 볼 수 있을지 궁금하다고 했으므로 정답은 (C).

어휘 | receipt 영수증

3 여자가 업무 처리를 당장 해 줄 수 없는 이유는?
(A) 한 가지 물품의 재고가 없어서
(B) 너무 많은 진료 예약이 잡혀 있어서
(C) 새로 온 접수원을 교육 중이라서
(D) 일부 소프트웨어를 업데이트하는 중이라서

해설 | 여자가 업무 처리를 할 수 없는 이유

대화 후반부 여자의 말 I can't access the computer system at the moment because we're running a software update.에서 현재 소프트웨어 업데이트 중이라서 전산에 접속을 할 수가 없다고 하므로 정답은 (D).

어휘 | out of stock 재고가 없는 receptionist 접수원 train 교육시키다

Paraphrasing

run a software update → Some software is being updated. (소프트웨어를 업데이트하다)

[4-6] W-Am / M-Au

W ⁴Fly Right Airlines, how can I help you?
M Hi, ⁴I'm calling about a flight I'm taking to Madrid tomorrow. I have a question about luggage. I know that I can check one bag for free, but I'm not sure what the weight limit is.
W ⁵The weight limit per bag is 23 kilograms.
M Oh, well... my bag weighs 30 kilograms.
W Then there will be a charge. I could process that payment for you now if you'd like.
M Sure, but I'm in a bit of a hurry. ⁶My phone doesn't have much battery power left, and I'm worried that it'll shut down soon.

여: ⁴플라이 라이트 항공입니다. 어떻게 도와드릴까요?
남: 안녕하세요. ⁴내일 제가 탑승할 마드리드행 항공편 때문에 **전화했어요.** 수하물에 대해 질문이 있어서요. 가방 1개까지 무료로 수속할 수 있다는 건 아는데 무게 제한이 얼마까지인지는 잘 몰라서요.
여: ⁵가방당 무게 제한은 23킬로그램이에요.
남: 아, 음... 제 가방은 30킬로그램 나가요.
여: 그럼 요금이 부과될 거예요. 원하시면 지금 요금 납부를 진행할 수 있어요.
남: 좋죠. 그런데 조금 서둘러야 해요. ⁶제 전화의 배터리 잔량이 많지 **않아서** 곧 꺼질 것 같아 걱정이네요.

어휘 | luggage 짐, 수하물 for free 무료로 weigh limit 무게 제한 weigh 무게를 달다 charge 요금 process 진행하다 payment 납부, 대금 a bit of 약간 shut down 멈추다

4 여자는 어떤 유형의 사업체에서 일하는가?
(A) 전화 회사
(B) 항공사
(C) 회계 법인
(D) 백화점

해설 | 여자의 근무처

여자의 첫 대사 Fly Right Airlines와 남자의 말 I'm calling about a flight I'm taking to Madrid tomorrow.에서 탑승할 마드리드행 항공편 때문에 전화했다고 하므로 정답은 (B).

5 남자가 "제 가방은 30킬로그램 나가요"라고 말할 때 무엇을 암시하는가?
(A) 다른 가방을 살 계획이다.
(B) 가방을 옮기는 데 도움이 필요하다.
(C) 가방에는 여유 공간이 없다.
(D) 가방은 요건을 충족하지 못한다.

해설 | 남자가 가방 무게를 언급하는 의도 [의도 파악 문제]

대화 중반부 여자의 말 The weight limit per bag is 23 kilograms.에서 가방당 무게 제한은 23킬로그램인데 남자의 가방은 30킬로그램이므로 정답은 (D).

어휘 | extra 여분의 requirement 요건

6 남자는 왜 서두르는가?
(A) 비행기가 막 출발하려고 한다.
(B) 발표가 곧 시작된다.
(C) 전화의 배터리가 부족하다.
(D) 택시가 기다리고 있다.

해설 | 남자가 서두르는 이유

대화 후반부 남자의 말 My phone doesn't have much battery power left에서 배터리 잔량이 많지 않다고 하므로 정답은 (C).

어휘 | be about to 막 ~하려고 하다 depart 출발하다

Paraphrasing

My phone doesn't have much battery power left → His phone battery is low.

(전화의 배터리 잔량이 많지 않다 → 전화의 배터리가 부족하다)

[7-9] W-Am / M-Au

W Hi, my name is Donna Yang. ⁷The running shoes I ordered from your Web site last week arrived today, and I was disappointed to find that they're the wrong size and the wrong color.

M I apologize for the mix-up, Ms. Yang. **⁸If you can confirm your order number,** I can issue you a refund or send a replacement order.

W Sure, the number is 8946, and I'd really like to get the shoes I ordered.

M No problem. **⁹I'll have the correct shoes shipped by express mail so you'll get them tomorrow.** And I'm sorry for any inconvenience this may have caused.

여: 안녕하세요. 저는 도나 양입니다. **⁷귀사의 웹사이트에서 지난주에 주문한 운동화가 오늘 도착했는데요.** 잘못된 치수에 잘못된 색상이 온 걸 알고 실망스러웠습니다.

남: 혼동을 드려서 죄송합니다, 양 선생님. **⁸주문 번호를 확인해 주시면** 제가 환불 또는 교환품을 보내 드리겠습니다.

여: 그럴게요, 주문 번호는 8946이고, 저는 꼭 제가 주문한 신발을 원해요.

남: 문제 없습니다. **⁹정확한 신발이 빠른 우편으로 배송되도록 조치하겠습니다.** 그럼 내일 받아 보실 수 있을 거예요. 불편을 드려서 죄송합니다.

어휘 | disappointed 실망한 wrong 잘못된 apologize 사과하다 mix-up 혼동 issue a refund 환불해 주다 replacement 교환, 교체 correct 정확한 express mail 빠른 우편 inconvenience 불편

---

7 도나 양은 누구인가?
(A) 구매 담당자
(B) 온라인 고객
(C) 신발 가게 점원
(D) 고객 서비스 담당자

해설 | **도나 양의 신분 [추론 문제]**
여자의 첫 대사 중 The running shoes I ordered from your Web site last week arrived today에서 회사 웹사이트에서 지난주에 주문한 운동화가 오늘 도착했다고 하므로 정답은 (B).

어휘 | purchasing agent 구매 담당자, 구매 대리인 clerk 점원 representative 대표, 담당자

8 남자가 여자에게 요구하는 것은?
(A) 지불 정보를 제출할 것
(B) 다시 전화를 해 줄 것
(C) 상품을 다시 주문해 줄 것
(D) 주문 번호를 알려 줄 것

해설 | **남자의 요청 사항**
대화 중반부 남자의 말 If you can confirm your order number에서 주문 번호를 확인해 달라고 하므로 정답은 (D).

어휘 | submit 제출하다 payment 지불 return a call 답신 전화를 하다 reorder 재주문하다

9 남자는 무엇을 준비하겠다고 말하는가?
(A) 자동이체
(B) 향후 할인
(C) 익일 배송
(D) 환불

해설 | **남자의 준비 사항**
남자의 마지막 대사 I'll have the correct shoes shipped by express mail so you'll get them tomorrow.에서 정확한 신발을 빠른 우편으로 배송하면 내일 받아볼 수 있다고 하므로 정답은 (C).

어휘 | automatic billing 자동이체 overnight delivery 익일 배송

Paraphrasing
have … shipped by express mail so you'll get them tomorrow → overnight delivery
(빠른 우편으로 배송해서 내일 받을 수 있도록 하다 → 익일 배송)

[10-12] 대화 + 평면도 M-Au / W-Am

M Hello, Tara. **¹⁰This is Sam Watson, the apartment building manager.** Your rental agreement expires July first, and I was wondering if you're planning to renew it.

W Hi, Sam. To be honest, I haven't decided yet. I like the apartment building and amenities, but I don't like the location of my apartment.

M Oh, what's the problem?

W Well, I have the corner unit across from the stairs. **¹¹I can hear people talking when they're on the stairs.**

M I understand. Well, there's another apartment available on that same floor that I think you'd like. **¹²It's also a corner unit, but it's the one farthest away from the stairs.**

W That sounds good. Could I see it?

남: 안녕하세요, 타라. **¹⁰저는 아파트 건물 관리자 샘 왓슨입니다.** 귀하의 임대차 계약이 7월 1일에 만료되는데요, 계약을 갱신할 계획이신지 궁금합니다.

여: 안녕하세요, 샘. 솔직히 말씀드리자면 아직 결정하지 못했습니다. 아파트 건물과 편의 시설은 마음에 들지만, 아파트의 위치가 마음에 들지 않아요.

남: 아, 무엇이 문제인가요?

여: 저, 제 아파트는 계단 맞은편의 모퉁이에 있어요. **¹¹사람들이 계단에 있을 때 말하는 소리가 들려요.**

남: 이해합니다. 저, 같은 층에 제 생각에 마음에 드실 만한 아파트가 한 채 나와 있어요. **¹²이것도 모퉁이 아파트이기는 하지만 계단에서 가장 멀리 떨어져 있습니다.**

여: 좋네요. 제가 볼 수 있나요?

어휘 | rental 임대, 대여 agreement 합의, 동의 expire 만료되다 renew 갱신하다 amenity 편의 시설 location 장소, 위치 across from ~의 바로 맞은편에 available 이용 가능한

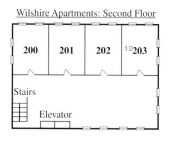

Wilshire Apartments: Second Floor

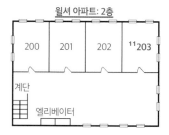

윌셔 아파트: 2층

10 남자는 누구인가?
(A) 건물 관리자
(B) 배달 기사
(C) 수리 기사
(D) 실내 장식가

해설 | **남자의 신분**
남자의 첫 대사 This is Sam Watson, the apartment building manager에서 본인이 아파트 건물 관리자라고 하므로 정답은 (A).

어휘 | delivery 배달 repair 수리 interior decorator 실내 장식가

11 여자는 무엇에 대해 불평하는가?
(A) 높은 서비스 비용
(B) 자신의 아파트 밖 소음
(C) 보수 공사의 기간
(D) 제한된 주차장 이용

해설 | **여자의 불만 사항**
대화 중반부 여자의 말 I can hear people talking when they're on the stairs.에서 사람들이 계단에 있을 때 말하는 소리가 들린다고 하므로 정답은 (B).

어휘 | noise 소음 length 기간 renovation 새단장, 보수 limited access to ~에 대한 제한된 접근

Paraphrasing
people talking → the noise
on the stairs → outside her apartment

12 시각 정보에 의하면, 남자가 언급하는 아파트 호수는?
(A) 200호
(B) 201호
(C) 202호
(D) 203호

해설 | **남자가 언급한 아파트 호수 [시각 정보 연계 문제]**
대화 중반부 남자의 말 It's also a corner unit, but it's the one farthest away from the stairs.에서 마찬가지로 모퉁이 아파트이기는 하지만 계단에서 가장 멀리 떨어져 있다고 하므로 시각 정보에서 203호임을 알 수 있다. 따라서 정답은 (D).

PART 4

Unit 12 전화 메시지 / 공지 / 설명

① 전화 메시지   본책 p. 096
1 (B)   **2** (B)   **3** (A)

② 공지   본책 p. 097
1 (A)   **2** (B)   **3** (A)

③ 설명   본책 p. 098
1 (B)   **2** (B)   **3** (A)

Check Up   본책 p. 099
1 inquiry   **2** appliances   **3** identification
4 complain   **5** malfunctioning   **6** assistance
7 instructions   **8** renovations   **9** improve
10 limited

● 토익 감각 **익히기**   본책 p. 100

1 (C)   **2** (A)   **3** (A)   **4** (A)

받아쓰기
[1-2] (1) national holiday (2) Monday
        (3) regular business
[3-4] (1) mechanical problem (2) coupon
        (3) future

LC

PART 4

[1-2] 녹음 메시지

남: 안녕하세요. 아브람스 의원입니다. **¹본 진료소는 현재 국경일을 준수하기 위해 문을 닫았습니다.** 응급 상황일 경우 555-0135번으로 당직 중인 의사에게 연락해 주십시오. 응급 상황이 아니라 진료 예약을 잡고 싶으시거나 접수원과 상담을 원하시면 **²월요일 정규 영업 시간 중에 다시 전화 주시기 바랍니다.**

어휘 | reach (특히 전화로) 연락하다 currently 현재 national holiday 국경일 on call 당직 중인 otherwise 그렇지 않다면 appointment (진료 등의) 예약 receptionist 접수원 regular 정규의, 정기적인 business hour 영업 시간

1 사업장이 문을 닫은 이유는?
(A) 새단장을 하고 있어서
(B) 직원 한 명이 아파서
(C) 공휴일을 지키는 중이라서

해설 | **사업장이 문을 닫은 이유**
담화 초반부 The office is currently closed in observance of the national holiday.에서 진료소가 국경일을 준수하기 위해 문을 닫는다고 하므로 정답은 (C).

어휘 | renovation 새단장, 보수

Paraphrasing
office → the business (사무실 → 사업장)
in observance of the national holiday → A holiday is being observed (국경일을 준수하여 → 휴일을 지키는 중)

2 사업장은 언제 다시 문을 열 것인가?
(A) 월요일
(B) 화요일
(C) 수요일

해설 | **사업장이 문을 다시 열 시점**
담화 후반부 please call back on Monday during our regular business hours에서 월요일 정규 영업 시간 중에 다시 전화를 달라고 하므로 정답은 (A).

어휘 | reopen 재개하다

[3-4] 공지

남: 5시 정각 개레츠빌행 열차를 기다리고 계신 모든 퀵레일 승객 여러분께 알려 드립니다. **³이 운행 서비스는 열차의 기계 문제로 인해 취소되었습니다.** 개레츠빌행 승차권을 소지하신 승객 여러분을 위해 기차역 밖에 버스가 대기 중입니다. 버스에 승차하시면 **⁴앞으로 퀵레일을 이용하실 때 언제라도 사용하실 수 있는 50퍼센트 할인 쿠폰을 받게 되실 겁니다.** 불편을 끼쳐드려 죄송합니다.

어휘 | passenger 승객 cancel 취소하다 due to ~ 때문에 mechanical 기계적인 receive 받다 apologize 사과하다

3 운행 서비스에 변경이 생긴 이유는?
(A) 장비 오작동
(B) 기상 악화
(C) 정전

해설 | **운행 서비스 변경 이유**
담화 초반부 This service has been canceled due to a mechanical problem with the train.에서 운행 서비스가 열차의 기계 문제로 인해 취소되었다고 하므로 정답은 (A).

어휘 | equipment 장비

Paraphrasing
a mechanical problem → an equipment malfunction
(기계 문제 → 장비 오작동)

4 일부 승객은 무엇을 받게 될 것인가?
(A) 향후 철도 이용 시 할인
(B) 다과
(C) 지역 안내

해설 | **일부 승객이 제공받을 것**
담화 후반부 you will receive a coupon for 50% off any future QuickRail trip에서 앞으로 퀵레일을 이용할 때 50퍼센트 할인 쿠폰을 받게 된다고 하므로 정답은 (A).

Paraphrasing
a coupon for 50% off → a discount
(50% 할인 쿠폰 → 할인)
future QuickRail trip → future travel
(앞으로 퀵레일 여행 → 향후 여행)

● ETS 실전 도전하기   본책 p. 101

| **1** (D) | **2** (A) | **3** (B) | **4** (B) | **5** (C) | **6** (A) |
| **7** (A) | **8** (C) | **9** (D) | **10** (C) | **11** (D) | **12** (B) |

[1-3] 전화 메시지 M-Cn

Hello, this is James Radley calling from office 426. **¹I'm expecting to have some furniture delivered this afternoon.** The delivery people will need to use the service entrance in the back of the building, and I was told to notify the building manager. So, **²could you please make sure to let them into the building?** The name of the furniture company is Stylish Office Furnishings and the time of the delivery is between one and four o'clock. **³I'll be in the office all afternoon** if you have any questions about this. Thank you for your help!

남: 안녕하세요. 426호 사무실의 제임스 래들리입니다. **¹오늘 오후에 가구가 배송될 예정인데요.** 배송 기사님들이 건물 뒤편 직원용 출입구를 사용해야 한다는군요. 그리고 건물 관리자에게 통지해 달라는 말을 들었어요. **²기사님들이 건물 안으로 들어올 수 있게 해 주실래요?** 가구 회사 이름은 스타일리시 오피스 가구점이고, 배송 시간은 1시에서 4시 사이입니다. 이 일로 문의 사항이 있으시다면 **³저는 오후 내내 사무실에 있을 예정이에요.** 도와주셔서 감사합니다!

어휘 | furniture 가구 deliver 배송하다 delivery 배송 service entrance 직원용 출입구 notify 알리다 building manager 건물 관리자

1 메시지를 남긴 목적은?
(A) 여분의 이삿짐 상자를 요구하려고
(B) 빈 사무실에 대해 문의하려고
(C) 주문을 취소하려고
(D) 배송 관련 세부 사항을 설명하려고

해설 | **메시지의 목적**
담화 초반부 I'm expecting to have some furniture delivered this afternoon.에서 오늘 오후에 가구가 배송될 예정이라고 하므로 정답은 (D).

어휘 | request 요구하다 extra 여분의 moving box 이삿짐 상자 cancel 취소하다

2 화자는 청자가 무엇을 하기를 원하는가?
(A) 건물 출입 허가하기
(B) 창고 관리자에게 연락하기
(C) 포장 명세서 보내기
(D) 회사 방침 게시하기

해설 | **화자의 요청 사항**
담화 중반부 So, could you please make sure to let them into the building?에서 기사들이 건물 안으로 들어올 수 있게 해 줄 수 있는지를 질문하므로 정답은 (A).

어휘 | allow 허용하다 access 접근 warehouse 창고 supervisor 관리자, 감독관 packing 짐 싸기 policy 정책, 방침

Paraphrasing
let them into the building → allow access to a building
(건물 안으로 들어올 수 있게 하다 → 건물 출입을 허락하다)

3 화자는 오늘 오후에 무엇을 할 것이라고 말하는가?
(A) 아파트 청소
(B) 사무실에서 근무
(C) 고객 방문
(D) 영화 관람

해설 | **화자가 오늘 오후에 할 일**
담화 후반부 I'll be in the office all afternoon에서 오후 내내 사무실에 있을 예정이라고 하므로 정답은 (B).

[4-6] 공지 W-Am

Good morning, everyone. I'm Sandy, **⁴Dr. Salazar's medical assistant. ⁵Unfortunately, we're having some trouble with the machine we use to conduct eye examinations.** I'm not sure how long it will take to fix, but if you are unable to wait, we'll have to reschedule your appointment. Of course, if you've already been examined and **⁶you're ready to order a pair of glasses,** there's no problem. **⁶You just need to fill out one of these blue patient forms** and then submit your order to the service counter.

여: 좋은 아침입니다, 여러분. 저는 **⁴살라자르 선생님의 간호사** 샌디입니다. **⁵안타깝게도, 안과 검진을 할 때 사용하는 기계에 문제가 좀 생겼습니다.** 고치는 데 얼마나 걸리는지 잘 모르겠습니다만, 만약 기다릴 시간이 없으시다면 진료 예약을 다른 날로 다시 잡아 드려야 할 것 같습니다. 물론 이미 검진을 받으셨고 **⁶안경을 주문할 준비가 되셨다면 문제 없습니다. ⁶파란색 환자 기록부를 작성하신 다음** 주문서를 창구로 제출만 하면 됩니다.

어휘 | medical assistant 간호사 unfortunately 안타깝게도 machine 기계 conduct 실시하다 examination 검진 fix 고치다, 수리하다 be unable to ~할 수 없다 reschedule 일정을 다시 잡다 appointment (진료 등의) 예약 order 주문하다 glasses 안경 fill out 작성하다 patient 환자 submit 제출하다 service counter 창구, 카운터

4 청자들은 어디에 있겠는가?
(A) 유리 공장
(B) 진료소
(C) 의과대학
(D) 약국

해설 | **담화 장소 [추론 문제]**
담화 초반부 Dr. Salazar's medical assistant에서 살라자르 선생님의 간호사라고 하므로 정답은 (B).

어휘 | glass 유리 factory 공장

5 화자가 언급하는 문제는 무엇인가?
(A) 직원 한 명이 아프다.
(B) 일정이 부정확하다.
(C) 일부 장비가 작동하지 않는다.
(D) 충분한 좌석이 없다.

해설 | **문제점**
담화 초반부 Unfortunately, we're having some trouble with the machine we use to conduct eye examinations.에서 안과 검진을 할 때 사용하는 기계에 약간의 문제가 생겼다고 하므로 정답은 (C).

어휘 | incorrect 부정확한 equipment 장비

Paraphrasing
having some trouble with the machine → Some
equipment is not working.
(기계에 약간의 문제가 생겼다 → 일부 장비가 작동하지 않는다)

6 파란색 양식의 목적은 무엇인가?
(A) 주문하기
(B) 피드백 제공하기
(C) 단체에 가입하기
(D) 행사에 신청하기

해설 | **파란색 양식의 목적**
담화 후반부 you're ready to order a pair of glasses …
You just need to fill out one of these blue patient
forms에서 안경을 주문할 준비가 되었다면 파란 환자 기록부만
작성하라고 하므로 정답은 (A).

어휘 | place an order 주문하다 provide 제공하다
organization 단체 sign up for ~에 신청하다, 등록하다

Paraphrasing
order a pair of glasses → place an order
(안경을 주문하다 → 주문하다)

[7-9] 설명 M-Au

Good morning. Thanks for signing up to
volunteer **7**at the annual Mason Health and
Wellness Fair. The goal of this year's fair is
to increase awareness about maintaining
a healthy lifestyle. There'll be a variety of
events, including free fitness classes and food
preparation demonstrations. We're expecting
a lot more people than last year, so **8**it's going
to be really crowded there. I always park
behind the bank. You've signed up to assist
with different activities during the health fair,
so **9**we'll break off into groups now. Each
group will receive special instructions about its
responsibilities the day of the fair.

남: 안녕하세요. **7**연례 메이슨 건강 복지 박람회의 자원 봉사자로
등록해 주셔서 감사합니다. 이번 박람회의 목표는 건강한 생활 방식을
유지하는 것에 대한 인식을 고취시키는 것입니다. 무료 피트니스 수업
및 음식 준비 시연과 같은 다양한 행사가 있을 것입니다. 작년보다
훨씬 더 많은 사람들이 올 것으로 예상되며, **8**매우 혼잡할 것입니다.
저는 항상 은행 뒤에 주차합니다. 여러분은 건강 박람회 기간 동안
다양한 활동을 돕기 위해 등록했고, 그래서 **9**이제 몇 개의 그룹으로
나누겠습니다. 각 그룹은 박람회 당일 직무에 대한 특별 지시를 받게
될 것입니다.

어휘 | sign up 등록하다 volunteer 자원 봉사하다 fair 박람회
goal 목표 awareness 인식 maintain 유지하다 a variety
of 다양한 including ~을 포함하여 crowded 붐비는 assist
with ~을 도와주다 break off 나누다 instruction 지시
responsibility 책임, 직무

7 화자는 어떤 유형의 행사를 이야기하는가?
(A) 건강 박람회
(B) 투자 강의
(C) 휴일 기념 행사
(D) 음식점 개업

해설 | **언급 중인 행사 종류**
담화 초반부 at the annual Mason Health and Wellness
Fair에서 연례 메이슨 건강 복지 박람회라고 하므로 정답은 (A).

어휘 | investment 투자 celebration 기념 행사

8 화자는 왜 "저는 항상 은행 뒤에 주차합니다"라고 말하는가?
(A) 놀라움을 나타내려고
(B) 불만을 제기하려고
(C) 추천하려고
(D) 실수를 바로잡으려고

해설 | **항상 은행 뒤에 주차한다고 말하는 의도 [의도 파악 문제]**
담화 중반부 it's going to be really crowded there에서 매우
혼잡할 것이라고 하면서, 자신은 항상 은행 뒤에 주차한다고 하므로
주차 장소를 추천하고 있음을 알 수 있다. 따라서 정답은 (C).

어휘 | recommendation 추천, 권유 correct 바로잡다

9 청자들은 다음에 무엇을 할 것인가?
(A) 지도 보기
(B) 영화 보기
(C) 일정표 업데이트하기
(D) 그룹으로 나누기

해설 | **청자들의 다음 행동**
담화 후반부 we'll break off into groups now에서 몇 개의
그룹으로 나눌 것이라고 하므로 정답은 (D).

Paraphrasing
break off into groups → Divide into groups
(그룹으로 나누다)

[10-12] 전화 메시지 + 메뉴 M-Cn

Hi, this is Josh Romoff. I'm calling to confirm
my catering order **10**for my son's graduation
party. I ordered the meat platter... uh, **11**that's
a large meat platter, because we'll have a lot
of people there. Also, **12**I requested that two
people from your catering company serve the

food to the guests on the day of the party. ^{12}I'm wondering what time I should expect them to come. **Please call me back at this number when you get this message. Thanks.**

남: 안녕하세요, 조쉬 로모프입니다. ^{10}아들의 졸업 파티를 위한 출장 연회 주문을 확인하려고 전화했어요. 고기 플래터를 주문했는데요… 어, ^{11}고기 플래터 큰 사이즈로요. 왜냐하면 많은 사람들이 참석하거든요. 또한, ^{12}파티 당일 당신의 출장 요리 업체에서 직원 두 명이 와서 손님들에게 음식을 서빙해 달라고 요청했어요. ^{12}그들이 언제 오는지 궁금합니다. 이 메시지를 받으면 이 번호로 전화 주세요. 감사합니다.

어휘 | confirm 확인하다 catering 출장 요리 서비스 graduation 졸업 request 요청하다 wonder 궁금하다

SANCHEZ' CATERING COMPANY
MENU

	MEDIUM	LARGE
MEAT PLATTER	$300	^{11}$500
VEGETABLE PLATTER	$250	$400

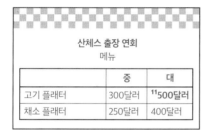

산체스 출장 연회
메뉴

	중	대
고기 플래터	300달러	^{11}500달러
채소 플래터	250달러	400달러

10 화자는 어떤 행사를 계획하고 있는가?
(A) 이사회 회의
(B) 퇴직 파티
(C) 졸업 파티
(D) 취업 박람회

해설 | **계획 중인 행사 종류**
담화 초반부 for my son's graduation party에서 아들의 졸업 파티를 위한다고 하므로 정답은 (C).

11 시각 정보에 의하면, 화자는 음식 주문에 대해 얼마를 지불할 것인가?
(A) 250달러
(B) 300달러
(C) 400달러
(D) 500달러

해설 | **음식 주문에 지불할 금액 [시각 정보 연계 문제]**
담화 중반부 that's a large meat platter, 즉 고기 플래터 큰 사이즈를 주문했다고 했고 시각 정보에서 고기 플래터 큰 사이즈는 500달러임을 알 수 있으므로 정답은 (D).

12 화자는 무엇에 대하여 묻는가?
(A) 할인을 받을 수 있는지 여부
(B) 음식을 서빙하는 직원의 도착 시간
(C) 포함되는 서빙용 식기
(D) 음식 용기의 반납 여부

해설 | **화자의 질문 사항**
담화 후반부 I requested that two people from your catering company serve the food … I'm wondering what time I should expect them to come.에서 파티 당일 직원 두 명이 와서 손님들에게 음식을 서빙해 달라고 요청했는데 그들이 언제 오는지 궁금하다고 하므로 정답은 (B).

어휘 | be eligible for ~을 받을 자격이 있다 server 종업원 container 용기 return 반납하다

Unit 13   회의/인물 소개/강연·워크숍

① 회의   본책 p. 102
1 (B)   **2** (B)   **3** (A)

② 인물 소개   본책 p. 103
1 (B)   **2** (B)   **3** (A)

③ 강연·워크숍   본책 p. 104
1 (B)   **2** (B)   **3** (B)

Check Up   본책 p. 105
1 critics   **2** benefits   **3** corporate   **4** overview
5 reputation   **6** create   **7** refreshments
8 go through   **9** reward [bonus]   **10** Certificates

● **토익 감각 익히기**   본책 p. 106

1 (B)   **2** (A)   **3** (B)   **4** (C)
받아쓰기
[1-2] (1) chef   (2) international
[3-4] (1) hospital's   (2) reception   (3) welcome

[1-2] 인물 소개

남: 오늘 영업을 시작하기 전에 ^{1}새 주방장 얀 차오를 소개합니다! 우리는 그녀의 직위에 많은 지원서를 받았지만, ^{2}얀의 폭넓은 해외 경력 때문에 눈에 띄었습니다. 얀이 우리 팀에 합류하게 되어서 정말 기쁩니다.

어휘 | head chef 주방장 application 지원서 join 합류하다

1 이 담화가 있을 만한 곳은?

(A) 서점

(B) 식당

(C) 식료품점

해설 | **담화 장소 [추론 문제]**
담화 초반부 our new head chef에서 우리의 새 주방장이라고
하므로 정답은 (B).

2 얀의 가장 중요한 자격 요건으로 언급된 것은?

(A) 해외 경력

(B) 독창적인 요리법

(C) 교수 기술

해설 | **얀의 가장 중요한 자격 요건**
담화 후반부 Yan stood out because of her extensive
international experience에서 얀의 폭넓은 해외 경력 때문에
눈에 띄었다고 하므로 정답은 (A).

[3-4] 회의

남: 오늘 회의는 ³우리 병원에 새로 오신 최고 재무 책임자 캐스퍼
피터스를 환영하면서 시작하고 싶습니다. 피터스 씨는 최고 재무
책임자로 10년 이상의 경력이 있습니다. ⁴내일은 C회의실에서
**정오부터 피터스 씨를 공식적으로 환영하기 위한 공개 환영회가 열릴
예정입니다.** 여러분이 모두 와 주시길 바랍니다.

어휘 | welcome 환영하다 chief financial officer 최고
재무 책임자 experience 경험 open 누구나 참여할 수 있는
reception 환영회

3 화자는 어디에 종사하겠는가?

(A) 은행

(B) 병원

(C) 출장 요리 회사

해설 | **화자의 근무처**
담화 초반부 our hospital에서 병원이라는 것을 알 수 있으므로
정답은 (B).

어휘 | catering 출장 요리 서비스

4 내일은 무슨 행사가 있을 것인가?

(A) 시상식 만찬

(B) 개업식

(C) 환영회

해설 | **내일 예정된 행사**
담화 중반 이후 Tomorrow there will be an open reception
to officially welcome Mr. Peters, starting at noon in
Conference Room C.에서 피터스 씨를 공식적으로 환영하기
위한 공개 환영회가 내일 열릴 예정임을 알 수 있으므로 정답은 (C).

어휘 | award 상, 시상식 grand opening 개업식 welcoming
reception 환영회

Paraphrasing

an open reception to officially welcome Mr. Peters
→ A welcoming reception

(피터스 씨를 공식적으로 환영하기 위한 공개 환영회 ➔ 환영회)

● ETS 실전 도전하기   본책 p.107

1 (C)	**2** (B)	**3** (B)	**4** (B)	**5** (A)	**6** (C)
7 (A)	**8** (C)	**9** (B)	**10** (C)	**11** (B)	**12** (B)

[1-3] 인물 소개 W-Br

I'm so pleased to welcome you all to ¹the
Winthrop Art Gallery for the grand opening of
this amazing exhibit! Tonight you'll have the
opportunity to view ²Elliot Walker's complete
collection of watercolor paintings and to also
hear directly from him. In fact, you may not be
aware of this, but ³Elliot Walker spent thirty
years working in the corporate world before
even picking up a paint brush. ³He'll talk to us
momentarily about how he became an artist,
and then you'll have the rest of the evening
to mingle, enjoy refreshments, and of course,
view the artist's works.

여: 이 놀라운 전시회의 개관일에 ¹윈스롭 화랑을 찾아 주신 여러분
모두를 기쁜 마음으로 환영합니다! 오늘 밤 ²엘리엇 워커의 수채화
작품 전체를 감상하실 수 있을 뿐만 아니라 그의 말을 직접 들어
보실 수 있는 기회가 마련되어 있습니다. 사실 이건 아마 여러분이
모르고 계셨을 텐데요, ³엘리엇 워커는 붓을 들기 전에 30년간 재계에
계셨습니다. ³그가 우리에게 어떻게 예술가가 되었는지에 대해 잠깐
이야기해 주실 거고요, 그 다음에는 오늘 밤 내내 서로 교류를 나누며
다과를 즐기실 수 있습니다. 물론 이 화가의 작품도 감상하시고요.

어휘 | art gallery 화랑 amazing 놀라운, 멋진 exhibit
전시회 opportunity 기회 view 감상하다 complete 완전한
collection 수집품, 소장품 watercolor painting 수채화
directly 직접 be aware of ~에 대해 알다 corporate world
재계 paint brush 그림을 그리는 붓 momentarily 잠깐 동안
mingle (사람들이) 서로 어울리다 refreshments 다과

1 이 소개는 어디에서 이루어지겠는가?

(A) 교실

(B) 서점

(C) 화랑

(D) 식당

해설 | **담화 장소**
담화 초반부 the Winthrop Art Gallery에서 윈스롭 화랑이라고
하므로 정답은 (C).

2 엘리엇 워커는 누구인가?

(A) 경영학 교수

(B) 화가

(C) 저술가

(D) 미술 평론가

해설 | 엘리엇 워커의 직업 [추론 문제]

담화 초반부 Elliot Walker's complete collection of watercolor paintings에서 엘리엇 워커의 수채화 작품 전체라고 하므로 화가임을 알 수 있다. 따라서 정답은 (B).

어휘 | professor 교수 critic 평론가

3 엘리엇 워커는 무엇에 대해 이야기할 것인가?

(A) 회고록 집필

(B) 진로의 변경

(C) 회사 경영

(D) 미술품 수집

해설 | 엘리엇 워커의 연설 주제

담화 중반부 Elliot Walker spent thirty years working in the corporate world before even picking up a paint brush. He'll talk to us momentarily about how he became an artist에서 엘리엇 워커는 전에 30년간 재계에 있었고 그가 우리에게 어떻게 예술가가 되었는지에 대해 잠깐 이야기할 것이라고 하므로 정답은 (B).

어휘 | memoir 회고록 career 경력 lead 이끌다 collect 모으다, 수집하다

[4-6] 연설 M-Au

Good morning. ⁴I'm honored to accept the position of president of Strong Fitness Equipment Incorporated. In my new role as president, ⁵I plan to double our market size in a year's time. We'll sell our equipment not only to sports facilities, as we do now, but also to medical facilities that specialize in physical rehabilitation. This new client base in the medical field will increase our company's visibility in the sports and health market. ⁶In order to achieve this important goal, we'll be adding staff in several key areas.

남: 좋은 아침입니다. ⁴스트롱 피트니스 장비 사의 사장직을 **영광스러운 마음으로 수락합니다.** 새로 부임한 사장으로서 ⁵**제 계획은 일 년 후에 우리의 시장 규모를 두 배로 올리는 겁니다.** 우리 장비를 현재 하는 것처럼 체육 시설에 판매할 뿐만 아니라 신체 재활 치료에 특화된 의료 시설에도 판매하겠습니다. 의료 분야의 새로운 고객층은 스포츠 및 건강 시장에서 우리 회사의 인지도를 높여 줄 것입니다. ⁶이 중요한 목표를 달성하기 위해 몇몇 핵심 부문에 직원을 **충원하겠습니다.**

어휘 | be honored to ~을 영광으로 생각하다 accept 수락하다 position 일자리, 직위 equipment 장비 role 역할 double 두 배로 하다 in a year's time 일 년 후에 facility 시설 specialize in ~을 전문으로 하다 physical rehabilitation 신체 재활 base 기반, 토대 visibility 가시성 achieve 달성하다

4 화자는 누구이겠는가?

(A) 마케팅 자문위원

(B) 회사 사장

(C) 운동 시설 소유주

(D) 물리치료사

해설 | 화자의 신분

담화 초반부 I'm honored to accept the position of president of Strong Fitness Equipment Incorporated.에서 자신이 스트롱 피트니스 장비 사의 사장직을 수락한다고 하므로 정답은 (B).

어휘 | consultant 자문위원, 컨설턴트 gym 체육관, 운동 시설 physical therapist 물리치료사

5 화자는 어떤 목표를 언급하는가?

(A) 시장 점유율 확대

(B) 휴대형 장비 개발

(C) 회사 로고 변경

(D) 동네 병원에 대한 투자

해설 | 언급한 목표

담화 중반부 I plan to double our market size in a year's time에서 계획은 일 년 후에 시장 규모를 두 배로 올리는 것이라고 하므로 정답은 (A).

어휘 | expand 확대하다 market share 시장 점유율 develop 개발하다 redesign 다시 디자인하다 invest in ~에 투자하다

Paraphrasing

double our market size → Expanding market share

(시장 규모를 두 배로 올리다 → 시장 점유율 확대)

6 화자에 따르면 목표는 어떻게 달성될 것인가?

(A) 광고 캠페인을 시작함으로써

(B) 현장 조사를 실시함으로써

(C) 추가 직원을 고용함으로써

(D) 건강 식품 체인점을 매입함으로써

해설 | 목표를 달성할 방법

담화 후반부 In order to achieve this important goal, we'll be adding staff in several key areas.에서 이 중요한 목표를 달성하기 위해 직원을 충원하겠다고 하므로 정답은 (C).

어휘 | launch 개시하다 conduct 실시하다 field research 현장 조사 hire 고용하다 additional 추가의 purchase 구매하다 chain (점포·호텔 등의) 체인

Paraphrasing

be adding staff → hiring additional employees

(직원을 충원하다 → 추가 직원 고용)

[7-9] 회의 W-Am

Good evening. The main issue we'll be discussing at tonight's town meeting is the increased traffic on High Street. [7]Ever since the new factory opened on Route Five, the number of vehicles on the road has nearly doubled. People have been complaining about the traffic near the factory, especially during rush hour. In response to the complaints, [8]we've decided to make the road wider by adding a lane. So, [9]the High Street construction project will take place during the entire month of July.

여: 좋은 저녁입니다. 오늘 밤 주민 회의에서 논의할 핵심 사안은 하이 가에 늘어난 교통량입니다. [7]5번 도로에 새로운 공장이 문을 연 후부터 이 도로에 차량 수가 거의 두 배가 되었습니다. 사람들이 공장 인근 교통량, 특히 혼잡 시간대의 교통량에 대해 민원을 제기하고 있어요. 민원을 해결하기 위해 [8]차선을 늘려 도로 폭을 넓히기로 했습니다. 따라서 [9]하이 가 공사 작업이 7월 한 달 내내 진행될 겁니다.

어휘 | town meeting 주민 회의 increased 증가된 traffic 교통량 vehicle 차량 nearly 거의 double 두 배가 되다 complain 불평하다 rush hour (출퇴근) 혼잡 시간대 in response to ~에 대응하여 complaint 불평, 민원 add 추가하다 lane 차선 construction 공사 take place 개최되다, 일어나다 entire 전체의

7 하이 가의 교통량이 증가한 이유는?
(A) 한 공장이 최근에 문을 열어서
(B) 신호등이 고장이 나서
(C) 수도관이 수리 중이라서
(D) 쇼핑센터가 지어지는 중이라서

해설 | **하이 가의 교통량 증가 이유**
담화 중반부 Ever since the new factory opened on Route Five, the number of vehicles on the road has nearly doubled.에서 5번 도로에 새로운 공장이 문을 연 후부터 이 도로에 차량 수가 거의 두 배가 되었다고 하므로 정답은 (A).

어휘 | recently 최근에 traffic light 신호등 broken 고장이 난 repair 수리하다

8 이 마을은 무엇을 하기로 결정했는가?
(A) 주차장을 다시 포장하기로
(B) 정지 표지판을 설치하기로
(C) 차선을 늘리기로
(D) 육교를 짓기로

해설 | **마을이 하기로 결정한 일**
담화 중반부 we've decided to make the road wider by adding a lane에서 차선을 늘려 도로 폭을 넓히기로 결정했다고 하므로 정답은 (C).

어휘 | repave (도로를) 다시 포장하다 parking area 주차 구역 install 설치하다 sign 표지판 pedestrian bridge 육교

9 공사는 얼마나 걸릴 것인가?
(A) 일주일
(B) 한 달
(C) 6개월
(D) 일 년

해설 | **공사 기간**
담화 후반부 the High Street construction project will take place during the entire month of July에서 하이 가 공사 작업이 7월 한 달 내내 진행될 것이라고 하므로 정답은 (B).

Paraphrasing

during the entire month of July → one month

(7월 한 달 내내 → 한 달)

[10-12] 회의 + 지도 M-Au

Thanks for coming to this tenants' meeting. I have some good news to share. [10]Last Monday, I met with our city council representative about getting a pedestrian crossing. I explained that many tenants had issues crossing the street to get to the park. Our representative said the city had already set aside funds [11]to build a crosswalk in front of our apartment building. It should be operational by the end of May, which is just [12]in time for the annual town fair in the park. Now we can get there safely!

남: 입주자 회의에 와 주셔서 감사합니다. 여러분과 공유할 좋은 소식이 있습니다. [10]지난주 월요일 횡단보도 설치 문제 관련해서 시 의원과 만났습니다. 많은 입주자들이 공원으로 가기 위해 길을 건너야 하는 문제가 있다고 설명했습니다. 시 의원은 시에서 [11]우리 아파트 건물 앞에 횡단보도를 설치하기 위해 기금을 이미 마련해 두었다고 말했습니다. 5월 말부터는 이용이 가능하다고 하는데, 공원에서 열릴 [12]연례 도시 박람회와 일정이 딱 맞습니다. 이제 우리는 안전하게 공원으로 갈 수 있어요!

어휘 | tenant 입주자, 세입자 city council representative 시 의원 pedestrian crossing 횡단보도 cross a street 거리를 횡단하다 set aside 따로 떼어 놓다 crosswalk 횡단보도 operational 이용할 준비가 된 in time 제시간에 annual 연례의 fair 박람회 safely 안전하게

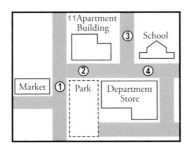

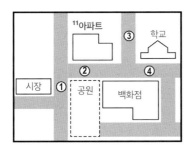

10 화자는 자신이 지난 월요일에 무엇을 했다고 말하는가?
(A) 사업체를 창업했다.
(B) 몇 가지 조사를 실시했다.
(C) 시 공무원을 만났다.
(D) 학교에서 자원 봉사를 했다.

해설 | **월요일에 한 일**
담화 초반부 Last Monday, I met with our city council
representative에서 지난주 월요일에 시 의원을 만났다고 하므로
정답은 (C).

어휘 | conduct 실시하다 research 조사, 연구 city official
시 공무원 volunteer 자원 봉사를 하다

Paraphrasing
city council representative → city official
(시 의원 → 시 공무원)

11 시각 정보에 의하면, 횡단보도는 어디에 위치할 것인가?
(A) 위치 1
(B) 위치 2
(C) 위치 3
(D) 위치 4

해설 | **횡단보도가 설치될 위치 [시각 정보 연계 문제]**
담화 중반부 to build a crosswalk in front of our
apartment building에서 우리 아파트 건물 앞에 횡단보도를
설치하기 위해 기금을 마련해 두었다는 말이 나오고 시각 정보에서
아파트 앞은 2번이므로 정답은 (B).

Paraphrasing
pedestrian crossing → crosswalk (횡단보도)

12 화자는 앞으로 열릴 어떤 행사를 언급하는가?
(A) 음악회
(B) 도시 박람회
(C) 마라톤 경주
(D) 가게 개업식

해설 | **앞으로 열릴 행사 종류**
담화 후반부 in time for the annual town fair에서 연례 도시
박람회와 시간이 맞다고 하므로 정답은 (B).

어휘 | race 경주 grand opening 개업식

Unit 14 방송/광고/견학·여행

① **방송**   본책 p.108
1 (A) **2** (B) **3** (B)

② **광고**   본책 p.109
1 (B) **2** (B) **3** (A)

③ **견학·여행**   본책 p.110
1 (B) **2** (A) **3** (A)

Check Up   본책 p.111
1 relocation **2** founder **3** financial
4 Photography **5** designated **6** opposite
7 alternate **8** exclusive **9** advantage
10 donation

● **토익 감각 익히기**   본책 p.112

1 (A) **2** (C) **3** (C) **4** (A)
받아쓰기
[1-2] (1) Construction (2) Highway
     (3) take the train
[3-4] (1) Electronics (2) lowest prices
     (3) once-a-year

[1-2] 교통 방송

여: 지역 교통 정보 시간입니다. **1내일 오전 9번 고속도로에서 공사가
시작될 예정입니다.** 공사를 진행하는 내내 심각한 지체가 예상됩니다.
2통근자 분들은 열차를 대신 이용해 주시기를 당부드립니다. 교통부에
따르면 이번 도로 공사는 약 한 달 후에 완료될 예정입니다.

어휘 | traffic report 교통 정보 construction 건설 major
주요한, 심각한 delay 지체 be advised to ~하도록 권고되다
instead 대신 department 부서 roadwork 도로 공사

1 내일 어떤 일이 시작될 것인가?

(A) 고속도로 공사
(B) 공항 공사
(C) 다리 보수 작업

해설 | 내일 시작될 일
담화 초반부 Construction is scheduled to start on Highway 9 tomorrow morning에서 내일 아침 9번 고속도로에서 공사가 시작될 예정이라고 하므로 정답은 (A).

어휘 | repair 수리, 보수

2 청자들은 무엇을 하라고 권고받는가?

(A) 혼잡 시간대를 피하라고
(B) 다른 도로를 이용하라고
(C) 대중교통을 이용하라고

해설 | 청자들이 요청받은 사항
담화 중반부 Commuters are advised to take the train instead.에서 통근자들은 열차를 대신 이용해 달라고 하므로 정답은 (C).

어휘 | avoid 피하다 **rush hour** (출퇴근) 혼잡 시간대

Paraphrasing
take the train → Use public transportation
(기차를 타다 → 대중교통을 이용하다)

[3-4] 광고

남: 여러분이 놓치고 싶지 않으실 MTK 전자의 연례 행사가 오늘 시작합니다. ³유명 브랜드의 컴퓨터, 오디오 장비, 텔레비전을 연중 가장 저렴한 가격에 제공합니다. ⁴일 년에 한 번뿐인 행사입니다. 이 가격은 한시적으로만 이용 가능합니다!

어휘 | electronics 전자제품 **annual** 연례의 **miss** 놓치다
offer 제공하다 **equipment** 장비 **once-a-year** 일 년에 한 번
available 이용 가능한 **for a limited time** 한시적으로

3 어떤 종류의 사업체가 광고되고 있는가?

(A) 소프트웨어 회사
(B) 드라이클리닝 가게
(C) 전자제품 매장

해설 | 광고 중인 사업체 [추론 문제]
담화 초반부 We're offering the lowest prices of the year on brand-name computers, audio equipment, and televisions.에서 컴퓨터, 오디오 장비, 텔레비전을 저렴한 가격에 제공한다고 하므로 가전제품 매장임을 알 수 있다. 따라서 정답은 (C).

어휘 | advertise 광고하다

Paraphrasing
computers, audio equipment, and televisions
→ An electronics store
(컴퓨터, 오디오 장비, 텔레비전 → 전자제품 매장)

4 어떤 특별 행사가 진행되는가?

(A) 연례 할인 행사
(B) 개업식
(C) 지역 사회 모금 행사

해설 | 진행 중인 특별 행사
담화 중반부 This is a once-a-year event에서 일 년에 한 번뿐인 행사라고 하므로 정답은 (A).

어휘 | grand opening 개업식 **community** 공동체, 지역 사회

Paraphrasing
once-a-year → annual (일 년에 한 번의 → 연례의)

● ETS 실전 도전하기

1 (B)	2 (C)	3 (D)	4 (C)	5 (A)	6 (B)
7 (B)	8 (D)	9 (A)	10 (B)	11 (D)	12 (C)

[1-3] 여행 정보 W-Am

Hi, my name is Anna, and ¹I'm going to be leading your tour of Rosemont's historic district today. Unfortunately, ²our bus has had some mechanical trouble this morning and will be a little late. However, it shouldn't affect our schedule too much. ³We'll simply cut our visit to the art museum a little short, so you'll be able to see the painting exhibits, but not the sculpture garden. Thanks for your patience.

여: 안녕하세요, 저는 애나라고 합니다. ¹오늘 제가 여러분의 로즈몬트 역사 지구 관광을 인솔하게 됩니다. 안타깝게도 ²우리 버스가 오늘 아침에 기계 문제가 좀 있어서 좀 늦게 도착할 겁니다. 하지만 우리 일정에는 아주 큰 영향은 없습니다. ³간단히 미술관 방문 시간을 약간만 줄이겠습니다. 회화 전시회는 보실 수 있을 텐데, 조각 정원은 일정에서 빼겠습니다. 기다려 주셔서 감사합니다.

어휘 | lead 이끌다 **historic** 역사적인 **district** 지구, 구역
unfortunately 안타깝게도 **mechanical** 기계적인 **affect**
영향을 미치다 **simply** 간단히 **art museum** 미술관 **painting**
회화 **exhibit** 전시회 **sculpture** 조각 **patience** 인내심

1 화자는 누구이겠는가?
(A) 행정 보좌관
(B) 관광 안내인
(C) 박물관 관장
(D) 부동산 중개인

해설 | **화자의 신분 [추론 문제]**
담화 초반부 I'm going to be leading your tour of Rosemont's historic district today.에서 오늘 자신이 로즈몬트 역사 지구 관광을 인솔하게 된다고 하므로 정답은 (B).

어휘 | administrative assistant 행정 보좌관 real estate agent 부동산 중개인

Paraphrasing
lead your tour → A tour guide
(관광을 인솔하다 → 관광 안내인)

2 지연이 된 이유는?
(A) 도로 공사
(B) 기상 악화
(C) 기계 문제
(D) 직원의 결근

해설 | **지연 이유**
담화 중반부 our bus has had some mechanical trouble this morning에서 오늘 아침에 버스에 약간의 기계 문제가 있었다고 하므로 정답은 (C).

어휘 | delay 지연, 지체 construction 공사 absence 결근, 불참

Paraphrasing
some mechanical trouble → A mechanical problem
(기계 문제)

3 지연으로 인해 발생할 결과는?
(A) 환불 조치될 것이다.
(B) 보고서가 제출될 것이다.
(C) 다른 도로가 이용될 것이다.
(D) 방문 시간이 단축될 것이다.

해설 | **지연으로 야기될 결과**
담화 중반 이후 We'll simply cut our visit to the art museum a little short에서 미술관 방문 시간을 약간만 줄이겠다고 하므로 정답은 (D).

어휘 | issue a refund 환불해 주다 report 보고서 submit 제출하다

Paraphrasing
cut our visit → A visit will be shortened.
(방문 시간을 단축하다)

[4-6] 광고 M-Cn

Are you planning to visit family or friends this upcoming holiday season? The new transport company, Roadbus, is offering incredible prices on trips between Penstown and many major cities! **4**Our buses all have free Wi-Fi, so you can stay connected on your trip back home. **5**Travel can be stressful, and train tickets are expensive. Roadbus is here to help. **6**Visit our Web site at www.Roadbus.com to get ten percent off your online booking!

남: 다가오는 연휴에 가족이나 친구를 방문할 계획이십니까? 새로운 운송 회사 로드버스는 펜스타운과 많은 주요 도시 간의 여행을 놀라운 금액에 제공합니다! **4**저희의 모든 버스에서 와이파이를 무료로 쓸 수 있어 귀성길에 인터넷 접속이 가능합니다. **5**여행은 스트레스가 많을 수 있고 기차 티켓은 비쌉니다. 로드버스가 도와드리겠습니다. **6**저희 웹사이트 www.Roadbus.com을 방문하여 온라인으로 예약하시고 10퍼센트 할인을 받으십시오!

어휘 | upcoming 다가오는 transport 교통 incredible 놀라운 stressful 스트레스가 많은 booking 예약

4 청자들은 무엇을 무료로 받을 수 있는가?
(A) 주차
(B) 음료
(C) 인터넷 접속
(D) 여유 공간

해설 | **청자들이 무료로 받을 것**
담화 중반부 Our buses all have free Wi-Fi, so you can stay connected에서 모든 버스에서 와이파이를 무료로 쓸 수 있어 인터넷 접속이 가능하다고 하므로 정답은 (C).

어휘 | beverage 음료 extra 여분의

Paraphrasing
free → at no cost (무료로)

5 화자가 "기차 티켓은 비쌉니다"라고 말할 때 무엇을 암시하는가?
(A) 청자들은 기차를 타지 말아야 한다.
(B) 청자들은 행사에 참석하지 말아야 한다.
(C) 청자들은 비용에 대한 승인을 받아야 한다.
(D) 청자들은 다른 계절에 여행해야 한다.

해설 | **기차 티켓이 비싸다고 말하는 이유 [의도 파악 문제]**
담화 중반부 Travel can be stressful, and train tickets are expensive.에서 여행은 스트레스가 많을 수 있고 기차 티켓은 비싸다고 하므로 화자는 기차를 추천하지 않는다는 것을 알 수 있다. 따라서 정답은 (A).

어휘 | obtain 얻다 approval 승인 expense 경비

6 청자들은 왜 웹사이트를 방문하라고 권장되는가?

(A) 지원금을 신청하기 위해

(B) 가격 할인을 받기 위해

(C) 설문지를 작성하기 위해

(D) 양식을 제출하기 위해

해설 | **웹사이트를 방문하라는 이유**

담화 후반부 Visit our Web site at www.Roadbus.com to get ten percent off your online booking!에서 웹사이트를 방문하여 온라인으로 예약하고 10퍼센트 할인을 받으라고 하므로 정답은 (B).

어휘 | apply for ~을 신청하다 funding 자금 조달 reduced 할인된

Paraphrasing

get ten percent off → receive a reduced price

(10퍼센트 할인을 받다 → 가격 할인을 받다)

[7-9] 방송 M-Cn

In local news, city officials have announced that Richmond Park Lake will open for ice-skating this weekend. [7]In order to promote the opening, the city will be holding a celebration on Saturday that includes a variety of fun filled activities. So bring the entire family for a great time. As always, [8]ice skates will be available for free for children under the age of twelve. And for everyone's convenience, [9]starting at eleven in the morning, the city has arranged shuttle service between city hall and the lake that will continue throughout the day.

남: 지역 뉴스에서 시 공무원들이 리치몬드 공원 호수를 이번 주말에 얼음 스케이트장으로 개방한다고 발표했습니다. [7]개장을 홍보하기 위해 시는 토요일에 재미가 가득한 다양한 활동이 포함된 기념 행사를 개최할 예정입니다. 좋은 시간을 보내기 위해 온 가족과 함께 오세요. 늘 그래 왔듯이 [8]12세 미만 어린이에게는 스케이트화가 무료로 제공될 것입니다. 모두의 편의를 위해 [9]시는 오전 11시부터 온종일 시청과 호수 구간을 운행할 셔틀버스를 준비합니다.

어휘 | city official 시 공무원 announce 발표하다 promote 홍보하다 opening 개장, 개업 hold 개최하다 celebration 기념 행사 include 포함하다 a variety of 다양한 fun-filled 재미가 넘치는 activity 활동 entire 전체의 available 이용 가능한 for free 무료로 convenience 편리 arrange 마련하다 throughout the day 온종일

---

7 토요일에 무슨 행사가 열릴 것인가?

(A) 시내 관광

(B) 개장 기념 행사

(C) 스포츠 대회

(D) 미술 전시회

해설 | **토요일에 예정된 행사**

담화 초반부 In order to promote the opening, the city will be holding a celebration on Saturday that includes a variety of fun-filled activities.에서 개장을 홍보하기 위해 시가 토요일에 기념 행사를 개최할 예정이라고 하므로 정답은 (B).

어휘 | take place 개최되다 competition 경쟁, 대회 art show 미술 전시회

---

8 12세 미만 어린이에게는 무엇이 무료로 제공될 것인가?

(A) 입장권

(B) 특별석

(C) 초보자 강습

(D) 놀이용 장비

해설 | **12세 미만 어린이들에게 무료로 제공될 것**

담화 중반부 ice skates will be available for free for children under the age of twelve.에서 12세 미만 어린이에게는 스케이트화가 무료로 제공될 것이라고 하므로 정답은 (D).

어휘 | free of charge 무료로 admission 입장 beginner 초보자 recreational equipment 놀이용 장비

Paraphrasing

ice skates → Recreational equipment

(스케이트화 → 놀이용 장비)

---

9 화자에 따르면 11시 정각에 무엇이 시작되는가?

(A) 셔틀버스 운행

(B) 강연

(C) 음식 서비스

(D) 공연

해설 | **11시에 시작되는 것**

담화 후반부 starting at eleven in the morning, the city has arranged shuttle service에서 시가 오전 11시부터 셔틀버스를 준비한다고 하므로 정답은 (A).

어휘 | speech 강연, 연설 performance 공연

[10-12] 여행 정보 + 지도 W-Am

Welcome to Kinbridge Farm! Today I'll show you around the grounds and tell you about how things are run here. First we'll go to the beehives, where the famous Kinbridge honey is produced. **10**We won't be stopping at the cornfield—the corn-growing season is now over, and the field's closed. So next we'll go to the orchard, where our apples are in season. **11**You'll be able to fill your complimentary bag with apples—free with your tour—as I explain our different varieties. Oh, and **12**don't forget that we have a farm store where you can buy our wonderful products at the end of the tour.

여: 킨브리지 농장에 오신 것을 환영합니다! 오늘 저는 여러분에게 농장 시설을 안내하고 어떻게 이곳이 운영되는지 말씀드리겠습니다. 먼저 유명한 킨브리지 꿀이 생산되는 양봉장으로 가겠습니다. **10**옥수수밭은 들르지 않겠습니다. 옥수수 재배철이 이제 끝나서 그 밭은 폐쇄되어 있습니다. 그래서 다음으로 우리는 사과가 제철인 과수원으로 갈 것입니다. 제가 다양한 품종을 설명할 때 **11**여러분은 투어에 무료로 포함된 활동으로 서비스 지급된 가방에 사과를 담을 수 있습니다. 아, 투어 마지막에 저희 농장의 우수한 상품을 구입할 수 있는 **12**농산물 판매점이 있다는 것을 잊지 마세요.

어휘 | show around 안내하다 grounds 구내, 경내 beehive 양봉장 cornfield 옥수수밭 orchard 과수원 in season 제철인 complimentary 무료의 variety 다양성, 품종

Kinbridge Farm

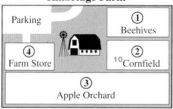

킨브리지 농장

---

10 시각 정보에 의하면, 어떤 구역이 현재 닫혀 있는가?
(A) 1구역
(B) 2구역
(C) 3구역
(D) 4구역

해설 | **현재 닫혀 있는 구역 [시각 정보 연계 문제]**
담화 중반부 We won't be stopping at the cornfield—the corn-growing season is now over, and the field's closed.에서 옥수수 재배철이 이제 끝나서 옥수수밭은 현재 폐쇄되어 있다고 하고 시각 정보에서 옥수수밭은 2구역이므로 정답은 (B).

11 화자에 따르면, 청자들은 무엇을 받을 것인가?
(A) 수제 쿠키
(B) 할인 쿠폰
(C) 생수 한 병
(D) 무료 과일

해설 | **청자들이 받을 것**
담화 중반부 You'll be able to fill your complimentary bag with apples에서 무료로 지급된 가방에 사과를 담을 수 있다고 하므로 정답은 (D).

Paraphrasing
complimentary → free (무료의)
apples → fruit (사과 → 과일)

12 화자는 청자들에게 무엇에 대해 상기시키는가?
(A) 가져올 장비
(B) 주차장으로 돌아갈 시간
(C) 상품 구입 장소
(D) 투어 후원자

해설 | **청자들에게 상기시키는 것**
담화 후반부 don't forget that we have a farm store에서 농산물 판매점이 있다는 것을 잊지 말라고 하므로 정답은 (C).

어휘 | sponspor 후원하다

Paraphrasing
a farm store → Where to buy some goods
(농산물 판매점 → 상품 구입 장소)

LC

PART 4

Unit 01 문장의 구성 요소

① 주어와 동사

Check Up 본책 p.121

> **1** Ms. Nelson's shift
> **2** Attracting more customers

1 넬슨 씨의 근무 시간은 오후 5시에 끝난다.

2 더 많은 고객을 유치하는 것이 우리의 목표다.

Check Up 본책 p.121

> **1** was　**2** must follow

1 그 공연은 대성공이었다.

2 직원들은 안전 규정을 따라야 한다.

② 목적어와 보어

Check Up 본책 p.122

> **1** a discount, loyal clients
> **2** a new paper supplier

1 우리는 단골 고객에게 할인을 제공합니다.

2 경영진은 새로운 종이 공급 업체를 찾고 있다.

Check Up 본책 p.122

> **1** reasonable (주격 보어)
> **2** safe (목적격 보어)

1 그 가격은 적당한 것 같다.

2 그것은 당신의 파일을 안전하게 유지해준다.

③ 수식어

Check Up 본책 p.123

> **1** since it's Sunday (수식어절)
> **2** from Hong Kong (수식어구)
> **3** this morning (수식어구)
> **4** that shows our regular hours (수식어절)
> **5** To meet the demand (수식어구), skilled (수식어)

1 일요일이어서 도서관이 문을 닫았다.

2 우리는 홍콩에서 주문을 받았다.

3 이사회가 오늘 아침에 열렸다.

4 여기 우리의 정규 영업 시간을 보여 주는 스케줄이 있어요.

5 수요를 충족시키려면 우리는 숙련된 직원들이 필요할 것이다.

● 기출 어휘 - 명사 1

Check Up 본책 p.124

1 inspection　**2** support　**3** access
4 purchases　**5** concerns　**6** applicants'
7 supervisor　**8** increase

● 토익 감각 익히기 본책 p.125

> **1** (B)　**2** (B)　**3** (A)　**4** (B)
> **5** (A)　**6** (B)　**7** (B)　**8** (A)

1 (B)

번역 | 하야 사진관은 고객에게 20퍼센트 할인을 제공한다.

해설 | 빈칸은 문장의 동사 자리로 주어 Haya Photo Studio가 단수이므로 단수 동사 (B) offers가 정답이다. 동사원형 (A) offer는 복수 동사이므로 적합하지 않다.

2 (B)

번역 | 관리자는 새로 온 인턴 사원을 교육할 수 있는 사람을 찾고 있다.

해설 | 빈칸은 is looking의 주어 자리이자 관사 The의 수식을 받는 명사 자리이므로 명사 (B) manager가 정답이다. 동사 (A) manage(관리하다)는 품사상 적합하지 않다.

3 (A)

번역 | 사칸 커뮤니케이션즈 사는 지역의 인터넷 서비스 공급 업체이다.

해설 | 빈칸은 a local Internet-service provider를 보어로 하는 문장의 동사가 필요한 자리이므로 be동사인 (A) is가 정답이다. 조동사 (B) should는 뒤에 동사원형이 와야 하므로 적합하지 않다.

4 (B)

번역 | 전 직원은 새로운 데이터베이스에 접속하기 위해 사용자 이름과 암호를 생성해야 한다.

해설 | 빈칸은 the new database를 목적어로 하고 빈칸 앞 완전한 문장을 수식하는 수식어구가 필요한 자리이므로 to부정사구 (B) to access가 정답이다. (A) access(접속; 접속하다)는 명사나 동사로 쓰인다.

5 (A)

번역 | 치바 인은 올해 말에 연회 시설의 새단장을 마칠 것이다.

해설 | 빈칸 앞 will complete의 목적어 자리이므로 명사 형태의 (A) renovations(보수, 새단장)가 정답이다. 동사 (B) renovate(새단장하다)는 품사상 적합하지 않다.

6 (B)

번역 | 한 씨는 자신의 가게 옆 파손된 보도를 수리하는 것에 책임이 있다.

해설 | 빈칸은 전치사 for의 목적어 자리이므로 명사와 같은 역할을 할 수 있는 동명사 (B) repairing이 정답이다.

7 (B)

번역 | 국제 삼림 협회는 그것의 웹사이트를 교육적으로 만드는 것을 목표로 한다.

해설 | 빈칸 앞 to부정사 make의 목적어 its Web site를 수식하는 목적격 보어 자리이므로 형용사 (B) educational (교육적인)이 정답이다. (A) educates는 동사 educate의 3인칭 단수형으로 주어가 단수일 때 동사 자리에 쓰인다.

8 (A)

번역 | 플린더스 자동차 공장은 매달 품질 관리 검사를 실시한다.

해설 | 빈칸은 문장의 동사 conducts의 목적어 자리로 의미상 '품질 관리 검사를 실시하다'가 적합하므로 명사 (A) inspection(검사, 점검)이 정답이다. 명사 (B) participation (참여)은 의미상 적합하지 않다.

● ETS 실전 도전하기   본책 p.126

| 1 (C) | 2 (A) | 3 (B) | 4 (B) | 5 (A) | 6 (D) |
| 7 (B) | 8 (B) | 9 (B) | 10 (D) | 11 (C) | 12 (A) |

1 (C)

번역 | 시에르니 에너지 사는 고객에게 발송되는 월간 뉴스레터를 발행한다.

해설 | 빈칸은 단수 명사 Cierni Energy를 주어로 하는 동사 자리이므로 동사 (C) publishes가 정답이다. 명사 (A) publisher(출판사), 명사 (B) publishing(출판업), 형용사 (D) publishable(출판할 수 있는)은 품사상 적합하지 않다.

2 (A)

번역 | 고객들은 9가지 색상으로 나온 말베이 지갑 대부분이 매우 매력적이라고 생각했다.

해설 | 빈칸은 동사 found의 목적어 most of the nine color variations of Malbey purses를 수식하는 목적격 보어 자리이므로 형용사 (A) attractive(매력적인)가 정답이다. 명사 (B) attraction(매력, 명소), 동사의 형태인 (C) attracted(마음을 끌었다)와 (D) attracts는 품사상 적합하지 않다.

3 (B)

번역 | 기술 포럼에 참가하기 위해서는 먼저 등록을 하시고 온라인 프로필을 만드셔야 합니다.

해설 | 콤마 뒤에 주어, 동사를 갖춘 완전한 문장이 나오므로, 빈칸에는 문장을 수식하는 부사적 용법의 to부정사구가 나와야 자연스럽다. 따라서 (B) To participate가 정답이다. 명사 (A) Participation(참가, 참여)과 동사의 형태인 (C) Participates, (D) Will participate는 수식어구를 이끌 수 없다.

어휘 | create 만들다 participate 참가하다

4 (B)

번역 | 10주년을 기념하여 올해 예술 축제는 일주일 내내 진행될 것이다.

해설 | 빈칸은 전치사 In의 목적어 자리이므로 명사 (B) celebration(기념)이 정답이다. 동사의 형태 (A) celebrate(기념하다, 축하하다), (C) celebrated, (D) celebrates는 품사상 적합하지 않다. in celebration of는 '~을 기념하여'의 의미로 관용어처럼 자주 쓰이므로 외워 두자.

5 (A)

번역 | 이토 씨의 수정된 마케팅 발표 자료는 예전 자료보다 개선되었다.

해설 | 빈칸은 동사 is의 주어 자리이자, 소유격인 Mr. Ito's의 수식을 받으므로 명사 자리이다. 의미상 '수정된 마케팅 발표 자료'가 적합하므로 (A) presentation(발표)이 정답이다. 사물 명사 (B) present(선물), 사람 명사 (D) presenter(발표자)는 의미상 적합하지 않으며, 동사의 형태 (C) presented (발표하다)는 품사상 적합하지 않다.

6 (D)

번역 | 랜더스 여행사는 고객님의 항공 및 호텔 예약 확인서를 이메일로 보낼 것입니다.

해설 | 빈칸은 동사 will send의 목적어 자리이므로 명사 (D) confirmation(확인, 확인서)이 정답이다. 동명사 (A) confirming은 뒤에 목적어가 와야 하므로 적합하지 않으며 동사의 형태 (B) confirm, (C) confirms는 품사상 적합하지 않다.

7 (B)

번역 | 그 시설의 새 환기 시스템은 공기 질 개선에 효과적인 것으로 판명되었다.

해설 | 빈칸은 동사 has proven의 주어 The facility's new ventilation system을 보충 설명하는 주격 보어 자리이므로 형용사 (B) effective(효과적인)가 정답이다. 동사의 형태 (A) effected(영향을 주었다), 부사 (C) effectively(효과적으로), 부사의 비교급 (D) more effectively(더 효과적으로)는 품사상 적합하지 않다.

어휘 | facility 시설 prove 증명하다(proved-proven)

8 (B)

번역 | 고객들의 지속적인 성원에 감사를 표현하기 위해 마우리시오스 제과점은 구매하시는 모든 분께 무료 토트백을 제공하고 있다.

해설 | 빈칸은 전치사 for의 목적어 자리이며 의미상 '지속적인 성원에 감사를 표현하다'가 적합하므로 (B) support(지지, 성원)가 정답이다. 명사 (A) transaction(거래), (C) foundation(기초), (D) resource(자원)는 의미상 적합하지 않다.

어휘 | free 무료의 tote bag 토트백

[9-12] 이메일

수신: <ellen.martinez@officelighting.com>
발신: <kmann@greenstyle.com>
날짜: 2월 4일
제목: 주문 번호 #1135729

마르티네즈 씨께:

15개의 사무용 조명 기구를 구매해 주셔서 감사합니다. 귀하의 물품을 배송할 **9**수 없게 된 점을 알려드리고자 메일을 드립니다. 예상치 못한 **10**수요 때문에 본 물품은 2월 15일까지 품절입니다. **11**귀하께 불편을 끼쳐 드려 대단히 죄송합니다. 배송 지연으로 인해 주문을 취소하고 싶으시다면 저에게 알려 주십시오. **12**그렇지 않은 경우, 기존 주문품의 배송이 오늘로부터 약 3주 후에 이루어질 것입니다. 문의 사항이 있으시면 이메일이나 전화(1-800-555-0199)로 저에게 연락 주시기 바랍니다.

카일 만

어휘 | office-grade 사무용의 merchandise 물품 due to ~ 때문에 delay 지연 expect 기대하다 delivery 배송 via ~을 통하여

9 (B)

해설 | 빈칸은 be동사 are의 주격 보어 역할을 하는 형용사 자리이며 뒤에 to부정사를 취할 수 있는 형용사 자리이다. 뒤 문장에서 '본 물품은 2월 15일까지 품절이다'라고 하므로 '물품을 배송할 수 없다'는 의미를 완성하는 형용사 (B) unable이 정답이다. 부사 (C) always는 품사상 적합하지 않다. <be about to + 동사원형>은 '막 ~하려고 하다', <be unexpected to + 동사원형>은 '~을 예상치 못하다'는 의미로 문맥상 적절하지 않다.

10 (D)

해설 | 빈칸은 전치사 due to의 목적어이자 형용사 unforeseen의 수식을 받는 명사 자리이며, '예상치 못한 수요 때문에'라는 의미가 적합하므로 (D) demand가 정답이다. 명사 (A) demander(요구자)는 의미상 적절하지 않고 부사 (B) demandingly(힘들게)와 동사의 형태 (C) demanded는 품사상 적합하지 않다.

11 (C)

번역 | (A) 반품은 수령 후 30일 이내에 이루어져야 합니다.
(B) 귀하께서 제공해 주신 정보가 명확하지 않았습니다.
(C) 귀하께 불편을 끼쳐 드려 대단히 죄송합니다.
(D) 그때는 정규 영업 시간이 재개될 것입니다.

해설 | 빈칸 앞 문장 the item is out of stock until February 15에서 주문한 물품은 2월 15일까지 품절이라고 하고 있다. 따라서 불편을 끼친 데 대해 사과하는 내용을 언급하는 것이 글의 흐름상 자연스러우므로 (C)가 정답이다.

어휘 | return 반품 receipt 수령; 영수증 unclear 분명하지 않은 inconvenience 불편하게 하다 operation 운영

12 (A)

해설 | 빈칸 앞뒤 문장을 의미상 연결하는 접속부사를 선택하는 문제이다. 빈칸 앞 문장 Please let me know if you would like to cancel your order에서 주문을 취소하고 싶으면 알려 달라고 하고, 빈칸 뒤에서 기존 주문품의 배송이 약 3주 후에 이루어질 것이라고 하므로 빈칸에는 '그렇지 않으면'을 의미하는 접속부사가 들어가야 글의 흐름이 자연스러워진다. 따라서 (A) Otherwise(그렇지 않으면)가 정답이다.
(B) Accordingly(그에 따라서), (C) Nevertheless (그럼에도 불구하고), (D) Indeed(사실은)는 모두 문맥상 적절하지 않다.

Unit 02 명사와 대명사

① 명사의 역할과 자리

Check Up
본책 p. 129

1 (A)	**2** (B)

1 폴라드 씨는 부서장이다.

2 그 앱은 교통편 정보를 제공한다.

Check Up
본책 p. 129

1 (B)	**2** (B)

1 이 일에 세심하게 신경 써 주셔서 감사합니다.

2 키건 씨는 사무실로부터 빠른 응답을 기다리고 있다.

② 명사의 형태

Check Up
본책 p. 130

1 (A)	**2** (B)

1 다큐얼 극장은 지역 주민들을 위해 티켓 가격을 낮췄다.

2 카도나 호텔은 다음 달에 시내 지점을 폐쇄할 것이다.

Check Up

1 (B)　　**2** (B)

1 이 쿠폰을 매장의 영업 사원에게 제시만 하세요.

2 고객은 웹사이트에서 새 품질 보증서를 다운로드할 수 있다.

③ 가산명사와 불가산명사

Check Up

1 (A)　　**2** (B)

1 회원으로서 귀하는 데이터베이스에 접근할 수 있습니다.

2 축제는 전국 각지에서 온 관광객들을 끌어모았다.

Check Up

1 (B)　　**2** (A)

1 그 로고는 허가 없이 사용할 수 없다.

2 우리는 개업일에 특별 할인을 할 예정입니다.

④ 인칭대명사

Check Up

1 (A)　　**2** (B)

1 저는 그가 추가 직원이 필요하다는 것을 알아요.

2 우리는 귀하에게 회원 혜택을 제공합니다.

Check Up

1 (B)　　**2** (A)

1 나이두 씨가 직접 사무용품을 주문했다.

2 당신의 복사기를 수리하는 동안 1층 복사기를 사용해 주십시오.

⑤ 지시대명사와 부정대명사

Check Up

1 (B)　　**2** (A)

1 여행 가방의 바퀴가 이전 모델보다 더 크다.

2 회의에 참석할 수 없는 사람들은 김 씨에게 연락해야 한다.

Check Up

1 (B)　　**2** (B)

1 많은 고객들이 우리의 이삿짐 서비스를 다른 사람들에게 추천한다.

2 그 회사에는 두 개의 공장이 있는데, 하나는 시애틀에 있고 다른 하나는 보스턴에 있다.

● 기출 어휘 - 명사 2

Check Up

1 initiative　　**2.** professional　　**3** convenience
4 maintenance　　**5** agreement　　**6** certificate
7 range　　　　　**8** phases

● 토익 감각 익히기

1 (A)　　**2** (A)　　**3** (B)　　**4** (A)
5 (A)　　**6** (A)　　**7** (B)　　**8** (A)

1 (A)

번역 | <워크파워> 잡지는 인사 전문가들을 위한 신규 간행물이다.

해설 | 빈칸은 be동사 is의 주어인 *Work Power* magazine을 보충하는 주격 보어 자리이자 관사 a의 수식을 받는 단수 명사 자리이므로 단수 명사 (A) publication(출판, 간행물)이 정답이다. 복수 명사 (B) publishers(출판사들)는 관사 a의 수식을 받을 수 없다.

2 (A)

번역 | 관리자들은 자신의 팀원들에게 설문 조사에 참여하도록 독려해야 한다.

해설 | 명사 teams 앞에는 소유격을 써야 하므로 빈칸은 소유격 인칭대명사인 (A) their가 정답이다. 소유대명사 (B) theirs는 뒤에 명사를 가질 수 없으므로 적합하지 않다.

3 (B)

번역 | 그 부서는 새 오디오 장비에 예산의 절반을 사용했다.

해설 | 빈칸은 전치사 on의 목적어 자리이며 명사 audio와 결합하는 명사 (B) equipment(장비)가 정답으로 적절하다. 동사 (A) equip(장비를 갖추다)은 품사상 적합하지 않다.

4 (A)

번역 | 그 평론가는 그것이 시사하는 바가 많은 소설이라고 말했다.

해설 | 접속사 that이 이끄는 명사절 내에서 빈칸은 be동사 was의 주어 자리이므로 주격 인칭대명사인 (A) it이 정답이다. 재귀대명사 (B) itself는 주어 자리에 쓰일 수 없으므로 적합하지 않다.

5 (A)

번역 | 릴리코트 호텔은 1849년에 한 유명 건축가에 의해 설계되었다.

해설 | 빈칸은 전치사 by의 목적어 자리이자 a famous의 수식을 받는 명사 자리이다. 의미상 '유명 건축가에 의해 설계되었다'가 적합하므로 사람 명사 (A) architect(건축가)가 정답이다.

RC

PART 5&6

일반명사 (B) architecture(건축)는 의미상 적절하지 않다.

6 (A)

번역 | 직원 회의는 오후 1시 오크 회의실에서 열릴 것이다.

해설 | 빈칸은 동사 will take 앞 주어 자리이므로 명사가 들어가야 한다. 따라서 명사 staff와 결합하는 명사 (A) assembly(회의)가 정답이다. 동사 (B) assemble(모으다, 조립하다)은 품사상 적합하지 않다. 참고로 staff assembly는 '직원 회의'라는 의미의 복합명사로 자주 쓰이므로 외워 두자.

7 (B)

번역 | 온라인 모듈은 연수에 참석할 수 없는 사람들을 위한 것이다.

해설 | 빈칸은 who가 이끄는 관계절의 수식을 받는 대명사 자리로서 '~하는 사람들'이라는 의미로 사용되는 지시대명사 (B) those가 정답이다.

8 (A)

번역 | 보안을 위해 모든 개인 접속 코드는 30일마다 만료된다.

해설 | 빈칸은 전치사 for의 목적어 자리이며 의미상 '보안을 위해'가 어울리므로 명사 (A) security(보안)가 정답이다. 명사 (B) priority(우선순위)는 의미상 적합하지 않다.

● ETS 실전 도전하기
본책 p. 136

- -

1 (A)	2 (B)	3 (B)	4 (A)	5 (B)	6 (D)
7 (B)	8 (D)	9 (B)	10 (D)	11 (C)	12 (D)

1 (A)

번역 | 이사회는 줄리아나 손에게 회의를 준비하느라 수고했다며 감사를 표했다.

해설 | 빈칸 뒤의 명사 efforts 앞에는 소유격이 올 수 있으므로 소유격 인칭대명사인 (A) her가 정답이다. 재귀대명사 (B) herself, 주격 인칭대명사 (C) she, 소유대명사 (D) hers는 명사를 수식하는 형용사 자리에 올 수 없으므로 적합하지 않다.

2 (B)

번역 | 조피아 제약 사와 트레츠카 그룹 간 합병에 관한 보도는 사실이 아니다.

해설 | 빈칸은 be동사 are의 주어 자리이므로 복수 명사가 와야 한다. 따라서 복수 명사 (B) Reports가 정답이다. 단수 명사 (A) Report(보고)와 (C) Reporter(리포터), to부정사구 (D) To report는 복수 동사 are와 수가 일치하지 않으므로 적합하지 않다.

3 (B)

번역 | 우리는 고객에게 우리 호텔의 서비스를 개선하기 위한 제안을 남겨 달라고 부탁한다.

해설 | 빈칸은 leave의 목적어 자리이므로 명사 (B) suggestions(제안)가 정답이다. 동사의 형태 (A) suggest와 (C) suggests는 품사상 적합하지 않으며 동명사 (D) suggesting은 뒤에 목적어가 와야 하므로 적합하지 않다.

4 (A)

번역 | 설계 입문은 공학계에서 경력을 쌓으려고 계획한 사람에게 적절한 교과목이다.

해설 | 빈칸은 전치사 for의 목적어 자리이자 who가 이끄는 관계절의 수식을 받는 명사 자리이다. '~하는 사람들'이라는 의미로, who 뒤의 복수 동사 plan과도 수 일치가 되어야 하므로 지시대명사 (A) those가 정답이다. (C) other는 관사 없이 대명사로 단독으로 쓰일 수 없고 (D) anyone은 단수 동사와 어울려 쓰이므로 적합하지 않다.

어휘 | introduction 소개, 입문

5 (B)

번역 | 오전 휴식 시간에 워크숍 참가자들은 커피나 차를 마음껏 마실 수 있다.

해설 | 빈칸은 동사 help의 목적어 자리이며 주어 workshop participants와 같은 사람을 칭하므로 재귀대명사 (B) themselves가 정답이다. 목적격 인칭대명사 (A) them과 소유대명사 (D) theirs도 목적어 자리에 올 수 있지만 의미상 적절하지 않다. 참고로 <help oneself to>는 '~을 마음껏 먹다'의 의미로 관용어처럼 자주 쓰이므로 외워 두자.

6 (D)

번역 | 위원회는 윤예의 자격 요건이 운영 이사직에 부합하는지에 대한 검토를 시작했다.

해설 | 빈칸은 소유격 Yun Yeh's의 수식을 받는 명사 자리이자 의미상 '자격 요건의 검토를 시작했다'가 자연스러우므로 명사 (D) qualifications(자격 요건)가 정답이다. 명사 (B) qualifier(예선 통과자)는 의미상 적합하지 않으며 동사의 형태 (A) qualifies(자격이 있다), 형용사 (C) qualified(자격이 있는)는 품사상 적합하지 않다.

7 (B)

번역 | 오크 가구 전시장의 소유주는 다른 사람의 주거 디자인에 필요한 일을 돕기 좋아하는 영업 사원을 고용한다.

해설 | 빈칸은 who가 이끄는 관계절 내에서 동명사 helping의 목적어 자리이다. enjoy의 의미상 주어인 'salespeople이 다른 사람들을 돕기를 좋아하다'가 의미상 적합하므로 (B) others가 정답이다.

8 (D)

번역 | 링크턴 홀 복구 공사의 마지막 단계는 5월 말에 끝날 것이다.

해설 | 빈칸은 The final의 수식을 받는 주어 자리로, 의미상 '복구 공사의 마지막 단계'가 적합하므로 (D) phase(단계)가 정답이다. (A) trace(흔적), (B) decline(감소), (C) guide(안내)는 의미상 적절하지 않다.

어휘 | final 마지막의 complete 완료하다

[9-12] 편지

> 렁 씨께,
>
> 저희가 최근에 귀하께 락턴 윈도우즈 & 도어즈와 함께했던 귀하의 경험을 듣고자 설문지를 보내 드렸습니다. ⁹작성하는 데는 15분 미만의 시간이 소요될 것입니다.
>
> 귀하의 ¹⁰응답은 저희 서비스를 향상하는 데 도움이 될 수 있으며 저희 제품에 대한 귀중한 피드백을 제공해 주실 수 있습니다. 답변을 작성하신 후에 설문지를 선불된 봉투에 넣어 다시 보내 주십시오.
>
> 이번 달 말 ¹¹전 까지 설문지를 제출해 주십시오. 설문지를 받은 후에 저희가 ¹²감사의 표시로 락턴 윈도우즈 & 도어즈에서 어떤 제품이나 서비스를 구매하든 사용 가능한 50달러 쿠폰을 발송해 드리겠습니다.
>
> 감사합니다,
>
> 코너 브릭스
> 부회장, 고객 관리팀
> 락턴 윈도우즈 & 도어즈

어휘 | survey 설문지 as a token of ~의 표시로 customer relations 고객 관리

---

9 (B)

번역 | (A) 이제 저희는 귀하의 도움에 대해 감사를 드리고 싶습니다.
　　　(B) 작성하는 데는 15분 미만의 시간이 소요될 것입니다.
　　　(C) 시에서 이 사업에 대한 몇 가지 민원을 접수했습니다.
　　　(D) 저희 기록에 따르면 귀하는 8월에 이곳에서 일자리 면접을 보셨습니다.

해설 | 빈칸 앞 문장 We recently sent you a questionnaire에서 설문지를 보냈다고 하므로 설문에 대한 부연 설명이 필요하다. 따라서 설문지 작성 시간에 대한 내용을 언급하는 것이 글의 흐름상 자연스러우므로 문장 (B)가 정답이다.

어휘 | complete 작성하다

---

10 (D)

해설 | 빈칸은 동사 can help의 주어 자리이다. 앞 단락의 문장에서 귀하의 경험(experience)을 듣고자 설문지를 보냈다고 하므로 문맥상 (D) responses(응답)가 가장 적절하다. (A) finances(재정), (B) skills(기술), (C) solutions(해결책)는 문맥상 적절하지 않다.

---

11 (C)

해설 | 빈칸은 완전한 문장 뒤에서 명사구 the end of the month를 이끄는 전치사 자리이므로 '이번 달 말 전까지'라는 의미를 완성하는 전치사 (C) before가 정답이다. 부사 (A) already(이미)와 (D) last(지난, 마지막의)는 품사상 적합하지 않으며 전치사 (B) from(~로부터)은 의미상 적합하지 않다.

---

12 (D)

해설 | 빈칸은 전치사 of의 목적어 자리이므로 명사 (D) appreciation(감사)이 정답이다. <as a token of appreciation>은 '감사의 표시로'라는 의미의 관용 표현으로 자주 쓰이므로 외워 두자. 동사 (A) appreciated와 (B) appreciates는 품사상 적합하지 않다. 동명사 (C) appreciating은 뒤에 목적어가 없으므로 적합하지 않다.

Unit 03 형용사와 부사

① 형용사의 역할과 자리

Check up　　　　　　　　　　　　　본책 p.139

1 (A)　　**2** (A)

1 파카노 부티크는 보수 공사 중에 여전히 문을 연다.
2 그 일은 적어도 5년간의 전문적인 경험이 필요하다.

Check up　　　　　　　　　　　　　본책 p.139

1 (B)　　**2** (A)

1 이 요리 수업은 초보자들에게 적합하지 않다.
2 유지 보수 일정은 변경될 수 있다.

② 형용사의 형태

Check up　　　　　　　　　　　　　본책 p.140

1 (A)　　**2** (B)

1 그 프로그램은 입문용의 워크숍으로 시작한다.
2 웨스틴 박사는 지역 자선단체에 상당한 금액을 기부했다.

Check up
본책 p.140

1 (A)	2 (A)

1 켈빈 씨의 업무 경험은 상당히 인상적이다.

2 쁘띠 씨는 교육 세션을 보조할 책임이 있다.

③ 수량 형용사

Check up
본책 p.141

1 (A)	2 (A)	3 (B)	4 (A)	5 (B)

1 당신의 카드는 어느 캘렉스 매장에서나 사용할 수 있습니다.

2 여행에 관한 새로운 장은 많은 관심을 끌 것이다.

3 투어를 하는 동안, 여러분은 많은 지역 명소를 볼 수 있을 거예요.

4 각 이벤트 전에 오리엔테이션 세션을 개최한다.

5 시내의 다른 병원처럼 모든 기록이 컴퓨터로 저장된다.

④ 부사의 역할과 자리

Check up
본책 p.142

1 (A)	2 (A)

1 신청서를 저에게 직접 보내 주세요.

2 웨슬리 호텔은 공항과 비교적 가깝다.

Check up
본책 p.142

1 (B)	2 (A)

1 모든 샘플이 철저히 테스트되었다.

2 신발은 별도로 배송될 것이다.

⑤ 부사의 형태

Check up
본책 p.143

1 (A)	2 (B)

1 강의는 약 2시간 동안 진행된다.

2 이 프로그램은 회원에게만 제공된다.

Check up
본책 p.143

1 (B)	2 (B)

1 시는 작년에 거의 100건의 건축 허가를 내주었다.

2 박 씨는 이전 고용주에게서 적극적으로 추천을 받았다.

● 기출 어휘 - 명사 3

Check Up
본책 p.144

1 estimate	2 selection	3 collection
4 maximum	5 reception	6 references
7 reputation	8 replacement	

● 토익 감각 익히기
본책 p.145

1 (A)	2 (B)	3 (A)	4 (B)
5 (A)	6 (B)	7 (B)	8 (A)

1 (A)

번역 | 핀토 씨는 아델라이스 식당에서 기분 좋은 식사 경험을 했다.

해설 | 빈칸은 관사 an과 복합명사 dining experience(식사 경험) 사이에서 명사를 수식하는 형용사 자리이므로 형용사 (A) enjoyable(즐거운)이 정답이다. 부사 (B) enjoyably(즐겁게)는 품사상 적합하지 않다.

2 (B)

번역 | 그로딘 인 식당은 비공개 행사를 위해 화요일에 일찍 문을 닫을 것이다.

해설 | 빈칸은 동사 will close를 수식하는 부사 자리이자 요일을 나타내는 시간 부사구 on Tuesday와 함께 '화요일에 일찍'이라는 의미가 적합하므로 부사 (B) early가 정답이다. 부사 (A) lately (최근에)는 현재완료 시제에 쓰이며 시제와 의미상 적절하지 않다.

3 (A)

번역 | 그 패션 디자이너는 자신의 몇몇 가족들을 위한 옷을 만들었다.

해설 | 빈칸 뒤에 복수 명사 members가 있으므로 셀 수 있는 명사의 복수형과 결합하는 수량 형용사 (A) several(몇몇의)이 정답이다. 수량 형용사 (B) each(각각의)는 단수 명사를 수식하므로 적합하지 않다.

4 (B)

번역 | 고 씨는 회사 리더십 팀의 소중한 일원이 되었다.

해설 | 빈칸은 관사 a와 명사 member 사이에서 명사를 수식하는 형용사 자리이므로 형용사 (B) valuable(소중한)이 정답이다. (A) value(가치; 소중히 여기다)는 품사상 적합하지 않다.

5 (A)

번역 | 그 최고 경영자는 모든 부서에서 보내올 수익 보고서를 간절히 기다리고 있다.

PART 5&6

해설 | 빈칸은 be동사 is와 현재분사 awaiting 사이에서 awaiting을 수식하는 부사 자리이므로 부사 (A) eagerly(간절히)가 정답이다. 형용사 (B) eager(열렬한, 열성적인)는 품사상 적합하지 않다.

6 (B)

번역 | 고객 설문 조사에서 나온 응답은 지속적으로 긍정적이었다.

해설 | 빈칸은 be동사 been과 형용사 positive(긍정적인) 사이에서 positive를 수식하는 부사 자리이므로 부사 (B) consistently(지속적으로)가 정답이다. 형용사 (A) consistent(지속적인)는 품사상 적합하지 않다.

7 (B)

번역 | 대부분의 고객은 라빈 식품 사에 의해 만들어진 제품에 친숙했다.

해설 | 빈칸은 be동사 were 뒤에서 주어 Most customers를 보충 설명하는 주격 보어 자리이다. 의미상 '대부분의 고객은 제품에 친숙했다'라는 의미가 적합하므로 형용사 (B) familiar (친숙한)가 정답이다. 형용사 (A) famous(유명한)는 의미상 적절하지 않다.

어휘 | product 제품 be famous for ~로 유명하다 be familiar with ~에 친숙하다

8 (A)

번역 | 그 관리자는 지난 화요일 베이스턴 은행과 진행한 회의에 대한 요약본을 원한다.

해설 | 빈칸은 관사 a와 전치사 of 사이의 명사 자리이다. 의미상 '회의에 대한 요약본'이라는 의미가 적절하므로 (A) summary가 정답이다. (B) reputation(명성)은 의미상 적절하지 않다. 참고로 <a summary of>는 '~의 요약(본)'의 의미를 가진다.

● **ETS 실전 도전하기**   본책 p. 146

1 (A) **2** (B) **3** (A) **4** (B) **5** (C) **6** (C)
7 (A) **8** (C) **9** (D) **10** (B) **11** (B) **12** (A)

1 (A)

번역 | AIZ 오피스 프로덕츠 사는 고객들에게 온라인으로 대금 청구서를 보낼 수 있는 안전한 방법을 사업체들에게 제공한다.

해설 | 빈칸은 명사 way를 수식하는 형용사 자리이므로 형용사 (A) secure(안전한)가 정답이다. 형용사의 최상급 형태인 (C) securest 앞에는 관사 the를 써야 하고, 부사 (B) securely(안전하게), 동사의 형태 (D) secures는 품사상 적합하지 않다.

2 (B)

번역 | 근무 복장은 특히 신생 기업들 사이에서는 더욱 비격식적이 되었다.

해설 | 빈칸은 완전한 문장 뒤에서 전치사구 among new start-up companies를 수식하는 부사 자리이므로 부사 (B) particularly(특히)가 정답이다. 형용사 (A) particular(특별한), 동사 (C) particularize(상세히 다루다), 명사 (D) particularity (까다로움)는 품사상 적합하지 않다.

어휘 | workplace 직장, 일터 casual 격식을 차리지 않은

3 (A)

번역 | 프레시 폰드 호텔 직원들은 올 여름에 초과 근무를 할 기회가 매우 많을 것이다.

해설 | 빈칸은 전치사 of와 함께 명사 opportunities(기회)를 수식하는 수량 대명사 자리이다. (B) numerous는 수량 형용사로만 쓰이며, many는 대명사로 쓰일 때 <many of the + 복수 명사>로 쓰이므로 of 뒤에 관사 the나 소유격이 필요하다. (A) plenty와 (C) all 중에서 의미상 '모든 기회'보다는 '많은 기회'가 적합하므로 (A) plenty가 정답이다. <plenty of>는 '많은, 풍부한'의 의미로 뒤의 복수 명사 또는 불가산 명사를 수식한다.

4 (B)

번역 | 김 씨는 우리의 기술 자문 위원들에 의해 제출된 이번 주 구매 주문서 처리를 거의 완료했다.

해설 | 빈칸은 현재완료 시제 has completed 사이에 쓰일 수 있는 부사 어휘를 고르는 문제로, 내용상 (B) almost가 정답이다. 부사 (A) ever는 긍정문에서는 ever since then(그때 이후로), ever after(그 후로 계속), as ~ as ever(변함없이 ~한)와 같은 관용 표현 이외에는 쓰이지 않는다.

5 (C)

번역 | 3월 9일부터 3월 14일까지 박 씨는 새로 들어온 모든 대출 담당자를 위한 일련의 워크숍을 진행할 것이다.

해설 | 빈칸 뒤에 가산명사의 복수형인 officers가 있으므로 가산명사의 복수형과 결합하는 수량 형용사가 필요하다. 따라서 (C) all이 정답이다. (A) few 뒤에도 복수 명사가 오지만 '거의 없는'의 의미로 적절하지 않으며, (B) every와 (D) either는 단수 명사를 수식하므로 적합하지 않다.

6 (C)

번역 | 생애 최초 주택 구입자의 평균 연령은 지난 30년에 걸쳐 꾸준히 높아졌다.

해설 | 빈칸은 동사 has risen을 수식하는 부사 자리이므로 정답은 부사 (C) steadily(꾸준히)이다. 동사의 형태 (A) steadies(안정되다), 형용사의 비교급 (B) steadier, 명사 (D) steadiness(끈기)는 품사상 적합하지 않다.

어휘 | first-time 최초의 rise 오르다 steady 안정되다; 꾸준한

7 (A)

번역 | 무게 및 크기 제한을 초과하는 수하물은 추가 요금이 부과될 수도 있다.

해설 | 빈칸은 동사 will be의 주어인 Luggage(수하물)를 보충 설명하는 주격 보어이다. 의미상 '수하물은 추가 요금이 부과될 수 있다'가 적합하므로 (A) subject가 정답이다. <be subject to>는 '~의 대상이다, ~할 가능성이 있다'는 의미를 가진다. 동사 (B) entitle은 <be entitled to> 형태로 '~할 자격이 있다', 형용사 (C) accountable은 <be accountable to> 형태로 쓰여 '~에 대해 책임이 있다'라는 의미이다. 형용사 (D) transferable(이동 가능한)은 의미상 적합하지 않다.

어휘 | additional 추가적인 charge 요금

8 (C)

번역 | 밀턴 바닥재 사는 거의 모든 색상과 재질을 망라한 인상적인 카펫과 양탄자 제품군을 자랑한다.

해설 | 바닥재 회사가 카펫과 양탄자를 자랑한다고 하였는데, of carpets and rugs를 수식하려면 문맥상 (C) selection (선택)이 정답이다. <a selection of>는 '다양한'이라는 의미로 쓰인다.

어휘 | flooring 바닥재 rug 양탄자 material 재료 record 기록 solution 해결책 preference 선호

[9-12] 이메일

수신: 카일리 맥러드 <kmcleod@hmail.com>
발신: 윈스턴 페롯 <wperrott@perrott.com>
회신: 문의
날짜: 4월 7일

맥러드 씨께,

#PC8772 매물에 대해 문의해 주셔서 감사합니다. 해당 부동산은 현재 아직 계약이 가능하다는 점을 말씀드립니다. 이 매물은 3일 전에 올렸을 때부터 많은 관심을 받고 있습니다. 그러니 ⁹빨리 서두르실 것을 권해 드립니다.

이 훌륭한 집은 탁 트인 만의 전경이 시원스럽게 조망되며 3개의 ¹⁰상당히 큰 침실이 있습니다. ¹¹또한 가격이 매우 합리적으로 책정되어 있습니다. 이 부동산을 임대하실 때 하나의 단점은 5월 1일부터 내년 3월 말까지만 거주가 가능하다는 점입니다. 4월 1일에는 집주인이 ¹²다시 사용하겠다고 합니다.

이번 주에는 거의 언제든지 귀하께서 편리하신 시간에 집을 보여 드릴 수 있습니다.

감사합니다,

윈스턴 페롯
555-0133

어휘 | rental property 임대 부동산 confirm 확인하다 stage 단계 plenty of 많은 exceptional 우수한, 특출한 owner 집주인

9 (D)

해설 | 동사 act를 수식하는 부사 자리로서, 빈칸 앞 문장에서 '이 매물은 3일 전에 올렸을 때부터 많은 관심을 받고 있다'고 하므로 '빨리 서두르는 것이 좋겠다'는 의미가 적합하다. 따라서 (D) quickly가 정답이다. (A) briefly(간략하게), (B) recently (최근에), (C) constantly(끊임없이)는 문맥상 적합하지 않다.

10 (B)

해설 | 빈칸은 명사 bedrooms를 수식하는 형용사 자리이므로 (B) sizable(상당히 큰)이 정답이다. 분사 형태의 형용사 (C) sized(크기가 ~한)는 구체적인 크기를 나타내므로 적합하지 않다. 명사 (A) sizing(크기 순으로 배열함)과 동사 (D) sizes(크기를 표시하다)는 품사상 적합하지 않다.

11 (B)

번역 | (A) 저는 여기에 사는 것에 매우 만족합니다.
　　　(B) 또한 가격이 매우 합리적으로 책정되어 있습니다.
　　　(C) 그것들은 몇 년 전에 심어졌습니다.
　　　(D) 하지만 이 지역은 시끄러울 수 있습니다.

해설 | 빈칸 앞 문장에서 이 집의 전경이 좋다는 장점을 말하고 있으며, 빈칸 뒤 문장에서는 해당 부동산 임대 시 하나의 단점에 대해 말하고 있으므로 매물의 장점을 언급하는 것이 글의 흐름상 자연스럽다. 따라서 문장 (B)가 정답이다.

어휘 | reasonably priced 가격이 합리적으로 책정된

12 (A)

해설 | 빈칸은 동사 intend의 목적어인 to부정사구 자리이다. 빈칸 앞 문장에서 내년 3월 말까지만 거주가 가능하다고 하므로 문맥상 4월 1일에는 집주인이 다시 사용하겠다는 내용이 적절하여 (A) reclaim(되찾다)이 정답이다. (B) approve (승인하다), (C) require(요구하다), (D) extend(연장하다)는 문맥상 적절하지 않다.

Unit 04 동사의 형태와 수 일치

① 동사의 형태

Check up
본책 p. 149

1 (B)	**2** (B)	**3** (A)	**4** (A)	**5** (B)

1 참고하시라고 저의 이력서를 첨부했습니다.

2 KUL 인더스트리즈는 헤어 케어 제품을 만든다.

3 새 공장은 락스턴 시에 위치할 것이다.

4 비용의 차이에 대한 세부 사항만 제게 자세히 알려 주세요.

5 우리는 연구부장 자리에 지원자를 모집하고 있다.

② 자동사와 타동사

Check up
본책 p.150

1 (A) **2** (B)

1 이 식기 세척기는 제대로 작동하고 있다.

2 로렌 호텔은 최근에 보수 공사를 했다.

Check up
본책 p.150

1 (B) **2** (B)

1 지침은 본 책자의 첫 페이지를 참조하시기 바랍니다.

2 이 문제를 적시에 처리해 주셔서 감사합니다.

③ 수 일치

Check up
본책 p.151

1 (B) **2** (B)

1 우리의 장비는 모든 안전 요구 사항을 충족한다.

2 쿤 체육관 상품권은 1년간 유효하다.

Check up
본책 p.151

1 (B) **2** (A)

1 대부분의 고객 기록은 기밀이다.

2 장비 일부가 교체되었다.

● 기출 어휘 - 동사 1

Check Up
본책 p.152

1 deliver	**2** assist	**3** promote
4 anticipate[predict]	**5** inform	**6** direct
7 finalize	**8** launch	

● 토익 감각 익히기
본책 p.153

1 (A)	**2** (B)	**3** (A)	**4** (B)
5 (A)	**6** (B)	**7** (B)	**8** (B)

1 (A)

번역 | 우리가 생산하는 모든 제품은 30일 환불 보증이 적용됩니다.

해설 | 빈칸은 문장의 동사 자리이고 주어가 All of our 뒤의 복수 명사 products이므로 복수 동사 (A) come이 정답이다.

2 (B)

번역 | 이와타 씨는 카네코 금융 그룹에서 10년 동안 일했다.

해설 | 문장 끝에 현재완료 시제의 단서 표현 for ten years가 있으며, 앞의 조동사 has와 결합하여 현재완료를 나타낼 수 있는 과거분사가 와야 하므로 (B) worked가 정답이다.

3 (A)

번역 | 쿠미 히로타 극장의 자원 봉사자들은 모든 공연에 무료 입장권을 받는다.

해설 | 빈칸은 문장의 동사 자리이고 주어가 복수 명사 Volunteers이므로 복수 동사 (A) receive가 정답이다. 전치사구 at the Kumi Hirota Theater는 수식어구로 수 일치에 영향을 주지 않는다.

어휘 | volunteer 자원 봉사자

4 (B)

번역 | 그 소포는 일반 우편으로 보냈다면 아마도 제시간에 도착할 것이다.

해설 | 빈칸 뒤의 on time은 '제때'라는 수식어구이고, 목적어가 나오지 않았으므로 자동사 (B) arrive가 정답이다. 타동사인 (B) reach는 뒤에 장소를 나타내는 목적어가 나와야 한다.

어휘 | package 소포 probably 아마

5 (A)

번역 | 수영장과 피트니스 시설을 이용할 때는 모든 안전 규정을 준수하십시오.

해설 | 빈칸 앞이 주어 없이 Please로 시작하는 명령문이므로 동사원형 (A) observe(준수하다)가 정답이다.

6 (B)

번역 | 힌우드에 있는 일부 소매 상점은 현재 우편용품을 취급하고 있다.

해설 | 빈칸은 문장의 동사 자리이고 주어가 Some of the 뒤의 복수 명사 retail shops이므로 복수 동사 (B) are가 정답이다.

7 (B)

번역 | 더 낮은 가격은 노틸리 음악 플레이어에 대한 더 높은 수요로 이어졌다.

해설 | 빈칸 앞의 동사 have와 결합하여 현재완료 시제를 나타낼 수 있는 과거분사가 와야 하므로 (B) led to가 정답이다.

8 (B)

번역 | 사무실이 문을 닫은 후에 도착하는 소포는 브로드 가 14번지로 배송되어야 한다.

해설 | 빈칸은 should be와 함께 문장의 동사 자리이며 의미상 '소포는 브로드 가 14번지로 배송되어야 한다'가 적합하므로 (B) delivered가 정답이다. (A) operated는 '작동되다'라는 의미로 적절하지 않다.

● ETS 실전 도전하기
본책 p. 154

1 (C)	2 (A)	3 (B)	4 (D)	5 (B)	6 (C)
7 (B)	8 (A)	9 (C)	10 (A)	11 (C)	12 (A)

1 (C)
번역 | 많은 고객이 이스턴 주방용품 사의 새로운 배송 정책에 대해 혼란스러워했다.

해설 | 빈칸은 Many of the 뒤의 복수 명사 customers를 주어로 하는 문장의 동사 자리이며 빈칸 뒤에는 형용사 confused가 있으므로 be동사의 복수 형태인 (C) were가 정답이다. 참고로 <be confused about>은 '~에 대해 혼란스러워하다'라는 의미이다.

어휘 | shipping 배송 policy 정책

2 (A)
번역 | 예약을 완료하시기 전에 특별한 요청 사항이 있다면 코넬 여행사 직원에게 알려 주십시오.

해설 | 빈칸 앞이 주어 없이 Please로 시작하는 명령문이므로 동사원형 (A) inform(알리다)이 정답이다.

어휘 | agent 대리인 book 예약하다

3 (B)
번역 | 모든 화물은 운반 차량이 하역장을 떠나기 전에 단단히 고정된다.

해설 | be동사 다음에는 현재분사나 과거분사가 올 수 있으며, 의미상 '모든 화물은 단단히 고정된다'는 수동적 의미를 나타내고 있으므로 수동태(be+p.p.)의 과거분사 (B) fastened (고정시키다)가 정답이다.

어휘 | securely 단단히, 안전하게 loading dock 하역장

4 (D)
번역 | 그 잡지의 구독자 수는 3개월 후에 거의 20퍼센트가 늘어났다.

해설 | 빈칸 앞의 주어 readership이 단수 명사이므로 단수 명사를 받는 동사가 와야 한다. 보기 중에서는 (D) has risen만이 가능하다. 따라서 정답은 (D)이다.

어휘 | readership 독자 수 rise 오르다(rose-risen)

5 (B)
번역 | 창업을 하기 전에 기업가들은 그들이 선택한 산업의 모든 측면을 이해해야 한다.

해설 | 빈칸 앞에 조동사 should가 있고, 조동사 뒤에는 동사원형이 와야 하므로 (B) understand가 정답이다.

어휘 | start a business 창업하다 chosen 선택된 industry 산업

6 (C)
번역 | 아웃스탠딩 홍보 사는 내년에 두 건의 신규 광고 캠페인을 착수할 프로젝트 담당자를 구하고 있다.

해설 | 빈칸 뒤의 목적어가 two new advertising campaigns이므로 '두 건의 신규 광고 캠페인을 착수하다'가 적합하다. 따라서 (C) launch(착수하다)가 정답이다. (B) participate(참가하다)와 (D) appear(나타나다)는 자동사이므로 뒤에 목적어가 올 수 없다. 동사 (A) educate(교육하다)는 의미상 적절하지 않다.

7 (B)
번역 | 카마쿠라 마케팅 사는 식음료업을 전문으로 하는 국제 광고 회사이다.

해설 | 빈칸은 전치사 in과 함께 결합하여 '~을 전문으로 하다'는 의미로 쓰이는 동사 (B) specializes가 정답이다. 동사의 형태인 (A) finalizes(마무리하다), (C) processes(처리하다), (D) limits (제한하다)는 모두 타동사로 전치사 없이 목적어를 직접 가진다.

어휘 | international 국제적인 advertising firm 광고 회사

8 (A)
번역 | 새로 나온 천연 화장품 제품군을 홍보하기 위해 창 첸 사는 제품을 구매하는 사람들에게 무료 입술 보습제를 제공하고 있다.

해설 | 빈칸은 its new line of natural cosmetics를 목적어로 취하는 to부정사 수식어구이며, 의미상 '새로 나온 천연 화장품 제품군을 홍보하기 위해'가 적절하므로 (A) promote(홍보하다)가 정답이다. (B) upgrade(개선하다), (C) invest(투자하다), (D) organize(조직하다, 준비하다)는 의미상 적절하지 않다.

어휘 | line 제품군 natural 천연의 lip balm 입술 보습제 purchase 구매

[9-12] 회람

수신: 마타우 디자인 영업팀
발신: 미에 미후네
날짜: 5월 8일
제목: 섬유 박람회

아시다시피 저는 5월 14일부터 5월 18일까지 시드니에서 열리는 태평양 지역 섬유 박람회에 ⁹참석할 것입니다. 출장 기간에 우리 제품을 보여 주고 신규 주문을 받느라 매우 바쁠 것으로 예상됩니다. 감사하게도 몇몇 동료들이 사무실에서 해야 할 제 업무의 일부를 ¹⁰맡아 주신다고 제안하셨어요.

제가 ¹¹없는 동안 알렉스 비트신이 판매 허가를 감독해 줄 것이고, 에미코 엔도가 고객의 전화 및 편지에 회신해 줄 거예요. ¹²어떻게 해서든지 두 사람을 도와주시기 바랍니다. 마지막으로 기존에 5월 16일로 예정됐던 월례 영업 회의는 5월 23일에 진행할 겁니다.

어휘 | textile 섬유, 섬유 산업 exposition 박람회 present 보여 주다 take place 개최되다

9 (C)

해설 | 문장 뒤에 나온 from 14 May through 18 May를 통해 가까운 미래에 예정된 일임을 알 수 있으므로 미래를 나타내는 (C) will be attending이 정답이다.

10 (A)

해설 | 이 문장의 주어는 some colleagues인데, 뒤 문장 Alex Vitsin will monitor my sales approvals, and Emiko Endo will answer my customer calls and letters.에서 동료들이 그녀의 일을 맡는다는 것을 알 수 있으므로 문맥상 (A) assume(맡다)이 정답이다. (B) explain(설명하다), (C) determine(결정하다), (D) promote(촉진하다)는 문맥상 적절하지 않다.

11 (C)

해설 | 빈칸 뒤 내용에서 동료들이 그녀의 일을 맡는다는 것을 알 수 있으므로 문맥상 부재중을 표현한 (C) absence(부재)가 정답이다. (A) search(수색), (B) evaluation(평가), (D) contribution(기여)은 문맥상 적절하지 않다.

12 (A)

번역 | (A) 어떻게 해서든지 두 사람을 도와주시기 바랍니다.
(B) 제 연락처 세부 사항은 첨부 파일에 있습니다.
(C) 곧 추가로 직원을 고용하기를 희망합니다.
(D) 정기적인 업데이트에 감사드립니다.

해설 | 빈칸 앞 문장 Alex Vitsin will monitor my sales approvals, and Emiko Endo will answer my customer calls and letters.에서 두 명의 동료가 일을 맡아 줄 것이라고 하며 문맥상 두 사람을 도와줄 것을 바라는 내용을 언급하는 것이 글의 흐름상 자연스러우므로 (A)가 정답이다.

어휘 | in any way necessary 어떻게 해서든지 additional 추가의 regular 정기적인

Unit 05 시제와 태

① 단순 시제

Check up 본책 p. 157

1 (B)	2 (A)	3 (B)	4 (A)	5 (B)

1 달라 윙의 데뷔 앨범은 두 달 전에 나왔다.

2 우리 직원들 중 많은 수가 보통 통근할 때 기차를 이용한다.

3 다가오는 채용 박람회에서 새로운 기술자들을 모집할 것이다.

4 그 식당은 다음 달까지 보수 공사를 위해 문을 닫을 것이다.

5 시 의회는 매월 셋째 주 수요일에 정기적으로 만난다.

② 진행 시제

Check up 본책 p. 158

1 (B)	2 (A)	3 (B)	4 (B)	5 (A)

1 내가 도착했을 때, 코헨 씨는 고객과 이야기를 나누고 있었다.

2 라잘은 앞으로 2주 동안 시드니를 방문할 것이다.

3 켐 솔루션즈는 현재 시설을 개조하고 있다.

4 기술자가 오늘 오후에 제 차를 수리할 거예요.

5 검사관들이 지금 조립 라인 전체를 점검하고 있다.

③ 완료 시제

Check up 본책 p. 159

1 (A)	2 (B)	3 (B)	4 (B)	5 (A)

1 이번 달 말까지 도로 보수 공사를 완료할 예정이다.

2 그 사업체는 설립 이후 많은 변화를 겪었다.

3 사장님이 돌아오실 때쯤이면 우리는 그 프로젝트를 끝마칠 것이다.

4 배달 서비스는 지난 5년 동안 확고한 성장세를 보였다.

5 당신의 편지를 받기 전에, 우리는 이미 당신의 주소로 청구서를 부쳤습니다.

④ 수동태의 형태

Check up 본책 p. 160

1 (A)	2 (B)	3 (B)	4 (A)	5 (B)

1 상위 3명에게 상이 수여되었다.

2 새 공장의 개장이 일주일 정도 지연될 것이다.

3 새로운 반품 정책이 곧 시행된다.

4 불량품의 수가 분기별 보고서에 기재되어 있다.

5 이 박람회는 지난 20년 동안 마드리갈 공원에서 열렸다.

⑤ 능동태와 수동태

Check up
본책 p. 161

1 (B)	2 (A)

1 모든 직원에게 이메일 알림이 전송된다.
2 팀원들은 스스로 그 문제를 해결했다.

Check up
본책 p. 161

1 (B)	2 (A)

1 공항 라운지에서는 무료 인터넷 접속이 가능하다.
2 모든 네트워크 서버가 새 것으로 교체된다.

● 기출 어휘 - 동사 2

Check Up
본책 p. 162

1 decline	2 implement	3 attract	4 confirm
5 improve	6 require	7 maintain	8 provide

● 토익 감각 익히기
본책 p. 163

1 (B)	2 (B)	3 (B)	4 (A)
5 (A)	6 (B)	7 (B)	8 (A)

1 (B)

번역 | 마라카스 호수는 25년 전에 마지막으로 완전히 얼어붙었다.

해설 | 빈칸은 문장의 동사 자리이고 과거를 나타내는 25 years ago가 있으므로 과거 동사 (B) froze가 정답이다.

어휘 | completely 완전히

2 (B)

번역 | 알리시아 빌라로보스는 5월 15일부터 인턴 사원으로 우리와 함께 일할 것이다.

해설 | 문장 끝에 미래를 나타내는 starting May 15가 있으므로 미래 시제인 (B) will be가 정답이다.

어휘 | starting ~부터

3 (B)

번역 | 윤 씨의 식료품 가게는 6개월 동안 문을 연 후에 수익이 났다.

해설 | 빈칸은 주절 Mr. Yun's grocery store became profitable이 나타내는 과거 시제보다 더 전에 일어난 일을 나타내고 있으므로 과거완료 시제인 (B) had been이 정답이다.

4 (A)

번역 | 지역 사업주들은 인건비와 운영비의 급격한 증가를 우려하고 있다.

해설 | 빈칸은 전치사 with와 결합하여 의미상 '인건비와 운영비의 급격한 증가를 우려하고 있다'라는 의미가 자연스러우므로 (A) concerned가 정답이다. 참고로 <be concerned about>은 '~에 대해 우려하다'의 의미로 쓰인다. (B) faced(직면했다)는 with와 함께 '~에 직면하다'의 의미로 쓰인다.

5 (A)

번역 | 미술 경진대회에 제출된 작품은 전문 심사위원단에 의해 검토된다.

해설 | 주어 Submissions(제출물)가 검토되는 대상이므로 수동태를 이루는 과거분사 (A) reviewed가 정답이다.

어휘 | review 검토하다

6 (B)

번역 | 듈랑 시는 최근 몇 년간 관광 수익 감소를 겪었다.

해설 | 현재완료 시제와 어울리는 in recent years(최근 몇 년간)가 있으므로 experienced와 결합하여 현재완료 시제를 나타내는 (B) has가 정답이다.

어휘 | experience 경험하다 tourism 관광업

7 (B)

번역 | 사토 씨는 회사에 대한 고객들의 인식에 대해 더 많은 내용을 알고 싶어 한다.

해설 | 빈칸은 is와 함께 동사 자리인데 빈칸 뒤에 전치사 in이 나오므로 수동태를 이루는 과거분사 (B) interested가 정답이다. <be interested in>은 '~에 관심 있다'라는 의미이다.

8 (A)

번역 | 호텔 객실에 대해 만족스럽지 못하다면 문제를 해결하기 위해 접수 담당자에게 연락해 주십시오.

해설 | 빈칸은 완전한 문장 뒤에 목적어 the problem을 가진 to부정사 수식어구이며 의미상 '문제를 해결하기 위하여'가 적합하므로 (A) resolve(해결하다)가 정답이다. (B) reserve(예약하다, 보류하다)는 의미상 적절하지 않다.

어휘 | be satisfied with ~에 만족하다 resolve 해결하다 reserve 예약하다, 보류하다

● ETS 실전 도전하기
본책 p. 164

1 (B)	2 (C)	3 (C)	4 (A)	5 (C)	6 (C)
7 (D)	8 (C)	9 (B)	10 (D)	11 (B)	12 (A)

1 (B)

번역 | 로드리게스 씨는 지난달 리스본에서 참석했던 은행업 콘퍼런스에 대해 이야기할 것이다.

해설 | 빈칸은 a banking conference를 수식하는 관계절 안에서 동사 자리이고 과거를 나타내는 last month가 있으므로 과거 시제의 동사 (B) attended가 정답이다.

2 (C)

번역 | 그 시는 두 차례 열릴 국제 스포츠 행사를 대비해 대중교통 체계를 개선하는 중이다.

해설 | 빈칸은 its public transportation system을 목적어로 취하기 때문에 '대중교통 체계를 개선하다'는 능동적 의미를 나타내는 현재분사 (C) improving이 정답이다.

어휘 | public transportation 대중교통 international 국제적인 improve 향상시키다 improvement 향상

3 (C)

번역 | 실험실 조건은 온도 안정성을 확실하게 하기 위해 자주 추적 관찰된다.

해설 | 빈칸은 문장의 동사 자리이며 빈칸 뒤에 목적어가 없고 주어 Laboratory conditions가 관찰되는 대상이므로 수동태 동사 (C) are monitored가 정답이다.

어휘 | condition 조건 frequently 자주 ensure 확실히 하다 temperature 온도 monitor 추적 관찰하다

4 (A)

번역 | 그 공장의 방문객들은 안전 장비를 제공받을 것이며, 그것을 항상 착용해야 한다.

해설 | 문장의 주어인 Visitors가 안전 장비를 제공받는 것이 의미상 적합하므로 정답은 (A) provided이다. <be provided with>는 '~을 제공받다'라는 의미이다.

어휘 | provide 제공하다 require 요구하다 alert 위험을 알리다 develop 개발하다, 발전하다

5 (C)

번역 | 웨이브바이 사가 새로 출시한 모발 관리 제품은 남성과 여성 모두에게 광고되고 있다.

해설 | 빈칸은 are being과 결합하는 문장의 동사 자리이고 빈칸 뒤에 목적어가 없다. 주어 Waveby's new hair care products가 광고되는 대상이므로 수동태 (C) marketed가 정답이다. be동사 뒤에 동사원형이나 3인칭 단수형은 오지 못하므로 동사원형 (A) market과 3인칭 단수형 (B) markets는 적합하지 않다.

어휘 | market 광고하다

6 (C)

번역 | 합병이 발표됐을 때쯤에 트렉슬러 사는 이미 트렉슬러-컴튼 사라는 새로운 이름으로 가동을 시작했었다.

해설 | 빈칸 앞의 부사절 By the time the merger was announced에서 과거 시제를 쓰고 있으므로 그 전에 발생한 일을 나타내는 과거완료 시제인 (C) had begun이 정답이다.

어휘 | announce 발표하다

7 (D)

번역 | 그 도시에 있는 두 공항을 연결하는 밀델 버스 사의 서비스는 곧 시작될 것이다.

해설 | 빈칸은 문장의 동사 자리이고 미래를 나타내는 부사 shortly(곧)가 있으므로 미래 시제인 (D) will commence가 정답이다.

어휘 | commence 시작하다

8 (C)

번역 | 클리어텔레 모바일 사는 고객들의 우려 사항을 신속하게 다룸으로써 서비스를 개선하기 위해 노력 중이다.

해설 | 빈칸은 의미상 '고객들의 우려 사항을 신속하게 다룸으로써 서비스를 개선하다'라는 말이 적합하므로 정답은 (C) improve(향상시키다)이다. (A) include(포함하다), (B) occupy(차지하다), (D) acquire (습득하다)는 의미상 적절하지 않다.

어휘 | concern 우려, 걱정

[9-12] 기사

센터빌 — 몬마우스 호텔에 있는 이탈리아 식당 루이지즈는 10년간의 영업을 마치고 다음 주 토요일에 ⁹문을 닫을 것이다. 몇 주 전 지오반니 모디카 셰프가 이 식당을 떠나면서 변화에 대한 소문이 무성했다. 몬마우스 호텔 대변인인 린다 휴즈에 따르면, 이 공간은 금년 봄 새단장을 마친 후 새로운 경영진과 새로운 ¹⁰메뉴로 재개장할 것이다. ¹¹멕시코 요리가 중심이 될 것이다. 그러나 식당의 이름은 ¹²아직 발표되지 않았다.

어휘 | locate 위치시키다 announce 공지하다

9 (B)

해설 | 빈칸은 Luigi's를 주어로 하는 동사 자리이며 미래 시간을 나타내는 next Saturday가 나오므로 미래진행 시제 (B) will be closing이 정답이다.

10 (D)

해설 | 빈칸이 있는 문장의 주어인 The space(식당)가 금년 봄 새단장을 마친 후 새로운 경영진과 새로운 무엇인가로 재개장할 것이라고 하므로 문맥상 식당과 관련된 명사 (D) menu가 정답이다. (A) address(주소), (B) receipt(영수증), (C) supply(공급)는 문맥상 적절하지 않다.

11 (B)

번역 | (A) 센터빌에는 다양한 식당이 있다.

(B) 멕시코 요리가 중심이 될 것이다.

(C) 최근 식료품 비용이 증가했다.

(D) 메인 가에는 다른 카페들이 있다.

해설 | 빈칸 앞 문장에서 새로운 경영진과 새로운 메뉴로 재개장한다고 하므로, 문맥상 메뉴에 대한 내용을 언급하는 것이 글의 흐름상 자연스럽다. 따라서 (B)가 정답이다.

12 (A)

해설 | 빈칸은 to부정사구 to be announced를 수식하는 부사 자리이다. 문맥상 '이 음식점의 이름은 아직 발표되지 않았다'는 것이 적절하므로 (A) yet이 정답이다.

Unit 06 to부정사와 동명사

① to부정사의 역할: 명사

Check up 본책 p.167

| **1** (A)   **2** (B) |

1 그 회사는 배스에 세 번째 가게를 열 예정이다.

2 고객과 긴밀한 관계를 유지하는 것은 필수적이다.

Check up 본책 p.167

| **1** (A)   **2** (A) |

1 우리는 모든 요구에 적시에 회신하는 것을 목표로 한다.

2 그 은행은 정규 영업 시간을 연장하기로 결정했다.

② to부정사의 역할: 형용사 / 부사

Check up 본책 p.168

| **1** (B)   **2** (B)   **3** (A)   **4** (A)   **5** (A) |

1 윈스턴 박사를 기리기 위해, 우리는 연회를 열 겁니다.

2 톨리버 건물을 보수하는 계획이 승인되었다.

3 환급을 받으려면 모든 영수증 사본을 제시하십시오.

4 5월 1일 이전에 방문하여 이 특별 할인을 활용하십시오.

5 혼잡을 줄이기 위한 노력의 일환으로, 시는 주차 규정을 바꾸었다.

③ to부정사 빈출 표현

Check up 본책 p.169

| **1** (A)   **2** (A)   **3** (B)   **4** (A)   **5** (A) |

1 우리는 지역 사회에 협력하기를 열망한다.

2 당신에게 영업 사원 자리를 제안하게 되어 기쁩니다.

3 그들은 참가자들에게 매주 실험실에 들를 것을 요청했다.

4 인턴 사원들은 한 달 동안 팀원들과 함께 일해야 한다.

5 도로 공사는 약 2주 후에 완료될 것으로 예상된다.

④ 동명사의 역할

Check up 본책 p.170

| **1** (B)   **2** (A)   **3** (A)   **4** (B)   **5** (A) |

1 고객들은 웹사이트를 방문하면 현재 일정을 알 수 있다.

2 우리의 주요 관심사는 다양한 공급 업체를 유지하는 것이다.

3 예약을 취소하면 위약금이 부과될 수 있다.

4 기술자가 컬러 프린터의 사용을 중지할 것을 제안했다.

5 판매 담당자는 가구를 온라인으로 주문할 것을 권했다.

⑤ 동명사 빈출 표현

Check up 본책 p.171

| **1** (A)   **2** (B) |

1 위클리프 인은 방문객들이 제한 구역에 들어가는 것을 막는다.

2 그들은 어제 회사 이메일 서버에 접속하는 데 어려움을 겪었다.

Check up 본책 p.171

| **1** (A)   **2** (B) |

1 영업부장은 현재의 제조 업체를 바꾸는 것에 반대한다.

2 그 프로젝트는 증가하는 취업률을 낮추는 원인이 되었다.

● 기출 어휘 - 동사 3

Check Up 본책 p.172

1 arrange   **2** adopt   **3** accommodate

4 verify   **5** notify   **6** broaden

7 ensure   **8** familiarize

● 토익 감각 익히기

본책 p.173

| **1** (A) | **2** (B) | **3** (B) | **4** (A) |
| **5** (B) | **6** (A) | **7** (A) | **8** (B) |

1 (A)

번역 | 제품의 잠재적인 성공을 추정하는 것은 종종 시장 조사를 통해 이루어진다.

해설 | 빈칸은 be동사 is의 주어 자리로 명사구 the potential success를 목적어로 취하면서 명사와 같은 역할을 할 수 있는 동명사 (A) Calculating이 정답이다. 명사 (B) Calculation

(추정, 계산)은 명사구를 목적어로 취하지 못하므로 적합하지 않다.

어휘 | calculate 추정하다, 계산하다 through ~을 통하여

2 (B)

번역 | 벨빈 극장은 고객들이 웹사이트에서 표를 구매하는 것을 가능하게 할 것이다.

해설 | 빈칸은 목적어인 customers를 보충하는 목적격 보어 자리이며, allow는 능동태에서 주로 <allow + 목적어 + 목적격 보어(to부정사)>의 구조로 쓰이므로 (B) to purchase가 정답이다.

어휘 | allow 허용하다 purchase 구매하다

3 (B)

번역 | 직원들이 민감한 서류를 안전한 장소에 보관하는 일은 매우 중요하다.

해설 | 빈칸은 가주어 It의 진주어 자리로 sensitive documents를 목적어로 취하면서 명사와 같은 역할을 할 수 있는 to부정사 (B) to keep이 정답이다.

어휘 | essential 필수적인, 매우 중요한

4 (A)

번역 | 법인 신용카드를 사용하는 사람은 누구나 온라인 보안 교육을 이수해야 한다.

해설 | require는 능동태에서 주로 <require + 목적어 + 목적격 보어(to부정사)>의 구조로 쓰이며, 수동태로 바꾸면 <be required + to부정사>의 구조가 되므로 (A) to complete가 정답이다.

어휘 | be required to ~하도록 요구되다 complete 완료하다

5 (B)

번역 | 로아 박사가 이룬 많은 업적 중에는 유명한 과학자 상을 받은 것도 포함된다.

해설 | 빈칸은 동사 include의 목적어 자리인데, include는 동명사를 목적어로 취하므로 동명사 (B) winning이 정답이다.

6 (A)

번역 | 주문하신 물품의 위치를 추적하려면 배송 부서에 주문 번호를 알려 주셔야 합니다.

해설 | 빈칸은 to부정사를 이루는 to 뒤의 동사원형 자리로 (A) provide가 정답이다. <be sure to + 동사원형>은 '반드시 ~하다'라는 의미로 쓰인다. to부정사의 to와 전치사 to는 형태가 같으므로 빈칸 앞의 to를 전치사로 오인하여 동명사를 답으로 고르지 않도록 주의해야 한다.

7 (A)

번역 | 우치다 씨는 자신이 다음 달에 건축 회사에서 퇴직한다는 계획을 발표했다.

해설 | 빈칸은 to부정사구 to retire from the architecture firm의 수식을 받는 명사 자리로 의미상 '건축 회사에서 퇴직한다는 계획을 발표했다'가 자연스러우므로 (A) plans가 정답이다. (B) trips(여행)는 의미상 적절하지 않다.

어휘 | announce 발표하다 architecture firm 건축 회사

8 (B)

번역 | 공간이 제한되어 있기 때문에 예약을 확실하게 하려면 빨리 응답해야 한다.

해설 | 빈칸은 in order to 뒤에 들어갈 동사 어휘 문제로 '예약을 확실하게 하려면'이 자연스러우므로 (B) ensure(확실하게 하다)가 정답이다. (A) adopt(채택하다)는 의미상 적절하지 않다.

어휘 | limited 제한된 reservation 예약 adopt 채택하다 ensure 확실하게 하다

● ETS 실전 도전하기 본책 p.174

1 (A)	2 (A)	3 (C)	4 (C)	5 (B)	6 (C)
7 (C)	8 (D)	9 (C)	10 (A)	11 (D)	12 (B)

1 (A)

번역 | 효율성을 개선하기 위한 노력의 일환으로 로지아 홈 퍼니싱 사는 새로운 생산 방법을 채택했다.

해설 | 빈칸은 명사 effort를 수식하는 수식어 자리로 improve와 결합하여 형용사와 같은 역할을 할 수 있는 to부정사 (A) to improve가 정답이다.

어휘 | effort 노력 production 생산 method 방법 improve 개선하다

2 (A)

번역 | KWR 글래스웨어 사의 부회장은 서울 공장에서 가동을 중단한다는 자신의 결정을 곧 발표할 것이다.

해설 | 빈칸은 전치사 about의 목적어 자리로 operations를 목적어로 취하면서 명사와 같은 역할을 할 수 있는 동명사 (A) suspending이 정답이다.

어휘 | vice president 부회장 announce 발표하다 decision 결정 plant 공장

3 (C)

번역 | 추 씨는 '올해의 기업인'으로 지명된 것을 영광으로 생각하며 자신을 도와준 직원들에게 감사하다고 말했다.

해설 | 빈칸 앞에는 be동사 was가 있고 뒤에는 to부정사구가 연결되므로, '~하게 되어 영광이다'라는 의미의 <be honored to부정사> 구문이 적절하다. 정답은 (C) honored이다. 형용사 (D) honorable은 '명예로운, 훌륭한'의 뜻으로 의미상 적절하지 않다.

어휘 | name 지명하다 support 지지, 성원 honor 명예, 존경하다 honorable 명예로운

4 (C)

번역 | 유망한 경쟁 업체를 확인하는 것은 장차 기업가가 되려는 사람들에게는 중요한 초기 절차이다.

해설 | 빈칸은 be동사 is의 주어 자리로 명사구 probable competitor businesses를 목적어로 취하면서 명사와 같은 역할을 할 수 있는 동명사 (C) Identifying이 정답이다. 명사 (D) Identification(신분)은 뒤에 명사구를 목적어로 갖지 못하므로 적절하지 않다. 동사 형태인 (A) Identify(확인하다), (B) Identified는 품사상 적합하지 않다.

어휘 | competitor 경쟁자 entrepreneur 기업가

5 (B)

번역 | 안전 규약은 새 기준을 준수하기 위해서 지난달 수정되었다.

해설 | 빈칸 앞이 완전한 절이므로, 빈칸은 동사원형 comply와 결합하여 부사 역할을 할 수 있는 (B) in order to(~하기 위해)가 정답이다. (A) leading to, (C) due to, (D) in addition to에서 to는 전치사이므로 뒤에 동사원형이 올 수 없고 명사나 동명사가 와야 하므로 적합하지 않다.

어휘 | modify 수정하다 standard 기준, 표준 due to ~ 때문에 in addition to ~에 더하여

6 (C)

번역 | 린든 제약 회사는 조립 라인의 공정을 갱신함으로써 전반적인 생산 수준을 향상시킬 계획이다.

해설 | 빈칸은 전치사 by의 목적어 자리로 its assembly-line process를 목적어로 취하면서 명사와 같은 역할을 할 수 있는 동명사 (C) updating이 정답이다. 전치사 by는 명사와 결합하여 '~함으로써'의 의미를 나타낸다.

어휘 | pharmaceuticals 제약 회사 production 생산 assembly-line 조립 라인의 process 공정 update 갱신하다

7 (C)

번역 | 키에우 테크 서비스즈는 향후 2년 안에 베트남 남부에 데이터 센터 세 곳을 추가로 건설할 생각이다.

해설 | 빈칸은 to부정사구 to build three more data centers를 목적어로 갖는 동사 자리이므로 to부정사를 목적어로 취할 수 있는 (C) intends가 정답이다.

어휘 | refer 나타내다, 참조하게 하다 deliver 배달하다 intend 의도하다 indicate 명시하다

8 (D)

번역 | 밀러 씨는 칼모나 씨가 이번 주에 그 출판사의 영업 담당자를 만날 수 있도록 주선할 것이다.

해설 | 빈칸은 동사 자리로 to부정사구 to meet the publisher's sales representative의 의미상 주어 Ms. Carmona가 '이번 주에 그 출판사의 영업 담당자를 만날 수 있도록 준비하다'가 의미상 자연스럽다. 따라서 (D) arrange(주선하다, 준비하다)가 정답이다. (A) conduct(실시하다), (B) identify(확인하다), (C) connect(연결하다)는 의미상 적합하지 않다.

어휘 | representative 대표, 담당자

[9-12] 이메일

발신: 모토코 노나카
수신: 전 직원
날짜: 5월 20일
제목: 콜린 블랜셋

여러분 중 일부는 아시겠지만, 우리 수석 조경사인 콜린 블랜셋이 곧 우리 회사를 떠날 것입니다. 그는 주택 건설 산업 분야의 일자리를 ⁹수락했습니다. 콜린은 얼마 전부터 주택 건설에 관심이 있었고, 새 일자리는 건설 기술자가 되려는 그의 궁극적인 목적에 더 맞는 일자리입니다. ¹⁰그렇기는 하지만 그를 보내기가 매우 섭섭합니다.

콜린이 출근하는 마지막 날은 6월 3일 금요일일 것입니다. 그날 오후 2시 반에 회사 구내식당에서 그가 우리와 함께한 10년의 공로를 ¹¹표창하기 위해 송별회를 가질 것입니다. ¹²그 자리에서 여러분을 뵙기를 고대합니다.

모토코 노나카
시설부장

어휘 | residential 주거용의 construction 건설, 공사 for some time 한동안 even so 그렇기는 하지만

9 (C)

해설 | 빈칸 앞 문장에서 콜린이 곧 회사를 떠날 것이라고 하고, 빈칸 뒤 문장 his new job is more in line with his ultimate goal of becoming a construction engineer에서는 건설 기술자가 되려는 그의 궁극적인 목적에 더 맞는 새 일자리에 대해 말하고 있다. 따라서 그가 이미 새로운 일자리를 수락했음을 알 수 있으므로 문맥상 (C) accepted가 정답이다. (A) advertised(광고했다), (B) supported(지원했다), (D) indicated(암시했다)는 문맥상 적절하지 않다.

10 (A)

해설 | 빈칸 앞 문장 his new job is more in line with his ultimate goal of becoming a construction engineer에서 새 일자리가 건설 기술자가 되려는 그의 궁극적인 목적에 더 맞는다고 하고, 빈칸 뒤 문장에서 그를 보내기가 섭섭하다고 하므로 문맥상 전환의 의미를 나타내는 (A) Even so(그렇기는 하지만)가 정답이다. (B) Besides(게다가), (C) Similarly(마찬가지로), (D) After that(그 이후에)은 문맥상 적절하지 않다.

11 (D)

해설 | 빈칸은 명사구 his ten years of service with us를 목적어로 취하며 빈칸 앞의 완전한 절을 수식하는 to부정사구 (D) to recognize(표창하기 위하여)가 정답이다.

12 (B)

번역 | (A) 이 정책은 전 직원에게 해당됩니다.
(B) 그 자리에서 여러분을 뵙기를 고대합니다.
(C) 그는 따뜻한 인사에 고마워했습니다.
(D) 가능한 한 빨리 저에게 알려 주십시오.

해설 | 빈칸 앞 문장 At 2:30 P.M. on that day, we will have a farewell gathering in the company cafeteria에서 그날 오후 2시 반에 회사 구내식당에서 송별회를 가질 것이라고 하며, 참여를 독려하는 내용을 언급하는 것이 글의 흐름상 자연스러우므로 문장 (B)가 정답이다.

어휘 | policy 정책

Unit 07 분사

① 분사의 역할

Check up   본책 p.177

1 (B)   **2** (A)

1 주문한 품목 중 일부는 현재 구매할 수 없다.
2 두 역을 연결하는 셔틀 서비스가 곧 시작된다.

Check up   본책 p.177

1 (B)   **2** (A)

1 올해 리콜트 상을 받을 자격이 있는 사람은 없는 것 같다.
2 우리는 여름에 관객 수가 급격히 증가하는 것을 알게 되었다.

② 현재분사와 과거분사

Check up   본책 p.178

1 (A)   **2** (B)

1 텍스텔 사는 주방용 가전제품의 선도적인 제조 업체이다.
2 연수 과정은 노련한 재무 기획자가 주도한다.

Check up   본책 p.178

1 (A)   **2** (B)

1 기딩스 호텔에서의 숙박은 실망스러웠다.
2 일주일간의 휴가에 모두들 들떠 있다.

③ 분사구문

Check up   본책 p.179

1 (A)   **2** (B)   **3** (A)   **4** (B)   **5** (B)

1 엘리 씨는 일정을 받아 본 후 이벤트 기획자에게 연락했다.
2 ZR-6 세단은 다른 차량에 비해 연료 효율이 높다.
3 쿠폰 사용 시 탑승권을 꼭 보여 주세요.
4 호텔 꼭대기에 위치하여, 매그놀리아 룸은 꽤 넓다.
5 이력서에 기재된 바와 같이, 윤 씨는 보스턴의 여러 법률 회사에서 근무했다.

● 기출 어휘 - 형용사 1

Check Up   본책 p.180

1 multiple   **2** valuable   **3** potential
4 managerial   **5** residential   **6** affordable
7 competent   **8** considerable

● 토익 감각 익히기   본책 p.181

1 (A)   **2** (B)   **3** (A)   **4** (B)
5 (B)   **6** (B)   **7** (A)   **8** (B)

1 (A)

번역 | 접근 중인 폭풍 때문에 모든 오후 비행기가 도쿄로 회항 중이다.

해설 | 빈칸은 명사 storm을 수식하는 자리로 '접근 중인, 다가오는'이라는 의미의 형용사 (A) approaching이 정답이다.

어휘 | storm 폭풍 approach 접근하다

2 (B)

번역 | 렐멕 가전제품에 의해 제조된 식기세척기는 타 모델보다 에너지 효율성이 뛰어나다.

해설 | 빈칸은 be동사 are의 주어 Dishwashers를 수식하는 자리로 주어와 '렐멕 가전제품에 의해 제조된'이라는 수동적 의미를 나타내는 과거분사 (B) manufactured가 정답이다. 현재분사 (A) manufacturing은 능동적 의미를 나타낸다.

어휘 | dishwasher 식기세척기 appliance 가전제품 manufacture 제조하다

3 (A)

번역 | 슈 퍼펙트는 이웃 도시에서 두 개의 점포를 열면서 지역적으로 확장할 것이다.

해설 | 분사구문에서 생략된 주어는 주절의 주어와 같다. 주절의 주어 Shoe Perfect가 동사 open의 주체로서 능동적 의미를 나타내고 있으므로 현재분사 (A) opening이 정답이다.

4 (B)

번역 | 랜드루스 비스트로에서 취급하는 모든 커피는 칠레에서 수입된 고급 원두로 준비된다.

해설 | 빈칸은 명사구 gourmet beans를 수식하는 자리로 '수입된'이라는 수동적 의미를 나타내는 과거분사 (B) imported가 정답이다. 현재분사 (A) importing은 능동적 의미를 나타내며 뒤에 목적어를 가진다.

어휘 | prepare 준비하다 gourmet 고급의, 미식가의

5 (B)

번역 | 차오 사진용품점은 전기 수리가 완전히 끝날 때까지 문을 닫을 것이다.

해설 | 빈칸은 주어 Qiao Photo Supplies를 보충하는 주격 보어 자리로, '문이 닫힌'이라는 수동적 의미를 나타내는 과거분사 (B) closed가 정답이다. 참고로 closed는 '닫힌, 문을 닫은'이라는 의미의 형용사로도 많이 쓰인다.

어휘 | supplies 용품 repair 수리 fully 완전히

6 (B)

번역 | 갱신된 직원 매뉴얼에는 정보와 데이터 보안 관련 부분이 포함되어 있다.

해설 | 빈칸은 정관사 The 뒤에서 복합명사 employee manual을 수식하는 자리로 '갱신된, 수정된'이라는 수동적 의미를 나타내면서 형용사와 같은 역할을 할 수 있는 과거분사 (B) updated가 정답이다.

어휘 | include 포함하다 update 갱신하다

7 (A)

번역 | 도린 아카데미는 산업 디자인에 흥미 있는 사람들을 위한 교과목으로 구성된 프로그램을 제공한다.

해설 | 빈칸은 명사 people을 수식하는 자리로 감정을 느끼는 대상인 people이 '흥미를 느낀다'는 수동적 의미를 나타내면서 형용사와 같은 역할을 할 수 있는 과거분사 (A) interested가 정답이다. 감정을 유발하는 주체인 사물은 현재분사와, 감정을 느끼는 대상인 사람은 과거분사와 결합하여 주로 쓰인다.

어휘 | offer 제공하다 course 교과목

8 (B)

번역 | 라모스 주방장은 제철 과일과 채소를 특별히 포함하도록 그 식당의 메뉴를 조절한다.

해설 | 빈칸은 명사구 fruits and vegetables를 수식하는 형용사 자리로, 의미상 '제철 과일과 채소'가 적합하므로 (B) seasonal이 정답이다. (A) formal은 '격식을 차린'의 뜻이다.

어휘 | formal 격식을 차린 seasonal 계절적인

● ETS 실전 도전하기 　　　본책 p.182

1 (D)	**2** (B)	**3** (D)	**4** (C)	**5** (A)	**6** (C)
7 (C)	**8** (B)	**9** (B)	**10** (C)	**11** (A)	**12** (D)

1 (D)

번역 | 시장실에서는 오늘 밤 열리는 시상식에서 우수학생상을 수여하게 된 것을 기대하고 있다.

해설 | 빈칸은 주어 The mayor's office를 보충하는 주격 보어 자리로 감정을 느끼는 대상인 The mayor's office가 '흥분되다'는 수동적 의미를 나타내면서 형용사와 같은 역할을 할 수 있는 과거분사 (D) excited가 정답이다.

어휘 | ceremony 의식, 예식 excite 흥분시키다 excitedly 흥분하여 be excited to ~하게 되어 흥분되다

2 (B)

번역 | 케이티 월턴은 보스턴에서 열릴 영업 콘퍼런스에 참석하는 직원들을 위한 예약 업무를 처리할 것이다.

해설 | 빈칸은 명사 employees를 수식하는 자리로 '여행하는'이라는 능동적 의미를 나타내는 현재분사 (B) traveling이 정답이다.

어휘 | reservation 예약 employee 직원

3 (D)

번역 | 신관에 전시된 미술품 대부분은 지난 몇 년에 걸쳐 경매장에서 구매되었다.

해설 | 빈칸은 명사 the art를 수식하는 자리로 '전시된'이라는 수동적 의미를 나타내는 과거분사 (D) displayed가 정답이다. 문장의 동사 자리에 was purchased가 있어 빈칸은 동사 자리가 아니므로 동사 형태의 (A) would have been displayed, (B) was being displayed, (C) has displayed는 오답이다.

어휘 | purchase 구매하다 display 전시하다

4 (C)

번역 | 아리스 펀드는 GHT 캐피탈과 합병한 후에 스페인으로 본사를 옮길 계획이다.

해설 | 빈칸 앞에 접속사 after가 있고 보기에 동사 형태들이 나오는 것으로 보아, 주어가 생략된 분사구문이라는 것을 알 수 있다. 생략된 주어 Aris Funds가 GHT 캐피탈과 합병했다는 의미가 자연스러우므로, 현재분사 (C) merging이 정답이다.

어휘 | merge 합병하다

5 (A)

번역 | <브리튼섬의 탐조>는 자연 애호가들을 위한 선도적인 도서 배급사인 하먼-에어 사에 의해 출간되었다.

해설 | 빈칸은 명사 distributor를 수식하는 자리로 형용사와 같은 역할을 할 수 있는 현재분사 (A) leading(선도하는)이 정답이다. 명사 (B) modeling(모형 제작, 모델업)은 품사상 적합하지 않으며, 분사 (C) guided(인솔자가 있는), (D) signified(나타내는)는 의미상 적합하지 않다.

어휘 | publish 출판하다 leading 선도적인

6 (C)

번역 | 좌석 아래 레버를 사용해 새 의자를 원하는 높이에 맞게 조절하십시오.

해설 | 빈칸은 명사 height를 수식하는 자리로 형용사 역할을 하는 분사가 들어갈 수 있다. 의미상 사용자에 의해 '원하는 높이'라는 의미가 되어야 하므로 (C) desired가 정답이다.

어휘 | lever 레버 desire 욕구; 바라다, 원하다 desired 원하는

7 (C)

번역 | 상품을 반품하실 때는 제공된 반품 요청서에 주문 번호를 명시해 주십시오.

해설 | 빈칸은 분사구 returning any merchandise를 이끌 수 있는 부사절 접속사 자리이므로 (C) When이 정답이다. (D) As는 동시동작 또는 이유를 나타내는 접속사이므로 오답이다. (A) In order to와 (B) So that 뒤에는 분사가 오지 못하므로 오답이다.

어휘 | return 반품하다 merchandise 물품, 상품

8 (B)

번역 | 박물관 회원들은 전시회의 공식적인 시작일 전에 역사적인 초상화들을 미리 볼 수 있다.

해설 | 빈칸은 명사 opening을 수식하는 형용사 자리이고 '전시회의 공식적인 시작일'이라는 의미가 적절하므로 형용사 (B) official(공식적인)이 정답이다. 형용사 (A) constant(끊임없는), (C)competent(유능한), (D) natural(자연의, 타고난)은 의미상 적합하지 않다.

어휘 | be invited to ~하도록 초대되다 historic 역사적인 opening 시작, 개시 exhibit 전시회

[9-12] 기사

새로 생긴 먹거리 트럭에서 사람들이 간단한 식사를 즐긴다

브리스턴 — 지역 주민들이 인기 있는 브리스턴 시립 공원에 가장 최근에 생긴 [9]명소를 만끽하고 있다. 고급 먹거리 트럭이 이 공원의 조깅 트랙에 인접한 부지에 있던 빈 주차 공간을 채우기 시작했다. 시 공원 감독관의 허가를 [10]받은 후에 세 명의 지역 먹거리 트럭 소유주는 공원 방문객들에게 맛있는 음식을 판매하기 시작했다. [11]판매되는 음식으로는 수프, 샐러드, 덮밥 등이 있다. 이 공원은 어느 때든 동시에 네 대 이상의 먹거리 트럭이 영업을 하지 못하도록 제한했다. [12]따라서 음식을 판매하고자 하는 사람은 자리를 예약해야 한다. 여름이 끝날 무렵까지는 이 명단에 더 많은 먹거리 트럭이 올라올 것으로 예상된다.

어휘 | diner 식사하는 사람 popular 인기 있는 fill 채우다 permission 허가 set a limit 한도를 정하다 reserve 예약하다

9 (B)

해설 | 빈칸은 동사 are enjoying의 목적어이자 the newest의 수식을 받는 명사 자리이다. 빈칸 다음 문장 Gourmet food trucks have started to fill empty parking spots에서 고급 먹거리 트럭이 빈 주차 공간을 채우기 시작했다고 하므로 문맥상 Gourmet food trucks를 일컫는 (B) attraction(명소)이 정답이다. (A) equipment(장비), (C) role(역할), (D) space(공간)는 문맥상 적절하지 않다.

10 (C)

해설 | 빈칸 이하는 접속사 after를 생략하지 않은 분사구문이다. 분사구문의 생략된 주어 three local food truck owners가 목적어 permission을 취하여 '허가를 받다'는 능동적 의미를 나타내고 있으므로 현재분사 (C) receiving이 정답이다.

11 (A)

번역 | (A) 판매되는 음식으로는 수프, 샐러드, 덮밥 등이 있다.
　　　(B) 첫 번째는 6월 3일에 공원에 도착할 예정이다.
　　　(C) 기획자들은 행사 표가 빨리 팔려 나가고 있다고 말한다.
　　　(D) 건강 상태를 막론하고 모든 러너의 참석을 환영한다.

해설 | 빈칸 앞 문장 three local food truck owners began offering their delicious fare to park visitors에서 '세 명의 지역 먹거리 트럭 소유주는 공원 방문객들에게 맛있는 음식을 판매하기 시작했다'고 하며, 맛있는 음식에 대한 내용을 언급하는 것이 글의 흐름상 자연스러우므로 (A)가 정답이다.

어휘 | rice bowl 덮밥

12 (D)

해설 | 빈칸 앞뒤 문장을 의미상 연결하는 접속부사를 선택하는 문제이다. 빈칸 앞 문장 The park has set a limit of no more than four trucks at any one time.에서 이 공원은 동시에 네 대 이상의 먹거리 트럭이 영업을 하지 못하도록 제한했다고 하고,

빈칸 뒤에서 음식을 판매하고자 하는 사람은 자리를 예약해야 한다고 하므로 빈칸에는 '따라서, 그러므로'를 의미하는 접속부사 (D) Therefore가 들어가야 글의 흐름이 자연스러우므로 정답이다. 접속부사 (A) Otherwise(그렇지 않으면)는 문맥상 적절하지 않고, 접속사 (B) As if(마치 ~인 것처럼), (C) Although(비록 ~일지라도)는 품사상 적합하지 않다.

Unit 08 전치사

① 시간 전치사

Check up 본책 p.185

1 (A) 2 (B) 3 (A) 4 (A) 5 (A)

1 우리 개업식은 5월 5일 토요일에 열릴 것이다.
2 협상은 연말까지 완료될 것이다.
3 유지 보수 중에는 급수가 중단될 것이다.
4 접수 후 1주일 이내에 모든 신청서가 처리된다.
5 MJ 일렉트로닉스는 지난 2년간 온라인 판매량이 두 배로 증가했다.

② 장소/방향 전치사

Check up 본책 p.186

1 (A) 2 (B) 3 (B) 4 (A) 5 (A)

1 공항 근처에 몇 군데 도로 공사가 있다.
2 러셋 소프트웨어는 인도로 사업을 확장할 계획을 가지고 있다.
3 브란트 덴탈 클리닉은 러스 빌딩 뒤에 위치해 있다.
4 귀하가 구입하신 물건은 6월 5일부터 6월 10일 사이에 배달됩니다.
5 모든 발표는 엑스포 센터 3층에서 진행된다.

③ 기타 전치사

Check up 본책 p.187

1 (A) 2 (B)

1 그 CEO는 건강이 나빠서 사직할 것이다.
2 감독관들이 사전 공지 없이 우리 시설을 방문할 것이다.

Check up 본책 p.187

1 (B) 2 (B)

1 컨벤션 센터는 새 스포츠 경기장 건너편에 있다.
2 기념품은 공연 후에 로비에서 판매된다.

● **기출 어휘** - 형용사 2

Check Up 본책 p.188

1 innovative 2 sufficient 3 superior
4 temporary 5 defective 6 impressive
7 positive 8 thorough

● **토익 감각 익히기** 본책 p.189

1 (B)	2 (A)	3 (A)	4 (B)
5 (A)	6 (B)	7 (A)	8 (A)

1 (B)

번역 | 모든 반품이나 교환은 구매일로부터 30일 이내에 이루어져야 한다.

해설 | 빈칸은 30 days of the purchase date를 목적어로 취하므로 '~ 이내에'를 의미하는 전치사 (B) within이 문맥상 더 자연스럽다.

어휘 | return 반품 purchase 구매: 구매하다

2 (A)

번역 | 웨스트우드 가에서 최근 새로 단장한 장소에 있는 펜텔 약국을 방문하십시오.

해설 | 빈칸은 our newly renovated location을 목적어로 취하므로 '최근 새로 단장한 장소에'라는 뜻을 나타내는 전치사 (A) at이 정답이다.

어휘 | renovated 새단장한

3 (A)

번역 | 북쪽으로 가는 모든 열차는 세인트찰스 시내를 지나 노스시티 역에 도착한다.

해설 | 빈칸은 downtown St. Charles를 목적어로 취하면서 동사 pass와 함께 '세인트찰스 시내를 지나'라는 뜻을 나타내는 전치사 (A) through가 정답이다. 참고로 pass through는 ~를 지나가다'는 의미이다.

4 (B)

번역 | 헤더론 도서관의 시청각 센터는 12월 1일부터 15일까지 보수 공사를 위해 문을 닫을 것이다.

해설 | 빈칸은 renovations를 목적어로 취하므로 '보수 공사를 위해'라는 뜻을 나타내는 전치사 (B) for가 정답이다.

어휘 | renovation 보수 공사

5 (A)

번역 | 신입 사원들을 위한 환영회는 추가 공지가 있을 때까지 연기되었다.

해설 | '추가 공지가 있을 때까지'라는 의미가 자연스러우므로
전치사 (A) until이 정답이다. <until further notice>는 '추후
공지가 있을 때까지'의 의미로 관용어처럼 자주 쓰이므로 외워
두자.

어휘 | reception 환영회 notice 공지

6 (B)

번역 | 4/4분기의 손실에도 불구하고 주가는 강세를 유지하고
있다.

해설 | 빈칸은 '4/4분기의 손실에도 불구하고'라는 의미가
자연스러우므로 전치사 (B) Despite가 정답이다. (A)
Although은 접속사로서 뒤에 주어와 동사를 갖춘 절이 와야
하므로 오답이다.

어휘 | stock price 주가 remain strong 강세를 유지하다

7 (A)

번역 | 24번 고속도로는 인근 살라자르 강의 홍수 때문에
일시적으로 봉쇄되었다.

해설 | 빈칸은 '인근 살라자르 강의 홍수 때문에'라는 의미가
자연스러우므로 전치사 (A) owing to가 정답이다. (B) instead
of(~ 대신에)는 의미상 적합하지 않다.

8 (A)

번역 | 클라이덴 비스트로가 있던 자리에 이제 마지 수 베이커리가
들어와 있다.

해설 | 빈칸은 명사 location을 수식하는 형용사 자리이며
'클라이덴 비스트로가 있던 자리'라는 의미가 자연스러우므로
형용사 (A) former가 정답이다. 형용사 (B) responsible은
명사 앞에 쓰일 때에는 '책임이 막중한'의 의미를 가지며, 보통 <be
responsible for>(~에 책임이 있다) 형태로 쓰인다.

● ETS 실전 **도전하기**   본책 p.190
- -
    1 (B)   **2** (B)   **3** (D)   **4** (B)   **5** (A)   **6** (D)
    7 (C)   **8** (D)   **9** (B)   **10** (B) **11** (C) **12** (D)

1 (B)

번역 | 연 파크 클리닉의 원장이 오늘 밤 자선 만찬 전에 연설을 할
것이다.

해설 | 빈칸은 tonight's benefit dinner와 함께 '자선 만찬
전에'라는 의미가 자연스러우므로 전치사 (B) before가 정답이다.

어휘 | deliver a speech 연설하다

2 (B)

번역 | 토마토 가격은 올해 일찍 대규모로 수확한 탓에 거의
10퍼센트만큼 떨어질 것으로 예상된다.

해설 | 빈칸은 a big harvest를 목적어로 취해 '올해 일찍
대규모로 수확한 탓에'라는 의미가 자연스러우므로 전치사 (B)
due to(~ 때문에)가 정답이다. (A) except for(~을 제외하고),
(C) in exchange for(~와 교환으로, 대신에), (D) along
with(~와 함께)는 의미상 적절하지 않다.

3 (D)

번역 | 에이다의 기념품점은 여름 할인 판매 기간 동안 오후
10시까지 문을 열 것이다.

해설 | 빈칸은 the summer sales season을 목적어로 취해
'여름 할인 판매 기간 동안'이라는 의미가 자연스러우므로 전치사
(D) during이 정답이다. 전치사 (A) between(~ 사이에)과
(B) along(~을 따라서)은 의미상 적절하지 않고 접속사 (C)
while(~동안)은 품사상 적합하지 않다.

4 (B)

번역 | 복사기나 프린터와 관련된 문제가 생기면 555-0191번으로
헬프데스크에 연락 주십시오.

해설 | 빈칸은 the copy machines or printers를 목적어로
취해 명사 issues를 수식하는 전치사 자리로 '복사기나 프린터와
관련된 문제'라는 의미를 나타내는 전치사 (B) regarding(~에
관하여)이 정답이다.

어휘 | copy machine 복사기 regard 간주하다

5 (A)

번역 | 오리엔테이션에 참석하는 것 외에 슬랙우드 대학교의 신입
직원들은 직원 안내서도 읽어야 한다.

해설 | 빈칸은 동명사구 attending an orientation session을
목적어로 취해 콤마 뒤 문장 전체를 수식하는 부사 역할을 하게
해 주는 전치사 (A) In addition to(~ 이외에도)가 정답이다.
접속사 (B) Provided that(~이라면), (D) In order that(~하기
위하여), 부사 (C) As well(또한)은 품사상 적합하지 않다.

6 (D)

번역 | 브리지베일 문화 박물관의 방문 수는 고대 이집트 미술관의
개관 이래로 두 배로 증가했다.

해설 | 문장의 현재완료 시제 have grown과 잘 어울려 '미술관의
개관 이래'라는 의미가 되는 전치사 (D) since가 정답이다.

어휘 | opening 개시, 시작 ancient 고대의 wing 부속 건물

7 (C)

번역 | 벌금을 내지 않으려면 스테이너 인 호텔 숙박객은 도착 최소 24시간 전에 예약을 취소해야 한다.

해설 | 빈칸은 their arrival을 목적어로 취하면서 빈칸 앞의 at least 24 hours와 결합하여 '도착 최소 24시간 전에'를 의미하는 전치사 (C) ahead of가 정답이다. (A) related to(~와 관련 있는), (B) in accordance with(~에 따라서), (D) regardless of(~와 상관없이)는 의미상 적절하지 않다.

어휘 | avoid 피하다 arrival 도착

8 (D)

번역 | 관리자들은 그 공장의 조립 라인이 인상적인 효율성 사례라고 말했다.

해설 | 빈칸은 명사 example을 수식하는 형용사 자리로, 의미상 '인상적인 효율성 사례'가 적합하므로 정답은 (D) impressive(인상적인)이다. (A) acquired(획득한), (B) equipped(갖춘), (C) indecisive(우유부단한)는 의미상 적절하지 않다.

어휘 | assembly line 조립 라인

[9-12] 편지

10월 22일

고티어 씨께,

액티브 스포트 피트니스 클럽 회원권(회원 번호 MH2879)에 대한 문의로 연락 주셔서 감사합니다. 본 편지를 통해 귀하께서 외국에 나가 있는 동안 귀하의 회원권이 3개월간 일시 정지 상태에 놓이며 이 서비스로 인해 요금이 부과되지 않을 것임을 ⁹확인해 드립니다.

회원 약관에 따라 해당 기간 ¹⁰중에는 액티브 스포트 피트니스 클럽을 이용하실 수 없습니다.

일단 1월 22일에 3개월 일시 정지가 끝나면, 귀하의 회원권은 정상 월별 요금으로 ¹¹자동으로 재개됩니다. ¹²그때에 등록하신 계좌에서 자동 인출을 개시할 것입니다.

고맙습니다,

액티브 스포트 피트니스 팀

·····································
어휘 | membership 회원 자격 be placed on ~에 놓이다 be unable to ~을 할 수 없다 period 기간

---

9 (B)

해설 | 빈칸 뒤의 that절이 빈칸 동사의 목적어가 되는데, 피트니스 클럽에서 보낸 이 편지가 외국에 나가 있는 3개월간 요금이 부과되지 않을 것이라는 사실을 확인해주는 내용임을 알 수 있으므로, 문맥상 (B) confirms(확인하다)가 정답이다.

(A) adjusts(조절하다), (C) requests(요청하다), (D) predicts(예측하다)는 문맥상 적절하지 않다.

10 (B)

해설 | 빈칸은 this time period를 목적어로 취하면서 '해당 기간 중'을 의미하는 (B) during(~ 중에)이 정답이다. (A) between(~ 사이에), (C) other than(~ 이외에), (D) prior to(~보다 앞서)는 의미상 적절하지 않다.

11 (C)

해설 | 빈칸은 조동사 will과 일반동사 resume 사이에서 resume을 수식하는 부사 자리이므로 부사 (C) automatically(자동적으로)가 정답이다. 동사 (A) automate (자동화하다), 형용사 (B) automatic(자동의), 명사 (D) automation(자동화)은 품사상 적합하지 않다.

12 (D)

번역 | (A) 그 대신에 더 긴 회원 기간은 훨씬 더 요금이 낮습니다.
(B) 일이 그 전에 완료가 된다면, 이메일을 통해 귀하께 통지해 드릴 것입니다.
(C) 경험이 풍부한 개인 트레이너와 약속을 하려면 오늘 전화 주십시오.
(D) 그때에 등록하신 계좌에서 자동 인출을 개시할 것입니다.

해설 | 빈칸 앞 문장에서 3개월 일시 정지가 끝나면 회원권은 정상 월별 요금으로 자동으로 재개된다고 하므로, 자동 인출에 대한 설명을 언급하는 것이 글의 흐름상 자연스럽다. 따라서 (D)가 정답이다.

어휘 | significantly 상당히 electronically 전자적으로, 컴퓨터로 debit an account 계좌에서 인출하다

Unit 09 접속사

① 등위접속사와 상관접속사

Check up

1 (A)   2 (B)

1 방문객들은 안내 데스크에 들러 출입증을 반납해야 한다.
2 편집자들이 통보할 수 있도록 반드시 이름을 기재해 주십시오.

Check up
본책 p. 193

1 (B)   2 (A)

1 세미나는 시간제 근무 직원과 정규 직원 모두에게 공개된다.
2 우리 제품은 환경에든 사람에게든 해롭지 않다.

② 명사절 접속사

Check up
본책 p.194

1 (B)	**2** (A)	**3** (A)	**4** (B)	**5** (B)

1 제 질문은 영수증 없이 환불이 가능한가 하는 것입니다.

2 도로 공사가 예정되어 있다는 점에 유의하십시오.

3 우리는 집 이사가 얼마나 스트레스 받는 일인지 이해한다.

4 고객은 주문한 물건을 제때 배달해 달라고 요청했다.

5 그래디 가스는 앤드류 우가 CEO로 승진했다고 발표했다.

③ 부사절 접속사: 시간 / 조건

Check up
본책 p.195

1 (B)	**2** (A)	**3** (A)	**4** (B)	**5** (B)

1 직원 회의는 모두가 자리에 앉는 대로 시작될 것이다.

2 기다리시는 동안 제 조수가 시설을 구경시켜 드릴 것입니다.

3 안내책자를 못 받았으면 등록 데스크에서 구할 수 있습니다.

4 마로니 씨는 비행기가 연착되지 않는 한 오늘 저녁에 우리를 만날 것이다.

5 다른 적당한 자리가 생길 경우를 대비하여 귀하의 정보는 파일에 보관될 것입니다.

④ 부사절 접속사: 이유 / 양보 / 기타

Check up
본책 p.196

1 (A)	**2** (A)	**3** (B)	**4** (B)	**5** (A)

1 우리가 야근하고 있지만 아직도 일정보다 뒤처져 있다.

2 당신이 우리 마을을 탐험할 수 있도록 자전거를 예약했어요.

3 사진 전시회가 너무 감동적이어서 나는 세 번 방문했다.

4 프로젝터가 시끄러운 소리를 내기 때문에 교체해야 한다.

5 정문 출입구는 닫힌 반면, 측면 출입구는 계속 출입할 수 있다.

⑤ 접속사와 전치사

Check up
본책 p.197

1 (A)	**2** (B)	**3** (B)	**4** (A)	**5** (A)

1 시계는 수리되는 대로 보내 드리겠습니다.

2 새 사무실로 이사하는 동안 이번 주에는 사무실이 문을 닫아요.

3 오늘 저녁 비행기는 기술적인 문제로 결항되었다.

4 높은 요금에도 불구하고, ST 폰의 요금제는 매력적인 것으로 여겨지고 있다.

5 분실할 경우를 대비하여 미리 여권 사본을 만들어 두세요.

● 기출 어휘 - 형용사 3

Check up
본책 p.198

1 routine   **2** steady   **3** relevant
4 established   **5** outstanding[accomplished]
6 preferred   **7** designated
8 profitable[rewarding]

● 토익 감각 익히기
본책 p.199

1 (B)	**2** (B)	**3** (B)	**4** (B)
5 (A)	**6** (A)	**7** (A)	**8** (B)

1 **(B)**

번역 | 점심은 웰코 카페와 하크리 그릴에서 제공할 것이다.

해설 | 빈칸은 'A와 B'를 연결하는 등위접속사 (B) and가 정답이다.

2 **(B)**

번역 | 직무가 자주 바뀌면 이력서를 정기적으로 갱신하는 것이 좋다.

해설 | 빈칸은 뒤에 있는 완전한 절을 이끌면서 콤마 뒤의 완전한 문장 전체를 수식하는 부사절 접속사 자리이다. 의미상 '직무가 자주 바뀌면'이라는 의미를 나타내는 조건의 부사절 접속사 (B) if가 정답이다. 부사적 접속사 (A) unless는 '만약 ~하지 않으면'으로 의미상 어울리지 않는다.

어휘 | regularly 정기적으로   résumé 이력서

3 **(B)**

번역 | 에릭 하드윅은 몇 권의 저서를 낸 저자일 뿐만 아니라 사진작가이기도 하다.

해설 | not only와 함께 짝을 이루어 'A뿐만 아니라 B도'의 의미를 나타내는 (B) but이 정답이다. <not only A but also B>에서 부사 also는 생략할 수 있다.

4 **(B)**

번역 | 빛이 그림을 손상시킬 수 있기 때문에 박물관 방문객들은 플래시를 이용해서 사진을 촬영하지 말아야 한다.

해설 | 빈칸은 뒤에 있는 완전한 절을 이끌면서 빈칸 앞의 완전한 문장 전체를 수식하는 부사절 접속사 자리이다. '빛이 그림을 손상시킬 수 있기 때문에'라는 이유를 나타내는 부사절 접속사 (B) because가 정답이다.

5 **(A)**

번역 | 상품 옆의 다이아몬드 모양 기호는 해당 상품이 할인된 것임을 나타냅니다.

해설 | 빈칸은 뒤에 있는 완전한 절을 이끌면서 앞의 동사 indicates의 목적어 역할을 할 수 있는 명사절 접속사 자리로 '~라는 것'의 의미를 나타내는 명사절 접속사 (A) that이 정답이다.

어휘 | diamond-shaped 다이아몬드 모양의 indicate 나타내다

6 (A)

번역 | 신입 사원들이 많이 들어왔기 때문에 우리 직원 명부는 최근에 갱신되었다.

해설 | 빈칸 뒤에는 명사구(the large number of new hires)가 나오고, 콤마 뒤에는 완전한 문장이 나오므로 빈칸은 전치사가 들어가야 한다. '신입 사원이 많이 들어왔기 때문에'라는 말이 자연스러우므로 정답은 (A) Due to(~때문에)이다.

어휘 | update 갱신하다 due to ~ 때문에

7 (A)

번역 | 일단 서류를 제출하면 지원 절차가 완료될 것이다.

해설 | 빈칸은 뒤에 있는 완전한 절을 이끄는 부사절 접속사 자리로 '일단 서류를 제출하면'의 의미를 나타내는 조건의 부사절 접속사 (A) once(일단 ~하면)가 정답이다. 부사 (B) soon은 절을 이끌지 못하므로 적절하지 않다.

어휘 | application 지원 complete 완료된

8 (B)

번역 | 최근 5년간 시미즈 의류는 꾸준한 판매 성장을 경험했다.

해설 | 빈칸은 복합명사 sales growth를 수식하는 형용사 자리이며 의미상 '꾸준한 판매 성장'이 자연스러우므로 (B) steady가 정답이다. (A) designated(지정된)는 의미상 적절하지 않다.

● ETS 실전 도전하기
본책 p.200

- -

1 (D) **2** (B) **3** (A) **4** (B) **5** (B) **6** (D)
7 (B) **8** (A) **9** (A) **10** (B) **11** (B) **12** (D)

1 (D)

번역 | RBN 은행의 본사는 웨일스에 위치해 있지만 영국 곳곳에 다른 지점들이 있다.

해설 | 빈칸은 앞뒤에 있는 대등한 절과 절을 콤마와 함께 연결하는 등위접속사 자리로 문맥상 앞뒤가 대조적 의미를 나타내고 있으므로 등위접속사 (D) but이 정답이다.

어휘 | headquarters 본사, 본부 branch 지사, 지점

2 (B)

번역 | 집주인들은 소유한 히터를 효율성이 매우 높은 TD 울트라 제품으로 바꿀 때 돈을 절약할 수 있다.

해설 | 빈칸은 뒤에 있는 완전한 절을 이끌면서 빈칸 앞의 완전한 문장 전체를 수식하는 부사절 접속사 자리로 '소유한 히터를 효율성이 매우 높은 TD 울트라 제품으로 바꿀 때'의 의미를 나타내는 시간의 부사절 접속사 (B) when이 정답이다. 전치사 (A) unlike(~와 달리), 부사 (C) even(심지어)은 품사상 적합하지 않다. (D) which는 관계대명사나 명사절 접속사로 쓰이기는 하지만 뒤에 완전한 절이 올 수 없다.

어휘 | homeowner 집주인 save 절약하다 replace 교체하다

3 (A)

번역 | 개스턴 카운티에 있는 농장에서는 양도 흔히 기르지만 보통 젖소를 기른다.

해설 | 빈칸은 뒤에 있는 완전한 절을 이끌면서 콤마 앞의 완전한 문장 전체를 수식하는 부사절 접속사 자리로 '양도 흔히 기르지만'이라는 의미를 나타내는 양보의 부사절 접속사 (A) although가 정답이다.

어휘 | raise 기르다 sheep 양 common 흔한

4 (B)

번역 | 무라이 씨는 관리자들이 3월에 열리는 회의와 4월에 열리는 워크숍에 둘 다 참석하는 것을 선호한다.

해설 | 빈칸 뒤의 and와 함께 짝을 이루어 'A와 B 둘 다'의 의미를 나타내는 (B) both가 정답이다.

어휘 | prefer 선호하다 attend 참석하다

5 (B)

번역 | 소포에 라벨이 정확하게 붙어 있지 않다면 해리스 우편 발송 업체는 도착일을 보장할 수 없다.

해설 | 빈칸은 뒤에 있는 완전한 절을 이끌면서 콤마 뒤의 완전한 문장 전체를 수식하는 부사절 접속사 자리로 '소포에 라벨이 정확하게 붙어 있지 않다면'이라는 의미를 나타내는 조건의 부사절 접속사 (B) Unless(~하지 않으면)가 정답이다. 전치사 (A) Without(~없이), 접속 부사 (C) Otherwise(그렇지 않으면), 전치사 (D) In case of(~의 경우에는)는 품사상 적합하지 않다.

어휘 | package 소포 label 라벨을 붙이다 correctly 정확하게 arrival 도착

6 (D)

번역 | 파카노 양품점은 다른 지역 업체들과 경쟁력을 유지할 수 있도록 매장 영업 시간을 연장했다.

해설 | 빈칸은 뒤에 있는 완전한 절을 이끄는 부사절 접속사 자리로 '유지할 수 있도록'의 의미를 나타내는 목적의 부사절 접속사 (D) so that이 정답이다. 복합관계부사 (A) whenever(언제든지)와 상관접속사 (C) as well as(~뿐만 아니라)는 의미상 적절하지

않으며, 전치사 (B) besides(~ 이외에도)는 품사상 적합하지 않다. so that은 목적의 부사절 접속사 in order that으로 바꿔 쓸 수 있다.

어휘 | boutique 양품점 expand 연장하다

7 (B)

번역 | 경영진은 모든 운전기사가 10월 30일 오후 5시까지 3/4분기 유류비 영수증을 제출할 것을 요구한다.

해설 | 빈칸은 뒤에 있는 완전한 절을 이끌면서 앞의 동사 requests의 목적어 역할을 할 수 있는 명사절 접속사 자리로 '~라는 것'의 의미를 나타내는 명사절 접속사 (B) that이 정답이다. 상관접속사 (A) or, 부사절 접속사 (C) if는 올 수 없는 자리이며, (D) which는 관계대명사나 명사절 접속사로 쓰이기는 하지만 뒤에 완전한 절이 올 수 없다.

어휘 | management 경영진 request 요구하다 submit 제출하다 receipt 영수증

8 (A)

번역 | 하늘 야생동물 보호구역은 몇몇 희귀 조류를 위한 산란 장소를 제공한다.

해설 | 빈칸은 명사 species를 수식하는 형용사 자리로 의미상 '희귀 조류'가 자연스러우므로 (A) rare(희귀한)가 정답이다. (B) direct(직접적인), (C) feasible(실현 가능한), (D) brief(짧은)는 의미상 적절하지 않다.

어휘 | sanctuary 보호구역, 피난처

[9-12] 기사

6월 26일 — KHGR-TV는 어제 유명 연속극 <서머 앨리>가 1년 더 연장 방영될 것이라고 발표했다.

프로듀서들은 출연진에 새로운 인물을 보강하고 연속극의 ⁹주연을 교체했다. 연속극이 시작됐을 ¹⁰때부터 주연인 맥 박사를 맡아 온 칼턴 나이트는 영화 쪽으로 진출하고자 지난달 하차했다. 그의 역할은 황금 시간대 프로그램에 최초로 출연하는 킵 키턴으로 ¹¹교체될 것이다.

시즌 첫 방송은 3월 23일 일요일 오후 8시에 방영될 것이다. ¹²이것은 액션 장면이 많고 놀라움의 연속일 듯하다.

어휘 | renew for another year 1년 더 연장하다 add 추가하다 replace 교체하다 play a leading role 주연을 맡다 resign 사임하다 pursue a career ~로 진출하다 newcomer 새로 온 사람

9 (A)

해설 | 빈칸은 동사 have replaced의 목적어 자리이며 소유격 the show's의 수식을 받는 명사 자리이다. 빈칸 뒤 문장 Carlton Knight, who has played the leading role에서 주연인 맥 박사를 맡아 온 칼턴 나이트라고 하며 주연에 대해

말하고 있으므로 문맥상 명사 (A) star(주연)가 정답이다. (B) director(감독), (C) writer(작가), (D) sponsor(후원자)는 문맥상 적절하지 않다.

10 (B)

해설 | 빈칸은 뒤에 있는 완전한 절을 이끌면서 콤마 뒤의 완전한 문장 전체를 수식하는 부사절 접속사 자리이다. 의미상 '연속극이 시작됐을 때부터'라는 의미를 나타내는 부사절 접속사 (B) since가 정답이다. 부사절 접속사 (A) because는 이유를 나타내므로 의미상 어울리지 않는다. 전치사 (C) between (~ 사이에)과 부사 (D) then(그때)은 품사상 적합하지 않다.

11 (B)

해설 | 빈칸은 He를 주어로 하면서 뒤에 목적어가 없고 행위자를 나타내는 by Kip Kyton이 있으므로 수동태의 동사 자리이며, 아직 시즌 첫 방송이 있기 전이므로 미래 시제를 나타내는 (B) will be replaced가 정답이다. (A) would have been replaced는 과거에 대한 가정을 나타내는 시제이므로 어울리지 않는다.

12 (D)

번역 | (A) 그것의 시청자는 그동안 거의 두 배가 되었다.
(B) 입장권은 www.khgr.com을 방문해서 받을 수 있다.
(C) 제작사는 그 문제에 대해 논평하기를 거부했다.
(D) 이것은 액션 장면이 많고 놀라움의 연속일 듯하다.

해설 | 빈칸 앞 문장 The season premiere will air on Sunday, March 23, at 8:00 P.M.에서 '시즌 첫 방송은 3월 23일 일요일 오후 8시에 방영될 것이다'라고 하므로 빈칸은 시즌 첫 방송 내용을 언급하는 것이 글의 흐름상 자연스럽다. 따라서 (D)가 정답이다.

어휘 | audience 관객, 시청자 double 두 배가 되다 obtain 획득하다 refuse 거절하다 it promises to ~할 듯하다

Unit 10 관계대명사

① 관계대명사: 주격

Check up
본책 p.203

1 (B)	**2** (B)	**3** (A)	**4** (A)	**5** (B)

1 저의 근무 경력을 자세히 기술한 이력서를 동봉합니다.
2 300단어를 넘지 않는 자기소개서가 선호된다.
3 우리는 당사와 계약을 맺은 신인 작가들을 소중하게 생각한다.
4 카롤리나는 모든 삽화를 디자인한 놀라운 예술가이다.
5 다음 달까지 진행되는 프로모션을 활용하세요.

② 관계대명사: 목적격

Check up
본책 p.204

1 (B) **2** (A) **3** (A) **4** (B) **5** (B)

1 브라우닝 씨가 지난주에 주문한 온라인 주문이 지연되었다.
2 대부분은 우리와 좋은 관계를 맺고 있는 전문 작가들이다.
3 수잔이 제안한 사업 계획이 가장 인상적이었다.
4 우리가 클라크 가에 매물로 내놓은 집의 안내책자가 필요해요.
5 당신이 추천한 후보는 면접을 위해 고려될 것입니다.

③ 관계대명사: 소유격

Check up
본책 p.205

1 (A) **2** (B) **3** (A) **4** (A) **5** (A)

1 그 건물을 설계한 건축가는 훌륭히 일을 해냈다.
2 ML 디자인은 개인 용품이 파손된 직원에게 보상할 것이다.
3 야외 극장에서 열리는 음악 공연을 주최합니다.
4 콘티 북스는 고객이 무료로 다운로드할 수 있는 전자책을 제공한다.
5 스튜어드 씨는 그의 작업물이 널리 인정받은 광고 책임자이다.

● 기출 어휘 - 부사 1

Check Up
본책 p.206

1 properly **2** frequently **3** precisely[promptly]
4 exclusively **5** primarily **6** initially
7 consistently **8** generally

● 토익 감각 익히기
본책 p.207

1 (B) **2** (B) **3** (A) **4** (B)
5 (A) **6** (B) **7** (A) **8** (B)

1 (B)
번역 | 책책 사는 당신이 처리하는 데 있어서 우리가 도움을 줄 수 있는 몇 가지 문제를 발견했다.
해설 | 빈칸은 앞의 problems를 수식하는 관계절 내에서 주어 자리로 주격 인칭대명사 (B) we가 정답이다. problems 뒤에는 목적격 관계대명사 which[that]가 생략되어 있다.
어휘 | identify 확인하다, 발견하다

2 (B)
번역 | 귀하가 주문한 스무스글라이드 무선 마우스 모델은 품절입니다.

해설 | 빈칸은 뒤에 있는 동사 ordered의 목적어 역할을 하면서 앞의 사물 명사 mouse model을 수식하는 관계대명사 자리로 목적격 관계대명사 (B) that이 정답이다. 참고로 that은 주격과 목적격 관계대명사 둘 다로 쓰이며 사물 명사(which)와 사람 명사(who)를 모두 수식할 수 있다. 목적격 관계대명사는 생략할 수 있다.

3 (A)
번역 | 당신이 기다리고 있는 발표자는 이미 싱가포르로 떠났다.
해설 | 빈칸은 뒤에 있는 전치사 for의 목적어 역할을 하면서 앞의 사람 명사 The presenter를 수식하는 관계대명사 자리로 목적격 관계대명사 (A) who가 정답이다. who는 whom이나 that으로 바꿔 쓸 수 있다.

4 (B)
번역 | 3시간 이상 비행이 지연된 탑승객들은 아마 할인권을 받게 될 것이다.
해설 | 빈칸은 빈칸 앞뒤의 명사 Passengers와 flights를 수식하면서 '승객들의 항공편'이라는 소유 관계를 나타내므로 소유격 관계대명사 (B) whose가 정답이다.
어휘 | passenger 탑승객 delay 지연시키다 discounted 할인된

5 (A)
번역 | 미카빌 화랑은 다양한 회화, 드로잉, 그리고 조각품을 제공하는 예술가들의 작품을 선보인다.
해설 | 빈칸은 뒤에 있는 동사 offer의 주어 역할을 하면서 앞의 사람 명사 artists를 수식하는 관계대명사 자리로 주격 관계대명사 (A) who가 정답이다.
어휘 | feature 특별히 포함하다

6 (B)
번역 | 마을 주민들은 메이플 베이커리의 개업을 기다리는데, 이 빵집은 문을 닫은 골든 카페를 대신할 것이다.
해설 | 빈칸은 뒤에 있는 동사 will replace의 주어 역할을 하면서 앞의 사물 명사 Maple Bakery를 수식하는 관계대명사 자리로 주격 관계대명사 (B) which가 정답이다.
어휘 | resident 주민 opening 개시, 개업 replace 대체하다

7 (A)
번역 | 주마트론은 오래된 창고를 연구실로 바꾸는 프로젝트에 착수했다.
해설 | 빈칸은 뒤에 있는 동사 will convert의 주어 역할을 하면서 앞의 사물 명사 a project를 수식하는 관계대명사 자리로 주격 관계대명사 (A) that이 정답이다.
어휘 | convert A into B A를 B로 바꾸다 warehouse 창고 laboratory 연구실, 실험실

8 (B)

번역 | 발사모 베이커스는 과자를 도서관의 아동 프로그램에 기부하기로 관대하게 동의했다.

해설 | 빈칸은 동사 agreed를 수식하는 부사 자리로 '관대하게 동의하다'가 적합하므로 (B) generously(관대하게, 후하게)가 정답이다. (A) extremely(극도로)는 의미상 적합하지 않다.

● ETS 실전 도전하기

1 (B) **2** (D) **3** (C) **4** (A) **5** (D) **6** (A)
7 (C) **8** (A) **9** (B) **10** (A) **11** (C) **12** (D)

1 (B)

번역 | 오전 7시까지 신문을 받지 못한 <타임스 가제트> 구독자들은 고객센터에 전화해야 한다.

해설 | 빈칸은 뒤에 있는 동사 do not receive의 주어 역할을 하면서 앞의 사람 명사 subscribers를 수식하는 관계대명사 자리로 주격 관계대명사 (B) who가 정답이다.

2 (D)

번역 | 이번 달에 등록이 만료되는 프레디 체육관의 회원들은 지금 갱신할 경우 10퍼센트 할인을 받을 수 있다.

해설 | 빈칸은 뒤에 있는 동사 ends의 주어인 enrollment를 수식하면서 앞의 사람 명사 Members of Freddi's Gym을 수식하는 관계대명사 자리로 소유격 관계대명사 (D) whose가 정답이다. 여기서 Members와 enrollment는 '회원들의 등록'이라는 소유 관계를 나타낸다.

어휘 | be eligible for ~할 자격이 있다 renew 갱신하다

3 (C)

번역 | 명절 오찬 장보기 목록에 열거된 물품들은 관리팀이 구매할 것이다.

해설 | 빈칸은 뒤에 있는 동사 are listed의 주어 역할을 하면서 앞의 사물 명사 The items를 수식하는 관계대명사 자리로 주격 관계대명사 (C) that이 정답이다.

어휘 | list 열거하다; 목록 purchase 구매하다 management 관리

4 (A)

번역 | 드릴 장비를 사용하는 모든 직원은 반드시 보안경을 착용해야 한다.

해설 | 빈칸은 앞의 사람 명사 employees를 수식하는 주격 관계대명사 who가 이끄는 관계대명사절 내에서 동사 자리이다. 선행사인 employees가 복수이므로 복수 동사 (A) operate가 정답이다. (B) operates와 (D) is operated는 단수 동사의 형태이므로 수가 일치하지 않는다. to부정사구 (C) to operate는 동사 자리에 쓰일 수 없다.

어휘 | equipment 장비 safety glasses 보안경 operate 작동하다

5 (D)

번역 | 우리 회사가 제공하는 청소 서비스의 목록을 보시려면 이 책자의 맨 마지막 페이지를 확인하십시오.

해설 | 빈칸은 뒤에 있는 동사 offers의 목적어 역할을 하면서 앞의 사물 명사 cleaning services를 수식하는 관계대명사 자리로 목적격 관계대명사 (D) that이 정답이다.

어휘 | offer 제공하다 brochure 안내책자

6 (A)

번역 | 기획 위원회의 위원들은 모든 회의에 참석할 것으로 예상되는데, 이 회의는 매월 첫 번째 화요일에 열린다.

해설 | 빈칸은 뒤에 있는 동사 occur의 주어 역할을 하면서 앞의 사물 명사 meetings를 수식하는 관계대명사 자리이므로 주격 관계대명사 (A) which가 정답이다. (C) whoever(어느 누구라도)는 anyone who의 의미로 사람 명사 자리에 쓰인다.

어휘 | committee 위원회 be expected to ~할 것으로 예상되다

7 (C)

번역 | 새율리타 경관 도로를 따라 운전자들이 멈춰서 풍경을 감상할 수 있는 많은 장소가 있다.

해설 | 빈칸은 앞에 있는 전치사 at의 목적어 역할을 하면서 앞의 사물 명사 the Sayulita Scenic Roadway를 수식하는 관계대명사 자리로 목적격 관계대명사 (C) which가 정답이다. at which 대신에 관계부사 where를 써도 된다.

어휘 | multiple 다수의

8 (A)

번역 | TV 프로그램인 <어라운드 더 코너>의 지난 시즌 전편은 12번 채널에서 독점적으로 시청이 가능하다.

해설 | 빈칸은 전치사구 on channel 12를 수식하는 부사 자리로 의미상 '12번 채널에서 독점적으로'가 적합하므로 (A) exclusively(독점적으로)가 정답이다. (B) honorably(명예롭게), (C) physically(신체적으로), (D) keenly(예리하게)는 의미가 적합하지 않다.

어휘 | available 이용 가능한

PART 5&6

[9-12] 공지

> 크로틴 시민회관에서 7월 22일 강연과 책 사인회 자리에 저명한 시인인 앤 파네트를 모시게 되었음을 기쁜 마음으로 공지합니다. 본 행사는 여름 행사 시리즈 중 세 번째 행사가 될 것이며, 이 시리즈에는 크로틴 지역 주민들이 유명 **9**작가들을 만날 기회가 있습니다. 본 행사는 오후 3시부터 5시까지 개최될 것입니다. 파네트 씨는 자신의 신간인 <나무의 마술>을 낭독할 것이며 **10**이 책에는 그녀가 코스타리카의 열대림에서 6개월간 휴양을 즐기면서 쓴 시가 수록되어 있습니다. 강연 후에는 질의 응답 시간과 책 사인회 및 다과가 있을 예정입니다. **11**본 행사는 무료이고 일반에 공개되긴 하지만 공간이 제한되어 있습니다. **12**참가하고 싶으신 분은 우리 웹사이트에 등록을 해 주시기 바랍니다.
>
> 어휘 | civic center 시민회관 book signing 책 사인회 opportunity 기회 take place 개최되다 publish 출간하다

9 (B)

해설 | 빈칸은 동사 meet의 목적어 자리이며 형용사 well-known(저명한)의 수식을 받는 명사 자리이다. 첫 문장 The Crotin Civic Center is pleased to announce that we will be hosting celebrated poet Ann Farnette for a lecture and book signing on July 22.에서 강연과 책 사인회 자리에 저명한 시인인 앤 파네트를 모시게 되었다고 하므로 문맥상 (B) writers(작가들)가 정답이다. (A) actors(배우들), (C) chefs(주방장들), (D) designers(디자이너들)는 문맥상 적합하지 않다.

10 (A)

해설 | 빈칸은 뒤에 있는 동사 includes의 주어 역할을 하면서 앞의 사물 명사 *Magic of the Trees*를 수식하는 관계대명사 자리이므로 주격 관계대명사 (A) which가 정답이다.

11 (C)

번역 | (A) 참가했던 모든 분이 즐거운 시간을 가졌습니다.
　　　(B) 본 센터에는 음악 활동을 위해 사용할 수 있는 공간도 있습니다.
　　　(C) 본 행사는 무료이고 일반에 공개되긴 하지만 공간이 제한되어 있습니다.
　　　(D) 직원들은 이후에 남아서 청소를 도와야 합니다.

해설 | 빈칸 뒤 문장 please register on our Web site에서 웹사이트에 등록을 바란다고 하므로 앞 문장에서는 등록을 촉구하는 이유를 언급하는 것이 글의 흐름상 자연스럽다. 따라서 문장 (C)가 정답이다.

어휘 | participate 참가하다 open to the public 일반에 공개되는 cleanup 청소

12 (D)

해설 | 빈칸은 동사 plan의 목적어로 to부정사와 함께 쓰인 동사 자리이다. 빈칸 뒤에 등록을 바란다고 하고 '참가하고 싶으신 분은'이 자연스러우므로 의미상 (D) attend(참석하다)가 적절하다. (A) purchase(구매하다), (B) compete(경쟁하다), (C) vote(투표하다)는 의미상 적합하지 않다.

Unit 11　비교

① 원급

Check up　본책 p.211

1 (B)	2 (B)	3 (A)	4 (B)	5 (B)

1 저희는 최대한 안정적으로 고객에게 서비스를 제공하기 위해 노력하고 있습니다.
2 새 구내식당 프로젝트는 빠르면 다음 달부터 시작될 수 있다.
3 스탠리의 프레젠테이션은 작년에 전문가가 한 것만큼 인상적이다.
4 부서에서는 현재의 문제를 가능한 한 빨리 해결하기를 희망하고 있다.
5 주방장은 기존 냉장고 모델과 동일한 냉장고를 구입하고 싶어 한다.

② 비교급

Check up　본책 p.212

1 (B)	2 (B)	3 (A)	4 (A)	5 (B)

1 오늘 리허설은 평소보다 더 오래 진행될 거예요.
2 이 식기세척기는 다른 모델에 비해 물을 적게 사용한다.
3 게이츠 씨는 다른 후보들보다 훨씬 더 자격이 있다.
4 기차는 더 이상 그린 스트리트 역에서 정차하지 않는다.
5 올해 수익이 작년보다 나아질 것으로 예상하고 있다.

③ 최상급

Check up　본책 p.213

1 (B)	2 (A)	3 (B)	4 (A)	5 (A)

1 우리는 호주에서 가장 큰 자동차 보험 회사 중 하나입니다.
2 이 아파트는 당신이 나에게 보여 준 아파트 중 최고예요.
3 늦어도 정오까지는 장갑이 올 거라고 납품 업체가 장담했다.
4 핑 장은 아시아에서 가장 유망한 자동차 디자이너로 여겨지고 있다.
5 우드게이트 사는 전자제품 소매점들 사이에서 가장 낮은 가격을 약속한다.

● 기출 어휘 - 부사 2

Check Up
본책 p.214

1 separately   2 directly   3 largely
4 entirely   5 considerably   6 accordingly
7 cautiously   8 increasingly

● 토익 감각 익히기
본책 p.215

1 (B)   2 (B)   3 (A)   4 (B)
5 (A)   6 (A)   7 (A)   8 (B)

1 (B)

번역 | 벤델 식당은 지역 경쟁 업체들보다 더 빨리 음식을 제공한다.

해설 | 빈칸은 동사 serves를 수식하는 부사 자리로 뒤에 있는 than과 결합하여 '~보다 더 빨리'라는 의미를 나타내는 비교급 부사 (B) more quickly가 정답이다.

2 (B)

번역 | 이 씨는 관리직에 지원한 모든 후보자 중에서 가장 적임자로 보인다.

해설 | 빈칸은 동사 appears to be의 주어인 Mr. Lee를 보충 설명하는 주격 보어 자리로 빈칸 앞의 the most와 결합하여 '가장 적임의'라는 의미를 나타내는 형용사 (B) qualified가 정답이다.

어휘 | candidate 후보자 supervisor 감독관, 관리자 position 일자리 qualifier 예선 통과자 qualified 자격을 갖춘

3 (A)

번역 | 자동화된 섬유 절단기는 수작업으로 작동되는 절단기보다 훨씬 빠르다.

해설 | 빈칸은 뒤의 비교급 형용사 faster를 수식하는 부사 자리로 비교급 강조 부사 (A) even이 정답이다. 참고로, 비교급 강조 부사로는 much, even, still, far, a lot 등이 있다.

4 (B)

번역 | 이-오브 디자인에 의해 제작된 웹사이트는 고객에게 귀사를 더 매력적으로 만들 것이다.

해설 | 빈칸은 동사 make의 목적어인 your business를 보충 설명하는 목적격 보어 자리로 빈칸 앞의 more와 결합하여 '더 매력적인'의 의미를 나타내는 형용사 (B) attractive가 정답이다.

어휘 | attractively 매력적으로 attractive 매력적인

5 (A)

번역 | 사우스웨일 가이드는 훌륭한 영업 사원으로 스스로 역량을 키울 수 있는 가장 효과적인 방법에 대해 논한다.

해설 | 빈칸은 명사 ways를 수식하는 형용사 자리로 앞에 최상급을 나타내는 부사 the most와 결합하여 '가장 효과적인'이라는 의미를 나타내는 형용사 (A) effective가 정답이다.

어휘 | effective 효과적인 effectively 효과적으로

6 (A)

번역 | 우리는 우리의 교육 프로그램을 가능한 한 유익하고 유용하게 만들기 위해 노력한다.

해설 | 빈칸은 동사 make의 목적어 our training programs를 수식하는 목적격 보어 자리로 빈칸 앞의 as, 뒤의 as possible과 결합하므로 '가능한 한 유익하고 유용한'의 의미를 나타내는 원급 형용사 (A) useful이 정답이다. <as+원급+as possible>(가능한 한 ~한)의 관용적 표현을 기억한다.

어휘 | strive to ~하도록 노력하다 useful 유용한 usefully 유용하게

7 (A)

번역 | 프레스케인 가전제품에서 가장 최근에 출시한 냉장고 시리즈는 구형보다 조용하게 작동한다.

해설 | 빈칸은 동사 operates를 수식하는 부사 자리로 뒤에 있는 than과 결합하여 '~보다 조용하게'라는 의미를 나타내는 부사 (A) quietly(조용하게)가 정답이다.

어휘 | refrigerator 냉장고 appliance 가전제품 operate 작동하다 quiet 조용한

8 (B)

번역 | 부서장들은 경비 보고서를 헬렌의 조수가 아닌 헬렌에게 직접 제출한다.

해설 | 빈칸은 동사 submit를 수식하는 부사 자리로 '직접 제출하다'가 적합하므로 (B) directly(직접적으로)가 정답이다. (A) nearly(거의)는 의미상 적절하지 않다.

어휘 | submit 제출하다 expense 지출, 경비 assistant 조수, 부하 직원

● ETS 실전 도전하기
본책 p.216

1 (A)   2 (A)   3 (C)   4 (D)   5 (B)   6 (D)
7 (A)   8 (B)   9 (D)   10 (B)   11 (D)   12 (A)

1 (A)

번역 | 우리는 늦어도 3월 15일까지는 파티를 어디에서 할지 결정해야 한다.

해설 | 빈칸은 앞의 no, 뒤의 than과 결합하여 '~보다 더 늦지 않게'의 의미를 나타내는 비교급 부사 (A) later가 정답이다. <no later than>은 '늦어도 ~까지'의 의미로 자주 쓰이므로 외워 두자.

어휘 | make a decision 결정하다

2 (A)

번역 | 윈블레이즈 운동화는 가격대가 비슷한 제품들만큼 가볍지 않다.

해설 | 빈칸은 be동사 are의 주어 Winblaze running shoes를 보충 설명하는 주격 보어 자리로 빈칸 앞뒤의 as ~ as와 결합하여 '~ 만큼 가벼운'의 의미를 나타내는 원급 형용사 (A) light가 정답이다.

어휘 | priced 값이 매겨진 light 가벼운 lightly 가볍게 lightness 가벼움, 민첩함

3 (C)

번역 | 핸들 조절 기능은 비주 사의 오토바이를 경쟁사의 제품보다 더 혁신적으로 만들어 준다.

해설 | 빈칸은 동사 makes의 목적어 the Vizu motorcycle을 수식하는 목적격 보어 자리로 앞에 있는 more와 결합하여 '더 혁신적인'이라는 의미를 나타내는 형용사 (C) innovative (혁신적인)가 정답이다. 명사 (A) innovation(혁신), 동사 (B) innovate(혁신하다), 부사 (D) innovatively(혁신적으로)는 품사상 적합하지 않다.

어휘 | handlebar 핸들

4 (D)

번역 | 베가 씨는 조우 보험 그룹에서 가장 성공적인 매출 기록을 달성한 것으로 인정받을 것이다.

해설 | 빈칸은 뒤의 복합명사 sales record를 수식하는 형용사 자리로 최상급을 나타내는 부사 the most와 결합하여 '가장 성공적인 매출 기록'이라는 의미를 나타내는 형용사 (D) successful(성공적인)이 정답이다. 명사 (A) success(성공), 동사 (B) succeed(성공하다), 부사 (C) successfully(성공적으로)는 품사상 적합하지 않다.

어휘 | recognize 인정하다

5 (B)

번역 | 스톰스 플래티넘 56X는 시중에 나와 있는 제품 중에서 가장 환경 친화적인 자동차 중 하나이다.

해설 | 빈칸은 environmentally friendly를 수식하는 부사 자리로 on the market과 결합하여 '시중에 나와 있는 제품 중에서 가장 환경 친화적인'이라는 의미의 최상급을 나타내는 부사 (B) the most가 정답이다. 최상급은 <one of + the + 최상급 형용사 + 복수 명사>의 형태로 자주 쓰인다.

어휘 | environmentally friendly 환경 친화적인

6 (D)

번역 | 두트 씨는 생물학자로 일한 경력이 자신이 예상했던 것보다 훨씬 더 보람 있는 일이었다고 말했다.

해설 | 빈칸은 뒤의 비교급 형용사 more rewarding을 수식하는 부사 자리로 비교급 강조 부사 (D) even(훨씬)이 정답이다.

어휘 | note 언급하다, 주목하다 career 경력 rewarding 보람 있는

7 (A)

번역 | 온라인 광고는 보통 인쇄 광고보다 덜 비싸기 때문에 많은 집주인들은 매물을 인터넷에 올려 놓는 것을 선호한다.

해설 | 빈칸은 be동사 is의 주어인 online advertising을 보충 설명하는 주격 보어 자리로 비교급을 나타내는 부사 less와 빈칸 뒤의 than과 결합하여 '덜 비싼'의 의미를 나타내는 형용사 (A) expensive(비싼)가 정답이다. 부사 (B) expensively(비싸게), 명사 (C) expense(지출, 경비)와 (D) expenses는 품사상 적합하지 않다.

어휘 | advertising 광고 homeowner 집주인 list 목록에 올리다

8 (B)

번역 | 옥외 가구 판매에서 나온 수익은 지난 6개월 동안 예상했던 것보다 훨씬 높았다.

해설 | 빈칸은 뒤의 비교급 형용사 higher를 수식하는 부사 자리로 '예상했던 것보다 훨씬 높았다'는 의미로 비교급 강조 부사 (B) considerably(상당히)가 정답이다. (A) optionally(선택적으로), (C) eagerly(열심히, 간절히), (D) informatively(유익하게)는 의미상 적합하지 않다.

어휘 | outdoor furniture 옥외 가구

[9-12] 설명

판스워스 꽃집

귀하가 판스워스에서 구매한 신선한 절화가 마음에 드셨으면 합니다. 9꽃을 보존하기 위해 다음 기본 단계를 따라 주십시오. 우선 꽃병에 실온과 같은 온도의 물을 약 3분의 2만큼 채워 주십시오. 동봉된 절화 보존제의 봉지를 뜯고 내용물을 부으십시오. 그런 다음에는 꽃병에 꽃을 꽂으시고 뜨거운 열기나 외풍이 들어오는 곳에서 멀리 떨어진 곳에 10그냥 놓아 두시면 됩니다. 11그렇지 않으면 귀하의 꽃다발이 금방 말라버릴 수 있습니다. 적절하게 관리하면 장미는 12최소한 7일 동안 신선한 상태를 유지할 것입니다.

어휘 | fill 채우다 vase 꽃병 enclosed 동봉된 arrange flowers 꽃을 꽂다 proper 적절한

9 (D)

번역 | (A) 저희 웹사이트에 평가를 올려주셨으면 합니다.
　　(B) 향후 주문에서 할인을 받으시려면 판스워스 보상 프로그램에 가입하십시오.
　　(C) 그렇지 않다면 환불을 요청하실 것을 권장합니다.
　　(D) 꽃을 보존하기 위해 다음 기본 단계를 따라 주십시오.

해설 | 빈칸 뒤 문장에서 First, Then과 같이 순서에 대한 설명이 이어지고 마지막 문장 With the proper care, your roses should stay looking fresh에서 적절히 관리하면 장미는 신선한 상태를 유지할 것이라고 하므로 문맥상 장미의 신선한 상태를 유지하는 절차를 안내하는 문장이 자연스럽다. 따라서 (D)가 정답이다.

어휘 | review 평가　reward 보상　request a refund 환불을 요청하다

10 (B)

해설 | 빈칸은 명령문 문장에서 동사 arrange를 수식하는 부사 자리이므로 부사 (B) simply(단순히)가 정답이다. 동사 (A) simplify(단순화하다), 형용사 (C) simple(단순한)은 품사상 적합하지 않고, 부사 (D) simplistically(지나치게 단순하게)는 의미상 적합하지 않다. 참고로 simply와 just는 명령문 앞에 잘 쓰인다.

11 (D)

해설 | 빈칸 앞뒤 문장을 의미상 연결하는 접속부사를 선택하는 문제이다. 빈칸 앞에서 장미의 신선한 상태를 유지하는 절차를 단계적으로 안내하는 문장들이 오고, 뒤 문장 your bouquet may dry out quickly에서 '꽃다발이 금방 말라버릴 수 있다'고 하므로 빈칸에는 '그렇지 않으면'을 의미하는 접속부사가 들어가야 글의 흐름이 자연스러워진다. 따라서 (D) Otherwise(그렇지 않으면)가 정답이다. (A) Meanwhile(그동안에), (B) However (하지만), (C) Thus(그래서)는 모두 문맥상 적절하지 않다.

12 (A)

해설 | 빈칸은 seven days를 수식하는 부사 자리로 '최소한 7일'의 의미를 나타내는 부사 (A) at least가 정답이다. <at least>는 '최소한, 적어도'의 의미로 자주 쓰이므로 외워 두자. (B) as much(그만큼)는 <as much + 불가산명사 + as> 형태로 쓰이며, (C) by then(그때까지는)은 숫자를 수식할 수 없으며, 접속사 (D) in case(~한 경우에는)는 뒤에 절이 와야 한다.

PART 7 RC

Unit 12　문제 유형

① 주제 / 목적 문제

풀이 전략　　　　　　　　　　　　　　본책 p. 222

> 8월 21일
>
> 담당자님께:
>
> 발리메나 지역 건강 클리닉(BRHC)은 **세실리아 자워스카 씨를 팀원으로 만났던 동안 즐거웠습니다.** 1년 인턴십 기간에 세실리아는 자신이 성공적인 영양사가 되는 데 필요한 지식과 기술을 보유했음을 증명했습니다.
>
> 사이먼 캐럴
> 인턴 사원 감독관
> 발리메나 지역 건강 클리닉
>
> 어휘 | demonstrate 보여 주다　possess 소유하다

Q 이 편지를 쓴 이유는?
(A) 직원이었던 사람을 추천하기 위해
(B) 새로 온 팀원을 소개하기 위해
(C) 직무 자격 요건에 대해 문의하기 위해
(D) 요청 사항을 승인하기 위해

어휘 | former 이전의　requirement 자격 요건　approve 승인하다

● 토익 감각 익히기　　　　　　　　　본책 p. 223

1 (A)　**2** (B)

[1] 공지

> **고객 여러분께 드리는 안내 말씀: 클리브던 수영 클럽의 수영장은 10월 4일부터 1월 1일까지 이용할 수 없습니다.**
>
> 향후 몇 달간 저희 수영장에 대대적인 보수 공사를 할 예정임을 알려 드리게 되어 기쁩니다. 회원님들이 3개월의 보수 공사 기간에도 계속 수영장을 이용하고 수영 강습을 받으실 수 있도록 저희는 근처에 있는 그린힐 운동 센터와 계약을 맺었습니다.
>
> 더 자세한 정보를 위해서는 555-0191번으로 제인 트롬블리에게 전화 주십시오.

Q 공지는 주로 무엇에 관한 내용인가?

(A) 수영 클럽의 일시적인 휴장

(B) 다가오는 스포츠 행사

해설 | **주제**

제목 the Clivedon Swimming Club pools will be
unavailable between October 4 and January 1에서
클리브던 수영 클럽의 수영장은 10월 4일부터 1월 1일까지
이용할 수 없다고 하므로 (A)가 정답이다.

어휘 | closure 폐쇄, 휴장 upcoming 다가오는

Paraphrasing

지문의 be unavailable

→ 보기의 closure (이용할 수 없다 → 휴장)

지문의 between October 4 and January 1

→ 보기의 temporary (10월 4일부터 1월 1일까지 → 일시적인)

[2] 이메일

수신: 톰 브론스키, 미디어 광고부장

발신: 애널리스 벨, 부사장

제목: 라니 에반스

날짜: 6월 24일

톰에게,

당신의 부서가 이번 달에 몇몇 신규 고객을 확보했으며 인원
충원이 필요하다고 알고 있습니다. **미디어팀의 광고 보조 자리에
라니 에반스를 고려해 보셨으면 합니다.** 그녀는 지난 1년간
제 사무실에서 인턴으로 일했는데, 저는 그녀가 아주 유능한
사원이라고 생각합니다. 그녀의 기여에 대한 피드백은 매우
긍정적이었어요. 더 많은 정보를 기꺼이 제공해 드릴 용의가 있으니
문의 사항이 있으시면 편하게 연락 주세요.

애널리스 벨

어휘 | additional 추가의 consider 고려하다 highly 매우
positive 긍정적인 provide 제공하다

Q 이메일의 목적은 무엇인가?

(A) 채용 정책의 변경 사항을 설명하기 위해

(B) 직원을 추천하기 위해

해설 | **목적**

두 번째 문장 I would like you to consider Lani Evans
for an advertising assistant position on your media
team.에서 미디어팀의 광고 보조 자리에 라니 에반스를 고려해
봤으면 좋겠다고 하므로 (B)가 정답이다.

어휘 | hiring 채용 policy 정책 recommendation 추천

---

② 세부 사항 문제

풀이 전략 본책 p.224

4월 2일

히스 씨께,

귀하께서 편하실 때 저희 사무실에 잠시 들러 주십시오. 귀하의 새
안경이 준비되었습니다!

저희는 도수가 들어간 선글라스를 20퍼센트 할인 판매하고 있으며
콘택트렌즈와 렌즈 세척 제품은 10퍼센트 할인 판매하고 있습니다.
**검사할 때 말씀드린 대로 새로 구매하신 안경을 담을 케이스를
무료로 받으실 겁니다. 색상과 스타일은 선택하실 수 있습니다.**

그럼 곧 뵙기를 고대합니다.

원 비전 클리닉 팀

어휘 | stop by ~에 잠시 들르다 exam 시험, 검사
complimentary 무료의 of your choosing 당신이 선택한

Q 히스 씨는 무엇을 무료로 받을 것인가?

(A) 선글라스

(B) 안경 케이스

(C) 세척용품

(D) 콘택트렌즈

● 토익 감각 **익히기** 본책 p.225

1 (B) **2** (A)

[1] 회람

수신: 전 직원

발신: 마호미 야마기시

제목: 일정 추가

날짜: 11월 21일

아래는 내년 1~3월 동안 열릴 행사의 수정된 일정입니다. 여러분의
달력에 변경 사항을 표시해 두십시오.

사무실 휴일	1월 22일
홍콩 인쇄업자 콘퍼런스	**2월 16일~18일**
회사 야유회	2월 19일
	(기존 목록에는 2월 17일)
연례 시설 점검	3월 12일

어휘 | annual 연례의 facility 시설

Q 홍콩 인쇄업자 콘퍼런스는 언제 끝나는가?

(A) 2월 16일

(B) 2월 18일

해설 | **세부 사항**

변경 일정에 Hong Kong Printers Conference 16-18 February라고 하므로 (B)가 정답이다.

[2] 공지

메이너드 가 주민 여러분께 드리는 안내 말씀

5월 12일 화요일 오후 2시 직후부터 작업자들이 기존 나무 전신주를 강철 전신주로 교체해 설치하는 동안 메이너드 가에 일시적인 전력 중단이 있습니다. 전력 공급은 오후 6시 직전에 재개될 예정입니다.

전력이 다시 들어올 때 전류 급증 현상으로 인한 손상 가능성을 방지하기 위해 **지역 주민들께서는 컴퓨터, TV, 오디오 장비와 같은 민감한 가전제품의 플러그를 뽑아 주실 것을 당부드립니다.**

불편을 끼쳐드려 죄송합니다.

세다 리지 전력 회사

어휘 | shut down 정지하다 in place of ~을 대신해 turn on 전원을 켜다 prevent 방지하다 potential 잠재적인 damage 손상 switch back on 재작동시키다 appliance 가전제품 inconvenience 불편

Q 주민들은 무엇을 하라고 요청받는가?

(A) 특정 기기의 플러그를 뽑으라고

(B) 유지 보수 작업자들에게 연락하라고

해설 | **세부 사항**

지문 후반부 area residents are encouraged to unplug sensitive appliances such as computers, TVs, and audio equipment에서 지역 주민들에게 컴퓨터, TV, 오디오 장비와 같은 민감한 가전제품의 플러그를 뽑아 달라고 하므로 (A)가 정답이다.

어휘 | device 기기, 장치 maintenance 유지 보수

Paraphrasing

지문의 appliances → 보기의 devices (가전제품 → 기기)

③ NOT / True 문제와 추론 문제

풀이 전략

본책 p. 226

디아즈 씨께,

스토리지 하버는 귀하의 **(B) 창고 번호 182-B**에 대한 144달러의 다음 결제일이 5월 1일까지임을 다시 알려드립니다. 처음에 창고를 임대하셨을 때 제공해 주신 이메일 주소로 연락을 드렸지만 연락이

되지 않았습니다. 임대 계약서에는 귀하께서 **(D) 3개월 치** 창고 임대 비용을 일시불로 선납하실 거라고 명시되어 있습니다. 지불 수단을 준비하시려면 **(A) 321-555-0146번으로** 스토리지 하버에 연락 주시기 바랍니다.

마크 쿠슈너

임대 관리자, 스토리지 하버

어휘 | payment 지불 in the amount of ~의 금액인 due 돈을 지불해야 하는 lease 임대하다 agreement 계약 arrange 준비하다 method 수단, 방법

Q 편지에서 제공되지 않은 정보는?

(A) 회사 연락처

(B) 창고 번호

(C) 임대 개시일

(D) 지불 주기

● 토익 감각 익히기

본책 p. 227

1 (A) **2** (A)

[1] 기사

마야놀 윈스 펀딩

오키드 크리크, 12월 8일 – 오키드 크리크에 기반을 둔 마야놀 그룹은 작은 농장을 시작할 수 있도록 도움을 주는 클라나 건강식 보조금 프로그램을 통해 미화 만 오천 달러를 받았다. 내년부터 이 그룹은 유기농 텃밭 관련 강좌를 제공할 것이다. **현재 음식 준비 안전 관련 강좌에 사용되고 있는 이 그룹의 인더스트리얼 주방은 농장에서 기른 신선한 채소들로 요리를 하는 워크숍 진행에도 사용될 것이다.**

마야놀 그룹은 12년 전 오키드 크리크에서 지역의 농업 및 음식 준비 근로자들을 위한 안전 의식을 높이는 일에 관심을 가진 지역 주민 모임에 의해 창립되었다.

어휘 | based in ~에 기반을 둔 award 수여하다 preparation 준비 safety 안전 promote 고취하다

Q 마야놀 그룹에 대해 언급되지 않은 것은?

(A) 추가 보조금을 신청할 계획이다.

(B) 이미 요리 시설이 갖춰져 있다.

해설 | **NOT / True**

지문 중간 부분 The group's industrial kitchen, which is now used for courses on food preparation safety, will also be used to host workshops on cooking with fresh vegetables grown on the farm.에서 이 그룹의 인더스트리얼 주방은 농장에서 기른 신선한 채소들로 요리하는

워크숍 진행에도 사용될 것이라며 (B)의 내용을 언급하고 있으므로 (A)가 정답이다.

어휘 | apply for ~을 신청하다 additional 추가의 facility 시설

Paraphrasing
지문의 kitchen → 보기의 cooking facilities (주방 → 요리 시설)

[2] 공지

> 이 문에는 전자식 출입 시스템이 갖춰져 있습니다. 출입 카드가 없으시면 제공된 전화기를 사용해 상대방의 사무실 호수를 **돌리십시오. 귀하의 상대방이 원격으로 문을 열어 드릴 것입니다.** 사무실 호수를 모르실 경우, 숫자 "0"을 누르시면 경비실로 연결됩니다.
>
> 어휘 | electronic 전자식의 entry 출입 access card 출입 카드 suite number 사무실 호수 building security 경비실

Q 문에 대해 암시된 것은 무엇인가?
(A) 잠겨 있다.
(B) 수리 중이다.

해설 | **추론**
지문 중간 부분 Your party will be able to open the door remotely.에서 상대방이 원격으로 문을 열어 줄 것이라고 하므로 문이 잠겨 있음을 알 수 있다. 따라서 정답은 (A)이다.

④ 문장 삽입 문제와 동의어 문제

풀이 전략

본책 p.228

> 토메이스 씨께:
>
> 저희 오렌지데일 프레스는 토메이스 씨께서 <세계 여행: 소비자 안내서>의 개정 작업을 다시 저희와 하기로 해 주신 것에 대해 기쁘게 생각합니다. — [1] —. **이번 새 버전은 더 용이하게 배포되고 잠재 독자층을 최대한 넓히기 위해 전자책으로도 출판될 것입니다.** — [2] —.
>
> 갱신된 계약서를 동봉합니다. — [3] —. 계약서를 제게 10월 1일까지 다시 보내 주시면 고맙겠습니다. — [4] —. 질문이나 우려 사항이 있으시면 제게 연락 주십시오.
>
> 캐스린 로이드
> 국장, 오렌지데일 프레스
>
> 어휘 | delighted 기쁜 electronic edition 전자책 bring in ~을 끌어들이다 concern 염려, 관심사

Q [1], [2], [3], [4]로 표시된 곳 중에서 다음 문장이 들어갈 위치로 가장 적합한 곳은?

"또한 동아시아 여행에 관한 새로운 장이 분명 많은 관심을 끌 것입니다."
(A) [1]
(B) [2]
(C) [3]
(D) [4]

● 토익 감각 익히기

본책 p.229

1 (B)   **2** (A)

[1] 웹페이지

> http://www.thesailboatfactory.fr/English/aboutus
>
> **설립자 엔조 모로**
>
> 엔조 모로는 항상 바다를 사랑해 왔지만 오늘날 알려져 있는 것처럼 항상 조선업자인 것은 아니었다. 젊었을 때 토목 기사였던 그는 바다에 더 가까이 있기 위해 거의 10년 전에 마르세유에서 컨설턴트직을 맡았다. — [1] —. 그는 인생을 운에 맡기면서 또 다른 변화를 시도했다. 그는 평생 모은 돈으로 자신의 요트 복원 회사인 세일보트 팩토리를 시작했다. 회사가 1년 만에 너무나도 **성공적이어서 모로 씨는 지역 사회에 환원함으로써 자신의 성공을 나누기로 했다.** — [2] —. 그는 또한 선도적인 업계 저널에 요트 복구에 대한 기사도 많이 썼다.
>
> 어휘 | shipbuilder 조선업자 civil engineer 토목 기사 consultant 상담가 life savings 평생 모은 돈 sailboat-restoration 요트 복원 do well 성공적이다 community 지역 사회

Q [1], [2]로 표시된 곳 중에서 다음 문장이 들어갈 위치로 가장 적합한 곳은?

"예를 들면, 그는 근무 시간 후에 인근 호수에서 요트 수업을 가르치기 시작했다."
(A) [1]
(B) [2]

해설 | **문장 삽입**
제시된 문장에서 '그가 근무 시간 후에 인근 호수에서 요트 수업을 가르치기 시작했다'고 하므로 지역 사회에 기여하고 있음을 알 수 있다. [2] 앞 문장 Mr. Moreau decided to share his success by giving back to the community에서 '지역 사회에 환원함으로써 그의 성공을 나누기로 했다'고 했으므로 그 예가 이어지는 것이 자연스럽다. 따라서 (B)가 정답이다.

[2] 이메일

수신: customerservice@hardawayfirstbank.com
발신: tclark@blakeleyryecable.com
제목: 신규 보통예금 계좌
날짜: 4월 2일

저는 최근 개인 보통예금 프리미어 계좌를 개설했습니다. 제가
이해하기로는 **초이스 보통예금 계좌에 있는 제 잔고가 새 계좌로**
자동으로 이체되는 것으로 알고 있었는데요. 하지만 온라인 뱅킹에
접속하니 개인 보통예금 프리미어 계좌에 입출금 가능한 잔고가
0달러로 나오네요. 잔고가 언제 새 계좌로 이체될지 알려 주실 수
있을까요?

도움 주셔서 감사합니다.

티모시 클라크

어휘 | savings account 보통예금 계좌 assistance 도움

Q 이메일에서 첫 번째 단락 2행의 "balance"와 의미가 가장 가까운
단어는?
(A) 금액
(B) 평균

해설 | **동의어**
해당 문장 the balance of my Choice Savings account
would be transferred into the new account
automatically에서 문맥상 balance는 '잔고가 새 계좌로
자동으로 이체된다'라는 뜻으로 쓰인 것이므로 (A)가 정답이다.

Unit 13 지문 유형 ①

① 편지 / 이메일

풀이 전략   본책 p.230

수신: mgladstone@marionvilledialnet.com
발신: admin@marionvillemedical.com
날짜: 6월 3일
제목: 알림

글래드스턴 씨께,

¹매리언빌 메디컬 어소시에이츠와 곧 있을 귀하의 예약에 대한
알림입니다.

의사:	다리우스 포토니에츠
날짜:	6월 10일 월요일
시각:	오후 12시 45분
목적:	정기 검진

²이 정보 중에 부정확한 내용이 있다면, (206) 555-0114번으로
저희 접수 데스크로 연락 주시기 바랍니다. 더불어 본 예약 시간을
지킬 수 없으시다면 저희가 일정을 다시 잡을 수 있도록 최대한
빨리 저희 접수원에게 전화를 주시는 것이 중요합니다.

매리언빌 메디컬 어소시에이츠

어휘 | appointment (진료 등의) 예약 physician 의사
checkup 건강 검진 incorrect 부정확한 reception
접수 additionally 또한, 추가적으로 receptionist 접수원
reschedule 일정을 다시 잡다

● 토익 감각 **익히기**   본책 p.231

1 (A) **2** (B)

[1] 편지

이케가미 씨께:

축하드립니다! 귀하께서는 <트래블 레디>를 3개월간 무료로 받는
행사에 선정되셨습니다.

이 세 권을 받아 보시기 위해서는 동봉한 선납 엽서를 회신해
주시기만 하면 됩니다. 3개월 무료 구독 기간이 끝났을 때, 귀하께서
첫 구매 고객을 위한 특가인 45.95달러에 연간 구독권을 구매해
주셨으면 하는 바람입니다.

제나 워릭
마케팅부

어휘 | select 선택하다 introductory 출시 기념의, 첫 구매 기념의

Q 이케가미 씨는 무엇을 하라고 요청받는가?
(A) 엽서를 보내라고
(B) 결제 수단을 선택하라고

해설 | **세부 사항**
중간 부분 To receive these three issues, simply return
the enclosed prepaid postcard.에서 이 세 권을 받아 보기
위해서는 동봉한 선납 엽서를 회신해 주기만 하면 된다고 하므로
(A)가 정답이다.

Paraphrasing
지문의 return → 보기의 Send (회신하다 → 보내다)

[2] 이메일

수신: customerservice@castillion.com
발신: 캐시 황 <chuang@bursonship.com>
날짜: 11월 6일
제목: 전달: 주문 확인서 #555491

9월 15일에 저는 귀사의 카탈로그에 있는 665번 품목인 기계식 도크 레벨러 한 대를 주문했습니다. 이 주문에는 설치도 포함이었고, 저는 79.99달러를 지불했습니다.

어제 다음 주에 설치 일정을 잡아 주실 담당자께 연락을 받았는데, **음성 사서함 메시지가 실수로 지워져 버려서 전화번호를 알 수가 없습니다.** 날짜와 시간을 정할 수 있도록 778-555-0145번으로 저에게 전화 주시거나 이 이메일에 회신해 주십시오.

사무실 매니저, 버슨 택배

어휘 | place an order 주문하다 mechanical 기계식의 leveler 수평을 맞추는 것 representative 대표, 담당자 set up 일정을 잡다

Q 어떤 문제가 생겼는가?
(A) 황 씨가 전화를 받지 못했다.
(B) 전화 메시지가 없어졌다.

해설 | **세부 사항**
중간 부분 but I'm afraid the voice mail message was accidentally erased에서 음성 사서함 메시지가 실수로 지워졌다고 하므로 (B)가 정답이다.

Paraphrasing
지문의 the voice mail message → 보기의 a phone message (음성 사서함 메시지 → 전화 메시지)
지문의 erased → 보기의 lost (지워졌다 → 없어졌다)

② 광고 / 공지

풀이 전략
본책 p.232

인테그레이티드 틸리지 시스템 오브 보츠와나(ITSB)
보츠와나 가보로네 베시 헤드 크레센트 54번지

공석 공고

저희는 가보로네에 본사를 둔 민간 자본 단체입니다. 보츠와나의 도시인 프랜시스타운, 세로웨, 팔라피에도 지사가 있습니다.

연구부 부팀장직을 위한 지원자를 찾습니다. [1]**프랜시스타운에 배치될** 유망한 후보자는 반드시 과학 연구 분야와 관련된 이력이 있어야 하며, 특히 농업 분야를 우대합니다. 그리고 [2]**관리급으로 일한 업계 경험이 최소한 5년 이상 있어야 합니다.**

지원자들은 자기소개서와 이력서를 직접 방문, 보통우편, 또는 웹사이트 www.itsb.bw/careers로 제출해 주셔야 합니다. 지원서 접수 마감일은 10월 3일입니다.

어휘 | vacancy 빈자리, 빈방 additional 추가의 operation 운영 applicant 지원자 successful candidate 유망한 후보자 station 배치하다 preferably 선호하여 agricultural 농업의 management level 관리급 submit 제출하다 cover letter 자기소개서 résumé 이력서 application 지원서

● 토익 감각 익히기
본책 p.233

1 (B) **2** (B)

[1] 공지

시 낭송회에 오세요!

카페 먼로는 미즈 서점과 공동으로 1월 15일 오후 8시에 시 낭송회를 개최합니다. 참가 예정인 시인으로는 <라스트 포에트> 지에서 선정하는 '주목할 만한 시인'에 최근 이름을 올린 애디나 라오, <북워시> 잡지에서 오랫동안 편집자로 일한 토비아스 리 오웬이 있습니다. **이날 밤 마지막 행사는 엘리너 개스켓과 함께하게 되며, 그녀는 <타이덜>이라는 자신의 저서에 사인을 해 줄 것입니다.** 개스켓 씨의 저서는 11월에 프란츠 도서관 시 문학상을 수상했습니다.

입장료는 10달러이며 카페 먼로 또는 미즈 서점에서 구매하실 수 있습니다. 좌석이 제한되어 있으니 오늘 표를 구매하세요!

어휘 | poetry reading 시 낭송회 poet 시인 participate 참가하다 name 지명하다 longtime 오랫동안의 seating 좌석

Q 공지에 따르면 어떤 간행물이 최근에 상을 받았는가?
(A) <북워시>
(B) <타이덜>

해설 | **세부 사항**
중간 부분 The evening will close with Eleanor Gasquet, who will sign copies of her book *Tidal*. Ms. Gasquet's book won the Franz Library Poetry Award in November.에서 엘리너 개스켓이 그녀의 저서 <타이덜>에 사인을 해 줄 것이며, 개스켓 씨의 저서는 11월에 프란츠 도서관 시 문학상을 수상했다고 하므로 (B)가 정답이다.

Paraphrasing
지문의 book → 질문의 publication (책 → 간행물)
지문의 in November → 질문의 recently (11월에 → 최근에)

[2] 광고

슈페리어 데스티네이션 허브
"모든 목적지를 위한 최상의 가격"

금주 특가

케언스	199달러
다윈	299달러
애들레이드	299달러
퍼스	348달러
브룸	401달러

저희 웹사이트 superiorhub.com.au를 방문하셔서 지금 할인 가격으로 여행을 예약하세요. 그런 다음 호텔 목록을 훑어보시면서 귀하가 선택한 장소에서 머물 완벽한 숙소를 찾아보세요.

이용 약관: 항공 요금은 시드니에서 출발하는 항공편의 일반석 1인 요금입니다. 저희 웹사이트를 통해 호텔을 예약하시면 **특가에는 공항으로 가는 셔틀버스 교통편과 무료 뷔페 조식 이용권이 포함됩니다.**

어휘 | airfare 항공 요금 depart 출발하다 voucher 교환권, 상품권, 할인권 complimentary 무료의

Q 금주의 특가에 포함된 것은?
(A) 호텔 숙박료
(B) 공항까지 교통편

해설 | 세부 사항
지문의 마지막 문장 Deals include transport to the airport via shuttle bus에서 특가에는 공항으로 가는 셔틀버스 교통편이 포함된다고 하므로 (B)가 정답이다.

어휘 | accommodation 숙박 ride 탈것

Paraphrasing
지문의 transport → 보기의 A ride (교통편 → 탈것)

③ 기사/안내문

풀이 전략

5월 4일 — 그로스 아일 문화 연대(GICA)는 나이마 솔다노가 제4회 연례 아마추어 사진 대회의 우승자라고 발표했다. "깨달음"이라는 제목의 그녀의 입상작을 비롯해 14명의 다른 입상자의 작품이 GICA 아트센터에서 7월 15일부터 7월 31일까지 전시될 것이다. **[1]7월 15일에는 전시 개관식이 열리며, 여기서 솔다노 씨는 GICA의 조지 햄스테드 관장으로부터 업적을 인정받아 수여되는 1,500달러의 상금을 받을 것이다.**

[2]대중들은 아트센터가 8월 1일부터 9월 3일까지 연례 여름 휴관 관계로 문을 닫을 예정임을 숙지해야 한다.

어휘 | annual 연례의 prize-winning entry 입상작 enlightenment 깨달음 finalist 입상자 be on display 전시하다 opening celebration 개관식 in recognition of ~을 인정하여 achievement 성취, 업적

● 토익 감각 익히기
본책 p.235

1 (B) **2** (B)

[1] 안내문

몬트브레티아 스위트 호텔에 오신 것을 환영합니다.

저희 호텔을 찾아 주셔서 감사합니다. 저희 호텔에서의 숙박이 즐거운 경험이 되게 해 드리고 싶습니다. **어떤 이유에서든 귀하의 객실이 불만족스러우시다면 객실 관리 서비스를 위해 내선번호 1040번으로 전화를 주십시오.**

조식은 1층 로비 옆에 있는 식당에서 오전 6시부터 오전 10시까지 매일 제공됩니다. 자리에 앉으실 때 직원에게 객실 키를 보여 주십시오.

저희는 서비스를 개선하기 위해 지속적으로 노력하고 있습니다. **어떤 제안이나 의견이 있으시다면 주저하지 마시고 내선번호 0145번으로 전화를 주십시오.**

지나 마로니
몬트브레티아 스위트 호텔 관리자

어휘 | ensure 확실하게 하다 pleasant 즐거운 unsatisfactory 불만족스러운 extension 내선번호 continually 지속적으로 strive to ~하는 데 매진하다

Q 안내문의 목적은 무엇인가?
(A) 식당에 생긴 변경 사항을 발표하기 위해
(B) 호텔 투숙객과 의사소통을 하기 위해

해설 | 목적
첫 단락의 마지막 문장에서는 객실이 불만족스러울 경우 내선 1040번으로 연락하라고 하고, 지문 마지막 문장에서는 어떤 제안이나 의견이 있으면 내선 0145번으로 연락하라는 말이 나오는 것으로 보아, 고객과의 의사소통을 위한 안내문임을 알 수 있다. 따라서 정답은 (B)이다.

Paraphrasing
지문의 call → 보기의 communicate (전화하다 → 의사소통하다)

[2] 기사

<다닐로 의학 저널>

총회 소식

9월 23일과 24일에 국제 의료 윤리학자 연합(IAME)은 말레이시아 이포에 있으며 최근 새단장한 이포 무역 전시 센터에서 연례 총회를 개최할 것입니다. 올해 총회에는 해리스 & 라오 대학교 철학과 교수인 수잔 도널즈와 IAME 회장인 다 춘 웬의 기조 연설이 있을 것입니다. 더불어 여섯 번의 본회의가 의료 윤리학 분야의 선구자들에 의해 진행될 것입니다.

총회 참가 등록은 www.iame.org/ipoh에서 온라인으로 작성할 수 있습니다. **현지 호텔 목록도 IAME 웹사이트에서 살펴보실 수 있습니다.**

어휘 | ethicist 윤리학자 hold 개최하다 annual 연례의 feature ~을 특징으로 하다 keynote speech 기조 연설 professor 교수 philosophy 철학 registration 등록 complete 작성하다 available 이용 가능한

Q 이 단체가 온라인으로 제공하는 정보는 무엇인가?
(A) 총회 장소 인근 식당 목록
(B) 이포 지역에서 머물 수 있는 장소명

해설 | **세부 사항**
지문 마지막 문장 A list of local hotels is also available on the IAME Web site.에서 현지 호텔 목록도 IAME 웹사이트에서 살펴볼 수 있다고 하므로 (B)가 정답이다.

Paraphrasing
지문의 on the IAME Web site → 질문의 online
(IAME 웹사이트에서 → 온라인으로)
지문의 A list of local hotels → 보기의 Names of places to stay in the Ipoh area (현지 호텔 목록 → 이포 지역에서 머물 수 있는 곳의 이름들)

● ETS 실전 도전하기   본책 p. 236

1 (C)	2 (A)	3 (A)	4 (C)	5 (C)
6 (C)	7 (A)	8 (C)	9 (B)	10 (D)

[1-2] 전단지

제이디스
데이비 가 2108, 밴쿠버 BC V6G 1W5

[1] 시즌 마무리 창고 정리 세일
[2] 8월 5일 ~ 8월 20일

[1] 여름 의류 - 25퍼센트 ~ 50퍼센트 할인
샌들 - 20퍼센트 할인

수영복 - 50퍼센트 할인
선글라스와 액세서리 - 20퍼센트 할인

상품 가격에 반영된 상태임

• 세일 기간에 보석류를 50달러 이상 구매하실 경우 추가 10달러 할인을 위해 본 전단지를 보여 주세요.

• **[2] 시즌 마무리 세일 기간에 모든 상품에 대해 100달러 이상 구매하시는 고객은 저희 가을 컬렉션의 모든 상품에 대해 20퍼센트를 할인해 드리는 할인권을 받게 됩니다.** 할인권은 8월 28일부터 9월 30일까지 유효합니다.

유의 사항: 자디스는 8월 25일에 직원들이 재고 조사 및 가을 컬렉션 대비 매장 준비를 하는 동안 문을 닫을 예정입니다.

어휘 | present 보여 주다 additional 추가의 jewelry 보석류

---

1 전단지의 목적은 무엇인가?
(A) 상점의 소유주 변경을 지지하기 위해
(B) 유명 디자이너가 만든 의류의 신제품군을 소개하기 위해
(C) 계절 상품의 할인 판매를 광고하기 위해
(D) 새로 생길 점포 위치를 알리기 위해

해설 | **목적**
글의 제목 End-of-Season Clearance Sale에서 '시즌 마무리 창고 정리 세일'이라고 하며 할인 판매 품목이 여름 상품임을 알 수 있으므로 (C)가 정답이다.

Paraphrasing
지문의 summer → 보기의 seasonal (여름 → 계절적인)
지문의 apparel, sandals, swimwear, sunglasses and accessories → 보기의 merchandise (의류, 샌들, 수영복, 선글라스와 액세서리 → 상품)

어휘 | ownership 소유권 introduce 소개하다 designer 유명 디자이너가 만든 seasonal 계절적인

---

2 고객은 어느 날짜에 할인권을 받을 수 있는가?
(A) 8월 20일
(B) 8월 25일
(C) 8월 28일
(D) 9월 30일

해설 | **세부 사항**
지문 중간 부분 For every purchase of $100 or more during our End-of-Season Sale, customers will receive a coupon에서 시즌 마무리 세일 기간에 모든 상품에 대해 100달러 이상 구매하는 고객은 할인권을 받게 된다고 하고 있으며, 세일 기간이 8월 5일부터 8월 20일까지이므로 (A)가 정답이다.

어휘 | award 수여하다

[3-4] 구인 광고

기업 강사 구함

샌프란시스코에 본사를 둔 로지스토스 어드바이저스 사는 휴가 중인 직원의 임시 후임자로 근무할, ³⁻ᴰ**탁월한 강연 능력을 갖춘 열정적인 분을 찾고 있습니다.** 로지스토스는 전 세계 대형 금융 기관 및 소매 업체에 인터넷 보안에 관한 교육 강좌를 제공합니다. ³⁻ᶜ**합격자는 중남미 전역에서 교육 지원을 담당할 것입니다.** ³⁻ᴮ**교육이 영어로 실시되지만 업무상 유창한 스페인어 구사력은 필수입니다.** 어떤 분야에서든 적어도 1년의 기업 강사 경력이 있으면 우대합니다. ⁴**근무 기간은 6개월이며**, 첫 2주간은 로지스토스 본사에서 초기 교육을 받게 됩니다. 관심 있는 지원자들은 3월 1일까지 hr@logistosadvisors.com으로 자기소개서와 이력서를 보내 주시기 바랍니다.

어휘 | seek 구하다, 찾다 serve 근무하다 temporary 임시의 replacement 후임자 on leave 휴가로 successful applicant 합격자 be responsible for ~을 담당하다 assist with ~을 돕다 throughout ~ 전역에 highly 매우 headquarters 본사 interested 관심 있는 candidate 지원자

3 일자리의 요건으로 언급되지 않은 것은?
(A) 금융기관에서의 근무 경험
(B) 한 가지 이상의 언어를 구사하는 능력
(C) 해외 근무 의향
(D) 강연 능력

해설 | Not/True
(B)는 지문 중반부 Although the sessions are delivered in English, proficiency in Spanish is necessary for the job.에서 '교육이 영어로 실시되지만 업무상 유창한 스페인어 구사력이 필수'라고 했으므로 사실이고, (C)는 그 바로 앞 문장 The successful applicant will be responsible for assisting with training sessions throughout Latin America.에서 '합격자는 중남미 전역에서 교육 지원을 담당한다'고 했으므로 사실이다. 또한 (D)는 첫 문장 San Francisco-based Logistos Advisors, Inc. is seeking an energetic person with strong public-speaking skills에서 '탁월한 강연 능력을 갖춘 열정적인 지원자를 찾는다'고 했으므로 역시 사실이다. 하지만 금융기관에서의 근무 경험은 언급되지 않았으므로 (A)가 정답이다.

Paraphrasing
지문의 English, Spanish → 보기의 more than one language (영어, 스페인어 → 한 가지 이상의 언어)
지문의 throughout Latin America → 보기의 internationally (중남미 전역에서 → 해외로)

4 근무 기간은 얼마 동안인가?
(A) 2주
(B) 1개월
(C) 6개월
(D) 1년

해설 | 세부 사항
지문 후반부 The work assignment is for six months에서 근무 기간은 6개월이라고 했으므로 (C)가 정답이다.

[5-7] 편지

가디언 비전
레드버드 쇼핑센터
코틀랜드 가 5200, 요하네스버그 2196
27 (0) 11 537-5555
www.guardianvision.co.za

3월 10일
대니얼 맛시피 씨 앞
마플 가 33
요하네스버그 2146

맛시피 씨께:

저희 기록에 따르면 귀하의 연례 검사 시기가 되었습니다. 아시다시피 정기 검진은 전반적인 눈 건강에 기여하는 바가 매우 크기 때문에 ⁵**되도록 일찍 방문 예약을 위해 전화를 주십시오.**

⁷**저희는 아덴 공원점에서 이전을 했으며, 지금은 레드버드 쇼핑센터 내의 새 점포에서 영업 중입니다.** ⁶**개업을 기념하기 위해 4월 30일까지 모든 종류의 안경테에 대해 20퍼센트 할인을 제공하고 있습니다.** 자세한 내용은 동봉된 전단지를 봐 주십시오.

영업 시간은 변동이 없습니다.
월~금: 오전 8시~오후 7시
토: 오전 8시~오후 2시
곧 뵙게 되기를 바랍니다.

일제 바우어
고객 서비스 관리자
별첨

어휘 | contribute greatly to ~에 크게 기여하다 at your earliest convenience 되도록 빨리 be open for business 영업을 하고 있다 celebrate 기념하다, 축하하다 opening 개업, 시작 enclosed 동봉된

5 바우어 씨가 맛시피 씨에게 편지를 쓴 이유는?
(A) 그가 주문한 제품이 출고 준비가 되었음을 알리기 위해
(B) 연체된 대금 지불을 요청하기 위해
(C) 예약하라고 알려 주기 위해
(D) 검사 결과를 알려 주기 위해

해설 | 주제
지문 초반부 call us to schedule a visit at your earliest convenience에서 되도록 일찍 방문 예약을 위한 전화를 달라고 하므로 (C)가 정답이다.

어휘 | order 주문하다 payment 지불, 결제 appointment (진료 등의) 예약

schedule a visit → make an appointment (예약하다)

6 편지와 함께 발송된 것은 무엇인가?
- (A) 안경 카탈로그
- (B) 의료인 목록
- (C) 할인권
- (D) 안경 처방전

해설 | **세부 사항**

지문 후반부 To celebrate the opening, we are offering 20 percent off any purchase of eyeglass frames until 30 April. See the enclosed flyer for details.에서 개업을 기념하기 위해 모든 종류의 안경테에 대해 20퍼센트 할인을 제공하고 있으며 자세한 내용은 동봉된 전단지를 보라고 하므로 할인권이 언급된 (C)가 정답이다.

Paraphrasing

지문의 enclosed → 질문의 sent with the letter
(동봉된 ➜ 편지와 함께 발송된 것)
지문의 offering 20 percent off → 보기의 a discount offer
(20퍼센트 할인을 제공하다 ➜ 할인권)

7 편지에 따르면 가디언 비전이 변경한 것은 무엇인가?
- (A) 점포 위치
- (B) 영업 시간
- (C) 결제 정책
- (D) 웹사이트 디자인

해설 | **세부 사항**

지문 중반부 We have moved from the Arden Park location, and we are now open for business in our new store in the Red Bird Shopping Centre.에서 점포를 이전했고 지금은 레드버드 쇼핑센터 내의 새 점포에서 영업 중이라고 하므로 (A)가 정답이다.

어휘 | operation 운영 policy 정책

[8-10] 안내문

> **바퍼트 스튜디오 이용 규칙**
>
> 1) 프런트데스크에 있는 로그일지에 성함 및 입실 시각과 퇴실 시각을 기록해 주십시오. **8본 녹음실의 이용은 바퍼트 스튜디오의 직원 및 참여하는 음악가로 제한됩니다.**
>
> 2) **9녹음실 밖에 있는 사람들에게 녹음 중이고 방해받고 싶지 않다는 사실을 알리기 위해서는 "사용 중" 표시등을 켜 주십시오.** 스위치는 스튜디오 출입문 오른쪽에 있습니다.
>
> 3) 음식과 음료는 녹음실에 반입하실 수 없습니다. 장비를 손상시킬 수 있는 사고를 미연에 방지하기 위해 반드시 필요합니다.
>
> 4) **10배경 잡음이 녹음의 품질에 영향을 미칠 수 있음을 양지해 주십시오.** 마이크에서 나는 잡음을 줄이기 위해서 마이크는

보컬리스트의 입 쪽을 향하도록 하고, 10센티미터 간격 이내로 설치해야 합니다.

질문이 있습니까? 내선번호 400번으로 다니엘라에게 전화 주십시오.

어휘 | enter 기입하다 participating 참가하는 switch on 스위치를 켜다 disturb 방해하다 prevent A from B A가 B하는 것을 막다 damage 손상시키다 equipment 장비 affect 영향을 미치다 quality 품질 reduce 줄이다 device 기기, 장치 extension 내선번호

8 안내문은 누구를 위해 작성된 것인가?
- (A) 유지 보수 작업자
- (B) 극장 관객
- (C) 녹음하는 음악가
- (D) 방송 기자

해설 | **목적**

규칙 1)의 The use of this sound room is restricted to employees of Baffert Studio and participating musicians.에서 본 녹음실의 이용은 바퍼트 스튜디오의 직원 및 참여하는 음악가로 제한된다고 하므로 (C)가 정답이다.

어휘 | maintenance 유지 보수 audience 청중, 관객

9 표시등은 언제 켜져야 하는가?
- (A) 영화가 상영되고 있을 때
- (B) 방이 사용 중일 때
- (C) 장비가 오작동하고 있을 때
- (D) 프런트데스크에 사람이 없을 때

해설 | **세부 사항**

규칙 2)의 Switch on the "In Session" light to signal to people outside the sound room you are recording and do not want to be disturbed.에서 녹음실 밖에 있는 사람들에게 녹음 중이고 방해받고 싶지 않다는 사실을 알리기 위해서는 "사용 중" 표시등을 켜 달라고 하므로 (B)가 정답이다.

어휘 | malfunction 오작동하다

Paraphrasing

지문의 the sound room you are recording → 보기의 a room is in use (녹음 중인 녹음실 ➜ 방이 사용 중이다)

10 독자들은 무엇을 주의해야 하는가?
- (A) 영화의 품질
- (B) 방의 크기
- (C) 전화 수신 상태
- (D) 배경 잡음

해설 | **세부 사항**

규칙 4)의 Be aware that any background noise can affect the quality of your recording.에서 배경 잡음이 녹음의 품질에 영향을 미칠 수 있음을 양지해 달라고 하므로 (D)가 정답이다.

어휘 | reception 수신 상태

Paraphrasing
지문의 Be aware → 질문의 are cautioned (양지하다 →
조심하다)

Unit 14 지문 유형 ②

① 문자 메시지 / 온라인 채팅

풀이 전략
본책 p.240

고지 히가	오후 1시 01분

안녕하세요, 수. ¹내일 뉴허스트에서의 회의 참석차 기차로 가고
있는 중인데 일정표를 제 책상에 두고 왔네요. 도와줄 수 있어요?

수 칼라마	오후 1시 03분

물론이죠.

고지 히가	오후 1시 04분

다행이네요. 일정표를 찾으면 제게 알려 주세요.

수 칼라마	오후 1시 08분

네, 제가 일정표를 가지고 있어요. 이걸 어떻게 할까요?

고지 히가	오후 1시 09분

일정표를 스캔해서 이메일에 첨부해 주실 수 있어요? 제가 나중에
호텔에서 그걸 출력해서 ²우리와 계약한 신규 저자들에게 줄 회의
세부 사항을 가지고 있으려고요.

수 칼라마	오후 1시 11분

알겠습니다.

고지 히가	오후 1시 12분

고마워요.

어휘 | head to ~로 향하다 attach 첨부하다 sign a contract
계약하다

● 토익 감각 익히기
본책 p.241

1 (B) **2** (B)

[1] 문자 메시지

하비에르 팔로모 [오후 2시 04분]

아직 농장에 있나요? 제가 아직 새 트랙터를 보관할 장소를
마련하지 않았는데 오늘 비가 올 거라는 예보가 있어요.

콘래드 제넷 [오후 2시 06분]

저 아직 여기 있어요. 금방이라도 비가 올 것 같네요.

하비에르 팔로모 [오후 2시 07분]

트랙터를 덮을 방수포를 찾아 줄 수 있어요?

콘래드 제넷 [오후 2시 17분]

네, **방수포를** 하나 찾았는데 아주 지저분하네요.

하비에르 팔로모 [오후 2시 18분]

괜찮아요. 트랙터가 비에 흠뻑 젖게 놓아두느니 차라리 내가
트랙터를 닦는 편이 나아요.

콘래드 제넷 [오후 2시 19분]

알겠어요.

어휘 | farm 농장 tractor 트랙터 forecast 예측하다

Q 오후 2시 18분에 팔로모 씨가 "괜찮아요"라고 쓸 때 무엇을
의미하겠는가?
(A) 트랙터가 깨끗해서 기쁘다.
(B) 먼지에 대해 신경 쓰지 않는다.

해설 | 의도 파악
오후 2시 17분 제넷 씨의 문장 I found trap, but it's quite
dirty.에서 방수포를 하나 찾았는데 아주 지저분하다는 메시지에
대해 That's fine.이라고 응답하고 있다. 이것은 지저분해도
괜찮다는 의미이므로 (B)가 정답이다.

어휘 | be concerned about ~에 대해 걱정하다 dirt 먼지,
오물

[2] 온라인 채팅

유리 가토 [오전 9시 21분]

안녕하세요. 몬드베일 로드 작업에 대한 새 소식을 알고 싶은데요.
여전히 일정대로 월요일에 시작하는 건가요?

카밀라 베가 [오전 9시 22분]

아니요, 유감스럽게도 커튼과 침구류 천을 확보하는 데 좀 지연되고
있어요.

유리 가토 [오전 9시 22분]

이 문제를 고객에게 전달하셨나요?

카밀라 베가 [오전 9시 23분]

아직이요. 리처드가 고객에게 확정 일자를 알려 주기 위해 먼저
유통 업체의 연락을 기다리고 있는 중이에요. 그들에게 연락을
받았나요, 리처드?

리처드 브레멘 [오전 9시 34분]

제가 막 그들과 통화를 끝냈어요. 모든 물건이 월요일 오후에
도착할 것 같은데요. 그러니까 **우리는 화요일에 작업을 시작할 수
있을 거예요.**

카밀라 베가 [오전 9시 35분]

좋은 소식이네요.

RC

PART 7

어휘 | on schedule 일정대로 delay 지연 fabric 천, 직물 firm 확실한, 확고한 get off the phone 통화를 끝내다

Q 작업반은 언제 작업을 시작할 것인가?

(A) 월요일

(B) 화요일

해설 | 세부 사항

9시 34분 메시지 we could actually begin the job on Tuesday에서 리처드 브레멘은 '화요일에 작업을 시작할 수 있을 것'이라고 했으므로 (B)가 정답이다.

② 양식 / 웹페이지

풀이 전략

본책 p. 242

---

http://www.mattressmavens.com

매트리스 메이븐스

품질의 선두 주자

고객 서비스부에 연락하시려면 아래 정보를 작성해 주십시오.

²일주일 내내 24시간 내로 문의 사항에 답변을 드리겠습니다.

이름:	리쉬
성:	칸
이메일:	rishikhan@lrxmai.net
제목:	스누즈 컴포트—스타일 4508

메시지:

저는 킹사이즈 매트리스 스타일 번호 4508을 구매할 생각이 있습니다. ¹귀사의 웹사이트에는 배송비가 배송지를 기초로 계산이 된다고 나와 있는데요. 배송비를 내지 않기 위해 제가 직접 매트리스를 가지러 가도 될까요?

어휘 | inquiry 문의 사항 shipping charge 배송비 calculate 계산하다 based on ~에 근거하여 delivery 배달 destination 목적지 pick up ~을 가지러 가다

● 토익 감각 익히기

본책 p. 243

1 (B) **2** (B)

[1] 송장

마빌 제조 사

체서피크 가 1515, 뉴욕, NY 10010

(212) 555-0155, www.marville-mfg.com

주문 번호: 7935021

날짜: 3월 17일

고객:

재키 대밍거

칼슨 플레이스 709, 엥글우드, NJ 07631

(201) 555-0172

품목	번호	수량	단가
회전 의자, 검정 가죽	65873	1	99.99달러
컴퓨터 책상, 회색 철제	21220	1	79.99달러
책꽂이, 5단, 월넛	34529	1	69.99달러
		소계	249.97달러
		세금	22.18달러
		배달	30달러
		예약금	125달러
		합계	177.15달러

어휘 | bookcase 책꽂이 walnut 호두나무 deposit 예약금

Q 마빌 제조 사가 판매하는 것은 무엇인가?

(A) 가죽 가방

(B) 사무용 가구

해설 | 세부 사항

표의 판매 품목 chair, computer desk, bookcase에서 가구임을 알 수 있으므로 (B)가 정답이다.

Paraphrasing

지문의 chair, computer desk, bookcase

→ 보기의 furniture (의자, 컴퓨터 책상, 책장 → 가구)

[2] 웹페이지

---

http://www.weissenberghotel.de/breezetop_center

장비	시간	예약

바이센베르크 호텔의 브리즈탑 센터

다음 장비는 가든 테라스를 제외한 모든 예약된 회의 공간에 대여될 수 있습니다. 가든 테라스에는 라운지 스타일의 옥외 가구가 구비되어 있습니다. 모든 요금은 시간당으로 표시되어 있습니다.

디지털 비디오 프로젝터 10유로

노트북 컴퓨터 12유로

웹에서 사용 가능한 비디오 카메라 8유로

이젤과 마커가 포함된 플립 차트 6유로

어휘 | reserved 예약된 be equipped with ~을 갖추고 있다 web-enabled 웹에서 사용 가능한

Q 브리즈탑 센터는 무엇이겠는가?

(A) 운동 시설

(B) 회의 장소

해설 | **추론**

첫 문장 The following equipment can be rented for all reserved meeting spaces에서 다음 장비는 모든 예약된 회의 공간에 대여될 수 있다고 하므로 이곳이 회의 공간임을 알 수 있다. 따라서 (B)가 정답이다.

Paraphrasing

지문의 meeting spaces

→ 보기의 conference site (회의 장소)

③ 연계 지문

풀이 전략   본책 p.244

발신: 가나 사이토 <ksaito@kmail.com>

수신: 고객 서비스 <CS@lantiauto.com>

제목: 정보 요청

날짜: 9월 16일

담당자께:

저는 현재 귀사로부터 자동차 한 대를 임차하고 있습니다. 그런데 제가 최근에 멤피스 시에서 일자리를 구했고, 앞으로 버스를 타고 다니려 합니다. **제 임대차 계약의 번호는 LA508입니다.** 매월 같은 날에 자동 갱신되는 월별 계약입니다.

제 임대차 계약이 정확하게 이번 달 며칠에 끝나는지, 그리고 언제 차를 반납해야 하는지 알려 주시기 바랍니다.

감사합니다.

가나 사이토

어휘 | lease 임대차 계약; 임대하다 accept 받아들이다
agreement 계약 month-to-month 월 단위, 월별 renew
(계약이) 갱신되다 return 반환하다

란티 오토

현재 월 단위 임대차 계약 목록

계약 번호	자동차 모델	월 비용	매월 최종 계약일
LA502	카티프	199달러	7
LA508	**실본**	**211달러**	**25**
LA513	썬디	159달러	28
LA519	그레일리	249달러	14

어휘 | current 현재의 contract 계약

Q 사이토 씨는 어떤 종류의 차를 운전하는가?

(A) 카티프

(B) 실본

(C) 썬디

(D) 그레일리

● 토익 감각 **익히기**   본책 p.245

(B)

웹페이지+이메일

---

http://www.amselhotel.com/faq

암셀 호텔

Home	지점 안내	**자주 묻는 질문**	예약

암셀 호텔 — 자주 묻는 질문

암셀 호텔은 할인을 제공하나요?

네! 할인은 스프링빌에서 열리는 콘퍼런스나 컨벤션에 참석하는 모든 분께 적용됩니다. 예약을 하시기 전에 특별 할인율을 확인하기 위해 행사 기획자에게 연락을 해 주십시오.

언제 체크인할 수 있나요?

오후 1시 이후 언제든지 체크인하실 수 있습니다. **11월 1일부터 5월 31일까지 토요일에 체크인을 하실 경우에는 예상 도착 시간을 앤 헤르만에게 desk@amsel-hotel.org로 이메일 제목란에 "특별 시즌 체크인"이라고 적어서 보내 주십시오.** 이 경우가 아니라면 이 정보를 요청하지 않습니다.

체크아웃 시간은 언제인가요?

체크아웃은 오전 11시입니다. 오전 6시 이전에 체크아웃을 하셔야 한다면 전날 저녁에 프런트데스크에 알려 주시기 바랍니다.

어휘 | attend 참석하다 organizer 기획자 seasonal 계절에
따라 다른 require 요구하다 notify 통지하다

발신: fraser@office.junip.com

수신: desk@amsel-hotel.org

날짜: 3월 28일

제목: 특별 시즌 체크인, 프레이저 예약

헤르만 씨께,

저는 4월 5일부터 4월 7일까지 암셀 호텔에 숙박할 것입니다.
오후 3시쯤 도착할 계획임을 말씀드리고자 합니다. 저는 오늘 오전 9시쯤에 신용카드 정보를 넣고 온라인으로 예약을 신청했지만,

아직 예약 확정 이메일을 받지 못했습니다. 예약 내용을 받으셨는지 알려 주시겠습니까?

브라이언 프레이저

어휘 | reservation 예약 confirm 확인하다 submit 제출하다 credit card 신용카드

Q 프레이저 씨는 암셀 호텔에 언제 도착할 것으로 예상되는가?
(A) 월요일
(B) 토요일

해설 | **연계**
첫 번째 지문 웹페이지의 두 번째 단락 If you are checking in on a Saturday between November 1 and May 31, please send your estimated time of arrival to Anne Henmann at desk@amsel-hotel.org with 'Seasonal check-in' in the subject line of your e-mail에서 11월 1일부터 5월 31일까지 토요일에 체크인을 할 경우에는 예상 도착 시간을 앤 헤르만에게 desk@amsel-hotel.org로 이메일 제목란에 "특별 시즌 체크인"이라고 적어서 보내 줄 것을 언급하고 있다. 두 번째 지문인 이메일의 수신인이 desk@amsel-hotel.org이고 제목에 Seasonal check-in이 적혀 있으며, 첫 단락 I will be staying at the Amsel Hotel from April 5 to April 7. I am confirming that I plan to arrive around 3:00 P.M.에서 4월 5일부터 4월 7일까지 암셀 호텔에 숙박할 것이며 오후 3시쯤 도착할 계획이라고 예상 도착 시간을 알려 주고 있다. 따라서 토요일에 체크인한다는 것을 알 수 있으므로 (B)가 정답이다.

● ETS 실전 도전하기 본책 p.246

1 (D)	**2** (C)	**3** (C)	**4** (D)	**5** (D)
6 (D)	**7** (B)	**8** (A)	**9** (C)	**10** (A)
11 (D)	**12** (B)	**13** (D)	**14** (A)	**15** (C)

[1-2] **카드**

닥터 림스 덴탈 솔루션즈
사우스밀 가 424
엘로라 ON N0B 1S0
(519) 555-0138

²본 카드를 친구나 동료에게 주시면 두 분이 각각 치과 진료 비용에서 25달러를 할인 받으실 것입니다. 카드를 직원에게 제시해 주시면 공제액이 두 분의 환자 등록 번호에 적용될 것입니다. ¹할인은 신규 환자 소개 시에만 제공됩니다.

레카 카울(현재 환자)은 닥터 림스 덴탈 솔루션즈에 ²압둘 유세프 **(신규 환자)**를 추천합니다.

직원 작성 부분
²**7월 14일 마저리 윌슨에 의해 작성된 공제액**

어휘 | colleague 동료 apply to ~에 적용되다 patient 환자 present 보여 주다

1 카드에서 암시하는 것은?
(A) 카울 씨는 치과 방문 시 25달러를 내야 한다.
(B) 유세프 씨는 치과 의사에 만족한다.
(C) 닥터 림은 새로운 치과 의사를 고용했다.
(D) 닥터 림은 새로운 환자를 찾는 중이다.

해설 | **추론**
지문 후반부 Offer is valid on new patient referrals only.에서 할인은 신규 환자 소개 시에만 제공된다고 하므로 (D)가 정답이다.

2 윌슨 씨에 대해 알 수 있는 것은?
(A) 그녀와 카울 씨는 동료이다.
(B) 7월 14일에 치과 진료 예약이 있다.
(C) 유세프 씨가 닥터 림의 병원에 방문하는 동안 그를 만났다.
(D) 엘로라에 있는 회계 사무소를 경영한다.

해설 | **추론**
지문 초반부 Give this card to a firend or colleague and you will each receive $25 off the cost of a dental service. Credit will be applied to each patient's account when the card is presented to the office staff.에서 본 카드를 친구나 동료에게 주면 두 사람이 각각 25달러를 할인받게 되며 카드를 직원에게 제시하면 공제액이 두 환자의 등록 번호에 적용될 것이라고 하고 있다. 또한 카드 마지막 부분에 7월 14일 마저리 윌슨에 의해 작성된 공제액이 제시되었으므로 신규 환자 유세프 씨가 병원에 직접 카드를 제시했을 것이라고 추론할 수 있으므로 (C)가 정답이다.

어휘 | appointment (진료 등의) 예약 manage 경영하다 accounting 회계

[3-5] **문자 메시지**

마리사 포촌 (오전 10시 37분)
³재무 담당자가 방금 제게 회사의 연례 예산 검토에 참여하라고 요청했어요. 그래서 오늘 오후 3시 회의에 참석할 수 없어요.

마마두 알바드리 (오전 10시 38분)
내일 있을 고객 발표를 좀 더 일찍 연습할 수 있을까요? ⁴오후 1시에 회의실을 예약하는 건 어떨까요?

얀동 장 (오전 10시 39분)
그러면 저는 더 좋을 것 같아요. 병원 예약 때문에 오후 4시에 나가야 하거든요.

마리사 포촌 (오전 10시 39분)

그런 행운은 없을 것 같아요. 제가 지금 일정표를 보고 있는데 ⁴**오후 내내 모두 예약이 꽉 차 있네요.**

마마두 알바드리 (오전 10시 40분)

그럼 오후 2시에 모두 제 사무실로 오는 건 어때요? 여기서 발표와 슬라이드 쇼를 연습할 수 있어요.

얀동 장 (오전 10시 41분)

그게 좋겠네요. ⁵**시청각실에서 프로젝터를 가져와야 할까요?**

마마두 알바드리 (오전 10시 42분)

그럴 필요 없어요. 제 컴퓨터 화면에서 슬라이드를 볼 수 있어요.

마리사 포촌 (오전 10시 43분)

좋아요. 이따가 봐요.

어휘 | budget 예산

---

3 포촌 씨는 왜 오후 3시에 시간이 없는가?
(A) 중요한 고객들과 전화 통화가 있다.
(B) 발표를 해야 한다.
(C) 회의에 참석하도록 요청받았다.
(D) 병원 예약이 있다.

해설 | 세부 사항
오전 10시 37분 포촌의 메시지 I was just asked by the financial officer to sit in on the firm's annual budget review.에서 재무 담당자가 회사의 연례 예산 검토에 참여하라고 요청했다고 하므로 (C)가 정답이다.

Paraphrasing
지문의 can't make → 질문의 unavailable (시간이 없는)

4 알바드리 씨가 그의 사무실 이용을 제안하는 이유는 무엇인가?
(A) 많은 사람을 수용할 수 있기 때문에
(B) 재무부 근처에 있기 때문에
(C) 그의 시청각 장비가 개선되었기 때문에
(D) 회의실을 이용할 수 없기 때문에

해설 | 세부 사항
오전 10시 38분 알바드리 씨의 메시지 What about reserving the conference room at 1:00 P.M.?에서 오후 1시에 회의실을 예약하는 것이 어떠냐는 제안에 오전 10시 39분 포촌 씨의 메시지 it's booked solid all afternoon에서 오후 내내 모두 예약이 꽉 차 있다고 하므로 정답은 (D)이다.

어휘 | accommodate 수용하다

5 오전 10시 42분에 알바드리 씨가 "그럴 필요 없어요"라고 쓸 때 무엇을 의미하겠는가?
(A) 그는 오늘 오후에 방해받아서는 안 된다.
(B) 포촌 씨는 회의실을 예약해서는 안 된다.
(C) 장 씨는 회의에 참석하지 않아도 된다.
(D) 장 씨는 프로젝터를 가져올 필요가 없다.

해설 | 의도 파악
오후 10시 41분 장 씨의 문장 Should I get a projector from the Audiovisual Department?에서 시청각실에서 프로젝터를 가져갈 것에 관한 제안에 대해 그럴 필요 없다고 응답하고 있으므로 (D)가 정답이다.

어휘 | disturb 방해하다

[6-10] 이메일 + 일정표

수신: 전 직원
발신: 커샌드라 클러슨 사무장
날짜: 2월 17일
회신: 2분기 출장 일정

⁶**2/4분기 직원 출장 일정이 온라인에 게시되었습니다.** 가장 바쁜 시기이므로 일정이 어떻게 되는지 지속적으로 업데이트하는 것이 중요합니다. ⁷**혼란을 피하기 위해 국내외 관계없이 부서 관리자가 승인한 출장만 포함해 주십시오.** ⁹**근무일 기준으로 연속해서 10일을 초과하는 모든 출장은 장기 출장으로 간주되며 부서장의 추가 승인이 필요함을 잊지 마십시오.**

또한, 이번 분기 동안 부서 관리자들의 출장 날짜가 며칠 정도 겹칠 수 있음을 유의해 주세요. 예를 들어, 테사 알렉산더는 몇몇 워크숍의 진행자로서 서울로 초청되었습니다. ⁷**그녀의 출장 날짜는 아직 확정되지 않았지만,** ¹⁰**나타샤 대닐첸코의 덴버 출장과 같은 날짜일 것으로 예상됩니다.** 출장 날짜에 영향을 받는 모든 문서나 부서 관리자의 서명이 필요한 승인 건은 여러분의 출발 전에 처리되어야 함을 명심하세요.

⁶**일정을 검토하거나 편집하는 데 문제가 있으면 알려 주십시오.**
좋은 2/4분기 되시기 바랍니다.

커샌드라

어휘 | quarter 분기 tend to ~하는 경향이 있다 avoid 피하다 confusion 혼란 domestic 국내의 international 국제의 department supervisor 부서 관리자 division head 부서장 for instance 예를 들면 at the same time 동시에 bear in mind that ~을 명심하다 signature 서명 ahead of ~ 전에 departure 출발 edit 편집하다 fantastic 환상적인

가르시아 아키텍처 그룹 — 출장 일정, 4월~6월 중요 알림 사항

— ⁹**장기 출장 요청은 로라 가르시아에게 하십시오.**
— 다음은 회사 외부에서 개최되는 회의와 무역 행사 일정입니다.
⁸**병가와 휴가는 별도의 달력에 표기하니, 그에 대한 정보는 인사부의 데본 테일러에게 보내십시오.**

날짜	이름	행사, 장소
[10]4월 3-8일	나타샤 대닐첸코	현대 도시 구조 심포지엄, **덴버**
4월 22-27일	타니아 슐츠	공장 디자인 안전성 워크숍, 도쿄
5월 1-10일	길 쇼	국제 도시 건축, 싱가포르
5월1-10일	나타샤 대닐첸코	국제 도시 건축, 싱가포르
6월 7-12일	디온 오도넬	건축 고찰 박람회, 오타와

어휘 | architecture 건축 reminder 상기시키는 것 be directed to ~에게 보내지다 regarding ~에 관한 separate 별도의

6 이메일의 목적은 무엇인가?
(A) 직원들이 행사에 참석하도록 초청하기 위해
(B) 최근 회의에 대한 피드백을 요청하기 위해
(C) 회의 참석을 장려하기 위해
(D) 온라인상의 문서가 이용 가능함을 알리기 위해

해설 | **목적**
첫 번째 지문인 이메일의 첫 문장 The staff's travel schedule for the second quarter is now posted online.에서 2/4분기 직원 출장 일정이 온라인에 게시되었다고 하고, 마지막 단락 Let me know if you encounter difficulty viewing or editing the schedule.에서 일정을 검토하거나 편집하는 데 문제가 있으면 알려 달라고 하므로 이메일의 목적으로 (D)가 정답이다.

어휘 | availability 이용 가능성

Paraphrasing
지문의 travel schedule
→ 보기의 document (출장 일정 → 문서)

7 알렉산더 씨의 출장 계획이 왜 일정에 포함되어 있지 않겠는가?
(A) 출장 날짜가 3/4분기에 있다.
(B) 일정은 확정된 출장만 포함한다.
(C) 일정은 국내 출장으로 제한된다.
(D) 출장 승인의 마감 기간을 놓쳤다.

해설 | **추론**
첫 번째 지문인 이메일의 첫 번째 단락 To avoid confusion, please include travel, whether domestic or international, only after it has been approved by a department supervisor에서 혼란을 피하기 위해 부서 관리자가 승인한 출장만 일정에 포함해 줄 것을 언급하고 있으며, 두 번째 단락 중반부 Her dates are not yet confirmed에서 알렉산더 씨의 출장 날짜는 아직 확정되지 않았다고 하므로 정답은 (B)이다.

8 직원들은 왜 테일러 씨에게 연락하도록 요청받는가?
(A) 결근을 알리기 위해
(B) 장기 출장 승인을 요청하기 위해
(C) 연락처 변경을 보고하기 위해
(D) 무역 박람회 발표에 대한 조언을 구하기 위해

해설 | **세부 사항**
두 번째 지문인 일정의 Please send information regarding sick leave and vacation time to Devon Taylor at Human Resources for entry into a separate calendar.에서 병가와 휴가에 관한 정보는 인사부의 데본 테일러에게 보내 달라고 하므로 (A)가 정답이다.

Paraphrasing
지문의 send information
→ 보기의 inform (정보를 보내다 → 알리다)
지문의 sick leave and vacation
→ 보기의 absence (병가와 휴가 → 결근)

9 가르시아 씨의 직책은 무엇인가?
(A) 사무장
(B) 부서 관리자
(C) 부서장
(D) 인사부장

해설 | **연계**
첫 번째 지문인 이메일의 첫 번째 단락 마지막 문장 Do not forget that any travel exceeding ten consecutive business days is considered long-term and requires additional approval from the division head.에서 10일을 초과하는 모든 출장은 장기 출장으로 간주되며 부서장의 추가 승인이 필요하다고 하며, 두 번째 지문인 일정의 첫 문장 Requests for long-term travel should be directed to Laura Garcia.에서 장기 출장 요청은 가르시아 씨에게 하라고 하므로 가르시아 씨는 부서장임을 알 수 있다. 따라서 (C)가 정답이다.

10 알렉산더 씨는 언제 출장을 가겠는가?
(A) 4월 3-8일
(B) 4월 22-27일
(C) 5월 1-10일
(D) 6월 7-12일

해설 | **연계**
첫 번째 지문인 이메일의 두 번째 단락의 her trip is expected to be at the same time as Natasha Danilchenko's trip to Denver에서 알렉산더 씨의 출장 날짜는 나타샤 대닐첸코의 덴버 출장과 같은 날짜일 것으로 예상된다고 하며, 두 번째 지문 일정표에서 나타샤 대닐첸코의 덴버 출장이 4월 3일-8일로 예정되어 있으므로 (A)가 정답이다.

[11-15] 웹페이지 + 이메일 + 이메일

http://www.wiarchitecture.org/eventrooms

'건축계의 여성 콘퍼런스'의 모든 발표는 엑스포 센터 3층에서 진행될 것입니다. 작은 워크숍 룸과 큰 강당 모두 [11-A]**연단**, 마이크, 스피커, [11-B]**프로젝터**, 스크린이 갖추어져 있고 [11-C]**인터넷 접속**이 가능합니다. 특별실을 필요로 하는 발표자는 콘퍼런스 주최측에 연락해야 합니다. 음식 및 음료 서비스는 행사가 있는 모든 룸에서는 이용할 수 없지만 다과 테이블이 3층 로비에 설치될 것입니다.

수용 가능 인원

- 레드룸, 블루룸, 골드룸: 참석자 25명
- 케이프홀: 참석자 50명
- 토드홀: 참석자 75명
- ¹³프린저홀: 참석자 125명

어휘 | presenter 발표자 beverage 음료 refreshment stand 다과 테이블 capacity 수용력 participant 참가자

수신: 에바 벨라스케스 <evelazquez@vigi.com>
발신: 앤지 웡 <awong@wiarchitecture.org>
회신: 워크숍
날짜: 11월 2일
첨부 파일: 📎엑스포 지도

벨라스케스 씨 귀하,

¹³벨라스케스 씨와 귀하의 동료가 진행할 발표인 '건축의 독특한 비전'은 매우 인기가 있습니다. 귀하의 프레젠테이션에 90명 이상이 참석한다고 등록했기 때문에, 이전에 지정되었던 토드홀이 아닌 최대 규모의 강당에 배정하기로 했습니다. ¹⁴유감스럽게도, 저는 벨라스케스 씨 동료의 이메일 주소를 모릅니다. ^{14,15}변경된 정보를 그분께 보내 주시겠습니까? ¹²벨라스케스 씨의 동일한 제목의 최근 저서에 요약된 주제를 다루는 단독 워크숍인 '조명이 갖추어진 방들'은 여전히 가장 작은 강의실에서 열릴 것입니다. 2년 연속해서 참석해 주셔서 감사합니다.

앤지 웡

어휘 | colleague 동료 more than ~ 이상 sign up for ~에 등록하다 assign 배정하다 rather than ~보다는 previously 전에 indicate 나타내다 updated 수정된 participation 참석

수신: 아말리아 해리스 <aharris@vigi.com>
발신: 에바 벨라스케스 <evelazquez@vigi.com>
회신: 워크숍
날짜: 11월 2일
첨부 파일: 📎엑스포 지도

안녕하세요 아말리아 씨,

¹⁵웡 씨가 오늘 아침에 저에게 보내 준 메시지와 첨부된 지도를 전달했는데 확인해 주세요. 우리 발표의 인기 덕분에 더 큰 룸으로 변경된 것으로 보입니다. 아주 좋은 소식이죠! 우리의 발표를 검토하고 나누어 줄 유인물과 안건을 최종 결정하기 위해 다음 주에 만나는 게 좋을 것 같아요. 언제가 좋을지 알려 주세요.

고마워요.
에바

어휘 | attached 첨부된 due to ~ 때문에 popularity 인기 go through 검토하다 finalize 마무리하다 agenda 회의 안건 handout 유인물 distribute 배부하다

---

11 웹페이지에 따르면, 행사가 있는 룸에서 이용할 수 없는 것은 무엇인가?
(A) 연단
(B) 프로젝터
(C) 인터넷
(D) 연회 음식

해설 | **NOT / True**
첫 번째 지문인 웹페이지의 두 번째 문장 All rooms, including both the smaller workshop rooms and the larger lecture halls, have podiums, mircrophones, speakers, projectors, screens, and Internet access.에서 (A) 연단과 (B) 프로젝터가 갖추어져 있고 (C) 인터넷 접속도 가능했지만 (D) 연회 음식은 언급되지 않았으므로 (D)가 정답이다.

12 첫 번째 이메일에서 벨라스케스 씨에 대해 암시된 것은 무엇인가?
(A) 작은 룸에서 발표하는 것을 선호한다.
(B) 책을 출판했다.
(C) 콘퍼런스 주최자이다.
(D) 이전에 이 콘퍼런스에서 발표한 적이 없다.

해설 | **추론**
첫 번째 이메일 후반부 지문에서 in your recent book이라고 하므로 수신인인 벨라스케스 씨가 최근에 책을 출판했음을 추론할 수 있다. 따라서 (B)가 정답이다.

어휘 | prefer 선호하다 publish 출판하다 organizer 주최자

Paraphrasing
지문의 recent book → 보기의 has published a book
(최근의 책 → 책을 출판했다)

13 '건축의 독특한 비전'이라는 발표는 어디에서 진행되겠는가?
(A) 블루룸
(B) 케이프홀
(C) 토드홀
(D) 프린저홀

해설 | **연계**
첫 번째 이메일의 첫 부분 The presentation that you and your colleague will deliver, *Unique Vision in Architecture*, has proven to be very popular. Since we have had more than 90 conference participants sign up for your presentation, we have decided to assign you to the largest lecture hall rather than Todd Hall에서 벨라스케스 씨와 그녀의 동료가 진행할 발표인 '건축의 독특한 비전'은 매우 인기가 있으며 프레젠테이션에 90명 이상이 참석을 등록해서 이전에 지정되었던 토드홀이 아닌 최대 규모의 강당에 배정하기로 한다고 하며, 첫 번째 지문인 웹페이지에서 최대 규모의 강당은 'Prinzer Hall: 125 participants (프린저홀: 참석자 125명)'이므로 정답은 (D)이다.

14 웡 씨가 벨라스케스 씨에게 요청하는 것은 무엇인가?
(A) 이메일 전달하기
(B) 이벤트에 등록하기
(C) 결제 세부 정보 확인하기
(D) 신상 정보 제공하기

해설 | **세부 사항**

첫 번째 이메일의 중반부 Unfortunately, I do not seem to have your colleague's e-mail address. Would you mind sending this updated information to her?에서 웡 씨가 벨라스케스 씨 동료의 이메일 주소를 모른다고 하며 변경된 정보를 동료에게 보내 줄 것을 요청하므로 (A)가 정답이다.

어휘 | forward 전달하다 register 등록하다 details 세부 사항 biographical 신상의, 전기의

Paraphrasing

지문의 sending → 보기의 Forward (보내다 → 전달하다)

15 해리스 씨는 누구이겠는가?
(A) 벨라스케스 씨의 동급생
(B) 웡 씨의 편집자
(C) 벨라스케스 씨의 직장 동료
(D) 웡 씨의 조수

해설 | **연계**

첫 번째 이메일의 중반부 Would you mind sending this updated information to her?에서 웡 씨가 벨라스케스 씨에게 변경된 정보를 동료에게 보내 줄 것을 요청하고 있고, 세 번째 지문인 벨라스케스 씨가 해리스 씨에게 보낸 이메일의 첫 부분 Please see the forwarded message and the attached map Ms. Wong sent to me this morning. It looks like we have been upgraded to a larger room due to the popularity of our presentation에서 웡 씨가 보내 준 메시지와 첨부된 지도, 그리고 더 큰 룸으로 변경되었다는 내용도 전달하고 있다. 따라서 해리스 씨가 그녀의 동료임을 알 수 있으므로 (C)가 정답이다.